血 火 江 山
——国共万里长征大较量

陈 宇 著

图书在版编目（CIP）数据

血火江山：国共万里长征大较量/陈宇著．—北京：当代世界出版社，2016.7

ISBN 978-7-5090-1123-2

Ⅰ.①血… Ⅱ.①陈… Ⅲ.①中国工农红军长征－史料 Ⅳ.①K264.406

中国版本图书馆 CIP 数据核字（2017）第 120491 号

书　　名：	血火江山——国共万里长征大较量
出版发行：	当代世界出版社
地　　址：	北京市复兴路 4 号（100860）
网　　址：	http：//www.worldpress.org.cn
编务电话：	（010）83907332
发行电话：	（010）83908409
	（010）83908455
	（010）83908377
	（010）83908423（邮购）
	（010）83908410（传真）
经　　销：	全国新华书店
印　　刷：	北京欣睿虹彩印刷有限公司
开　　本：	700 毫米×1000 毫米　1/16
印　　张：	30
字　　数：	480 千字
版　　次：	2017 年 10 月第 1 版
印　　次：	2017 年 10 月第 1 次
书　　号：	ISBN 978-7-5090-1123-2
定　　价：	50.00 元

如发现印装质量问题，请与承印厂联系调换。
版权所有，翻印必究；未经许可，不得转载！

引 言

　　统观国共两党或者说是毛泽东与蒋介石之间一生中的军事较量，较集中而有代表性的有两个阶段，一个就是这跨越三个年头的长征，再一个是新中国建立前夕的三年解放战争。毛泽东的军事指挥艺术在长征中有着淋漓尽致的发挥，而作为"陪战"对手的蒋介石，可说是彻底的失败。

　　蒋介石在红军长征期间，自始至终指挥了国民党军及其地方军阀和民团对红军的作战。他先后调集了数百万重兵进行围追堵截，除中央军的步兵、骑兵、炮兵和空军外，还有粤军、桂军、湘军、黔军、滇军、川军、西北军、东北军及马家骑兵等地方军阀部队。随着红军的长征进程，蒋介石带领"谋士"沿长征路另一侧，先后分别坐镇南昌、重庆、贵阳、昆明、成都、西安等地督战，不能不说他竭尽了全力。但是，国民党军300多万的重兵却终未能挡住红军仅有的10万余人。

　　究其原因，蒋介石的失败，不但失在"斗勇"上，更多的是失在与红军的"斗智"上。这其中除以毛泽东为领导的中国共产党所坚持的正确战略战术原则和红军指战员的英勇无畏的牺牲精神外，若从国民党军方面找原因，问题恰好就出在蒋介石在追堵红军过程中多次提到的"天时、地利、人和"这3个方面。

　　其一，蒋介石违"天时"而动，注定要失败。"天时"即民心，在当时就是中华全民族的强烈抗日要求。20世纪30年代初，日本对中国继占东北后又染指华北。在如此国难当头的严重危机下，蒋介石南京政府竟置国难于不顾，倾全力于"围剿"红军。而红军在被迫进行战略大转移后不久，所打出的旗帜正是北上抗日，这顺应天时，合乎民心，由此得到了广大人民群众的支持。中央红军到陕北后，蒋介石曾仰天长叹："六载含辛茹苦，未竟全功！"但他还是没有意识到已经输在了违背民心上，仍不抗日，继续组织军队"围剿"陕甘革命根据地和各地的红军。三大主力红军会师陕北后仅两个月，张学良、杨虎城就在西安发动"兵谏"，逼蒋抗日，"西安事变"成了国内局势转变的枢纽。这也正说明了民心所向，"天时"不可违。

其二，蒋介石的战略决策和战术指挥频频失误，坐失"地利"的先机。在红军长征途中，国民党军设置一道道封锁线，蒋介石也似乎达成了所期望的多个合围圈。为此，坐镇指挥的蒋介石多次召集国民党将领，特别讲解《孙子兵法》"地形篇"。他在贵阳的一次讲话中，竟一口气讲了4个多小时，说红军已经陷入"围地"、"死地"，并说："现在的军事，并不是打力量，比强弱，而完全是打计划，斗智谋。"然而，蒋介石的指挥却是一次接着一次的失策，如中央红军在四渡赤水后的南渡乌江、巧渡金沙江；过草地后的袭占包座等战役、战斗就完全出乎蒋介石所料。红军成功地跳出了"围地"、"死地"。就此，国民党军内部曾互相埋怨，上怪天，下怪地，怪罪红军的战术过于灵活，说"共军之行动，狡诈难测"，滇军称之为曲线动作，川军称之为太极图形，黔军称之为磨盘战术，中央军称之为旋风过野。这些都说明原来看似对国民党军有利的地形，却反变为对红军有利。

其三，国民党"追剿军"各部队之间矛盾重重，协同作战能力很差，根本谈不上"人和"。蒋介石在追堵红军的同时有一个"连环计"，就是乘机控制两广以及西南等地的地方政权。而各地军阀为了维持既得利益和地盘，与蒋介石的军事指挥明显产生了矛盾。他们貌合神离，明争暗斗，阳奉阴违，有些地方军阀对红军采取了"送客式的追击，敲梆式的防堵"。因此，蒋介石纵使有数百万军队，也形同一盘散沙，往往是被红军击破一点，整个包围圈也就被打破了。在当时，国民党军内部就有人俏皮话连天，说："可惜中枢握兵柄者，钳制川滇各军，不得擅自进退，而直属中央大军，与共军形成对立，亦不出击。于是养成各军畏首畏尾，各守阵门，自保实力，坐观成败，不肯牺牲，使共军得以暂停喘息，从容整顿，流连辗转，来去自由，如入无人之境，剿共成为虚名，以至于大江大河失其屏障作用，重兵勒马平郊，观兵疆上，坐令朱毛从容逸去。"

长征已经成为历史。后人看到，原来对红军显然不利的"天时、地利、人和"，经雪山草地这个"大魔术箱"一过，转眼间反变为对红军的有利因素。红军长征胜利后，蒋介石及其部属和幕僚连连发出"自感才力不逮"、"有余憾"的哀叹。

国民党湘军总指挥何键反思道:"键当时于役戎行,恭承枢命亲执櫜鞬与乎西路追剿诸役。每独居深念,既不能拾遗补缺有所献,替弭变乱于未事之先。复不能如乡先达曾人胡罗诸公,以乡兵平大难,澄清海甸,纾中枢西顾之忧。抚剑叹息,不能不自感其才力之不逮。"

川军将领杨森感叹道:"余率军督剿,曾川北川南野猪岗、菩萨岗、寒饭沟、猛虎岗、芦山、灵关、宝兴、懋功、达维,以及夹金山、折戈坝一带地区,屡予重创,数克要地,终以大局变化,不容偏师竟其功事。后思之有余憾也。"

国民党赣粤闽湘鄂"剿共军"总司令部顾问胡羽高论说道:"过去10省剿共之成绩,尽于此矣。今后朱毛徐张萧贺徐刘各股,既然合于会宁马营,复窜散于西北各省,则今后之剿共成绩,有无结果,可用古文两语作答案:后之视今,亦犹今之视昔。"胡羽高的这段话,可说是被他言中了,因为经过长征的红军在仅13年后就打出了一个新中国。

中国20世纪30年代的战争舞台上,如此同一地域上的万水千山,如此同是征战三个年头,蒋介石与毛泽东共同走过。但是,历史却在这卷史书的封面上写下了不同的定论,这就是:

毛泽东凯旋到陕北,蒋介石败战长征路。

目 录

第一章 决战痛失根据地　长征踢出头一脚

1. 红军反"围剿"失利，彭德怀痛骂洋顾问李德："崽卖爷田心不痛！" …… 3
2. 蒋介石天文台静观天象 …… 20
3. 毛泽东文武坝中畅吟"风景这边独好"，为长征突围探路于都河 …… 35
4. 万里长征迈出第一步，"南天王"陈济棠密令粤军为红军让道 …… 49

第二章 湘江水飞血苦战　黎平大转兵恨晚

5. 周游北方的蒋介石失算，未料南方红军已远走高飞 …… 63
6. 粤桂军阀面和心不和，蒋介石得知主力红军突围后慌忙南返 …… 80
7. 湘江大血战，中央红军折损过半 …… 99
8. 白崇禧拍"七千俘虏"影片造假；红军黎平大转兵 …… 117

第三章 毛泽东赤水四渡　蒋介石贵阳惊魂

9. 溪口雨夹雪，黔北阴转晴，毛泽东大写遵义 …… 135
10. 蒋介石悬重金捉朱毛，毛泽东唱赋娄山关 …… 160
11. 蒋介石入三峡进范庄，谨防毛泽东"五渡赤水" …… 183
12. 蒋介石惊守贵阳，国民党军长追入滇 …… 212

第四章 战火烧会理包座　铁索寒雪山草地

13. 历史瞩目大渡河，红军泸定桥铁索上夺取一个时代 …… 247
14. 中共常委握手抚边镇，国民党空军枉费弹药轰炸两河口 …… 279

15. 惩抚刘文辉，转战毛儿盖，令人称奇的言说"二万里长征" …… 306
16. 国共两党内部同一个月中都闹分裂，红军过草地后激战包座 …… 328

第五章　山水呼啸两万五　伟业奠基大西北

17. 红军合后又分，毛泽东深夜脱险，率队单独北上 …………… 353
18. 徐向前危急关头一言重千钧："哪有红军打红军的道理?!" …… 368
19. 毛泽东六盘山握长缨"缚苍龙"，蒋介石紧跟踪
 由西南飞大西北 …………………………………………… 382
20. 彭德怀横刀立马吴起镇，中央红军长征胜利到达陕北 ……… 393

第六章　三军铁流大会师　一代江山入画图

21. 张国焘卓木碉成立"第二中央"，南下红军与川军大战百丈关 …… 411
22. 毛泽东指挥直罗镇战役，彻底粉碎国民党军对
 陕甘苏区第三次"围剿" …………………………………… 433
23. 贺龙率部转战鄂、黔、滇、康、川，张国焘撤销"第二中央" …… 444
24. 红军大会师，蒋介石仰天慨叹：六载含辛茹苦，未竟全功! …… 460

第 一 章

决战痛失根据地　长征踢出头一脚

　　鸟瞰遥遥历史长河，中华大地几多笙歌，几簇烽火？

　　合久必分，分久必合，是朝代兴替主流大势；

　　武力南伐，文化北伐，多少英雄豪杰把这个"中国怪现象"演义成定格。

　　红飘带裹着南方潮湿的风，必须向北卷去吗？

　　东方不亮西方亮，黑了南方有北方，这是"大中国"的军事优势。

　　中国的国情也好，西方的地缘政治也罢，"打不赢就走"绝对是弱者的上上策。

1. 红军反"围剿"失利，彭德怀痛骂洋顾问李德："崽卖爷田心不痛！"

1934年4月，赣南红土地，春的季节中却见不到成片的绿意。

山野间，战火冲天烧。烟尘浮动在半空中，遮天盖日。

大地被炮火犁过，埋下的不是等待秋天收获的粮食，而是带着弹洞的头颅和残肢。

人们有的打着枪，有的抬着伤兵，有的挑着粮食，匆忙地在山道上奔跑。处处都在进行坚壁清野。

历时18天的广昌保卫战结束。此役，中央红军毙伤俘敌共2626人，自身却伤亡5093人，约占参战总人数的五分之一。这是红军历史上最典型的阵地战、消耗战，给尔后红军的反"围剿"带来了极为有害的影响。

红军第五次反"围剿"作战失利，国民党军的飞机大炮敲开了中央革命根据地的北大门，占领广昌城后，继续以重兵沿广昌、石城之线，向中央苏区腹地推进。

"怎么这仗从第五次反'围剿'一开始就越打越窝囊？肯定是总指挥出了大问题！"对于广昌保卫战的失败和部队遭受的重大伤亡，红军广大指战员极为不满。

此时的中共高层军事指挥到底出了什么大问题呢？这事只有追本溯源，从当时的中共高层领导人谈起。

那时的中共最高决策层，说来并不复杂，这是几个月前刚组成的。1月中旬，中共临时中央在瑞金召开了六届五中全会，会议由博古主持，他作了《目前的形势与党的任务》的报告。会议通过了《目前的形势与党的任务决议》等文件，补选了中央委员和中央候补委员，改选了中央政治局和选举了中央常务委员会，设立中央书记处，亦称常务委员会，当时在中央苏区的书记有博古、洛甫（张闻天）、周恩来、项英、陈云，另外还有在苏联的王明和在川陕苏区的张国焘。

细心的读者由以上的人员名单可能会看出，这里好像缺少了一个红军史上的重要人物，此人就是毛泽东。毛泽东是中央革命根据地和红军的主要缔造者之一，但是，自1932年10月"宁都会议"开始，王明"左"倾教条主义者却逐渐排除了他对党、红军和苏维埃中央政府的正确领导。毛泽东在这次党的重要会议上虽然仍被选为中央政治局委员，但他没有出席这次会议。从这个月开始，毛泽东只能去搞一些调查研究。不久，又以他的"身体差"为理由，安排他到会昌去"养病"。这样，毛泽东就被完全排斥于中央的领导工作之外。

博古主持召开的这次中共六届五中全会，是"左"倾冒险主义发展的顶点。在军事指挥上，全会决定将红一方面军总部与中革军委合并，所属部队再次改称中央红军，直属于中革军委和工农红军总指挥部。2月3日，中革军委进行了局部调整，朱德仍任主席，周恩来、王稼祥任副主席，但实际指挥权仍把持在博古、李德的手中。

请注意"李德"这个名字！那么，这个在中共六届五中全会领导人名单中不见其名的李德又是何许人呢？

说来这是中共党史上的一件辛酸事。这个能参加中共高层决策的人物李德既非中共党员，也不是中国人，他是广昌战役前半年刚从上海来到中央苏区的德国人，原名奥托·布劳恩。此人在第一次世界大战期间当过兵，上过前线，并在巴伐利亚参加革命军队。1919年4月，他在慕尼黑进行过街垒战。1926年，他作为德国共产党的工作人员被捕入狱，后来越狱秘密逃往苏联。1928年，进入苏联伏龙芝军事学院。在那里，他接受了战术和战略方面的训练，随后来到中国。他只有在欧洲进行正规战的经验和在苏联得到的训练，根本不了解中国的情况。他来到中国后，却借共产国际的名义发号施令，蒙骗了许多人，至今在一些"史料"中仍把他称为"共产国际派来的军事顾问"，其实，据前苏联档案记载，李德是由苏军总部派到中国东北地区做情报工作的，他由于受不了那份苦，才到了上海，后转到中央苏区。

就是这样一个"洋顾问"，当时的中共临时中央负责人博古却对他十分依赖和支持,在生活上给了他应有尽有的优惠,在中革军委驻地沙洲坝附近1公里处,给他建了一座独立的房子,因此,"独立房子"也就成了李德住处的代号。博古此时虽是中央主要负责人,但他不懂军事,竟荒唐地把红军反"围剿"的军事指挥大权完全交给了李德。

然而,博古的这位"洋顾问",由于根本不懂中国的国情,也就只能凭教科书中的条条框框和第一次世界大战中大规模阵地战的经验,硬搬到中央苏区来强加推行。李德的作风独断专行、蛮横粗暴,可因为他是"共产国际派来的军事顾问",大家对他仍是处处尊重,他就独揽大权,制订并下达具体的作战计划,甚至越过红军总部,直接指挥前方部队作战。

李德在"大权在握"后,全盘否定了毛泽东关于红军建设、作战指挥的一整套方针原则,强制推行一系列错误做法,公然撤销士兵委员会,建立所谓"列宁室",专搞文娱活动,不允许搞三大民主;在"反对游击主义"的幌子下,把红军三大任务限制在"打仗"一项上;盲目照搬外国经验,把适合于山地游击战、运动战的小师、小团,改为大师、大团,削弱了部队的指挥和灵活机动能力;还打乱红军、地方部队、游击队的三结合体制,取消地方军,把一些地方部队改编为正规红军,又让红军分散活动,这样使得地方没有部队支持,红军主力疲于奔命,战斗消耗无法得到地方部队的补充,战斗力无法得到及时的恢复;在作战问题上大搞瞎指挥,战略上不承认战略退却,诱敌深入,实行所谓"御敌于国门之外";战役上不承认集中兵力,各个歼灭敌人,却以极"左"的面貌出现,把所谓"不放弃苏区一寸土"用于作战指导,处处分兵把口,以"堡垒对堡垒",把红军置于被动挨打地位;战术上不承认歼灭战,一味搞消耗战,把阵地防御中的反冲击当成歼敌的主要手段,错误地夸大所谓"短促突击"的作用。

当时给李德当翻译的伍修权回忆说:"李德在任中共党内军事顾问时,推行的完全是军事教条主义那一套,他根本不懂得中国的国情,也不认真分析战争的实际情况,只凭他在学院学到的军事课本上的条条框框,照样搬到我国,搬到苏区,进行瞎指挥。……博古当时是临时中央负责人,但他对军事一窍不通,就把军事指挥大权拱手让给了李德。李德有了博古的支持,博古又有来自共产国际的李德作军事顾问,两人相互支持。当时中央的错误领导,和李德本人的专横作风,使他成了一个地道的'太上皇'。"

狂妄自大的李德不可能知道红军多年血战中取得的成功经验，他也不想去知道。他一个人躲在"独立房子"里凭着地图指挥战斗。当时的地图大部分是一些简单的草图，误差较大，不够准确，所以他的指挥往往与前线的实际情况差距很大。图上看只有10公里路程，他也不管是山路还是平路，也不给部队留吃饭和休息的时间，敌情、气候和自然条件等困难都不考虑，只凭比例尺量地图上的距离来推算路程，定下到达和投入战斗的时间，又常常不留余地。这给红军指战员的行动带来了很大的困难，有些困难根本是不可能克服的，常常使部队不能按时投入战斗，以致难免打败仗。

让人非常气恼的是，在整个第五次反"围剿"中，红军的战略战术都是按李德那一套进行的，什么"短促突击"、"两个拳头作战"、"御敌于国门之外"，建立正规军打阵地战等，完全是一条不切合实际的错误的军事路线。就这样，在那所"独立房子"的指挥下，红军的反"围剿"作战只能是越打越让人提不起精神。

这时，在几块大的革命根据地中，鄂豫皖、湘鄂西革命根据地已受到较大的损失。鄂豫皖根据地的红军主力红四方面军已向西转移，在川陕边地区建立了新的根据地；湘鄂西根据地的红军主力红二军团已改编为红三军，在湘鄂川边流动游击。唯有中央革命根据地损失不大。因此，蒋介石这次"围剿"的重点，是中央革命根据地。为了消灭中央红军，他集中了50万兵力，并把驻赣、粤、闽、湘、鄂各省部队分编为北路、南路、西路军，再加上第19路军，集中"围剿"中央革命根据地，以及与之相邻近的湘赣、湘鄂赣、闽浙赣等革命根据地。

蒋介石对红军中央苏区发动的第五次"围剿"兵力部署是：

北路军以顾祝同为总司令，蒋鼎文为前线总指挥，下辖3路军，共33个师又3个旅，是"围剿"中央革命根据地的主力。其任务是：向广昌方向筑垒推进，寻求与中央红军主力决战。

南路军以陈济棠为总司令，指挥粤军11个师又1个旅，阻止中央红军向南发展，并逐步向筠门岭、会昌地区推进，协同北路军作战。

第19路军等部共6个师又2个旅，扼守闽西和闽西北地区，阻止中央红军向东发展；浙赣闽边区警备部队5个师又4个保安团，"围剿"闽浙赣革命根据地，并配合北路军第2路军，阻止中央红军向赣东北方向发展。

西路军以何键为总司令，指挥湘军9个师又3个旅，"围剿"湘赣、湘鄂赣革命根据地，并相机东进，阻止中央红军向赣江以西机动。

为了取得这次"围剿"的成功，蒋介石在南昌设立了全权处理赣粤闽湘鄂5省军政事宜的"军事委员会委员长南昌行营"，亲自坐镇南昌，指挥这次"围剿"。在政治上，他继续采取"三分军事，七分政治"的战略方针，厉行保甲制度和"连坐法"，加强地主武装建设，强化其反动统治。在军事上，他吸取以往失败的教训，采取持久战与"堡垒主义"的新战略和"以守为攻，乘机进剿，主用合围之术，兼采机动之师，远探密垒，薄守厚援，层层巩固，节节进逼，对峙则守，得隙则攻"等原则，并且聘请外国军事顾问，改编部队，举办军官训练团，普遍构筑堡垒封锁线等，企图不断消耗红军的有生力量，最后将红军压缩在狭小区域内，聚而歼之。在经济上，则控制交通，实行贸易禁运，对苏区进行严密封锁。与此同时，对外加紧同美、英、日等帝国主义勾结，对内肆意进行横征暴敛，筹措"剿共"经费，购买飞机、大炮等，企图彻底消灭红军，摧毁各个革命根据地。

当时，中央苏区红军已发展至8万多人，如果采取正确的战略战术，打破国民党军的第五次"围剿"仍然是有可能的。可是，在这样严峻的局势面前，掌权的"左"倾冒险主义领导者却实行了错误的军事指导。

当时，红军还失掉了一次打破国民党军"围剿"的十分有利的机会。1933年11月20日，正当红一方面军第五次反"围剿"作战陷入被动之时，以蔡廷锴等为首的国民党第19路军将领，联合国民党内李济深等一部分反对蒋介石的势力，在福建发动"福建事变"，成立"中华共和国人民革命政府"，公开宣布与蒋介石国民党政府决裂。蒋介石为了镇压第19路军，急忙从"围剿"中央苏区的北路军中抽调11个师，与江浙一带的部队编成"入闽军"，由蒋鼎文率领，分由江西、浙江入闽，"讨伐"第19路军，而对中央苏区暂取守势。这样，中央苏区的东面、北面压力大为减轻，形势对红军十分有利。

面对这种有利的形势，周恩来于11月24日致电中革军委，建议红三、红五军团侧击蒋介石的入闽部队。张闻天也认为，红军应在军事上与第19路军采取配合行动。特别是毛泽东正确地分析了当时的形势，及时向中共临时中央建议：以红军主力"突进到以浙江为中心的苏浙皖赣地区去，纵横驰骋于杭州、苏州、南京、芜湖、南昌、福州之间，将战略防御转变为战略进攻，威胁敌之根本重地，向广大无堡垒地带寻求作战。用这种方法，就能迫使进攻江西南部福建西部地区之敌回援其根本重地，粉碎其向江西根据地的进攻，并援助福建人民政府"。但是，以博古为首的中共临时中央却不懂得建立统一战线的重要性，认为第19路军的行动是"欺骗群众"，不肯与第19路军在军事上进行配合，拒绝采纳毛泽东等的正确建议。

在这种错误思想指导下，博古、李德主持下的中革军委没有采取任何积极行动来配合第19路军。结果，孤立无援的福建人民政府，在蒋介石的军事打击和分化下很快于1934年1月失败，蒋介石又腾出手来全力进攻中央苏区，红军丧失了打破第五次"围剿"的一次大好机会。1月下旬，蒋介石在镇压了福建人民政府后，重新调整其"围剿"中央苏区的军事部署：以入闽"讨伐"第19路军的主力为基础，编为"围剿"中央苏区的东路军，下辖第2、第5路军和总预备队，共16个师又1个旅、2个团；北路军下辖第1、第3、第6、第20、第26路军和总预备队，共25个师又2个旅、1个支队和3个团。然后，即命东、北两路军重新向中央红军和中央苏区发动进攻。从此，第五次反"围剿"陷入最困难的时期，红军作战接连失利，根据地日渐缩小。

4月初，蒋介石按照既定的"会师赣南"计划，命令北路军、东路军协力"进剿"广昌、建宁；南路军攻取筠门岭，向会昌推进，配合北路军的行动；空军第3队进驻南城，就近支援广昌、建宁地区的作战。北路军总司令顾祝同按照蒋介石的命令，集中11个师的兵力，由陈诚统一指挥，首先向广昌发动了进攻。

广昌是中央苏区的北大门，战略地位十分重要。为保卫广昌，中革军委在前方另组临时司令部，朱德兼任司令员，博古兼任政治委员。朱德、博古和李德亲临前线指挥，实际上却是李德、博古决定一切。李德不顾红军连续作战、十分疲劳和减员很大等情况，命令红一、红三军团和红五军团第13师从福建建宁地区迅速回师江西，会同新从龙冈地区调来的兵力，准备在广昌以北地区同国民党军"决战"，并采用"短促突击"的战术，进行阵地战。

然而，广昌之战以红军的失利而结束，红军被迫向后撤退。

对于红军作战的失利,博古、李德不是认真吸取教训,改变冒险主义的做法,而是丝毫听不得不同意见,对提出不同意见的人进行残酷斗争,无情打击。他们把反"罗明路线"的斗争扩展到军内,提出要"反军队中的罗明路线",逮捕了在黎川战斗中英勇奋战后为保存有生力量而带队撤出的萧劲光。博古、李德主张对他进行审判,开除党籍和军籍,判5年徒刑,无上诉权。

萧劲光在被关押期间,毛泽东特派妻子贺子珍前来探视。贺子珍转达了毛泽东的话,说:"黎川失守是'左'倾军事路线的错误造成的,你应该撤退,做得对。"这给了萧劲光很大的安慰。后来在决定处罚萧劲光时,有的人主张杀掉萧,毛泽东坚决不同意,王稼祥也几次拒绝签字。后在毛泽东等人的反对下,才取消了对萧劲光的错误判决。萧劲光在被关押1个月后,到"红大"当教员,失去了带兵权,但总算拣了一条命。

萧劲光还算是幸运的,因为在此前后,又不知有多少人因给李德、博古提意见而遭"肃反"。

不过在这时,也有不信李德的,对李德的瞎指挥怒不可遏,并当着李德的面据理力争,冒死大骂李德。

"妈的,这个仗还怎么能打得下去!洋鬼子,去他妈的吧!"红三军团军团长彭德怀见到部队伤亡惨重,就指名道姓地骂起了李德。

广昌战役刚结束,彭德怀带着一身的刺鼻硝烟味,风风火火赶到前线指挥部面见李德。同行的,还有本军团政委杨尚昆。临离开部队时,彭德怀把仅有的一套旧军衣也背在包里,他预料在给李德提完意见后,就会被李德宣布逮捕,受公审,开除党籍,杀头。因此,无所顾虑的彭德怀见了李德没有说几句话,就拍了桌子:"上个月间,敌集中大量兵力进攻广昌。我再三说广昌是不能坚守的,必须估计敌军技术装备。可你们就是不相信,而相信那些所谓的永久工事。我说,在自己没有飞机大炮轰击的情况下,就算是比较坚固的野战工事,在今天敌军的装备下,也是不起作用的。如果固守广昌,少则2天,多则3天,三军团1.2万人,将全部覆灭。现在,怎么样,广昌失守了!"

担任翻译的伍修权小心翼翼地把彭德怀的话翻译成俄语,以免出错。

彭德怀的手指几乎戳到了李德的鼻子尖:"你知道不知道?你那个所谓

永久工事里担任守备的营，现在全部壮烈牺牲，一个也未出来？"

满脸怒容的李德盯着彭德怀涨红了的脸，然后转向伍修权。彭德怀怒气冲冲的话从伍修权口中翻译出，也就失去了原有的火药味，李德还感到莫名其妙。

"进攻广昌之敌有7个师，1个炮兵旅轰击，每天约三四十架次飞机配合，拖着乌龟壳（即碉堡）步步为营前进。前进一次只一千至两千米。在其火力完全控制之下，站稳了脚跟，先做好了野战工事，配备好火力，再进第二步；每次六七架飞机轮番轰炸。从上午8点过开始到下午4点过，你那个所谓的永久工事就被轰平了。激战一天，我军突击几次均未成功，却伤亡近千人呐！"

博古在一边皱着眉头，他真担心彭德怀这员虎将会同李德打起来。

由于伍修权尽量把彭德怀语言中刺激的话翻译得平和一点儿，李德还没有明白彭德怀今日"来者不善"，他仍在强调他那一套如何进行短促突击，如何组织火力的失败战术。

"你叫我怎样去组织火力点呀？妈的，根本没有子弹！在敌碉堡密布下，进行短促突击，10次就有10次失败，几乎没有一次是得到成功的。你知道不知道你那些洋玩意儿在我们这里根本不顶用？！"彭德怀尽情地、毫无保留地讲了自己的意见，他反正已经做好今天就被投入监狱的准备。

彭德怀越说越激动，手指又指向了那个大鼻子："妈的，我敢说你这小子的作战指挥从开始就是错误的！如果不是红军指战员高度自觉，一、三军团早就被你送掉了。这次广昌战斗，你们看到了吧，这种主观主义，是图上作业的战术家。中央苏区从1927年开创到现在快8年了，一、三军团活动到现在，也是6年了，可见创造根据地之不易。可这一切却毁在了你们的手里，你知道这叫什么？在我们中国，这叫'崽卖爷田心不痛'！"

伍修权愣了一下，他没有把"崽卖爷田心不痛"这句话直接翻译出来，仅是婉转地说了个大概意思。

彭德怀说完这句在中国土地上专门咒骂不肖子孙的话，心中好像畅快了许多，他想把这"洋顾问"骂得清醒一下，哪怕是今天他们两人在此打在一起，若能改变眼前战场上的被动局面，他也愿多试几次。彭德怀捏紧了拳头，做好了迎战李德的准备。

然而，这次是彭德怀感到莫名其妙了，李德听完伍修权的翻译，却没有发火。

"你没有全翻？"彭德怀扭头问伍修权。

伍修权没有出声，表示默认。

"就是嘛，我想呢，如果全翻了，这个洋鬼子哪有不发火的道理！杨政委，你原原本本地翻给他听。"

对李德也是一肚子气的杨尚昆，重新翻译了彭德怀咒骂李德的那句"崽卖爷田心不痛"的话。

当了"孙子崽"的李德到此时方明白大家都在鄙视他，对他的军事指挥大为不满。他咆哮了起来："封建！封建！"

李德一跳脚，彭德怀看到达到了效果，他那始终下拉的紧抿着的嘴角开始上翘："哈哈，哈哈！你就是崽卖爷田心不痛嘛，败家子！你，下流，无耻！"

两个人对着吵骂起来。周围的人大概都对当前的不利军事局势感到压抑，没人去劝说。

李德吼叫着："你这是因为撤掉你的革命军事委员会副主席不满意，发牢骚！"

"我根本不明白你们为什么要撤我的职。再说，今天和你吵架，我根本没想那些事，现在是究竟怎样才能战胜敌人，这才是主要的！"彭德怀的嗓门仍然很高。

这次争吵后，李德、博古大概是出于对彭德怀刚正不阿性格的畏惧，更由于战局紧张，他们对彭德怀也无可奈何，加之在此前后，对李德的所作所为表露不满情绪的还有许多人，这事也就不了了之，彭德怀照样带他的兵，只是仗是越打越艰难了。

在李德、博古的军事指挥下，中央苏区一天天缩小。

可歌可泣的是广大红军指战员那种为了苏维埃决战到底的精神，他们尽管对李德、博古的军事指挥有很大的意见，但对执行上级的命令仍是十分坚决的。就像彭德怀与李德吵架之后一样，他又风风火火赶回部队，指挥本军团与敌人展开血火搏斗。他们坚信革命事业必定胜利，坚信共产党的领导，这是红军指战员心中的火种。正是有了这种精神，红军才得以顽强地坚持战斗下去，才得以有组织地进行最后的防御战，否则，是难以理解紧跟而来的大搬家而不解体，战略大转移长驱"两万五"而不溃散的。

广昌战役后，国民党军得寸进尺，一步步向中央苏区逼进。没过几天，战线赶到了广昌以南30多公里的贯桥、高虎垴一线。国民党军的飞机协助着地面部队的进攻，不断袭扰红军阵地，哪里冒烟，就飞到哪里投弹扫射。为了击退国民党军的进攻，红军全力组织抵抗，从广昌到瑞金，在100多公里的红土地上，到处是硝烟弥漫，隆隆的爆炸声不绝于耳。

红军的战况，看不出有什么大的转机。加上阴雨连绵的天气，低垂的铅云使人感到异常的压抑。

双方的战术都没有大的变化。国民党军仍是采取步步为营的堡垒战术，一边前进，一边构筑碉堡，平均每天只能挪动二三里；红军的口号仍是"不放弃苏区一寸土地"，打法仍是以"堡垒对堡垒"，"顽强防御，短促突击"，工事也就必须做得坚固。支撑点盖得很厚，有泥土、木头、柴束、石头，堆得像座山一样。各阵地间有交通沟互相连接，前沿还埋有竹钉、鹿砦，利用陡坡挖了峭壁，准备顽强固守。

进入夏季后，这年的雨水似乎比往年要多得多。

红三军团担负头陂以南、石城以北广大地区的防守任务。山水横流中，红军的阵地防御更加艰难。

大雨如注中，彭德怀把别人递过来的斗笠扔到一边："走，到5师13团！"他光着头进入雨幕中，去本军团各要点检查布防情况。

红五师部署在红五军团和红四师之间，红十三团参加广昌战役后，撤到贯桥镇一带休整，担任坚守贯桥镇东侧的高虎垴和王土寨，这里是国民党军从广昌去石城的必经之地。红十三团的东面是红四师的防区，贯桥镇以西，由红五军团的部队担任防卫。在这样广阔的战线上，和进犯的20个师的强敌打阵地防御战，这对红三军团来说还是第一次。

一身雨水的彭德怀跨入红十三团的指挥所，团长王镇和政委苏振华连忙迎接，要帮彭德怀换下那身湿透的衣服。

"换什么衣服！先说说你们团的情况。衣服穿在身上，干得还要快些。"彭德怀抹了把脸上的雨水，坐到凳子上，仰起头要听汇报。

"13团做好了一切应战准备。部队全部进入了堡垒。只是这两天雨水太大，有些工事被冲毁了，正在组织抢修。"王团长报告说。

红十三团是广西百色起义建立起来的红七军的一部分，曾经转战粤、桂、闽、赣各省，参加过粉碎国民党军4次"围剿"的历次战斗。这个团党员多，老战士多，战斗力很强，曾经在福建以1个小时的战斗，全歼敌军的1个主力团，用它的全部捷克式武器，改善了自己的装备。

"部队情绪怎么样？"彭德怀问，他的凳子下，从衣服上淌下的雨水已经汇成了水流。

"士气很高。指战员们愿为保卫苏维埃流尽最后一滴血！"苏政委应声答道。在那时，红军指战员的战斗情绪的确仍很高，他们虽然觉得这次打法和过去不同，还不知道这是王明"左"倾路线指导下的消极防御的战略错误作战方针，但因为过去几次反"围剿"都在毛泽东等指挥下取得了胜利，所以大家还是信心百倍，斗志高昂。

"外面雨不下了吧？走，看看阵地去。"彭德怀向门外看了看，说道。其实，雨仍在下着，只是比刚才小了一些，房前的平地上"哗哗"地淌着水。

苏政委和王团长看到彭军团长仍是光着头跨步走出房外，哪还用别人示意，把拿在手中的斗笠扔在房间内，也一同上了阵地。

高虎垴和王土寨是并列在半桥镇东的两座山头，从这儿向南到瑞金，都是大山。这两座山峰，紧挨着国民党军南进的通道。蒙蒙细雨中，站在高虎垴山顶，眺望附近阵地，广（昌）石（城）公路像白色的丝带顺着一条小河蜿蜒伸展，可以清楚地看到道路北面雨雾中低矮的丘陵山头，像蒸熟的窝头刚出笼，一个个都在冒着热气，挺壮观的。

这一带是土山丘陵，苍郁的松林成片地点缀在山上山下，但并未铺满山坡。透过松林间隙，有时可见战士们在雨中仍在构筑或加固工事。彭德怀和团的首长冒雨视察阵地，都已是滚了一身泥水，这本身对战士们就是一个极大的鼓舞。

这一带工事的构筑已大体完成，战士们先将粗大的松树锯倒截断，作为工事的顶盖，埋上近1米厚的泥土。无论单人掩体、机枪的工事，都做得很结实。工事外围，又挖了深深的外沟。

"因为工具少，任务紧迫，部队只好日夜连着干。"苏政委说。

彭德怀站立在阵地上，指点着："高虎垴地势险要，是构成整个防御地带的一个重要组成部分，敌人一定会拼力争夺。我们要利用这个有利地形，居高临下，打他个下马威。"接着，他又详细地就阵地应该如何配置，兵力应该如何使用，工事应该如何构筑，作了详细的部署。

"好，我们就照军团长的指示，马上执行。"王团长和苏政委立即表示说。

"哎，我说你们这两个团领导是怎么当的？我说的话，难道你们一点儿意见都没有？这样不行，你们应该自己考虑更好的作战方案，仗是要靠你们来打的。"彭德怀认真地说。

"是。军团长已经部署得非常全面了，我们的确提不出什么意见。"

"那么，部队准备怎么部署？"彭德怀开门见山地问。

"3营守高虎垴，山顶的支撑点由11连来守；2营防守高虎垴西边的王土寨；1营作为团的预备队，配置在高虎垴3营的后方。怎么样？"王团长汇报并请示。

"你部署了，就不要问我了。这个团的团长是你，而不是我。"彭德怀向另一个山头的防御阵地走去，回头又说道，"工事还要加厚。"

"估计敌人这次使用的可能是刚从上海调来的税警纵队，该队是德国顾问亲自训练的，全副德国装备，还配有大口径的火炮。"跟随彭德怀一同视察阵地的参谋人员介绍敌情说。

根据彭德怀的指示，王团长立即命令部队加厚工事，在原来的工事上又加盖了两层粗木头，并且加强了防御物的敷设。除埋下许多地雷外，又到山上砍来了许多竹子，削成一根根七八厘米长的竹钉，放在锅里炒干后，再钉在木板上，然后把这些钉板铺在外沟的前面，上面撒上乱草和泥土。

国民党军的进攻很快就开始了。重点进攻地区就在贯桥一线，高虎垴战斗是这次作战中的热点。对这次惨烈的战斗，多年后，时任红十三团政委的苏振华仍记忆犹新。

这天，天刚拂晓，国民党军的攻击先是来自空中的轰炸。10多架国民党军飞机带着滚雷似的轰隆声飞临红十三团阵地上空，瞬间，一枚枚炸弹从天而降，立刻掀起冲天的烟尘，脚下的大地被震得摇摇晃晃。一批飞走了，又来了一批。接着，地面上国民党军的炮击相继展开，暴雨似的炮弹几乎把山头轰起来。这持续两个多小时对固定区域的轰炸,使这片土地好像要在隆隆的爆炸声中崩塌、下沉。高虎垴以及附近的阵地,笼罩在一片烟火之中。

硝烟遮蔽着早已升出地平线的太阳,大地黯然无光。

国民党军攻击前的炮火打得这样密集,这样猛烈,这是整个反"围剿"作战中很少有的。而红军执行李德、博古的命令,打的又是"堡垒对堡垒"的阵地战,战前的这阵空地联合立体轰炸,使蹲在工事中的红军指战员首先从心理上感到这仗不应该这样打。王团长焦急地在工事里走来走去,把拳头捏得格格响,不时地嘀咕着:"摆在这里挨打,真气人!"

参谋长卢绍武正在不断地轮流和三营、二营通话,喊得脸红脖子粗。从国民党军的炮声和参谋长的话语中,周围的人聚精会神地探测着国民党军的动向。忽然,卢参谋长使劲拍打起电话机来,用嘴吹,用手摇,最后懊丧地把话筒放下,叹口气说:"电话线炸断了。"苏政委转身对王团长说:"我去二营看看。"

工事里一片沉寂。战士们紧握着枪和手榴弹,头上、身上落满了灰土,脸色惨白,而他们一个个严阵以待,愤怒地注视着敌方,紧靠工事的土墙不动,也不说话。两个钟头以前,他们还是欢快地蹦跳着进入阵地的,而现在却完全变了样。工事构筑得较坚固,被打塌了的很少。从这点上说,国民党军又白费了不少炮弹。可是,这些灼热的钢铁,却把初次打阵地防御战的战士们的心烫伤了。炮弹一个劲儿地往工事上倾泻,连队指导员和政治战士们却还在进行着战场鼓动,极力地叫喊着,想压过炮声。

炮击在打了两个多小时后,开始向后延伸。这是国民党军步兵要开始全线进攻的信号。此时整 9 时。

"敌人就要进攻了,准备射击!""进入射击位置!"

红军战士们如同猛虎下山,拂去身上的泥土,拿出武器来。

从团观察所可以清楚地看到国民党军的进攻。高虎垴阵地前的国民党军非常密集,可能有两个师的兵力,显然,国民党军是想夺取这个制高点。王土寨前面约有 1 个师的兵力。东面、西面都传来国民党军冲锋时的嚎叫声。

国民党军冲锋的队形:冲在最前面的是法西斯蓝衣社分子,个个歪戴草帽，腰束皮带，手提"二十响"，像阔少爷那样，摇摇摆摆地向上爬，后面就是如潮水一样涌来的步兵。这一线10多公里的山坡，变得黑糊糊一片，像蚂蚁一样几乎全被他们盖满了。而红军的阵地，却还是一座沉静的大山。那时，红军的弹药非常缺乏，缴获来的尖头子弹，全部集中给机枪使用，步枪则多半用自己造的子弹。为了节省弹药，战前规定了各种枪的射击距离。现在，不管国民党军怎样叫嚷，红军指战员都沉着地等待着。每一个沉默的枪膛里，都有一颗颗等待射出的子弹！

红军阵地上的沉默，在国民党军看来，也许是刚才两个小时炮击的结果，他们吼叫着，争先向山上蠕动。

国民党军很快就进入了红军的射距以内。

"打！"重机枪粗犷的鸣叫声首先呼啸起来。轻机枪、迫击炮相继也打响。红军指战员喜欢打的就是短兵相接，而不是"堡垒对堡垒"，所以这密集的枪炮声倒使战士们激动和振奋，和刚才挨炮弹时的情景大不相同了。

冲锋的国民党军在弹雨中一片片倒下，后面的又一股股涌了上来。冲在最前面的蓝衣社队员，突然一个个缩着脚蹦跳起来，他们踏上了竹钉，尖声惨叫，好像站到了一块烧红的铁板上。嚣张的冲杀声立时变成了凄厉的嚎叫。虽然来势凶猛，却终于扑倒在砂砾之中。

地雷在"轰轰轰"地爆炸。国民党军在外沟前30多米这一段地带，你挤我推，乱蹦乱跳，又哭又喊。

"让他们安静一下！"红军的手榴弹投向这些拥挤着的国民党军。

刚才还吵闹成一团的国民党军很快以各种不同的姿势躺倒在山坡上，那些还没有进入竹钉地带的国民党军，只好慌忙掉头逃去。国民党军第一次密集队形的冲锋，便以丢下数不清的尸体而告结束。

国民党军因初次攻击失利，炮火又转移到红军第一线工事。飞机又来了，带着惊人的怪叫声，俯冲投弹。浓密的硝烟像黄色的布幕，悬挂在低空。

红军指战员连忙撤入堡垒中。王团长焦急地走来走去，他喊叫道："哪有这种打法？前面在冲锋，炮弹就一齐打到后边来了，打得你头也抬不起来，躲闪也来不及。唉，哪有这种打法？"爱兵如同兄弟的他，看到许多战士倒在敌人的炮火里，心中感到堵得慌。

接二连三的报告送下来：

"一营全营还剩下 90 多人。"

"二营伤亡过半，急需弹药。"

"三营韦营长牺牲。"

王团长的拳头砸在土墙上："唉！打这个倒霉的阵地防御战，人都给整掉了一半！以往几次反'围剿'，我们可从来都是吃肥肉的！快，打电话通知一营，迅速整理部队，尽量疏散。修补工事，防备敌人再次炮击。"他难以平静下来，用拳头使劲地敲打着土墙，似乎要用不断的强烈动作来克制自己内心的痛苦。

"团长，彭军团长的电话。"通讯主任拿着听筒说，"上午，他越过师，直接来了两次电话。"

听筒里传来彭德怀的声音："你们打得很好！知道吗，在你们面前，是国民党军的精锐部队。可是，他们照样碰了壁！"

"给我们补充些弹药。"

"好，马上派人送去！"

"我们一定能守住阵地！"王团长对话筒里喊了一声，直起身就对通讯主任说，"你去代理三营营长。"

"通知各营，注意节约子弹。"王团长命令道，"抓住时机，组织部队的反冲锋。刺刀，敌人害怕它，我们的战士却喜欢它！"

他丢下话筒，转身把粗大的手掌向下一按，对身旁的参谋说："命令团直属队的勤杂人员全部集中，补充到一营去准备战斗！"

团指挥所附近突然落下了许多炮弹。从瞭望孔向外探望，国民党军的炮火又移向红军第一线阵地后面。这就是说，国民党军的又一次攻击就要开始了。

炮弹在四周不断地爆炸，呛人的火药味和热扑扑的烟尘直冲进鼻孔。

国民党军的这一次攻击虽然兵力增加了，队形更加密集，但吼叫声已经大大减弱。监农社的督战队，再不是冲在前面，而只是举着"二十响"在队伍后边乱咋呼。

乱糟糟的国民党军队伍，缓慢地爬上了被炮火犁松了的山坡。

红军枪一响，又有一大片国民党军倒下去。竹钉地带因为被尸体铺满了，冲锋的国民党军踏着他们自己人的尸体，接近到红军工事前沿来。战士扔出一片手榴弹后，突然冲到国民党军面前，用刺刀拼杀。

阵地上，杀声一片。肉搏战一直打到下午，堡垒被打塌了，红军战士凭借着交通壕用手榴弹和刺刀迎击敌人。可是有些刺刀也不济事，捅不上几次就弯了，战士们就用脚把弯了的刺刀踩直，再端着去刺向敌人。

这样杀过来，杀过去，反复冲杀了几次，满山遍野都躺满了国民党军的尸体和伤兵。红军也付出了很大的代价，伤亡越来越大，人员在迅速减少，有些匆促修补好的工事，又被打塌了。

高虎垴顶峰红十一连的阵地上，有一半以上的工事被这连续不断的猛烈炮火摧垮，3米厚的木头和石块砌成的顶盖仍被炸塌，有的战士被压死压伤在里面。没有倒塌的，也是东倒西歪，破烂不堪。战士们在战斗间隙抓紧时间修补工事，硝烟、泥和汗水在他们脸上涂成灰黑色的斑纹，衣服被撕烂了，有些人身上还有发黑的血迹。

代理三营长的通讯主任已经牺牲，供给主任在担任三营营长。

每次进攻与反进攻的血战，都要持续两个多小时。最后，国民党军最猛烈的一次攻击，终于又被击退。下午4时过，国民党军又鼓噪着进攻了一次，可是，不过是完全失掉了锐气的一种自慰式的攻击罢了。尽管枪炮还打得热闹，但国民党士兵们一听到被遗弃在前沿的同伴们的惨叫声，有的就蹲伏下来，不敢前进了，有的转身就跑。

太阳还有树头高的时候，战线终于完全沉寂下来。远处传来稀稀落落的炮声，附近阵地上一天的激战也接近尾声。国民党军在那里留下了大批死尸，狼狈地撤退。

"一营上山去负责警戒，三营撤下来休息。"王团长说道。

苦战一天的部队撤下了阵地，彭德怀等站在高虎垴后山麓迎接英勇的战士们。

脸上污垢斑驳的战士们从首长面前走过，有的人头发和眉毛都烧焦了，有一半人用布包扎着头部和手臂上的伤口。一天激烈的战斗，他们还没有吃上一口饭，喝上一口水，疲劳、饥饿，加上流血，一个个都变得苍白而瘦削。彭德怀挨个握着战士们的手，把战士们仔细看了一遍。他显得很激动，尤其是看到这些虽然过度疲劳，却仍挺胸昂首的战士们……

这个团唯一生还的营长走过来了，他把袖管挽到臂弯，腰带上插一支驳壳枪，满脸油汗，一股豪壮之气溢于眉间。他简单地报告了战斗情况，然后"喀嚓"又一个敬礼："请首长指示！"

彭德怀的眼眶中闪现着不多见的泪光，直觉得喉头发哽。对这些无畏的勇士们，还有什么好说的呢？他声音嘶哑地轻轻说道："大家辛苦了，快去吃饭，休息。"

王团长、苏政委呆呆地看着战士们从面前走过，想到早晨进阵地时，是四五百人的大队伍，仅仅一天，一个连队就只剩下这短短的一行；一个营，只要轻声喊口令，就全都听到了。过去几次反"围剿"，打了许多次恶战，不但从来没有这样大的消耗，而且还壮大了许多倍。可现在仅仅一天，就遭到这样大的损失，尽管我们的指战员勇敢忠诚，可这样的"阵地防御"继续下去，结果会怎么样呢？

2. 蒋介石天文台静观天象

赣南的战局在僵持中，国共两军互有胜负，但总的来说，红军胜得少，输得多。这使蒋介石在近月也有了些闲情逸致，看惯了地上的风景，他又要观天上的景色了。

中国国民政府首都南京，城东北紫金山上，一群人簇拥着蒋介石在天文台人员的陪同下观看天象。

秋夜星空，天街车水马龙，壮美的银河如一条缥缈的轻纱，从西南到东北斜贯天穹。北天上，北斗七星的"斗柄"已渐渐指向西方。

1934年8月底，南京紫金山天文台建成。半个多月后的今夜，天文台特邀国民政府的一些军政要人来台视察和参观。

工作人员介绍道："紫金山天文台系中央研究院天文研究所创建的第一个天文台，地理位置为东经118度49分，北纬32度4分，海拔267米。现拥有口径15厘米的反射望远镜、口径20厘米的折射望远镜、口径15厘米的天体照相仪及太阳分光镜等主要观察仪器。"

蒋介石偕夫人宋美龄缓步来到天文望远镜下。

举目仰视，满天星斗。繁星点点，镶嵌在深远无边的天幕上。

"夫人是天下第一美人，此时我们的头上恰有天上第一美星与夫人交相辉映。巧合呢！"有人谄媚道。

"在哪里？"宋美龄面露喜色，从望远镜里向茫茫夜空搜寻。

"请夫人先看银河岸边的仙女座。仙女座除占天区较大的空间范围外，还有一个显著特点是双星较多，它们从西南到东北方排成一列，横贯整个星座。其中有颗星是三合星，由主星和子星组成，通过望远镜可以看到，它的颜色忽而变为橙色，忽而变为黄色，忽而又变为蓝色、金色，妩媚迷人，美丽极了。因此人们把它称为天上第一美星。"

"果然是漂亮极了！"宋美龄把整个脸贴在镜筒上，对着星空赞美。

"牛郎星下面那几颗星是什么星？就是银河东面那几颗亮的。"蒋介石也把双眼凑向望远镜，瞟了几眼"天上第一美星"，然后把视线移向了别处，好像漫不经心地问道。

"是不是宝瓶座南面的那几颗？这是摩羯座。这群不太亮的星构成了一个三角形，是摩羯座的主星。这个星座虽小，但它由于位于黄道带上，所以人们很容易注意到它。摩羯座南面有颗最亮的星的星座名字叫南鱼座。"工作人员尽力把天文专业术语解释得通俗一些，但在外行人听来仍感到这些星座的名称有些别别扭扭的。

负责天文台行政管理的中央天文研究所领导人趁机汇报工作，说道："紫金山天文台建成后，我们研究所就由城内鼓楼迁到这里来了。"

"你们昨天说的那颗鲸鱼座怪星，就是那颗红巨星，在哪里？"蒋介石显然并不关心天文研究所的迁址，问的是他很关心的星辰的事。

"请委员长向摩羯座、宝瓶座的正东看，鲸鱼星座刚升起，它是黄道的12个星座之一。鲸鱼座中有颗奇特的变星，它的亮度可从2等变暗到10等，所以若用肉眼观察，一年中大概只有两个月时间能够看到它，因此有鲸鱼座怪星之称。我们现在很幸运能看到它。这颗体积很大的红巨星，我们所居住的地球是无法与其比拟的，它大约比太阳还要大10倍，但密度却很小，只有太阳的百分之一。"

"那个江西的毛泽东是生在哪一年的？"蒋介石突然问了一个让所有人都感到很意外的问题。

"民国……那时先总理还没建立民国，毛泽东……大概生在光绪19年，公元1893年。"侍从人员搜肠刮肚地回答。

"比我小6岁，今年41。"蒋介石一边从望远镜中静观天空，一边在算计着。

蒋介石调整着望远镜，凝神仰望，认真观察着，不知他是在寻找属于自己的星座，还是揣摩着时在江西的毛泽东。

"天上的太阳，实际上多的是，只是离我们远了一些。所以日本人的那副征联在我们天文工作者眼中是毫无道理的。"研究所负责人在此所说的征联，是日本人近年侵占中国东北数省后公开在报纸发表的一副上联："日出东方独无二"，并广征下联。其用意十分险恶，那分明是在欺负中国人。

"不要提日本，惹他们干什么！"蒋介石却像触痛了伤疤一样，很不高兴地说道。

众目睽睽中，蒋介石也感到有些失态。但大家心中都明白是怎么回事，这几年，最好在蒋介石面前不要提日本人的事，多说"剿匪"。

然而，中华民族到了这时，的确已经到了生死存亡的危险关头！战争阴云弥漫在世界东方。众所周知，中国在近现代有个很不友好的近邻，就是日本。几十年前的"甲午海战"、《马关条约》等割地赔款在此不说，仅近年的侵略行径一提起，就会让身上还流淌着炎黄血脉的中国人义愤填膺，捶胸顿足。

世纪20年代末，世界性的资本主义经济危机大规模爆发。日本由于经济危机和社会内部矛盾的尖锐化，更加加速了军国主义化，加紧从对外侵略中——首先是占领中国——寻找出路。同时，由于欧美帝国主义因国内经济危机造成它们在远东地位的削弱，日本便在"防共"、"反苏"的口号掩护下，积极执行臭名昭著的"田中奏折"计划（即1927年日本首相田中义一向天皇密奏的所谓"唯欲征服支那，必先征服满蒙；如欲征服世界，必先征服支那"的国策），准备把战火移向防卫能力薄弱的半殖民地半封建的中国，并力图以中国为跳板侵占苏联的远东地区，称霸亚洲和世界。于是，日本成为东方的战争策源地。

日本为了对中国进行大规模的公开侵略，制造了一系列的挑衅事件。1931年7月，日本间谍机关在中国东北边境制造了挑拨中朝民族关系的"万宝山事件"。8月，又借口一个日本军官中村大尉在东北失踪，大肆挑衅，并把大批军队调入东北，增强驻扎东北的日本关东军，战火一触即发。接着炸毁南满铁路柳条湖路轨的一段，却以中国军队破坏为借口挑起战火，于9月18日夜，攻击沈阳东北军驻地北大营，炮轰沈阳城。

强盗的铁蹄践踏着中国人的头颅，闯入了中国的大门。昏了头的蒋介石却下令给东北军："绝对不能抵抗！"。在如此可耻的退让中，19日晨，日军顺利占领沈阳，接着又分兵东进吉林省。不到5天时间，日军几乎全部占领了辽宁、吉林两省的千里大好河山。

蒋介石政府对"九一八"事变完全采取了卖国的不抵抗政策。早在事变发生前，他就曾向东北军下令："遇有日军寻衅，务须慎重，避免冲突"；事变发生时，又训诫士兵："不抵抗，即使勒令缴械，占入营房，均可听其自便"；辽宁、吉林两省失陷后的第2天，蒋介石政府又发表《告全国军民书》，声明东北事件已"诉诸国联行政院，以待公理之解决，故希望全国军队，对日军避免冲突，对于国民亦一致告诫，务须维持严肃镇静之态度"；就在这样卖国的不抵抗政策下，11月，日军又占领黑龙江省，1932年1月初再占领锦州，蒋介石命令几十万东北军一枪不放地完全退入关内。总共不过3个多月，整个东北被蒋介石政府完全断送，东北就此沦为日本帝国主义奴役下的殖民地。

日本帝国主义侵略中国的罪行和蒋介石政府卖国的不抵抗政策，激起了中国人民的民族义愤。中国共产党代表全国人民的要求，在9月20日与日本共产党中央联合发表了反对日本帝国主义侵略行动的宣言。22日，中共中央又发表决议，提出组织群众的反帝运动，发动群众，反抗日本帝国主义，组织东北游击战争，直接给日本帝国主义以打击的号召。

在中国共产党的号召和组织下，千百万人民群众掀起了抗日反蒋的怒潮。上海10万大中小学生举行罢课，3万多名码头工人举行反日大罢工。北平、广州、香港等城市的工人，也积极行动起来参加抗日集会。全国人民和城市工商界展开了抵制日货、禁止与日本交易的运动，上海各界救国会通过了对日经济绝交的决议，并实行验查日货。商业界也宣誓自10月1日起不经销日货。其他各大中城市群众，也纷纷卷入到抵制和验查日货的高潮中。南京、上海的学生群集南京国民党政府门前示威，抗议蒋介石对日本帝国主义的妥协和不抵抗政策，并捣毁国民党政府的外交部，殴打国民党政府外交部长王正廷。平、津、沪、汉、广州、济南等地学生代表，到南京请愿示威。上海的学生悲愤地捣毁了国民党上海市党部，组织民众法庭公审上海市长和公安局长，全国各地学生纷纷起来请愿示威，捣毁国民党的许多地方党部及地方政府。

就在这时，1932年初，得寸进尺的日军却又在上海的闸北等地发动大举进攻，这就是"一·二八"事变。上海军民奋起英勇抗战，而蒋介石则与日本签订了卖国的《淞沪停战协定》，对日军的侵略采取"逆来顺受的态度"。同时，与此形成鲜明对比的是，蒋介石却把枪口杀气腾腾地对准了热情爱国的学生，进行枪杀、拘捕和遣散。他不抗日，也不许民众抗日，其镇压更加激起了全国人民沸腾的抗日情绪，全国抗日运动到了这时已是风起云涌。

当日本帝国主义向中国东北侵犯和国民党新军阀大混战的时候，中国工农红军在中国共产党领导下日益壮大起来，红色区域也在连续粉碎国民党军队的围攻和克服各种困难的条件下得到了巩固和扩大，红色政权在南中国大地迅速发展。中央工农民主政府坚决反对日本的侵略和国民党政府的不抵抗政策，发表了《为国民党反动政府出卖中华民族利益告全国民众书》，号召全国人民自己武装起来驱逐日本帝国主义，否认国民党与帝国主义的一切谈判和密约。1932年4月26日，中央工农民主政府发出对日宣战通电，指出，国民党反动政府已是帝国主义侵略中国的帮凶，它已不能指挥全国人民的抗日运动，中央工农民主政府"特此正式宣布对日战争，领导工农红军和全中国广大被压迫民众，以民族革命战争，驱逐日本帝国主义出中国，反对一切帝国主义实行瓜分中国，以求得中华民族彻底的解放和独立"。随后，中央工农民主政府又发出《关于动员对日宣战的训令》，指示立即对广大群众进行对日宣战的扩大宣传和动员，积极扩大红军力量，准备直接对日作战。

1933年1月初，贪得无厌的日军占领山海关，2月底再侵犯热河。由于蒋介石政府自动放弃热河，日军仅用7天时间，便不费一枪一弹占领了热河省会承德。然后日军又继续发动对长城各口的攻击，企图一鼓作气拿下华北。

蒋介石政府为了进行反共反人民的内战，对于日军侵占热河和进攻长城各口，仍采取不抵抗政策。蒋介石下令禁止超过日军兵力10倍的驻防长城各口和平津一带的军队起来抵抗，公开宣称："要专心一志剿匪……侈言抗日……那就是投机取巧。"并发出"侈言抗日者杀勿赦"的命令……布置其嫡系部队监视和牵制长城各口的抗战部队，派其党羽解散关外义勇军，大量捕杀北平的共产党员和抗日爱国青年，使长城各口作战部队孤立无援，终于在4月间失守。5月中旬，日军占领通州，包围北平、天津，华北危急。

在这种情况下，蒋介石政府与日本在1933年5月31日签订了由日方事先拟定的《塘沽协定》。协定规定了中国军队立即撤退至延庆、昌平、顺义、高丽营、通州、香河、宝坻、林亭口、宁河、芦台所连之线以西以南地区，不得前进，不许进行"一切挑战扰乱之行为"，并且为了"确悉"和监视撤退，日本可用飞机或其他方法进行侦察，中国方面应给予便利和保护。如果日军"确认"上述协定执行完满时，就不超越该线继续追击，且自动归还至长城之线。至于长城线以南与前面所规定之线以北以东，则为非武装地带，担任维持治安的中国警察机关不得由对日本情感敌对者所组成。蒋介石政府签署这个丧权辱国的协定，在事实上承认了日军占领东北、热河，承认冀东为日军可以"自由行动"的非武装区，并使华北置于日军监视和控制之下。至此，蒋介石政府断送中国领土已有4省之多。

蒋介石这一卖国协定，激起了中国人民的极大愤怒。中共中央于5月25日发表了《为反对国民党出卖华北平津告民众书》，6月1日，中华苏维埃临时中央政府通电反对《塘沽协定》，揭露蒋介石所谓工农红军"阻碍抗日战争"、"中国没有力量抗日"，故"不得不忍痛停战"等无耻谎言。号召全国人民一致团结起来，进行民族革命战争。中国共产党为了进一步团结抗日力量，揭破蒋介石所谓"红军扰乱后方"的荒谬借口，发布宣言，号召在立即停止进攻红色区域、保证民众的民主权、武装民众等3个条件下，与国内任何军队订立抗日作战协定。

1934年4月，中国共产党为了挽救民族的危亡，再度发表告民众书，号召一切真正愿意反对日本帝国主义而不甘心做亡国奴的人不分政治信仰，不分职业、性别，联合在抗日的统一战线内，并提出了有名的抗日救国六大纲领，号召全体海陆空军总动员对日作战，全体人民总动员，这一纲领在4月20日由宋庆龄、何香凝等1000余人共同签名发表为《中国人民对日作战的基本纲领》，在国内外引起强烈反响。

全国轰轰烈烈的抗日运动，蒋介石似乎视而不见，反而专心致志于"剿赤"。在紫金山观星几个月前他坐镇庐山，亲自指挥国民党各路军步步向江西苏区进攻，并举办军官训练团统一战术和政治思想，总结前4次"围剿"失败的教训。当时，国民党东路军李延年纵队在朋口，汤恩伯部在泰宁，遭到红军的顽强反击，受创严重；北路军陈诚的第3路军在黎川以南的囤村、黎川西南的横村及南丰的土家山、五都寨等地区，也受到红军沉重打击；南路军李扬敬纵队在粤赣边之筠门岭被红军阻击在苏区之外。

但是，在国民党军发动第五次"围剿"后，适逢中共内部"左"倾冒险主义猖獗，因此近月以来，国民党军的江西"剿赤"军事取得了决定性进展，蒋介石开始有点沾沾自喜了。

从7月初国民党军向中央苏区中心区域开始全面进攻后，红军由于受王明"左"倾冒险主义的错误影响，在军事以堡垒对堡垒，使苏区越来越小，仗是越来越难打。而国民党军在据有碉堡线的情况下，虽然受到红军的重大打击，有很大的损耗，却在总的军事态势上维持了对红军的包围。到了这时，国民党军官兵对修碉堡的技术也日益熟练，依靠其兵力优势，逐碉逐堡地向苏区腹地推进。不久，已如本书前节所述，陈诚部攻破广昌，薛岳部侵占兴国、古龙岗，迫使红军退至白水、头陂、驿前一带构筑工事，进行阵地战。

红军采取王明"左"倾冒险主义的战术，正中蒋介石下怀："朱毛玩游击战术还可以，怎么竟然与我干起阵地战来了？我看他们是昏了头。"此时的蒋介石显然并不清楚毛泽东已被中共党内"左"倾领导人排挤在决策圈外。

蒋介石看到红军打正规战和他拼火力，马上把重炮兵调到江西配合他的10个纵队近30个师兵力加紧进攻。

赣南红土地上，一片鏖战，钢铁与肉体撞击在一起。

这年夏秋之交，对中共领导下的江西中央苏区来说，简直是个处处布满荆棘的季节。

中央苏区的困难日益加剧。

红军反"围剿"的不断失利，特别是广昌战役后，广大红军指战员眼看队伍一天天减少，根据地越来越小，心中都闷着一肚子气。在后方的毛泽东对广昌保卫战提出尖锐的批评，说："广昌战役对红军来说，是个灾难，毫无战绩。"前线指挥员如彭德怀等更是满腹意见，曾支持"左"倾冒险主义的一些人，也开始对李德、博古的指挥不满。

"这样打下去，我们能有胜利吗？"张闻天对李德的错误指挥已大为怀疑。

"不这样，又怎样打？"博古很不以为然。

"广昌战役同国民党军死拼是不对的，结果使红军遭到了巨大的损失。"张闻天越说越有气，指着博古，批评说，"你也过于重用李德了！我们中国的事情不能完全依靠他，自己要有点主意。"

"你这是普列汉诺夫反对1905年俄国工人武装暴动的机会主义思想。"博古哪能容忍别人的指责,他与张闻天发生了激烈的争论。

"你这是污蔑。我坚持自己的意见。"一向温和、书生气的张闻天毫不相让,与博古发生了公开冲突。

两人争得面红耳赤,相持不下。张闻天同博古的矛盾逐渐加深。

当时,身为红军总参谋长的刘伯承,也不满意李德的错误指挥。后来,有一次李德到总参谋部去,几个机要员在路边烧火做饭,挡了他的路,他竟一脚把锅给踢翻了。刘伯承怒不可遏,当场跟李德吵起来,结果被降到红五军团去当参谋长。这时,就连一贯赞成"短促突击"的红一军团军团长林彪也提出了反对李德的意见,他根据该地区的实际情况和广昌保卫战的教训,给中革军委写信说:根据敌军的行动计划,"我们仍然有求得在运动战中消灭国民党军的充分机会",我军主力"宁可多走点路,宁可万一扑空,只要时间上赶得上则应当去赶那个机会";并说:"我主力兵团可以取得胜利的仗不应放过,对于得不偿失的仗,对于胜利条件不大足的仗,则不应以主力进入战斗",应切忌"过去那样以主力逼近国民党军,与敌对峙"的方法,消耗兵力和弹药,陷于被动;还说:"地形条件对于作战有很大的决定意义,战胜敌人时的兵力对比少,不成为重要因素,在山地战为尤然。如地形条件适宜和战术运用巧妙等,是能以少胜众的,至少能消灭敌之一部。"这无疑是个正确的建议。但是,博古、李德却拒绝采纳,仍然命令红军采用堡垒对堡垒和"短促突击"的战法,同国民党军拼消耗。

在这种情况下,基层连队也产生了一种反常的情绪:每当打仗前夕,总是把所有的钱拿出来买东西大吃一顿。有的指战员边吃边说道:"准备拼吧!死了也不要做个饿死鬼!"这虽然是在说笑话,实际上是表现了对当时军事路线的不满。

"这种打法真是让人越打越糊涂,这眼前形势与第四次反'围剿'以前完全不同了。那时打一个仗,部队扩大了,装备改善了,地区扩大了,可眼前我们与敌人堡垒对堡垒地打了大半年,虽然也打了几个胜仗,但阵地还是丢了,部队老是减员,根据地老是缩小,这样打下去会有个什么收场呢?"红军指战员们逐渐对"不放弃苏区一寸土"的口号发生了怀疑,对与国民党军拼消耗的"堡垒战法"产生了疑问。

"这短促突击的战术,我是看透了,是肉包子打狗,有去无回。"这个比方虽然不甚恰当,但几乎是广大指战员一致的内心话,不过谁也不敢在公开场合下提出来,因为在当时"左"倾路线领导下,很容易因此而被扣上一顶"右倾机会主义"的帽子。

就是在这样严重的困难情况下,红军指战员的革命意志仍然没有动摇,大家仍都抱着"有敌无我,有我无敌"的战斗决心,坚决守住阵地,准备流尽最后一滴血。

如此众多的中央领导人和红军指战员对错误军事指挥不满,博古和李德却置若罔闻,我行我素,仍固执地命令中央红军进行死拼硬打。但在后来,他们却不能不有所考虑,因为他们的那一套打法已经行不通了,战火烧到了他们的屁股。

中央苏区的形势日趋恶化,红军坚持内线作战打破敌军"围剿"显然已十分困难。在这种情况下,中共中央、中革军委开始考虑红军主力撤离中央苏区的问题。

广昌战役后,一向骄横的李德也感到了局势的严峻性,他对博古说:"看来要准备作一次战略大转移。"

"向哪里走呀?"这时的博古一说话就带着灰心丧气的语调。

"先到湘鄂西吧,那里的地形可能便于创建新的革命根据地。"李德趴在地图上,眼睛盯着湘鄂西,其实,那个地方他根本不熟悉,不知他脑袋里会把湘鄂西想象成什么样子。

就这样,中央苏区红军和中共中央要撤出瑞金地区的计划渐渐提上了议事日程。仗打到这个地步,不走也的确不行了,总不能让蒋介石国民党军"连人带窝"一锅端吧。但这个最初由李德、博古等人设计的战略转移并没有打算走得像后来那么远。

长征的各项准备工作,就这样在广昌战役后的1934年4月底悄悄开始部署。这说明,那时的中共中央在战略指导思想上,开始改变过去那种不遗寸土的方针,决定以保存有生力量为主。

随着国民党军迫进中央苏区腹地,战略转移已是势在必行。5月,中共中央六届五中全会时成立的书记处决定把红军主力撤离中央苏区。随后,中央成立了由博古、李德、周恩来组成的最高决策机构"三人团"。政治上以博古为主,军事上以李德为主,周恩来只是负责督促军事准备计划的实行。他们把红军主力准备撤离中央苏区的计划报告并请示共产国际。李德在所著《中国纪事》中曾写道：5月初，我受中央委托草拟了1934年5月至7月关于军事措施和作战行动的3个月的季度计划。这个计划是以军事委员会决议的3个观点为基础的。这3个观点是：主力部队准备突破封锁线，独立部队深入敌后作战，部分放弃直接在前的抵抗。

5月5日，博古、李德从前方回到瑞金。他们一方面作转移准备，一方面命令各主力红军"用一切力量继续捍卫中区来求得战役上大的胜利"。"保卫中央苏区每一寸土地"的作战，在等待共产国际的复电中艰难地支撑着。6月25日，中共中央终于盼来了共产国际的复电，其中指出："动员新的武装力量，这在苏区并未枯竭，红军各部队的抵抗力及后方环境等，亦未足使我们惊慌失措"。关于主力红军的退出，"这唯一的只是为了保存活的力量，以免遭受敌人可能的打击"。也就是说，共产国际基本同意中共中央所作出的战略大转移意见，但也指出不必"惊慌失措"。这样，自5月起，当时的"左"倾领导人，即已提出战略转移的问题，长征的准备开始在极少数中央领导人中正式秘密进行。但这仅是"准备"而已，他们还一直举棋不定。

共产国际的复电来了，中共中央本应毫不迟疑地转变红军的战略方针，实行战略上的退却，以保存主力红军的有生力量。但博古和李德却没有立即采取行动，在战略转变上犹豫不决，似乎他们在企盼着有什么奇迹出现，一面秘密进行转移的准备，一面却又要求各主力红军用一切力量争取大的胜利。这种继续与国民党军拼消耗，而忽视保存有生力量的错误决策，使红军又遭受了本可避免或减少的严重损失。

这时，经过半年多的反"围剿"作战，中央苏区的生产已遭到严重破坏，部队供给和人民群众的生活已十分困难。可是，博古、李德等人仍决定采取"全线抵御"的方针，命令中央红军主力及一切地方武装在中央苏区内继续坚持斗争，企图通过主力红军的顽强抵抗和发展游击战争，来求得战略上的变更。

在这种思想指导下，中央红军开始了更加艰苦的防御作战，使部队又遭受了重大损失，中央苏区进一步缩小。"六路分兵"、"全线抵御"不仅没有制敌，反而为敌所制，使红军陷入更加被动的境地。直到博古、李德对打破国民党军的"围剿"已经绝望，才把工作重点转到部署战略转移上来。

中共中央和中央军委为了摆脱中央苏区第五次反"围剿"的困境，减轻蒋介石军队对中央苏区的压力，先派红七军团由瑞金向东出发，长期到福建、浙江去行动。中央政治局书记处、中央政府人民委员会、中革军委会关于组织北上抗日先遣队，在给红七军团作战任务的训令中指出：第一步到福建省闽江地域，第二步到浙江省兰溪地域，第三步在浙江、皖南创建根据地。以红七军团组成的北上抗日先遣队6000余人，在中央代表曾洪易、军团长寻淮洲、政治委员乐少华的领导下，从瑞金出发东进，到达连城以北，后进入闽中，占大田、龙溪，抵达闽江南岸。

中华苏维埃共和国中央政府和中革军委于7月15日发表《为中国工农红军北上抗日宣言》，指出"苏维埃政府与工农红军，不辞一切艰难，以最大的决心派遣抗日先锋队，北上抗日"，"愿意同全中国的民众与一切武装力量联合起来，共同抗日"，并提出了争取民族解放战争胜利的5项具体主张。

接着，中共中央和中革军委又命令红六军团向西转移，离开湘赣苏区转移到湖南中部去发展游击战争及创建新的根据地，并与红三军取得联系，"以造成江西、四川两苏区联结的前提"，中央指定任弼时、萧克、王震组成军政委员会，任命任弼时为军政委员会主席和中央代表，领导红六军团的行动。命令还规定，湘赣军区所属部队、游击队均留在湘赣苏区坚持斗争，阻止湘敌由西向东进攻中央苏区。同时，红六军团作为中央红军长征先遣队，探索红军主力战略转移路线。8月7日，该军团分由永新、遂川地区突围西征，拟沿罗霄山脉穿越万洋山进军湖南。23日，进入零陵东北后，决定分兵3路，以一部向耒阳抵御湘军王东原、彭位仁及陶广等师的追击，以一部趋临武、蓝山阻击粤军，而以另一部佯攻零陵，集大队在蔡家埠、略江口抢渡湘江。

蒋介石在得知红六军团西征的军情后，急忙召开军事会议，研究对策，推测道："朱毛败局已定，现在不知又在折腾什么，又是东下福建，又是西窜湖南、贵州。他们很可能是在探路，企图外逃。我各路军务必引起足够重视。"并令国民党军第4路军总司令、湖南省政府主席、"赣粤闽湘鄂剿匪军"西路总司令何键严加堵截。

何键对蒋介石的旨意心领神会，迅速集结9个团重兵，首先在赣湘边设置层层重围：令长沙警备司令胡达调部至宝庆，令王东原师至耒阳，令陈光中、彭位仁、李觉师集结衡阳、郴州。7月25日，红六军团与王东原师张谷中旅在冷水铺遭遇,激战一天,突破湘军重围至阳明山石家峒、白果市,王东原师以主力袭击石家峒,以一部于新田、永安、平田一线防堵。何键又命段珩、晏国涛为湘江左岸守备司令,派钟光仁旅守耒阳,黄新团驻守冷水铺,唐肃团驻守高亭。红军抗日先遣队于阳明山突围,东出祁阳县白果市,绕过王东原师跳出包围圈,击溃第16师,折经新田南进。红军化整为零,走荒山小径,一部经宁远向嘉禾、蓝山、临武;一部往道县,直奔江华、永明。9月初,红军长征先遣队在兴安北部界首、咸水附近抢渡湘江,一举击溃湘军8个多团,顺利过江。

在中国工农红军建军7周年前一天,中华苏维埃共和国中央政府主席毛泽东特别发表《目前时局与红军抗日先遣队》一文,指出:时局难当头,苏维埃政府与革命军事委员会已命令全国红军准备随时随着抗日先遣队出发。并号召全国人民援助红军,粉碎国民党军对苏区的第五次"围剿",实现抗日主张。

蒋介石把毛泽东的这篇文章看了一遍后,怒气冲冲地骂道:"什么抗日?这完全是借口!打不赢就走,这是朱毛的一贯战法。这次,我非让他想走也走不成!"

"委员长,我们何不来个一箭双雕,借助共产党的武装来抗日,把他们推向第一线。"有高级幕僚向蒋介石建议。

"哼!他们有什么力量抗日,无非是想诱使我军放松包围。我们的既定政策就是不消灭共产党就不能抗日,因此我们更应对共军加紧包围,聚而歼之,不使漏网。"

频繁的"剿赤"急电从蒋介石的身边传到南昌行营和前线。

国民党"剿赤军"在蒋介石的指挥下,从四面八方挤向江西苏区腹地瑞金。红三、红五军团在广昌县高虎垴、万年亭两地奋起组织防御,阻止国民党军的推进。经激烈战斗,虽给"围剿军"的精锐第89师以沉重打击,但红军本身也遭受了重大伤亡,不得不撤出战斗。

红军北上抗日先遣队的行动也相继遭受重大挫折。红七军团在占领水口后,先遣队领导在此向部队讲明北上抗日先遣队的任务,并进行夺取福州的战斗动员。然后占领大湖,直迫福州城北郊,拟进攻福州城,但终因兵力不足,且敌已有准备,遂撤出战斗,向闽东游击根据地转移。

西征的红六军团9700余人,从湘赣苏区东南部的遂川县横石、新江口地区出发突围，进占遂川县西部的藻林，突破了国民党军遂川至七岭的封锁线，进占左安，接着又突破湘军在桂东、上犹交界的寒口至广东桥的封锁线，进到湖南省桂东县的寨前圩，遭到国民党军的节节阻击。这支部队的北上，并没有达到预期目的，如此小股红军的移动似乎难以引起蒋介石的多大注意。

红七军团在北上途中接连失利，后与红十军合编为红十军团。在与敌重兵作战中，红十军团损失惨重，大部壮烈牺牲，领导人刘畴西、方志敏等先后在怀玉山东麓陇首村被捕，在狱中同国民党军进行了坚贞不屈的斗争。方志敏以惊人的毅力和意志在狱中6个月里写下了20余万字的文稿，著名的《可爱的中国》就是在这时完成的，另外还有《清贫》、《狱中纪实》、《我们临死以前的话》和《我从事革命斗争的略述》等。方志敏和刘畴西后在南昌市城北下沙窝的秘密刑场英勇就义。当时，方志敏年仅36岁，刘畴西年仅38岁。

红六、红七军团的行动，终因转到外线去的兵力单薄，没有能起到吸引国民党军从中央苏区调出的作用。至此，中央革命根据地压力的缓解已无法寄托于小股佯动力量的牵制，到1934年夏秋之交，东线和北线即被敌军突破，西线和南线也更加困难，红军主力撤出中央苏区突围转移已势所难免。

蒋介石为了尽快结束对赣闽湘地区的作战，速令各部继续采取"步步为营"的堡垒推进战法，增筑纵横碉堡线，对江西中央苏区进行分割和压缩，并严令湖南的何键仿效江西"剿赤"之碉堡法，对西征红军进行堵截，电称："查各路构筑碉堡向匪区挺进及碉堡线封锁制匪窜扰均已有成效。惟半年来，为预防匪军西窜计，除令筑沿赣江至信丰、安远、定南封锁线外，特规定构筑赣西南及湘粤边各纵横线，以期严密……而近来伪独立第二团枪匪窜。由此可见，各线之构筑与守备均未严密。对小股如此，则对封锁匪之主力将更属空谈。言念及此，殊堪痛心。此后对于已成之碉堡线，务须增筑绵密，使能以枪火交叉封锁。未成者，务须绵密构成，分段负责，周密其防守，尤以赣粤湘边区前空之纵横各碉线，应速完成其工事，严行其守备，倘能增加纵横碉线更利。否则再有疏虞，任匪主力西窜，则后患更大。尚望兄等严饬所属一体力行之。"

国民党军在蒋介石的督促下，向红军发起了新一轮更加猛烈的进攻。军事形势的发展从各个方面看，对中央苏区各路红军都已经很是不利。

以往能征善战的红军在"左"倾错误路线的严重影响下,似乎是"军中无帅才,将中无能人"。

此时担任中革军委主席的朱德和副主席周恩来,应该说在当时的中共中央领导层是除了博古、李德外的核心决策人物之一。然而,在广昌战役中担任司令员并和博古、李德一同上前线的朱德,以及留在后方瑞金的周恩来,说话并不压重。在党内生活很不正常的情况下,他们都不能参与重大决策。

在这种情况下,朱德、周恩来的困难处境是可想而知的。他们虽然担负重要职务,但对重大军事行动的指挥权力已被剥夺,只能提出建议,而这些建议又往往不被理睬。

朱德和周恩来曾经与李德进行过多次争论,表示不同意李德的某些军事主张和作战方案。特别在如何使用兵力的问题上,李德强调所谓"正规军"打"阵地战",用红军的"多路分兵"对付国民党军的"多路进击";朱德、周恩来则主张集中兵力于一个方向,其他方向则部署牵制力量,使红军保持相对的优势和机动兵力,以粉碎国民党军的进攻。但是,李德拒不接受朱德和周恩来的正确建议,使分兵把口的红军被国民党军的强大兵力各个击破。伍修权回忆说:"进行这些争论时,我经常在场,有时由我从中翻译,有时周恩来同志直接用英语对李德讲。"

但是,朱德和周恩来出于革命整体利益的需要,遵守党的组织纪律,对博古、李德的一些错误决定,不能不服从,并组织实施。许多军事电报仍以朱德的名义发出,周恩来还在《红星报》上发表过宣传打消耗战的文章。这段时间,他们的思想很苦闷,但仍做了一些有益的工作。

在严峻的敌情和党内斗争双重困难中,广大红军指战员经受住了考验。

中央红军继高虎垴、万年亭等战斗后,虽然又予敌以重大创伤,但自己的伤亡也很惨重,被迫节节后退。7月上旬,国民党军队经过调整部署,集中31个师的兵力,从6个方向开始对中央苏区的中心区域发动新的进攻。博古、李德又命令红军"分兵把口,处处设防",形成"六路分兵"有攻必守的阵地战。8月31日,高虎垴以南9公里的驿前镇失陷,此地南距瑞金整100公里。

炮火纷飞,战报频传,胜者欢乐败者愁。

柔和的夜风中,蒋介石赏月品茗,每当开口与幕僚们谈论军事形势,总是洋洋得意地夸耀自己的指挥要比别人高明得多,说:"湘赣边红六军团是在我西路军围攻下站不住脚才不得已而西移的。孔荷宠投降是红军瓦解的先声。看来红军现已无法施展其机动灵活的战术,只能局促回旋于堡垒之间,已成被动之局。我各路军加紧包围,以雪历次'围剿'失败之耻,把红军消灭在包围圈内。"

在蒋介石看来,江西围攻的大势业已完成,瑞金的"红星"即将下落,取而代之的将是"青天白日"。因此,在紫金山观星之夜,蒋介石虽然不相信中国古老观天象中的封建迷信之说,但他却急切盼望能看到天上"红巨星"的坠下。

静寂的紫金山秋夜下,蒋介石的思绪从炮火连天的赣南大地收回到天文望远镜中。镜中,"红巨星"闪烁着银光,缓缓移动于南天,没有任何异常动向。

"现在在我们头顶上能看到的星座主要有这么几个,请委员长顺着银河向南看。"天文台负责人用形象而美妙的语言描述道,"'飞马'踏响助威的'天琴','鲸鱼'摇动'摩羯'、'宝瓶','天蝎'追杀'天鹅'、'天鹰','牧夫'狩猎'大熊'、'小熊'。"

"天上的星座也在征战啊!那小小的仙女座只好在一边摇旗呐喊了。"宋美龄长叹道。

"它们的战争舞台可够大的。"有人附和。

蒋介石终没有看到"红巨星"有什么变化,他在天文台逗留了1个多小时后,开始下山,然后准备乘车返回市区。

树影婆娑的林荫道上,宋美龄等人还在为那颗"天上第一美星"赞叹,感慨地球的渺小,不时止步仰望浩瀚无际的星海。

匆匆走在前面的蒋介石却无语,他在思考着新的"剿赤"军事行动。

一颗拖着长长尾巴、闪着贼光的流星疾驰划过夜空,身后不曾留下任何痕迹。

深邃莫测的星宇苍穹,天球穿梭,忙乱中却各有座次。它们不厌其烦地在划着那亿万年不变的巨弧轨迹,无始也无终地重复着昨天的路,不经意中却把有限的时空甩给地球上的人类,鼓捣出一个个不重复于昨天的新故事。

如水的星光中,蒋介石一行人走下紫金山。

3. 毛泽东文武坝中畅吟"风景这边独好",为长征突围探路于都河

1934年9月上旬,"围剿"中央苏区的国民党军加紧向中心区发动进攻,苏区进一步缩小,苏区内的人力、物力匮乏,尤其是食盐成了珍宝。

生活上的苦可以熬过,可最困难的是弹药无法解决。由于打阵地战,和国民党军拼消耗,缴获少了,只能在国民党军遗弃的尸体上搜集少量弹药。但是,因为红军一直打的是消耗仗,打得多搜回来的少,所以主要还是靠后方少量的补给。而这样一来,国民党军欺侮红军火力薄弱,公然爬到离红军阵地200多米近的地方修筑碉堡,一步步逼近,红军简直没有办法发起反冲击。红军在苏区内打破国民党军的进攻已基本没有可能。在这种情况下,博古、李德等被迫放弃在苏区内部抵御国民党军的计划,决定于10月底或11月初,实行战略转移,并着手从人力物力上做准备。

红军撤离中央苏区的准备工作已是半公开化。9月1日,根据党中央实行战略转移的决定,中华苏维埃共和国中央政府国民经济人民委员吴亮平、财政人民委员林伯渠、军委总动员武装部部长滕代远等,联合发出通知,指出中央决定从9月15日起,动员3万新战士上前线,这个扩红突击任务必须在1个月之内完成。9月4日,中革军委在《红星报》上又发表了《为扩大红军的紧急动员的号令》,要求中央苏区"无论如何要做到在9月间动员3万新战士去上前线"。9月21日,中革军委决定成立红八军团和教导师等,以壮大中央红军的力量。中央苏区各级党和政府积极响应党中央的号召,迅速展开空前紧急的兵员动员和粮食、草鞋、食盐、棉被、军用器材等的筹集工作,为中央红军实行战略转移,补充兵员和物资。当时兵工厂、印刷厂的机器都想带走,还有除了粮食以外的别的东西。据伍修权回忆:"为了拆搬这些东西,实际上做了近半年的准备。"

"共军要溜！绝不能让他们跑出包围圈。"瞪大眼睛的蒋介石此时已认为是稳操胜券，他的如意算盘是计划把中央红军主力就地"剿灭"在江西境内。

9月8日，赣粤闽鄂湘5省国民党"剿匪"军北路军总司令顾祝同部署北路军"剿赤"兵力及其推进计划，命令第3路军陈诚、罗卓英以樊崧甫、罗卓英、汤恩伯3个纵队，交互筑堡前进，于本月底占领石城；命令第6路军薛岳以吴奇伟纵队和第6纵队第92、第93两师及惠济支队等，在10月初占古龙岗；命令周浑元纵队所辖的6个师，20日前占高兴圩，30日前攻占兴国。何键西路军和黔军也分别对红军长征先遣队进行追堵，何键特别转发蒋介石关于增强碉堡封锁线的电报给部属，要求从速完成并巩固原有的重要碉堡，并增筑战略上的重要碉堡线。

国民党各路军杀气腾腾向中央苏区红军发起最后决战。

在顾祝同部署"剿赤"计划的同一天，瑞金中革军委发出指示，要求中央红军在阻止敌军推进时，应以"最高度的节用有生兵力及物质资材"为基本原则，在战斗的间隙，除三分之一的值班部队外，主力应集结补充整理训练，并加强部队政治团结。在作战指导思想上，中革军委要求部队进行运动防御，并强调在防御的同时，"应准备全部撤退"。15日，中革军委又发出训令，要求中央红军"无论如何应该以保持自己有生力量和物质基础为我占据第一等基本原则。保持地域，不轻遗寸土予敌人，这应该放在前一原则之下来进行的"。

9月13日，为了建立健全各级指挥机关，中革军委发出指示，命令中央红军各军团在10月1日前组织好后方机关，加强运输队的建设；立即将在敌人占领区中各县区的军事部，改为县区游击队司令部和政治部，县区军事部长为游击队司令员、队长，县区委书记兼游击队政治委员，并规定"如在边区和中心区域有被国民党军侵犯之可能时，则将军事部作上述改组"，从组织上对中央红军主力突围后坚持苏区的斗争作了初步安排。

在此期间，地方党、政各级机关按照中共中央的决定，亦加紧进行突围准备。9月19日，中华苏维埃共和国人民委员会主席张闻天发出《关于边区战区工作给各省各县苏维埃的指示信》，提出：一切苏维埃的工作人员，把发动和领导群众进行武装斗争和游击战争，作为中心任务；迅速改变组织,把苏维埃机关里的人员派到游击队中去,并依照战争环境的变化而改变我们的工作方式。这一指示信,对战区、边区在"万一"失陷后的苏区工作做了布置。

中央苏区红军已经打到了不能再支撑的地步,绝不能再硬拼下去了。红军持续了一年之久的第五次反"围剿"作战不得不承认失败,被迫走上长征的道路。9月29日,《红色中华》报发表了张闻天撰写的《一切为了保卫苏维埃》的署名社论,这实际上是中央红军准备实行战略转移的第一个公开信号。社论指出:"为了保卫苏区,粉碎五次'围剿',我们在苏区内部求得同敌人的主力决战,然而为了同样的目的,我们分出我们主力的一部分深入到敌人的远后方,在那里发动广大的群众斗争,开展游击战争,解除敌人的武装,创造新的红军主力与新的苏区……我们有时在敌人优势兵力的压迫之下,不能不暂时的放弃某些苏区与城市,缩短战线,集结力量,求得战术上的优势,以争取决战的胜利。"社论提出按照当时的具体情况决定斗争方式的问题,还指出:"马克思主义无条件的不抛弃任何一种斗争的方式","随着环境的变化而变化我们的斗争方式","采取进攻、反攻、防御以至退却的斗争方式,一切这些斗争方式的运用,都是为了实现党的总的进攻路线"。

张闻天的公开文章无疑是种预示,表明红军战略思想和斗争方式将有新的变化。时《红星报》也发表重要文章,号召苏区人民制作20万双草鞋支援红军,并要求在10月10日前全部完成。

"'双十节'要完成20万双草鞋,这说明共军出逃在即。"蒋介石手持来自江西瑞金的这些红色刊物,推论道,"共军不可能有20万人,现在却急于要20万双草鞋,他们是在做远征出逃的准备。望各路军密切协同合围,争取在'双十'国庆节占领匪都瑞金,活捉朱毛!"

《红色中华》、《红星报》的消息是公开的,中央苏区的普通军民到了这时几乎是与蒋介石同时意识到红军将要远走高飞,可对走到哪里,部队和机关怎么个组织法,突围方向在哪里,都仍是蒙在鼓里。

红军有许多人在事后抱怨说:"撤出中央苏区,实行战略转移,这是一个关系到党和红军的命运,关系到中国革命前途的重大问题,应该在党和红军的领导人中进行充分的讨论和政治动员。"

但是，李德却不这样认为，他说："突围成功的最重要的因素是保守秘密。只有保守秘密，才能确保突然行动的成功。"

"保密虽然是必要的，但不能保到连高级干部都不让知道，连必要的政治动员也没有，使广大指战员毫无思想准备。"后人在论述这一问题时都这样说。

长征的准备工作，由此多是在"三人团"中秘密进行，没有在部队和地方领导人中进行必要的解释和动员工作，甚至在中央政治局会议上也没有讨论过。正如后来的遵义会议决议所指出的那样："关于为什么要退出中央苏区，当前任务怎样，到何处去等基本任务和方向问题，始终秘而不宣。"直到9月底，中央苏区已是岌岌可危，这时"左"倾领导者才在政治局和中革军委作了传达。但是，红军中的许多高级干部，尚一无所知。彭德怀即说："最奇怪的是退出中央苏区这样一件大事情，都没有讨论过。"以致造成转移时的撤退显得过于仓促，造成了部队的紧张和群众的恐慌，使战略转移演变成为一种惊慌失措的逃跑和搬家式的行动，把中国革命引向危险的边缘。

红军指战员以无比的英勇，迎接着撤离中央苏区的最后一战。

在第五次反"围剿"这些艰苦日子里，每当激烈战斗和战斗守备的间隙，红军指战员总是议论纷纷，对这种"堡垒对堡垒"的打法不满和想不通，这时，大家开始怀念起前几次的反"围剿"。

"那是能人毛主席指挥的啊！"红军指战员们感叹。

"特别是那个第一次反'围剿'，毛主席带领我们在运动中调动国民党军，打得可是真带劲啊！"红军指战员们从对比中感到了毛泽东指挥的英明。

"敌进我退，敌驻我扰，敌疲我打，敌退我追。毛主席真是个大能人啊，他的这个'十六字诀'打法就是高明！这种打法使敌人受到削弱，红军得到补充，根据地不断扩大。部队走得痛快，打得也痛快。"红军指战员对往日打胜仗的幸福回想，聚焦成了对毛泽东的无限思念。

第一次反"围剿"时，毛泽东指挥红军从江西的清江向游击根据地退却。队伍来到永丰，群众热情地欢迎红军，但因时机不成熟，红军没有在这里打击敌人，群众很不理解，有的甚至在路边埋怨红军，问"为什么不打"。部队继续退却到了小布，占领了阵地，做好了打埋伏歼灭国民党军的一切准备。等了一个星期，敌军不进，红军又退。后来毛泽东选择了龙冈作为歼灭敌人的战场。战役开始后，毛泽东亲临前线指挥，他站在龙冈后山的半山腰上，亲自作宣传鼓动工作，高声喊着："勇敢冲锋，拼命杀敌，多缴枪炮，扩大红军!"红军在毛泽东的呼喊中，充满了力量，一举歼灭国民党军第18师主力，活捉师长张辉瓒。接着，又打垮了国民党军3个师，夺取了第一次反"围剿"的胜利。从此以后，红军指战员只要见到毛泽东来到部队，就知道要打大仗，并坚信能打胜仗。第二次、第三次反"围剿"都是这样。根据地的人民群众也了解和懂得了这种打法，以各种方式配合红军行动。国民党军来了，就坚壁清野，以地方部队和赤卫队与敌军保持接触，牵着敌人的鼻子走，尔后，选择有利战机集中红军主力各个歼灭敌人。

可眼前的第五次反"围剿"，情况却截然相反：走也走不成，打也打不成，部队天天在减员，消耗得不到补充。红军广大指战员的心头都好像塞了团棉花。

"据说毛主席到苏联去了，那得赶快给他打个电报，让他快点回来!"基层有些战士的想法很天真。

"不，听人说，前几天还看见毛主席就在瑞金。就是啊，他为什么不出来指挥作战呢?"战士们心中的疑团越来越大。

是啊，此时的军事指挥"大能人"毛泽东到哪儿去了呢?他又在干什么呢?

此时，毛泽东的确就在中央苏区。但在部队中流行的"毛泽东去了苏联"的说法也并非空穴来风。有段时间，中共中央确实有过让毛泽东去苏联的动议。博古等派中华苏维埃中央政府土地部长高自立到莫斯科参加共产国际第七次代表大会，即向中共驻共产国际代表团王明等报告了国内情况。高自立在报告中转达了博古的口信，说"毛泽东、周恩来想到苏联养病"。王明首先表态不同意毛泽东到苏联。共产国际的最后意见是："在现在这样的情形下，中央苏区离不开毛泽东，所以毛泽东同志不能来苏联。"因此，毛泽东仍然留在中央苏区。

毛泽东自1932年10月"宁都会议"后，已被王明"左"倾教条主义者排斥在党和红军的领导之外，只负责中央政府的工作。他的许多行之有效的正确主张，被严厉地指责为"狭隘经验论"、"富农路线"、"保守退却"、"右倾机会主义"。在不短的时间内，甚至被剥夺了工作的权利。

在这些日子里，毛泽东一直表现得十分从容沉着。虽然受到排斥打击，难以参与中央的重要决策，但他仍坚持原则，决不放弃自己正确的符合实际的主张，同时又顾全大局，遵守纪律，维护党的统一，充分利用一切机会，尽可能地在力所能及的范围内为党、为苏维埃事业而辛勤工作，竭尽全力地做出成绩，以尽量减少王明"左"倾教条主义对革命所造成的损失，并利用这段时间，读了很多书，作了许多调查研究，使自己的知识和才干得到进一步的增长。

1934年1月底，中华苏维埃第二次代表大会在瑞金召开。在大会选出的第二届中央执行委员会第一次会议上，毛泽东继续当选为中央执行委员会主席。但会议还通过了中共中央提议的改由张闻天代替毛泽东担任人民委员会主席职务的决议。这次全苏大会以后，毛泽东实际上完全"靠边站"了，他只好去搞一些调查研究。

3月15日，中华苏维埃第二届人民委员会发布第一号训令，提出，在继续开展查田运动中，"必须坚决打击以纠正过去'左'的倾向为借口，而停止查田运动的右倾机会主义"，"右倾机会主义是目前的主要危险"。这些，显然都是针对毛泽东的主张来说的。训令还规定："在暴动后查田运动前已经决定的地主与富农，不论有何证据不得翻案，已翻案者作为无效。"这就使查田运动中的"左"的错误又进一步发展起来，扩大了打击面，增加了中央苏区内的社会混乱。

与此同时，博古等继续批"邓（小平）、毛（泽覃）、谢（维俊）、古（柏）"，追查所谓"小组织派别活动"。博古对江西省委负责人说："毛泽覃、谢维俊还与毛泽东通信，他们心里还不满，这是派别活动。"这就使许多人有了顾忌，不敢接近毛泽东。为了不牵连或少牵连别人，毛泽东也很少再和别人谈话。

这时，毛泽东的亲属都因受株连而遭到打击。他的妻子贺子珍，过去长期管文件，现在改当收发。他的弟弟毛泽覃一直挨批，被撤职，要追查他的"反党活动"，并以开除党籍相威胁。贺子珍的哥哥贺敏学，被免去红二十四师代理师长职务，到红军大学学习。贺子珍的妹妹、毛泽覃的爱人贺怡，被撤掉瑞金县委组织部副部长的职务，到中央党校接受批判。贺怡想不通，有时到贺子珍家里来诉苦，说到伤心处，不禁泪下。毛泽东在一边静静地听着，伤感地说："他们整你们，是因为我。你们是受了我的牵累呀！"

毛泽东对这段异常艰难的处境记忆深刻，多年后曾回忆说："他们迷信国际路线，迷信打大城市，迷信外国的政治、军事、组织、文化的那一套政策。我们反对那一套过'左'的政策。我们有一些马克思主义，可是我们被孤立。我这个菩萨过去还灵，后头就不灵了。他们把我这个木菩萨浸到粪坑里，再拿出来，搞得臭得很。那时候，不但一个人也不上门，连一个鬼也不上门。我的任务是吃饭、睡觉和拉屎，还好，我的脑袋没有被砍掉。"

从1931年赣南会议到1934年10月长征开始，整整3年内，毛泽东的境遇是他政治生涯中的低谷阶段。他被多次以"身体差"为理由，安排离开瑞金到外地去"养病"。这样，他就被完全排斥于中央的领导工作之外了。尽管他出任中华苏维埃政府主席，实际上一直身处逆境，遭受着接连不断的批判和不公正待遇。这种"残酷斗争，无情打击"又来自本党内，考验是异常严峻的。如果没有坚强的信念、宽阔的胸襟和钢铁般的意志，一个人是很难经受得住这种打击的。

在这种逆境中，毛泽东抓紧时间，认真阅读马列主义著作，总结革命经验。他在后来曾感慨地谈起："我没有吃过洋面包，没有去过苏联，也没有留学别的国家。我提出建立以井冈山根据地为中心的罗霄山脉中段红色政权，实行红色割据的论断，开展'十六字诀'的游击战和采取迂回打圈战术，一些吃过洋面包的人不信任，认为山沟子里出不了马克思主义。1932年秋开始，我没有工作，就从漳州以及其他地方搜集来的书籍中，把有关马恩列斯的书通通找了出来，不全不够的就向一些同志借。我就埋头读马列著作，差不多整天看，读了这本又看那本，有时还交替着看，扎扎实实下工夫，硬是读了两年书。""后来写成的《矛盾论》、《实践论》，就是在这两年读马列著作中形成的。"

1934年4月下旬，留在后方瑞金、负责中央日常工作的周恩来，同意毛泽东携带几个随员离开瑞金，前往中央苏区南部的会昌视察并指导工作。这是毛泽东被冷遇3个月后得到的一次工作机会。他先到粤赣省委和省苏维埃政府所在地，会见省委书记刘晓、省军区司令员兼政委何长工。毛泽东对会昌的形势有着敏锐的观察和分析，他明确地指出："我们要吸取福建事件的教训，善于利用粤军陈济棠和蒋介石的矛盾，粉碎敌人的'围剿'，壮大自己的力量；同时，也要提高警惕，军阀毕竟是军阀，要'听其言，观其行'。"当晚，他即和何长工一起到战地前沿去视察。

毛泽东到了会昌，住在当时粤赣省委驻地文武坝。他深入调查研究，在这一期间主要抓了土地革命、查田运动和肃反工作，强调在肃反运动中不搞扩大化，同时深入发动群众，发展生产，扩大红军，支援革命战争，巩固南线根据地，保证瑞金大后方的安全。当他发现粤赣省在查田运动中"左"的错误严重，便将曾在瑞金云集区搞过查田运动试点、富有领导查田运动经验的粤赣省土地部长朱开铨派到会昌去任县苏维埃主席，鼓励朱开铨将瑞金云集区的查田运动经验运用到会昌县去，以抵制和纠正查田运动中的"左"倾错误。

人民战争的思想是毛泽东一贯倡导的。在会昌的各种场合，他总说："农村是海洋，我们红军好比鱼，广大农村是我们休养生息的地方。要爱护民力，群众是真正的铜墙铁壁，兵民一心是我们胜利的本钱。"对"反水"的群众决不要打枪，但要放"纸枪"，即传单和标语，要帮助地方党和政府多做群众工作，孤立和打击反革命分子。

在粤赣省委会议上，毛泽东作了重要指示，主要内容有：巩固苏区工作，深入土地革命，纠正只分坏田给富农的错误；扩大发展游击区，向安远、寻乌发展，向兴宁一带创造游击区；扩大白军工作，消除赤白对立；组织余粮大米出口，向白区购买布匹、食盐；恢复钨砂的生产与输出；保护正当商人，正确的执行工商政策。

毛泽东还写了一封长信给会昌县委、县政府，对会昌县的各项工作作了详细指示。会昌县的麻州区和高排区，是中央苏区南线的前沿阵地，由于这两个区的领导力量薄弱，敌情严重，情况复杂，各项工作开展较差。他和会昌县委领导商量，增派干部加强对这两个区的领导，亲自指导这两个区的工作。这两个区很快发生了变化，两个前沿阵地得到加强。

在会昌期间，毛泽东对南线的军事形势十分关注。当得知防守南大门的红二十二师同优势敌军作战后被迫退出筠门岭，正在开干部会总结战斗失败的教训时，毛泽东立刻打电话给红二十二师政委方强，说："你们打得很好，你们是新部队，敌人那么多，打了那么久，敌人才前进了那么点，这就是胜利！"

毛泽东的话，给了红军指战员很大的鼓舞。毛泽东在电话中还指出："现在应该把主力抽下来，进行整训，用小部队配合地方武装和赤卫队打游击，袭扰、牵制敌人。整训中要总结经验，好好研究一下，是什么道理挡不住敌人？是什么道理不能打好仗，不能大量消灭敌人？你们要采取游击战、运动战的打法，要严密侦察和研究敌情、地形，在会昌与筠门岭之间布置战场；要在敌人侧翼集中优势兵力，造成有利条件，首先歼灭敌人一个营一个团，继而打更大的胜仗。"

几天后，毛泽东前往红二十二师师部驻地站塘李官山视察，并指导作战。

在红二十二师的10多天时间中，毛泽东召集前线部队干部开调查会，了解前线敌我、军民情况，与指战员们一起总结筠门岭战斗失利的教训，研究新的作战方案，制定对敌宣传和对各阶层的不同政策，还用3个晚上同师领导干部一起总结战斗的经验教训。同时又召集当地边沿县区干部开调查会，与他们共同研究了边沿区对敌斗争、扩大红军、支援前线等问题。红二十二师在连以上干部会上传达了毛泽东的指示，并作出具体布置。

为了稳定前线局势，巩固中央苏区的南大门，毛泽东在会昌期间，认真分析了粤军陈济棠部的情况，决定广泛开展统一战线工作，主张与粤军进行和平谈判。

经过在前线和站塘等地的调查，毛泽东回到文武坝后，向刘晓和何长工指出："我们要抓住这一有利时机，利用敌人内部的争斗，发展壮大自己的力量。不能只知道'御敌于国门之外'的死打硬拼，也要利用统治集团内部的矛盾，加强统一战线工作。一面要依靠群众，发动群众，组织游击队，开展游击战争；一面可派化装的小分队，潜入陈济棠管区，宣传抗日救国、枪口一致对外的道理，促使粤军反蒋抗日。根据前线实际情况，可以把筠门岭一带的部队抽下来进行整训，缓和前线的局势，并可积蓄我军力量，以备不虞。"

在经过一段时间调查研究的基础上,毛泽东指导刘晓、何长工等制定了南线的作战计划和工作部署。针对陈济棠粤军同蒋介石存在矛盾的情况,毛泽东逐步形成了对南线作战的独到见解,他认为:总的是要摆正"打"与"和"的关系,和平局面是巧妙地打出来的。我们不能按本本主义先生们坐在城市楼房里设计出来的那套洋办法办,什么以碉堡对碉堡,集中对集中,这叫"以卵击石"。为了保存红军的有生力量,消灭国民党军,要从实际出发,不能硬拼消耗。与粤军建立统一战线,十分必要,也有这个可能。

在毛泽东对南线军、政思想的具体指导下,这以后,粤军一直停留在筠门岭,没有再前进一步。与北线的轰鸣炮声形成鲜明对比的是,南线奇妙地出现了比较稳定的局面。

毛泽东身处反"围剿"南线的会昌,他的目光仍着眼于中央苏区的全局。那时,中革军委准备将红七军团南调,加强南线的防御。毛泽东同粤赣省委、省军区负责人研究后,在6月22日致电周恩来报告南线的实际状况:"敌虽企图进占南坑、站塘,但仍持谨慎态度","因此判断是渐变,不是突然",建议红七军团可不南调,军团长"寻淮洲以在瑞金待机为宜"。周恩来接受了这个建议。

短住会昌的毛泽东,令人称奇的是他在遭受排斥打击的逆境中,却为即将开始的长征"踢开头三脚"作出了独特的贡献,这即是与国民党粤军陈济棠的秘密谈判,使蒋介石国民党军的"铁壁合围"顿时出现了一个大缺口。

那时,红军根据地面积越来越小,再也无法立足下去。对此结局,毛泽东早有预料,但处在无职无权地位的他也无可奈何。他多次以中央苏维埃执委主席的身份提醒刘晓、何长工等,注意做当面可争取之敌陈济棠的工作,利用敌人内部矛盾,保存自己的实力。刘晓、何长工等依照毛泽东的意见,为此做了许多基础工作,并取得了一个较好的局面。

毛泽东做国民党粤军陈济棠部统战工作的主张,得到了中央军委主席、红军总司令朱德和副主席、红军总政委周恩来的支持,红军得以与陈济棠部建立有线电报联系。朱德在瑞金与陈济棠派来的人取得联系后致信陈,邀请陈济棠派人来共商友好谈判协议。

毛泽东、朱德、周恩来等主张与陈济棠建立统一战线,是根据当时的具体实际做出的重要决策,从后来的发展局势看,这是关系红军长征旗开得胜的关键举措。

陈济棠,字伯南,广西防城人,时年44岁。他早年追随孙中山入同盟会,参加过讨袁战争和二次东征,广州国民政府成立,任国民革命军第4军第11师师长,曾授陆军一级上将。在长期的权力纷争中,陈深知手中握有兵权的重要性以及民富兵强的相互关系。因而,在他主政广东期间,致力推行诸如振兴地方经济、引资、兴农、重教等一系列举措,颇得民众好感。陈借重这些优势不断扩充实力,羽翼渐丰,成为独霸广东的"南天王",因而被蒋介石所不容。红军时期,蒋介石趁机恩威并举,封陈济棠为南路军总司令,以换取陈派兵参加对红军作战。蒋介石的手段,陈济棠心知肚明,也以两手应付:一方面出兵,一方面尽量避免与红军作战,并借助红军高级将领的亲戚与红军建立秘密联系。毛泽东、朱德、周恩来等摸透了陈济棠的这一心理,方才决定对陈采取以争取为主的策略。

7月15日,由毛泽东、朱德、周恩来等联名发表《为中国工农红军北上抗日宣言》,重申愿在过去提出的3个条件下"同全中国的民众与一切武装力量联合起来,共同抗日"。在抗日反蒋号召的影响下,陈济棠秘密派人到中央苏区接洽谈判事宜。毛泽东的如此高瞻远瞩,为后来争取粤军为红军长征让道奠定了基础。

毛泽东在会昌工作两个多月,取得了显著成绩。中央苏区南线的相对稳定的局势,同北线接连遭受严重挫败的现实形成鲜明对照,这不能不说得力于毛泽东的正确战略指导。

这边独好的风景,使毛泽东大为欣慰和感慨,由此这位马背上的诗人在文武坝又畅吟出了裹带着北线呛鼻硝烟的诗篇。

7月23日,毛泽东和粤赣省的一些干部以及一些红军战士登上会昌城外高峰——岚山岭,远望南方,他心潮澎湃。回到文武坝,写下了脍炙人口的《清平乐·会昌》:

"东方欲晓,莫道君行早。踏遍青山人未老,风景这边独好。会昌城外高峰,颠连直接东溟。战士指看南粤,更加郁郁葱葱。"

这首词,真实地反映了当时南方战线的形势,也充分体现了毛泽东的革命乐观主义精神和他对革命必胜的坚定信念。

毛泽东站立在会昌城外高峰,盼望着红军事业的"郁郁葱葱"。

正当毛泽东在力所能及的情况下，致力于"南粤"方向的工作时，中央来信，让毛泽东速赶回瑞金。依据共产国际关于主力转移时开展游击战争以配合主力行动的指示，中革军委布置毛泽东写一本关于游击战争的小册子。

这个月月底，毛泽东从会昌回到瑞金。

这时的瑞金已经全面进入紧急战备状态。国民党军队不断地向中央苏区腹地推进，他们的飞机不时地来瑞金沙洲坝轰炸，局势越来越紧。中央政府和中革军委迁到瑞金以西的梅坑，毛泽东也搬往高围乡云石山一个大庙里居住。

毛泽东经过将近1个月的时间，结合粉碎前几次"围剿"时的实践，和不久前在武阳、会昌、于都等地开调查会和走访群众时的调查研究，写成了约3万字的《游击战争》一书。他每写完一部分，就让警卫营连夜送下山去给周恩来等人看，征求意见，修改后，再让人誊抄清楚，用蜡纸刻出来油印，通过中央政府的发行科，发到各个县和区。几个月后红军大转移时，这本书下发到了部队。

这本凝聚着毛泽东和红军游击战争思想的书，共分三章：第一章《概论》，论述游击队的任务、组织以及游击队如何发展成为红军；第二章《游击战术》，论述游击队战斗动作的要则，袭击驻止和行动的敌人，破坏敌人的后方，对付敌人的"围剿"和追击，关于行军宿营给养卫生等事项；第三章《游击队的政治工作》，论述游击队政治工作的目的，游击队部队内的政治工作，游击队在地方居民中的工作，游击队破坏敌人部队的工作。

云石山上的岁月，毛泽东仍以"养病"为主，有时也参加中央局召开的一些会议，并常与人民委员会主席张闻天交谈。同时，继续调查了解战地与后方的变化情况，繁忙的工作常使他忙到深夜。

有一天，毛泽东的弟弟、国家人民银行行长毛泽民，来找他商量搬"秘密金库"的问题。这个金库是两年前毛泽东率领东路军在漳州缴获大批金条、银元等后建立起来的。

"你们准备把金库搬到哪里去？"毛泽东关切地问。

"想搬到兴国一带去。"毛泽民说得并不肯定。

"敌人已经到了藤田、东固、黄沙岭一带，你搬到兴国去怎么行？"毛泽东思索了一下，担心地说道。他停顿一会儿后又说："我看还是立即分散，让部队自己管起来更好。你们研究研究看行不行。"

毛泽东的这个意见显然是个好主意。在后来大转移时，毛泽民采纳了毛泽东的意见，把金库中的大部分分给各军团保管使用，一部分专门组织连队押运，保障中央各机关的使用，在万里长征中发挥了重要的作用。

进入9月，前线传到瑞金的战报越写越短，战局对红军越来越不利，东线和北线都被突破，西线也更加困难。

"打破'围剿'看来已不可能，只剩下战略大转移这一条路了。"毛泽东心情焦急，向中央书记处要求到赣南省去视察，并得到了同意。

9月下旬，毛泽东到了于都县城，这里是赣南省委、省政府、省军区机关所在地。毛泽东驻在赣南省政府驻地，此地在县城北门外的何屋。跟随毛泽东到于都的有文书、卫生员、警卫员、饲养员和一个警卫班，共20多人。

在于都期间，毛泽东和往常一样，生活艰苦朴素，穿土布衣，吃糙米饭和辣椒、青菜、酸菜。警卫员从他的健康出发，想买点鱼、鸡蛋给他吃，他坚决不同意。

连续的紧张工作和难以驱散的忧虑，使毛泽东病倒了，而且病得很重。高烧烧到40℃，嘴唇干裂，两眼深凹，脸颊烧得通红。卫生员给他吃奎宁片、打奎宁针，高烧依然不退。警卫员吴吉清跑到省政府打电话向瑞金报告。红军医院院长傅连璋得知后，连夜骑马赶到于都，确诊他患的是恶性疟疾。经过精心治疗和护理，一周后，毛泽东的病情才慢慢好转。他刚能起床，就开始工作。傅连璋等一再劝告他再休息几天，他回答说："局势很紧张，休息是做不到的！"

毛泽东来到于都主要也是搞调查研究，同时检查和帮助赣南省各级苏维埃政府工作。他在自己的住房里召开了两个座谈会：一个是工人（铁匠、木匠、缝纫匠、篾匠）和贫雇农座谈会，一个是乡村干部座谈会。在贫苦工农座谈会上，毛泽东向到会的贫苦工农了解他们的生产、生活情况，以及苏维埃政府工作人员的工作情况，告诉贫苦工农要努力搞好生产，积极支援前线，要组织游击队，开展游击战争，支援主力红军作战，粉碎国民党军的第五次"围剿"。在区乡村干部座谈会上，毛泽东耐心地教育干部要关心群众生活，注意工作方法，不能搞强迫命令，不能打人骂人，干部有缺点错误，要自觉向群众检讨。同时还征求到会者对上级苏维埃政府领导人的意见。

毛泽东了解到赣南省登贤县在肃反工作中犯有严重"左"倾错误，随便关人杀人，搞得人心惶惶，便立即给登贤县写了一封指示信，派警卫员连夜送去，要他们及时纠正错误，分清敌、我、友，团结对敌。他还参加了赣南省裁判部召开的会议，教育到会干部既要抓紧肃反工作，又要注意政策。在县城王家祠，他还接见了出席于都县红军家属代表会的全体代表。长征出发前夕，他又亲自参加在县城谢家祠召开的赣南省三级干部大会，并作了重要讲话。他要求各级干部发动群众广泛开展游击战争，支援主力红军到外线打击国民党军；并指示各级政府要组织群众做好坚壁清野工作。他鼓舞大家要坚定革命信念，坚信红军一定能胜利，革命一定能成功。

毛泽东刚到于都时，就接到周恩来的长途电话："要着重了解于都方向的敌情和地形。"毛泽东明白，中革军委在急于寻找红军战略转移的突破口。

毛泽东立刻召开各种会议作调查，还找那些从敌占区或刚被敌军占领地区过来的商人和其他人员详细了解国民党军的动向。在掌握了大量情况后，9月20日，毛泽东急电报告周恩来："信丰河下游从上下湾滩起，经三江口、鸡笼潭、下湖圩，大田至信丰河沿河东岸十里以内一线，时有敌小部队过河来扰，但最近一星期内不见来了。"电报最后说："于都、登贤全境无赤色戒严，敌探容易出入。现正抓紧西、南两方各区建立日夜哨及肃反。此复。"

这个电报显然为中共中央、中革军委最后下决心长征开始时从于都方向突围，起到了决定性的探路作用。

为此，后人不得不惊叹历史似是无意又似着意的安排，红军万里长征的胜利最终得助于毛泽东，而这长征突破口的选择和探路，也由当时实无任何军权的毛泽东来完成选定。

4. 万里长征迈出第一步，"南天王"陈济棠密令粤军为红军让道

　　武夷山脉，赣闽粤三省交界处的赣南筠门岭羊角村，有一处远近闻名的风景名胜——汉仙岩，相传"八仙"之一的汉钟离在此得道成仙，故有了此地名。这里的岩景千姿百态，有如鬼斧神工，内有汉仙香等36个奇景和遍布岩壁的古代游人题刻等。但在红军长征前夕的岁月里，是没人有闲心来此地观光游览的。战线在瑞金以北展开，往日热闹的汉仙岩，现在冷冷清清。

　　10月5日，飒飒秋风中，山洼间，三三两两的农民在战火中抢收稻谷。

　　弯弯的山道上走来两个商人打扮的人，走在前面的一位长得高大英俊，像个白面书生，他脚有点跛，走路一拐一拐的；走在后面的则一副老板模样，很像是做大生意的。他们从筠门岭方向由北向南直奔汉仙岩而来。然而，这两人来到羊角村村口后，并没有上汉仙岩。

　　晚风中，村口，两顶轿子迎候在路旁。显眼的是路旁有一队100多人的穿国民党军服装的军人，他们荷枪实弹，夹道而立。这是国民党粤军独一师第2旅的特务连。

　　两位"商人"绕过一个山弯，抬头就看到了这队国民党军。

　　连长严直快步走上前来："请问，是潘先生和何先生吗？"

　　来人点了点头。

　　严直向后面的轿夫一挥手："请客人上轿。"

　　4名轿夫携轿来到眼前，把两位客人扶上轿子，抬起即走。特务连护卫在前后，很是威风。

　　"是何处仙人来此汉仙岩，有如此威风?!"村口田间的农民睁大眼睛，惊讶地看着轿子消失在山林夕霞中。

49

那么轿子上的两位"商人"是何人呢？如果当时羊角村村口的村民知道真相，那他们肯定更会惊讶得连头也转不过弯来，因为这队国民党军护卫的是两位红军将领：那个大老板模样的是中共赣南省委宣传部长潘汉年；那个学者模样的是红军粤赣军区司令员何长工，他是留法学生，前几年在作战中数处负伤，腿致残，走路有点瘸。他们两人此行即是根据毛泽东的主张，代表中革军委担负着与粤军总司令陈济棠的谈判重任。所以，粤军对这两位客人的到来，表示了异常的欢迎姿态。

起轿后，严直率队向旅部驻地罗塘飞走。轿子沿山间小溪一侧逆流疾行，走墩塮、竹坝，过新屋家、上津树，爬坡上坎，穿林跃涧。一路上，连长严直催促轿夫一路快行，咋咋呼呼，唯恐出了差错，不准中途休息，15公里的山路，一气抬到。这真是累坏了4位轿夫，也说明军情之急，不容缓行。

前几天，朱德、周恩来派代表前往白区，与陈济棠的代表举行秘密谈判。何长工、潘汉年出发前，在瑞金由周恩来等当面交代了谈判任务和原则，规定了联络密语，叮嘱他们要"勇敢沉着，见机而作"；并带有一封朱德写的介绍信，信的内容为：

黄师长大鉴：
兹应贵总司令电约，特派潘健行、何长工两君为代表前往寻乌与贵方代表幼敏、宗盛两先生协商一切。予接洽照拂当感！
专此顺致

戎祺
朱德手启
十月五日

潘健行即潘汉年。这天黄昏，潘汉年、何长工来到苏区与白区交界处的筠门岭羊角村。陈济棠独一师第2旅少将旅长严应鱼奉上峰指示，派侄儿、旅特务连连长严直率全连和严的4名轿夫李春霖、李绍纪、邓苦材、罗保才等，用两乘轿子将潘、何接至距羊角村约15公里的寻乌县罗塘镇严的旅部。这即是本文前面叙述的汉仙岩下的一幕。

此前，陈济棠的代表及一些参谋人员已先期抵达并做好了图上准备。双方谈判代表，红军为潘汉年、何长工，陈济棠的代表为第1集团军（南路军）总部少将参议杨幼敏、独一师师长黄任寰、第8师师长黄质文。双方代表都住在严应鱼的旅部一栋新修的小楼中，这是建在罗塘镇外300多米远的一栋独立的楼房。红军代表住楼上，粤军的代表住楼下。由旅参谋长兼军法处长韩宗盛负责接待和警卫。为安全保密起见，严旅规定，包括严应鱼本人在内，无关人员一律不准进入小楼。站岗的哨兵也一律挑选忠实于严应鱼的客家子弟担任。

谈判就在二楼一个房间内举行。

负责谈判的陈济棠的两个师长都是保定军官学校出身，他们向潘汉年、何长工表示："中国再打内战就要亡国了，蒋介石收拾了红军就要收拾我们。"谈判双方建立在如此坦诚相待的基础上，气氛也就比较融洽。

谈判连续进行了3天，双方达成5点协议。为求保密，所有协议不形成规范文字，只由双方代表记在随身携带的小本子上。大意是：1.停止敌对行动；2.互通情报；3.解除封锁；4.互相通商；5.必要时可以借道。红军行动前将所经过的要点告诉陈，陈部后撤20公里，红军则保证不入广东腹地，不在粤境久留。

事后证明，这5项协议的关键点在于"借道"、"陈部撤离20公里"上。这为中央红军长征的突围准备了有利条件。

谈判取得了实质性成果，细节尚在进一步斟酌中。此时，何长工、潘汉年收到周恩来发来的事先约定好的密语电报："长工，你喂的鸽子飞了"。何、潘二人清楚战略转移已经开始，便当即告辞，返回苏区。

何长工、潘汉年要回苏区，又是严直带领4名轿夫把他们送到汉仙岩下。分手时，何长工握着轿夫的手说："谢谢你们，老乡！"边说边掏出几块大洋分给大家。轿夫们很是欢喜。因为那时粤军发饷，只有当官的才发大洋，当兵的发的都是"双毫"。多年后，这些轿夫在接受采访时仍然记得这一细节。

何长工、潘汉年在于都追上了红军大部队，向周恩来汇报了谈判结果。周恩来高兴地说："这将对红军的战略转移产生重大的作用。"

在何长工、潘汉年与陈济棠的代表秘密谈判时，博古等人仍然未把中央准备战略转移的计划向毛泽东透露。最初，博古、李德还曾想不带毛泽东走，并已决定将他派到于都继续搞调查研究。但在最后确定名单时，由于周恩来、朱德等人一再坚持，说毛泽东既是中华苏维埃政府主席，又是中央红军的主要创建者，在军队中享有很高的威信，应该随军出发。在这种情况下，毛泽东才被允许一起转移。如果毛泽东当时也被留下，这长征的结局就不知是个什么样子了。

10月初，时在于都的毛泽东接到中央"有特别任务"的秘密通知，要他立刻回瑞金。毛泽东骑马赶回瑞金，先到中革军委向周恩来等报告了于都的敌情、地形、河水干枯等情况。直到这时，毛泽东才正式被通知：党中央和红军将要实行战略大转移，他也要一起随军行动。

毛泽东知道这一消息后，立即在云石山古庙里召开了所辖管的有中央政府各部负责人参加的会议，这次会议因为是在云石山上召开的，因此许多与会人后称此会为"青山会议"。毛泽东向大家宣布和说明了中央准备撤离苏区的决定，强调说："第一，革命是有前途的，大家要加强革命信心；第二，要把各部的善后工作做好，要使留下的同志能够更好地继续革命斗争，更好地联系群众。"

瑞金城内，人们都在忙着转移前的准备，一片忙碌景象中也透出几分慌乱。毛泽东回到家里，抚摸着天真活泼的幼子毛毛，心里很难受。过了一会儿，毛泽东告诉贺子珍："中央规定，红军这次转移，女同志一律不得跟着队伍走，孩子更不能带。"望着贺子珍，他又说，"我怎么舍得把你们留下呢？"

当毛泽东从政治局常委张闻天那里得知政治局委员要分散到各军团去随军行动的消息后，立刻到中革军委提了两条意见："第一，在转移时将我和张闻天、王稼祥安排在一起，不要分散到各军团；第二，应带一部分女同志走。"

毛泽东在得知中革军委已派部队到于都河搭浮桥后，大部队准备从那里过河，他急忙策马赶到于都。红军正利用枯水期，在选定的地点架了5座浮桥，主力红军从此过于都河，走的正是上个月毛泽东来此所选定的路线。

毛泽东刚到于都，中革军委的电话也打了过来，说中央决定带走30名女同志,其中包括贺子珍,把她们编在卫生部休养连,但不能带孩子。毛泽东立即派警卫员回瑞金通知贺子珍:幼子毛毛只能托付给留在中央苏区坚持游击战的毛泽覃、贺怡照顾。在战争环境中,这个孩子被寄养在当地老乡家,后来再没有找到。

10月7日,中共中央和中革军委命令红二十四师和地方武装接替中央红军主力的防御,主力集中瑞金、于都地区,准备执行新的任务。9日,红军总政治部发布《关于准备长途行军与战斗的政治指令》,要求"加强部队的政治、军事训练,发扬部队的攻击精神,准备突破敌人的封锁线,进行长途行军与战斗"。

战略转移的最初计划是,突破国民党军队的围攻,到湘鄂西同红二、红六军团会合,创建新的革命根据地。因此,出发时把它称为"西征",西征的部队称"野战军",最高统帅部称"野战司令部"。

为便于随军行动,中共中央、中央政府、中革军委机关和直属部队编为两个纵队。第一野战纵队由红军总部和干部团组成,叶剑英任纵队司令员兼政治委员,钟伟剑任参谋长,王首道任政治部主任。下辖4个梯队,第1梯队由军委总部第1、第2、第3局及无线电3台、电话一排、通讯队、警备连、工兵连、运输两排组成,负责人彭雪枫;第2梯队由军委总部第4、第5局及总政治处、警卫营、红军总政治部、医务所、运输一排组成,负责人罗彬;第3梯队由军委工兵营、炮兵营、运输一大队、附属医院组成,负责人武亭;第4梯队由干部团、医务所、运输一排组成,负责人陈赓、宋任穷。其中干部团是由红军大学、公略步兵学校、彭杨步兵学校、特科学校合并组成,陈赓任团长,宋任穷任政治委员。下辖4个营,第1、第2营为步兵营,第3营为政治营,第4营为特科营。另有上级干部队(简称上干队),分指挥科、政治科等,属干部团指挥。博古、李德、周恩来、朱德等随该纵队行动。

第2野战纵队由中共中央、中华苏维埃中央机关、后勤部队、卫生部门、总工会、青年团等组成,罗迈(李维汉)任司令员兼政治委员,邓发任副司令员兼副政治委员,张宗逊任参谋长,后为张经武等代理,邵式平任政治部主任。毛泽东、张闻天、王稼祥等随该纵队行动。每个单位都有一个代号,军委第1纵队代号是"红星",第2纵队代号是"红章",军团都以省会名称作代号,红一军团叫"南昌",红三军团叫"福州"等。

以上两个纵队和红军主力第1、第3、第5、第8、第9军团,共8.6万余人,组成战略转移的野战军。第1军团,林彪任军团长,聂荣臻任政治委员,左权任参谋长,朱瑞任政治部主任,下辖第1、第2、第15师;第3军团,彭德怀任军团长,杨尚昆任政治委员,邓萍任参谋长,袁国平任政治部主任,下辖第4、第5、第6师;第5军团,董振堂任军团长,李卓然任政治委员,刘伯承任参谋长,曾日三任政治部主任,下辖第13、第34师;第8军团,周昆任军团长,黄苏任政治委员,张云逸任参谋长,罗荣桓任政治部主任,下辖第21、第23师;第9军团,罗炳辉任军团长,蔡树藩任政治委员,郭天民任参谋长,黄火青任政治部主任,下辖第3、第22师。

另外,还保留了原来的中革军委和红军指挥机关。中央革命军事委员会,朱德任主席,周恩来、王稼祥任副主席;中国工农红军总部,朱德任总司令,周恩来任总政治委员,刘伯承任总参谋长,王稼祥任总政治部主任,李富春任总政治部代理主任。

中央红军主力转移前,中共中央决定由项英、瞿秋白、陈毅、陈潭秋、贺昌等组成中共苏区中央分局、中华苏维埃共和国中央政府办事处,项英为中央分局书记,陈毅为办事处主任,梁柏台为副主任,后(10月22日)成立中央军区项英兼任司令员,统一指挥留下江西、福建、闽赣、赣南、闽浙赣五个军区与红二十四师和红十军及地方武装坚持斗争。

10月8日,中共中央发出给中央分局的训令,说明红军主力将突围转移,在这之后国民党军会深入苏区内部,更加凶恶地摧残苏区,"应该坚强而有毅力的继续领导游击战争,正确的发动领导群众,正确的运用游击战术",主要斗争方式"不是与敌人进行阵地的硬拼的战斗,而应该把这些主力团营去培植、发展、辅助、团结群众的武装,缴获敌人的武装来武装自己,与扩大自己","准备好在适当的时间进行反攻",并指出"为要适应着游击战争的环境,党应该时刻依照环境的变化来改变自己的组织"。这是一个非常重要而且正确的训令,但是由于发布的时间太晚,没有很好地研究和布置,主力红军撤出后苏区处于混乱状态,给以后的斗争造成了很不利的影响。

为准备长征出发成立的"三人团",主要从事转移的军事方面的准备,但只开过两次会,一次在李德房中,一次在中央局。会议内容除研究主力西征、留下项英等组成苏区中央局坚持斗争的组织外,还主要研究了所留人的名单。

　　当时,对于谁走谁留,即长征时干部的去留问题,在掌握上是非常严格的。时负责中央组织局工作的李维汉在后来回忆说:"长征前,干部的去留问题,不是由组织局决定的。属于省委管的干部,由省委决定报中央;党中央机关、政府、部队、共青团、总工会等,由各单位的党团负责人和行政领导决定报中央。决定走的人再由组织局编队。中央政府党团书记是洛甫,总工会委员长是刘少奇,党团书记是陈云,这些单位的留人名单,是分别由他们决定的。部队留人由总政治部决定,如邓小平随军长征就是总政治部决定的。我负责管的是苏区中央局的人。"

　　实际上,每个人的走与留,是与博古、李德的个人印象和好恶紧紧地联系在一起的。至于高级干部,则完全由"三人团"决定。政治上由博古作主,军事上由李德做主,周恩来督促军事准备计划的实行。事实上由博古一人决定。张闻天1943年在《延安整风笔记》中写道:"当时关于长征前一切准备工作,均由以李德、博古、周恩来三人所主持的最高'三人团'决定,我只是依照最高'三人团'的通知行事,我记得他们规定了中央政府可以携带的中级干部数目字,我就提出了名单交他们批准。至于高级干部,则一律由最高'三人团'决定。"

　　当时的走与留,对他们以后的命运关系极大。事实证明,像董必武、徐特立等年高体弱的同志,由于跟着红军行动,都被保存下来,安全到达了陕北;而一些"左"倾领导者不喜欢的干部,像瞿秋白、何叔衡、贺昌、刘伯坚、毛泽覃、古柏、周以栗等人,则被他们乘机甩掉,留在根据地打游击。

　　当时,担任教育人民委员的瞿秋白得知被列入"留"的高级干部名单之后,希望随主力红军一起转移,但博古等不让他走。瞿秋白去找张闻天和毛泽东,表示希望能够带他"走",张闻天和毛泽东深表同情,随即向博古做工作,但博古一点儿没有商量的余地。

　　研究留人名单时,军事方面的干部征求了周恩来的意见,其他方面只告诉他一个数字。陈毅当时负重伤,坐骨断了,体内有许多碎骨,痛得不能起床,住在红军医院里,又无法开刀,难以随军长征。他在10月9日给周恩来写信。周恩来立刻下令卫生部长贺诚打开已装箱的医疗器材,派两个医生给陈毅做了手术。手术后第二天,周恩来到医院去看望陈毅,对他说:"我们很快就要走了,中央决定你留下来坚持斗争。你有革命斗争的丰富经验,既有政治斗争经验,又有军事斗争经验。更可贵的是你有井冈山斗争的经验,有中央根据地几次反'围剿'的斗争经验。相信你一定能依靠群众,依靠党的领导,坚持到胜利。"

国家保卫局在走之前,对犯"错误"的50多名干部开列了一个留走名单。名单划分三类:一类杀掉,一类留在苏区,另一类可以随队出发。当保卫局长邓发带着名单,征求军委四局局长叶剑英的意见时,叶据理力争,表示坚决反对杀人。就是在他的极力建议下,这批受"左"倾领导打击排斥的所谓"犯错误"的干部,才得以保留下来。

红军主力在撤离中央苏区根据地时,党政军许多领导人都面临着这样一种极为特殊的顾大局抉择。为了全党、全军的团结,他们不得不带头把个人的恩怨和私情深深埋在心底,不争不吵,含泪踏上长征路。尽管在当时有"左"倾机会主义领导者人为的"留"与"走"问题,但在"个人服从组织,下级服从上级,全党服从中央"这个总的组织原则下,许多人考虑问题都是把全党的团结放在第一位,抛弃个人之间的恩恩怨怨,作出了巨大的个人牺牲。如毛泽东与毛泽覃的兄弟道别,董必武与陈碧英的夫妻泪别,贺子珍与幼子小毛的泣别,还有瞿秋白、何叔衡、项英、陈毅等,每个人的背后都有一段顾大局、讲团结的感人肺腑的故事。

中国共产党的创始人之一、中共一大代表,中共中央党校校长、中央工农民主政府最高法院院长董必武,与妻子陈碧英的离别是千万红军将士离别亲人时的一个缩影。陈碧英是广东梅县人,1932年在担任中共汀州市委宣传部长时,与董必武结婚,两个人的感情很深。但红军实施战略大转移,中央有命令,除了几位中央领导,不准带家属。如果工作需要随军的女红军,必须经过严格的身体检查,而陈碧英过磅时体重仅差半公斤,被刷了下来。董必武服从了组织的决定,让妻子留在了瑞金。他后来曾感慨地对女红军危秀英说:"一切行动听从党的指挥,革命就一定胜利。个人必须服从党，长征时我爱人陈碧英，组织上让她留下，我半句话也没有。"对组织半句话没有的董必武，可在与妻子告别前，又是那样的依依不舍，有着说不完的话。他妻子泪眼汪汪，揩湿了手帕。部队出发时，陈碧英坚持要送董必武上路，一直送了3天3夜，还要继续相送。董必武狠狠心，坚决劝她回去。临别时，陈碧英把系在腰带上的小手电筒解下来，送给董必武，哽咽着说："你年纪大了，晚上走路多留心呀！"陈碧英回去了，却从此下落不明。

何叔衡也是中国共产党的创始人之一，中共一大代表，曾任中华苏维埃中央执行委员会委员、中央工农民主政府检查部部长、内务部代理部长和最高法院主席等职，他对党忠心耿耿，多次表示愿意跟着红军主力一同转移，并准备了两双结实的草鞋。但当组织上决定他留在瑞金坚持斗争时，他愉快地服从了大局。曾主持过中共中央工作并在党内担任过高职的瞿秋白，在随红军主力一同转移的请求没有被批准后，也愉快地服从了组织的决定。

主力红军在撤离原根据地时，党的许多领导人在"走"与"留"的问题上，坚决服从组织安排，求团结，顾大局，付出了亲情、友情，甚至鲜血和牺牲。

还有母子离别的场面，也是催人泪下。贺子珍在清理和销毁完文件后，收拾好自己的行装，便坐下来心神不定地等待毛泽覃、贺怡夫妇的到来，商量安置儿子小毛的事。她听说毛泽东的弟弟毛泽覃和自己的妹妹贺怡留在中央苏区打游击，便按照毛泽东的意见，决定将小毛委托给他们照管。其实，那时的分别，大家心中都明白，很可能就是死别。像何叔衡、瞿秋白、毛泽覃以及陈碧英等人在红军主力离去后不久，即英勇牺牲或从此再无音讯。这"走"与"留"的非自我选择，就在"绝对服从"下成全了大局，维护了团结，这种精神无异于战火中的舍己取义，令人敬仰。

10月10日晚，中共中央率领中央红军主力和中央机关人员从瑞金等地出发，被迫开始长征。

周恩来出发时，穿着一身灰布军装，披一件旧黄布雨衣，脚上穿着草鞋，个人行李只有两条毯子，一条被单，做枕头用的包袱里有几件替换的衣服和一件灰色绒衣，这是他的全部家当。他的夫人邓颖超那时患着肺病，经常发低烧，痰中总带着血丝。她在行动前不知道这次战略转移的意图，和周恩来谈道：因为身体不好，不便随军行动，希望留在地方工作。周恩来说："这是组织决定的，个人不能改变。"这样，她就同董必武等一起，编在干部休养连，带病随卫生部行动。

毛泽东在于都作好安排后，于15日在县城谢家祠参加由中共赣南省委召集开的省、县、区三级主要干部会议。他在会上说："国民党军这次进攻苏区，采用的是堡垒政策，一直打到我们中央苏区门口，企图断水捉鱼，全部消灭红军。我们红军主力部队要冲破国民党军的封锁线，到国民党军后方去，打击和消灭国民党军。你们这些在地方工作的干部，仍然留在苏区，团结人民，开展游击战争。你们不要怕，不要认为红军主力部队走了，革命就失败了。不能只看到暂时的困难，要看到革命是有希望的，红军一定会回来的！"

10月18日傍晚，毛泽东带着警卫员，跟随中央纵队，从于都县城东门渡过于都河，离开中央苏区，踏上征程。

中央苏区的男女老少为远征的红军送行，紧紧拉着红军的手，不停地说："你们千万要回来啊！"

热泪盈眶的毛泽东仰天长啸："我们欠根据地人民的实在太多了。"

举世闻名的红军二万五千里长征（当时称战略转移）在准备了半年，实际准备相当不充分的情况下，迈出了第一步。中央红军5个主力军团，党中央、中革军委机关及直属部队8.6万人，携带包括印制纸币和修理制造兵器的机械在内的大量物资，以"搬家式"的转移和"甬道式"的开进队形，沿着赣南粤北崎岖的山道缓慢西行，开始了远征。

当时，国民党军在红军前进路上设置了4道封锁线。

中央红军战略大转移是严格保密的。国民党军队虽然布置了几道封锁线，却不知道红军往哪个方向突围，在中央苏区西南方向的第一道封锁线上部署的兵力并不强。10月21日夜间，红一军团在赣县王母渡、信丰县新田之间突围，进入广东境内。

陈济棠为应付蒋介石和防止红军入粤久留，特别是担心红军在广东建立根据地，紧急调集重兵驰援粤北，还将自己的行营前移至曲江坐镇指挥，又令驻赣南的余汉谋部一路尾追监视。但陈始终严令各部"以保境安民为主"、"敌不向我袭击不准出击，敌不向我射击不准开枪"。各部基本上执行了这一战场纪律。部署于仁化境内的堵击红军的陈济棠警卫旅为做到"不与红军打仗"，负责作战指挥的少将副旅长黄国梁与少校政训员黄若天商量，将中校团副郭士槐等一些仇恨共产党的人借故留在了后方。

本月中旬，黄若天所在的陈济棠总部直属警卫旅从广东花县紧急调到韶关仁化驻防。当时旅长陈汉光另有军务去了海南，粤北的战事暂由少将副旅长黄国梁负责。黄国梁与黄若天曾同在陈济棠的总部参谋处工作过，加上人手不够，黄国梁便抽调黄若天来旅指挥所协助指挥。当他陪黄国梁向韶关战区司令李汉魂报到时，由李的参谋处代处长李卓元向他们交代任务。李说："我们已经和红军达成了协议，没有仗打了。你们的任务就是在仁化长江墟、扶溪、董塘一线防御。"

中央红军在10月27日至29日间通过陈济棠警卫旅的防区。

当红军到达韶关北面的乐昌地区时，部队进入山区小道，拥挤不堪，行进速度减慢了。国民党方面的湘军和粤军乘机从两侧夹击过来，蒋介石的嫡系部队也尾追迫近，情况十分危险。尽管红军与粤军有秘密协定，但为了防备情况有变，中革军委仍然做好了应战准备。红一军团命令红一师率1个团作为全军的先头部队，要求他们迅速抢占白石渡，掩护全军通过粤汉铁路，向湘西前进，动作要快，不得延误。

周恩来亲自向红一师师长李聚奎交代任务。他摊开一张五万分之一的地图，指着地图，告诉李聚奎应从哪里前进，在前进中哪里要放一个排，哪里要放一个连，以担负两侧的警戒，嘱咐说："一定要保证全军安全通过。"

10月27日晚10时，防守在韶关仁化地区的粤军前线指挥官黄若天担任作战值班。第1团团长莫福如（系陈济棠妻弟）报告："共军大部队正在渡我团防御正面之锦江，队伍庞大，抬轿的，挑箱的，男女老少，什么人都有，估计是共军高级指挥机关，是否可以出击？"

"上峰已有明令：敌不向我袭击不准出击。不能打！"黄若天答复道。

28日凌晨4时许，从扶溪、厚坑方向传来密集的机枪、步枪声。黄若天打电话给驻守该地区的警卫旅第3团2营营长何汉武，问："哪里的枪声，怎么回事？"

"共军向我营阵地侧翼搜索迫近。双方交火,规模颇大。"何营长的声音有些变调。

"你营具体位置在哪里?"

"在厚坑以南。"

"你们营的阵地应在厚坑以北,你赶快带队撤回。"黄若天命令道。

"这是共军主动在发动攻击,怎么能撤呢?"何营长眼看近处似乎伸手就可捞到的"军功章",不愿就此罢手。

"违抗军令,军法从事。"黄若天急出了一头汗。

枪声仍未停止。黄若天担心影响了大局,旋即以黄国梁的名义给仁化县戴县长打电报,让他火速转告何:立即停火。

大概那位何营长到这时方朦胧猜测到上峰有层"政治与军事"的关系,这打仗看来并不是见了敌人就能开枪的。

枪声终于停了下来。

由于陈济棠基本执行了同红军原定的秘密谈判协议,没有对红军实施认真的追堵,使红军在短时间内得以较顺利地通过前3道封锁线。红军从容过了粤北。

红军走出粤北进入湘南向广西转移中,于11月27日至12月1日在通过第4道封锁线后进行的湘江战役中,遇到了湘敌何键、桂敌白崇禧的疯狂前堵后追。湘江一役,红军损失惨重。中央红军从出发时的8.6万余人锐减至3万人。由此可见,中央红军开始长征时与陈济棠谈判并达成协议的重大意义。

对陈济棠部的表现,国民党南昌行营第一厅中将副厅长、蒋介石侍从室主任晏道刚等喻之为"敲梆式的堵击,送行式的追击"。蒋为之气急败坏。红军脱离粤北进入湘南后,蒋曾给陈发来一分措辞严厉的电报:"……平时请饷请械备重,一旦有事,则拥兵自重。……此次按兵不动,任由共匪西窜。不予截击,贻我国民革命军以千秋万世之污点。"

11月14日,主力红军在良口、宜章之间通过第三道封锁线。接着转入广西北部。横在红军面前的是敌军重兵设防的第四道防线——湘江!这里竟然成了红军难过的一道门槛。

第二章

湘江水飞血苦战　黎平大转兵恨晚

一代江山的奠基，需要血流成河的代价，
一部史书的骨架，需要能立金碑的战役。
血洒下，勇士不死，高天厚土，碑耸立。
中央红军失脚湘江之畔，被自身的错误所绊倒，而不是蒋介石的大炮飞机。
但绊倒总是扑向前，不会倒向后。
更何况聪明的人不会两次被同一块石头绊倒在地。

5. 周游北方的蒋介石失算，未料南方红军已远走高飞

古语有云："南山有鸟，北山张罗；鸟自高飞，罗当奈何？"

咬文断字的蒋介石对着电话筒背诵这段古语，电话线的那头是国民党军第5军军长兼"赣粤闽湘鄂剿匪军"北路第6路军总指挥薛岳。

飒飒秋风中，中央苏区，一个远走高飞的突围计划已在实施中。"张网"的国民党军要员们显然对红军的突围战略行动估计不足，的确存在有"南山有鸟，北山张罗"的重大失策。

蒋介石自从紫金山观天象后，十二万个放心地来到江西，下达最后"拉网"的总动员令。他住在庐山上，下眺赣南遍地烽火硝烟，认定江西的围攻作战到了这个月基本已成定局，"起网"的时候到了，青天白日旗在红都瑞金的升起就在近日。

电话中，时年39岁的薛岳一听是蒋委员长的声音，忙不迭地汇报"战功"，表示决心："国军进展很快，今日又向前推进了10余里，照此速度，红军——"

"什么'红军'?!"蒋介石带有明显的斥责声。

"不对，是共军……赤匪……不，是共匪。"薛岳忙不迭地接连改口说。因为整一年前，蒋介石为了这个"匪"字，曾专门发过一个电报，解说"共匪"名词之由来，并严令："赤匪罪恶，浮于闾里，竟有无知官兵，不目为土匪，称之为红军，认匪为军，顺逆不辨，其何以正名义，而端视听，嗣后无论语言文字，对于赤匪者，概以土匪二字代表之，不得再用红军或赤匪字样，违即严惩，希即饬属遵照为要。"其实，蒋介石自己有时也会说混淆的。

薛岳不敢再像刚才那样喋喋不休地多说，握着话筒而忘了该说什么词。

"从各种迹象看，共军有突围的企图，你们这些前线指挥官要多长个心眼儿，不要让套入网中的鸟儿跑了。"蒋介石不放心地再三叮嘱薛岳。

"请委员长放心，我薛岳不会像有的人那样傻，把该张在南山的网下在了北山，共军主力已经陷入我重兵层层包围中，纵使他们有三头六臂也不会逃脱掉。"薛岳掂量着词语说话，但口气仍然很大。

"哈哈！我可记得陈诚说过的那句话：剿共有了薛伯陵，等于增加10万兵。"蒋介石有了笑声，言语中多有赞扬。

薛岳是广东乐昌人，字伯陵，在蒋介石集团陈诚系中可谓是一个举足轻重的要角，以积极反共而著称。1927年任国民革命军第1师师长（副师长胡宗南），曾率部在上海参加"四·一二"政变大屠杀；同年夏投靠李济深，任新编第1师师长，率部在潮州堵击中共领导的南昌"八一"起义军，继而又参与了镇压中共领导的广州起义。1933年，陈诚在江西指挥第4次"围剿"失败后，经亲信罗卓英、吴奇伟的推荐，向蒋介石保举薛岳充任北路军第6路军副总指挥兼参谋长。没过几天，陈诚升北路军前敌总指挥兼第3路军总指挥，即让出第6路军总指挥职，保荐薛岳继任。蒋介石在电话中所说的那句赞扬的话，就是薛岳在就任第6路军总指挥不久，陈诚在一次军官集会上所说的。

"剿共有了薛伯陵，等于增加10万兵"的话语传开后，使薛岳更加狂妄。本来，国民党第3、第6两路军就是江西第5次"围剿"中的最大主力兵团，在蒋介石的如此打气鼓励下，趾高气扬的薛岳越加自以为很是了不起，在"围剿"中多次拼命打头阵，充当急先锋。这个月，当陈诚第3路军攻下石城时，薛岳即率第6路军攻下苏区重地兴国及古龙岗，进逼宁都，兵锋直压瑞金。

庐山上的蒋介石在听到薛岳等人口头上表的决心后，高兴得手舞足蹈，连忙召开记者招待会，拍着桌子扬言："不消灭共产党就不能抗日，因此我们更应对共产党加紧包围，聚而歼之，不使漏网。"

然而，对"剿赤"一时得手而有些忘乎所以的蒋介石，在这时忽略了一个社会大背景，这就是中华民族危机日益严重，日本的侵华嚣张气焰愈演愈烈。从《塘沽协定》之后到第5次"围剿"后期，人民群众和社会新闻舆论界对蒋介石不抗日专反共的做法愈加不满，尤其是华北人民的呼声最为激烈。蒋介石到了这时，方认识到这对他彻底"剿赤"非常不利。为了便于一心对付红军，平息全国舆论，收最后围歼红军之功，蒋介石决定在10月上旬偕宋美龄下庐山去北方几省视察。南昌行营秘书长兼第2厅厅长杨永泰和行营第1厅副厅长、蒋介石侍从室主任晏道刚陪同前往。

10月6日，蒋介石先到武汉，召集东北军首领张学良等人会商鄂豫皖反共军事。会上，当张学良汇报到所率东北军将士的思乡和抗日情绪时，蒋介石的脸色顿时阴暗起来。

张学良斗胆进言："我看红军的抗日精神还是可嘉的，所提抗日统一战线纲领有可借鉴之处。"

蒋介石闻言，眉头都皱到了一块儿："我说你怎么有些糊涂呢！你对共产党太不了解，我党由容共而联共，由联共而清共，由清共而讨共，由讨共而变为'剿匪'，这个历史过程我是最清楚的。共产党甚于洪水猛兽，马克思、牛克思的西洋邪教怎能在我堂堂中国实行？"

"委员长，能否恕我直言几句？"张学良似乎有一肚子话要讲。

"你讲。"

"今年初我旅欧，观察到西方备战空气浓厚，厌恶战争到万分，各国猜忌及备战空气亦到万分。我们中国也应从速准备，泯除党派之间的恩恩怨怨，否则惟有亡国。由此，我在考察西方各国的形势后得出一个结论，第二次世界大战很快就要爆发，所以说，我国当前面临的洪水猛兽绝不是共产党，我看而是日本。大战已经不可避免，我们不应有依赖于人的心理……"张学良的话引得与会人员都伸长了脖子注意听。

蒋介石气呼呼地盯着张学良，不等张学良把话说完，就训斥道："你的意思我明白，是不是要联共抗日？我告诉你，不行！记得我去年4月在南昌的讲话吗？我对'剿匪'的初衷绝对不会改变，永远不会改变！"蒋介石所说的南昌讲话大概是指去年4月10日，于南昌"剿匪"总司令部举行苏浙皖赣豫7省治安会议时所讲，他勉励到会将领，其训词中就有："抗日必先剿匪，匪未剿清以前，绝对不能言抗日。违者，即予以最严厉之处罚"。这段话还被《东方杂志》第30卷10号"时事日志"收集了进去。由此，蒋介石的如此训词很快演变为"攘外必先安内，抗日必先剿匪"两句话，成为国民党政府在这一时期的治国"名言"。

现在，武汉会议上，蒋介石仍在玩弄他的"抗日"与"反共"谁先谁后的文字游戏，对张学良大加斥责："我看你这种思想是早晚要出事的。"

张学良自从执行蒋介石的"不抵抗政策"率东北军退入关内后，在中国人民心目中的形象就一直很不好，有"不肖子孙"和"逃跑将军"之称谓。因为，其父张作霖即死于日军之手，现在又把东北3省拱手让给了日军。所以，张学良对此是有口难辩的，只想有了抗日的机会后，必坚决洗刷这一身的不清白，为此，多次在蒋介石面前不怕吵红了脸，也要实现自己报国仇雪父恨的宿愿。

"最近，我们的'剿匪'军事取得了决定性的进展。在这种形势下，我不希望再听到有国军高将领再有言论抗日。我再一次重申：匪未剿清以前，绝对不能言抗日。违者，即予以最严厉之处罚。"蒋介石又一次郑重宣布道。

张学良在蒋介石面前因进言抗日挨骂不止一次了，这时受蒋介石的如此呵斥，只好坐在那里再也不吭一声。

蒋介石见张学良不再争辩，也就继续他的训话："赣闽湘等区的'剿赤'军事进展很快，其他地区的'剿赤'军事也应该跟上来。尤其是你们鄂豫皖和川陕鄂的'会剿'，要切实抓紧，争取早日结束。实话讲，我对杨虎城的川陕鄂'会剿'是不满意的，赤匪徐向前我是了解的，他是黄埔一期的学生，有什么本事，还带了一个什么'赤匪'4方面军，全是乌合之众。可你们西北军、东北军就是打不过这个徐向前，听说徐向前的队伍反而越打越多，号称10万。江西的问题马上解决了，你们怎么办？"

会议室内，除蒋介石和那个冒着热气的开水瓶仰着头外，都把头埋得低低的，没有人吭声。

江西的国共作战态势的确如蒋介石所言，国民党军已明显占上风，步步推进到中央苏区腹地，红军再也没有地方可退，被迫战略转移。

西移的红六军团的战况也很不顺利，他们在强渡大沙河，袭占黄平旧城后，于石阡西南的甘溪与国民党军遭遇，战斗失利，主力被迫向东南转移，其中第49、第51团等部被国民党军截断。主力后又在施秉县大庆地区遭国民党军拦击，第50团被截断。从甘溪战斗到大庆战斗，红六军团被敌截成3段，陷入湘、桂、黔3省国民党军24个团的包围之中，情况很是不妙。

中央红军同粤军陈济棠部秘密谈判，并借粤军防守阵地上的道路突围成功，对此，蒋介石当然是被蒙在鼓里的，他在此前只是隐隐约约感到陈济棠这些地方军"剿赤"不卖力，所以也下定决心一有机会就剪除这些地方实力派。

陈济棠与中央红军有秘密协议，蒋介石是在几个月后才察觉到的。因此，蒋介石在10月间并没有意识到中央红军会迅速行动，并能顺利突围出去，他眼下最关心的是鄂黔边界的情况，据报，全部解决红六军团似乎就在这两天。所以，9日，蒋介石在离开武汉前往豫陕甘等省视察上飞机前，特别就关于赶筑碉堡防范红六军团、红二军团（此时称红三军）会合，发出电令：

"近来萧匪西窜与贺匪联合发展之企图凿应预为防范。所有川、黔、湘、鄂边区各县及预防匪流窜之地方，均应赶速构筑碉堡。一、各县城及附近宜就城楼、城角并于城外择要点加构碉楼。尤须加紧民众之组织训练，俾资固守；二、各地方凡较大之市镇均应筑碉控制；三、主要交通路之隘口、津卡应筑碉扼守；四、碉堡容量，除圩寨外，以能容兵一班为标准，并须加筑副防御；五、建碉地点，以展望良好，射界广阔，不受瞰制为最适宜。以上各项，希转饬各县及各保安队迅办。总以筑有碉地点能掩护人民及物资，使匪不易窜扰裹胁为主旨，并希先将饬令构筑之县具报。"

蒋介石的这个电报还在抄发转译中，时红六军团突然改变了原定行军路线，为突击出国民党军的包围，决定分成两个纵队，由王震率第18师，任弼时、萧克率第17师，焚烧行李，减少辎重，以灵活的游击动作，转到苏区，同红三军会合。蒋介石的"筑碉"电令只好又改换地点。前线国民党军指挥官接蒋介石的此电后，戏讽道："这次还不错，碉堡'拆'在纸上。若是真的修了碉堡，那才是折腾死人哩！"

就在蒋介石关注鄂黔边和西北军事之时，赣南中央红军的重大行动计划已经启动。中央红军根据中革军委制定的南渡贡水计划，10月中旬分别从10个渡口南渡贡水，向突围集结地区开进。红六军团主力在石阡县以南的马场坪通过石阡、镇远大道，突破了国民党军的重围；19日，又击退国民党军的截击，通过石阡、江口大道。

中央红军大规模的战略转移行动在悄悄进行中。

赣南丘陵上的晚秋，一些不耐寒的树叶渐渐飘落，几只鸿雁被突然炸响的枪炮声惊得四处乱窜，不见人影的原野上有时会突然冒出成群的人，匆匆忙忙却又无规则地奔跑着。

且说蒋介石自以为安排好了南方的"剿赤"军事后，于12日偕张学良抵西安，部署西北等地区的"剿共"。这一周，蒋介石真是忙得不亦乐乎，但总而言之，这个自称是"跑断了腿，说破了嘴"的委员长不管到了哪里，都是开口必言"剿匪"和"安内"：15日，委上官云相为豫鄂皖3省边区"剿匪追剿队"总指挥；16日，在西安举行"剿匪"阅兵式；17日，由西安飞兰州部署"剿共"；18日，训令编写《剿匪战史》；19日，在兰州接见马家军首领勉励"剿匪"；20日，由兰州飞回西安严斥进言抗日的东北军的几个高级将领。可说来也妙，就在蒋介石坐镇西北之时，陕甘边土著武装120人，由营长郭宝珊率领在庆阳地区举行起义，参加红军，改编为西北抗日义勇军。蒋介石闻言又是"抗日"，气得目瞪口呆。

20日深夜，侧卧难眠的蒋介石翻身下床，走到办公桌前。桌子上堆满了近日所收的电报，来自江西火线的军情急电装满了几个文件袋，占了桌子的大半角。

电报主要是薛岳、陈济棠、蒋鼎文和各联络参谋发来的，重要内容有：红军第1、第3军团在9月31日由宁都向于都方向转移，并准备携带粮秣，有攻赣州之意图。本月16日、17日，该部进到银坑、马安石一带，约有1万余人；第21、第23师也在这一带休整。红军罗文辉部2000余人在9日携轻、重机枪20余挺西移，长汀仅有地方部队维持秩序。宁化、白水之红军数千人，也在向石城南之横江转移。小溪东北40里之黎村，14日到红军3个师；西北30里之新陂，15日到由兴国移来的红军医院3所。

侍从室主任晏道刚见房间内亮起了灯光，急忙走进房来，侍立在蒋介石的一边。

蒋介石的目光聚焦在如下几行电文上："毛泽东现在于都，伪中央政府现距于都160里之西的拥乡；于都城附近及其西北20余里之北斗山一带，新窜到匪3000余"。

"又据我无线电侦察，红色中华通讯社已有5天没有通报，这足可证明共军已在行动中。"站立在一边的晏道刚明白了蒋介石此时的所思和所想，补充道。

"综合如上各情况，我判断匪之企图西窜行将实行。我军的方针，首在巩固赣县、信丰、安远、寻乌第1纵线，务期聚歼该匪于此线以东地区。至第二、第三各纵线无非用作补助。晏主任，你拟个电文给何键，叮嘱他务必消灭赣匪于赣信安寻封锁线以东地区。"

"是，我现在就去拟电文。委员长先休息，我明晨就交给你。"

"不，今晚就要发出去。"蒋介石一脸时不可待的表情。

半个小时后，由蒋介石亲自圈阅的电文发到何键司令部。21日，何键接电后又迅速把蒋介石的这一指示转发下属各部。蒋介石的部署是：

（一）南路军应迅将第一纵线工事，尤以信、安间为重点，迭电所述连点成线，充分储备粮弹。待罗霖师接良口、储潭防后，即将此部兵力增防信、安间。

（二）李生达军长率所部速提前赶接李云杰师及罗霖师一部防务，罗师一部移接良口至储潭及李师第一步集结遂川以南地区。

（三）西路军应将湘南碉堡线提前完成，迅将第15、第16两师集结赣江西岸、遂川以南，并设法抽第18、第50两师之中一个师，或另抽队接第53师防，该师也集结到遂川以南地区。

（四）所有赣、信、安、寻、南、大、上、崇、犹、南雄及湘南各县之城镇交通要点，均须赶筑据点，搜集物资，以便坚壁清野，并组训民众，担任侦察、通信及自卫。

（五）在战略之要点，应赶速多屯粮食。

蒋介石的防堵部署刚刚到达赣南前线国民党军指挥官的手中，就在同一天，10月21日，中央红军的突围行动就全面展开。红军部队连同后方机关分头从江西瑞金、于都和福建长汀、宁化等地出发，向着湘西大转移，这就是举世闻名的二万五千里长征的开始。

赣南战局的急剧变化，时在西安的蒋介石不可能马上就知道。特别是中央苏区红军的大规模战略转移行动，蒋介石是在半个多月后才知晓的。

21日清晨，早早起床的蒋介石在宋美龄的陪同下来到户外散步。卫士们见蒋介石走出房间，即赶紧通知侍从室晏主任。

"委员长起得这么早，锻炼身体呢。"晏道刚赶上前来说。

蒋介石点了点头，仍站立在树丛空地间伸胳膊摆腿地打着太极拳。宋美龄站立在一边，歪着头在看树上啼叫的鸟儿。

"今天的活动怎么安排？"晏道刚问，"外出吗？"

"江西有什么消息没有？"

"没有。他们今天大概都在落实委员长的防堵部署，不会有什么别的情况。"

"南京有什么事没有？"

"委员长交办的新生活运动促进总会的事，今天宣布成立军事化研究组、生产化研究组和艺术化研究组。其他就没有什么大事了。"晏道刚回答。

"那好，今天我们就出去散散心。你说去什么地方好？"

"大、小雁塔，钟、鼓楼，东、西大寺，碑林，未央宫……"晏道刚说出了一大串西安的名胜古迹。

"都去过了。"

"灞桥怎么样？楚霸王的'霸'，加一个'三点水'，因为建在灞河上，所以叫灞桥。离这里不远，就在城东，坐车不到半个小时就到了。"了解蒋介石心理活动的晏道刚知道，做梦都在想方设法做中国霸主的蒋介石每到一地，最喜欢游览有"霸"气的地方。

然而，蒋介石这次却没有表态。

"这座桥据说建于清道光年间，有72孔，长近1里，全部用巨大石条砌成，远近都很出名，恐怕是中国石桥之霸了。它的典故据说是出自唐代，那时这里为东郭城外，送客东行，到此告别，有'年年伤别，灞柳风雪'的诗句。"晏道刚进一步解释道，他把"石桥之霸"几个字的音说得很重，以便使名字中含"石"字的蒋介石理会到"石霸"之意。

这时，宋美龄接过话题说道："这个'灞'字倒很有气派，可那个'伤别'不太好。以后有时间再去吧。我们现在'剿匪'胜利在望，高兴才是。"

"对，我们应该尽兴地饱览大好河山。西安史迹遍地，人文景观到处都是，还担心找不到合适的地方？今天就到近郊转一转，听说有个周五陵，是很出名的。"蒋介石边打拳边说,看得出,他的拳打得并不认真。

"周五陵,是不是毕郢塬的周陵?"

"对,就是咸阳城北面毕郢塬的周陵,是周文王、武王、成王、康王和恭王的陵墓,所以叫周五陵。"蒋介石对西安附近的人文景地看来并不陌生。

蒋介石说去就去,早饭后,一行人都着便衣,乘车悄悄离开住处前往毕郢塬。周陵在西安城西北方向,有30多公里。蒋介石的小轿车中速行驶,1个多小时就开到了。

周陵的重要建筑是文王陵,古柏苍松遮掩中,首先映入蒋介石等人眼帘的是陵前清代建造的殿堂,气势恢宏,庄严肃穆,一股霸气迎面而来。

"好一处毕郢塬,帝王福地!"蒋介石脱口赞叹道。

随行人员到此已明白蒋介石的心中用意。周文王、武王都是历史上成就一番霸业的著名君主,蒋介石的霸业之心不表自白。

史载,周族是居住在今陕西渭水中游以北的一个历史悠久的部落,在时间上大约与夏、商两族同时。文王名昌,先祖为后稷。文王继位后,敬老爱少,积善累德,受人爱戴,顺天命而创周朝,并把都城由岐下(今陕西岐山县)迁至丰(今陕西长安市沣河以西)。武王为文王之子,名发,继位后以姜太公为师,周公为辅,在成就霸业前到毕郢塬祭祀,随即率兵大战于牧野,灭殷纣王,建立西周王朝。周采取"封诸侯,建藩卫"的政治统治方式,很快控制了黄河流域,后又向四界发展,疆域北到今河北北部和辽宁南部,南到长江流域的一些地区,西到今陕、甘地区,东到渤海沿岸,成为一代著名霸主。

武王成就霸业数千年后,如今,蒋介石夫妇游览于毕郢塬上,燃香顶礼膜拜。缭绕的香火中,他们耳边似乎涌起数千年前周族金戈铁马的呼啸声。《史记·周本纪》有载:周武王于塬上召开誓师大会,然后亲率"戎车三百乘,虎贲三千人,甲士四万五千人,以东伐纣",这阵势在当年是何等的壮观啊!

现如今,华夏的疆域要比西周时大得多了。集党政军大权于一身的蒋介石,竭力争取的正是西周时的那种一统局面。穿行于周五陵之间的蒋介石,从历史的尘封中回到现实社会来,他最关心的仍是赣闽边的"剿赤"

军事，期望的是他也能像周武王一样自毕郢塬祭祀后旗开得胜。

"毕郢塬是块风水宝地，我们今天也算是来祭祀这块厚土吧，我想先祖肯定不会让我们虚此行。"蒋介石在回返的途中兴致勃勃地说。

侍卫官附和道："周武王当年祭祀于毕郢塬而后举兵，牧野之战成就一番大业；今天委员长亲临毕郢塬祭典，已有好兆头。赣闽的'剿赤'正捷报频传，国军必能奠定中华民国千秋功业。"

"江西的军事马上就要结束，'剿共'之事总算完成。我们下一步的军事计划应该是荡平各省的地方势力派。西周的地方行政制度是'分土封侯'，我们今天的事业则必须反其道而行之，把那些'分土封侯'的地方实力派统一到中央来。"蒋介石在这时所考虑的是削弱和限制各省地方实力派的战略计划，看来他即使在"剿匪"成功后，也一时半会儿还没有抗日的打算。

蒋介石的小轿车驶离周陵，驰向旷野。车窗外，毕郢塬的风"嗖嗖"地从蒋介石的耳边刮过。

历史真是巧合得让人感到不可思议。就在同一天，南中国红色的土地上，中央红军开始长征。作为红军对手的国民党军，其主帅蒋介石却拜祭在万里之外的大西北黄土高原，求中国古时一代征战豪杰周武王陵下，希望其能够佑助霸业。更为奇妙并具有讽刺意味的是，整一年后，中央红军徒涉征战两万五千里，在蒋介石的陪战下完成了举世闻名的长征，来到这片蒋介石曾顶礼膜拜的黄土地上，建起了把蒋介石打倒的圣地。历史的列车载着红军在地球上划了一个漂亮的红飘带，也带着蒋介石转了一个幽默的黑色大圈，那当是后话。

且说蒋介石自毕郢塬回后，似乎对"平天下"又多了许多勇气。在如雪片一样飞到西安的机要电报堆中，他忙碌着，绞尽脑汁思索着。

"达令，你要注意休息呢！最近你的脸色好像不太好。"宋美龄半夜醒来，见蒋介石仍坐在办公桌前望着电报发愣，关心地说道。

"军情紧急呀！近日赣南'赤匪'有异常举动，从各种情报看，'赤匪'东突西闯，肯定有什么重大行动。现在，国军'剿匪'收网之役在望，来不得半点疏忽。我一步操不到心，说不到，南昌行营那些人就要出差错，真是没有办法。你先睡吧。"蒋介石的目光从电报纸上又移到地图上。

侍从室晏主任从窗外向内望了望，又缩回头，坐在椅子上打瞌睡。

23日上午，蒋介石综合各方面的战报和谍报，发电报给国民党"赣粤闽湘鄂剿匪军"北路总司令顾祝同，电称："伪1、3、5军团窜扰南路军，以伪1军团任右翼，伪3军团任中路，伪5军团任左翼，21日攻我韩坊；21日中午，新田之廖团被围古陂，与匪接战甚烈；由会昌经高排、大坑至龙布一带有匪万余；安远西北10里亦发现股匪。该匪此次南犯，是否主力，或先以一部渡河？虽难断定，而第2纵线及遂汾横线关系重要，除已令罗霖师先行南移接替储潭、良富防线及令李生达部即日开拔外，应由西路速派队守护上述两线及集结第15、16两师于郴州，再看情形东移。第53师应速设法抽集于遂川以南为要。"

这份只有220余字的电报，蒋介石是用了整整一个晚上和半个白天拟出的。然而，他对红军主力兵团的如此大战略行动，显然在判断上有着重大失误，误以为是战术性的"南犯"，仅作了战术性的防堵部署。

蒋介石把电报拟稿交给作战厅厅长杨永泰发报后，松了一口气。他自认为赣南的军事不会起大的波澜，"朱、毛"的被擒也就是这两天的事；西北的军务也处理得差不多了。目前，急需处理的还有原定在月底召开的国民党中央四届五中全会，蒋介石推测到，代表们在大会上很可能会集中火力针对他的"攘外必须安内"的策略进行攻击，这也是他近年来尤其感到最头痛的一件事。

因此，蒋介石决定离开西北到华北等地再做"安抚"和"剿共"的游说。于是，他又嘱咐晏道刚道："今天下午，我们就乘飞机先到开封。你安排一下。另外，给南京发个报，原定月底召开的中央四届五中全会，在时间上向后延期，等我回去后再说。"

风风火火的蒋介石到开封落了落脚，很快又离开中原大地，在24日由开封飞往北平。

时北平行营主任何应钦回南京，蒋介石在北平接见的主要有原东北的军政要员莫德惠、王树常、马占山、苏炳义、米春霖等人。负责具体联络工作的是张学良驻北平办事处的主任邹致权。

"委员长来的正是时候，今天是霜降，西山的红叶正好呢。"邹致权建议道。他所说的西山也就是北平西郊的香山，原是皇家猎园，位于城区之西约20公里处。

蒋介石向侍卫室晏主任望了望："有什么特别电报吗？"

"'剿赤'的电报还没有到。南京方面刚打来一个电话，说中常会已经同意委员长的意见，决定延期举行四届五中全会，定于12月10日再召开，电文很快就到。"

"今天还有没有别的活动安排？"蒋介石又问。

"没有。"

"今天天气也很好，可以外出郊游。这几天也太累了。"宋美龄在一边说。

蒋介石点了点头。一串小轿车向城西驰去。

北平西郊的香山，以火红似焰的红叶而闻名于世。这些红叶大多数是黄栌树的叶子，每当秋天叶子经霜打以后就变红了。山上除黄栌树外，还有枫树、柿树、黄连木、乌桕、豆梨和火炬树等10多种树在入秋后叶片泛红。一片片，一簇簇，夹杂在漫山遍野的松林之间，如点点星火闪耀着红艳艳的光芒。阵阵秋风吹过，树叶"沙沙"作响。风过后，树枝上飘下片片红叶，好似无数飞舞着的红蝶，翩翩起舞。每当深秋季节，游人们便从四面八方来到这里，观红叶，赏秋景。

蒋介石在登山前，先到山脚下的碧云寺祭奠了孙中山的衣冠冢，然后便登山看红叶。今天的天气很好，天空湛蓝如镜，几朵白云缓缓地飘浮在空中，温暖的阳光照耀着大地。

山上游人已被警卫人员撵得远远的。

宋美龄一上山就被那漫山遍野的红叶吸引住了，吟诵起唐代大诗人杜牧的千古名句："停车坐爱枫林晚，霜叶红于二月花"。

一行人沿着弯曲的山路向上攀去。

登高四望，香山被红霞笼罩着。一棵棵红叶树闪着赤光，亮得像是一团团火炬。夺目的阳光透过一层层红叶，把绿草地都映红了，让人宛如置身在仙境中。地上，堆堆红叶在风吹中如海潮翻卷，向四野蔓延。这千树万树的红叶，在深秋中越加鲜艳，远远望去，就像有万人举着红绸在舞动。

宋美龄从树上摘下几片椭圆形的红叶，拿在手中，似一把把小红扇。那红叶的颜色，并不是单纯的一种红，它们有的是粉红色的，有的是橘红色的，有的是朱红色的，有的是艳红色的，还有的红叶已经红得发紫。满山的红叶互相竞赛着举起手臂，互相拥抱着迎着金风，形成了香山大片的"红叶区"。在阳光的照射下，片片红叶如玻璃纸一样透明，叶片上的叶筋如金线，呈现出美丽的鱼骨似图案。

"这景色真美！你知道我此刻在想什么吗？"蒋介石乐滋滋地问宋美龄。

"南京栖霞山的红叶？那里的红叶不如这北方经过霜打后的红叶艳丽。"

"不对。你看秋风中片片落地的红叶，我看恰似国军'剿赤'后的面面红旗落地。尽管这红色好像是漫山遍野的，可秋天过后，冬天降临，大地一片白茫茫，何再见这赤色！"蒋介石说着，走到一棵树下，突然发疯似的摇起碗口粗的树干来，许多红叶在剧烈的震动中翻卷落地。

"哈哈！秋的季节到了。"蒋介石得意地踢踏着脚下的红叶。一阵皮靴践踏过后，树下，红叶支离破碎。

蒋介石如此发泄内心情绪的动作，让众人一时感到很是意外和反感。这哪里是赏红叶，原来的秋游观景心境全被蒋介石这顿皮靴声破坏了。

"达令，说点别的好不好？"宋美龄见众人一时都没有了言语，用胳膊暗中捅了捅蒋介石，劝说道。

蒋介石没有理睬宋美龄的话，高喊着"好景色，好景色"，踏着红叶向山顶悬崖边的一棵大红叶树走去。

众人紧随而上。

香山观红叶后，时刻不忘"剿赤"的蒋介石一回到城内，立刻调阅南方的战报。

"我们刚到北平，许多电报还来不及转到。"晏道刚解释说。

"各纵队现在大概在什么位置？把地图打开，我看看。先赶快发个手令给薛岳、周浑元，让他们的纵队集结主力于泰和、永丰、龙冈等地。"

作战参谋在厅长杨立泰的催促下，慌慌张张从刚刚解开的行李中取出一张"赣闽湘粤地区军事态势"大地图，铺在蒋介石的办公桌上。

蒋介石开始口述电报："无论匪情如何，应规定部署如下：李云杰部限5天之内接兴国之防；周纵队主力抽出15个团以上的兵力，先集中于高兴圩与奉和之间；薛纵队应即抽出12个团至15个团的兵力，限5天之内集中于雄岭下与永丰之间；令永丰与龙冈一带守备部队，推进于龙冈与古龙冈之间。如恐时间不及,则薛部可一面集中,一面酌留少数部队于古龙冈与龙冈之间,以待接防。"

此电文中的"周纵队",指的是周浑元所率第8纵队,周时任国民党军第36军军长、"赣粤闽湘鄂剿匪军"北路第3路军第8纵队指挥官。该纵队辖有第5、13、28、96、98、99共6个师。"薛纵队"指的是薛岳的第7纵队,薛在任国民党"赣粤闽湘鄂剿匪军"北路第6路军总指挥前,曾任北路第7纵队指挥,后第7纵队扩编为北路第6路军,由吴奇伟接任第7纵队指挥。这两个纵队,是国民党中央军进行5次"围剿"和追堵红军的主要力量,此后,在蒋介石的直接指挥下"陪伴"红军几乎也走完了"二万五千里长征"征程。

发完电报后,蒋介石手持宋美龄从香山带回的红叶,拈着叶柄旋转着,又得意地笑了,对宋美龄说道:"这叶子倒是很可爱,可惜是属季节的,落了。"

南方的霜降这天,事实上并不像蒋介石所期望的那样"万木凋敝"。红六军团主力在军政委员会领导下,经过反复冲杀,终于突出重围,到达印江县木黄,与南下迎接的红三军领导人贺龙、关向应等会师,胜利完成了突围西征的战略任务。中央红军全部渡过桃江后,中共中央、中革军委决定继续向汝城地域前进,第一步到江西大庾、广东南雄地区,主力由两城之间通过;第二步到沙田、城口地域,相机占领汝城。

中央红军至此突破了国民党军在由赣江两岸沿线至信丰、安远设置的碉堡封锁线,即第1道封锁线。蒋介石在此情况下,虽然连忙部署加强由萍乡、莲花、大汾、桂东、汝城、仁化至曲江的第2纵线,以及由江西省万安、遂川两县至遂川县大汾镇的碉堡封锁横线,也即第2道封锁线,但已经于事无补。

蒋介石得此消息后,别有一番叹息:"查匪徒此次南犯系全力他窜?抑仍折回老巢?或在赣南另图挣扎?刻下尚难断定。唯歼匪于第一线以东地区已不可能,自应歼匪于第二纵线及万、遂、汾横线中间地区之目的,另为机动之部署。"看来蒋介石到此还仍不清楚中央红军的战略行动目的。

国民党军南昌行营根据蒋介石的电令,于25日先电何键迅速就蒋介石所部署纵、横两线堵截,加强工事,严密布防;令李云杰集结遂川,援助罗霖，巩固赣州以北江防；周浑元纵队抽调16个团集结泰和；薛岳抽集12个团集结龙冈；红军如果向别地转移，即以薛岳、周浑元会李云杰、李生达"进剿"，如果回返原出发地，即以周浑元纵队会同罗霖、李云杰部由赣州东进。薛岳部仍担负原来的任务；东路及"赣粤闽湘鄂剿匪军"北路前敌总指挥兼第3路军总指挥陈诚应加速向长汀、宁都分进。

红色的土地上，秋雨绵绵，国共两军都跋涉在泥水里。枪炮声时紧时停，又突然炸响在某一地区的密林中。

话分两头，再说蒋介石来到北平的消息，很快被无孔不入的报社记者所得知，这两天，要求面谈采访"抗日"问题和要求国民党当局开放言论自由的记者越来越多。

"不见，一个也不见！匪未灭前绝不能言抗日，这是国之大策，开放什么言论自由，新闻还有《新闻检查法》嘛！"蒋介石把一堆要求采访的记者的名片和条子扔在地上。

蒋介石所说《新闻检查法》，是去年初由国民党中常会通过的，该法规定：各大城市一律设立新闻检查所，由党政军警机关派员组织，凡关于军事外交秘密及治安方面足以"动摇人心，引起暴动"之新闻，一律扣留或删改，各地新闻机构违者依法处分。但是，此法案通过后，就遭到包括《中央日报》、《民国日报》等全国报纸的反对，国民党中央不得不暂时搁置，并由行政院于9月1日训令内政、军令两部通令保护记者。此后，全国新闻界即酝酿定9月1日为记者节。今年9月1日，北平、太原、杭州、镇江、长沙、厦门等地新闻界，便分别举行首次记者节庆祝会。北平记者公会特别作出决议：电请南京当局保障记者安全，维护言论自由；通电全国同业一致于每年9月1日休假一天。同日，《北平晨报》发表《记者节感言》社论，指出一年来"新闻记者之惨遭囚禁仍层出不穷"，"压迫凌辱复超越于极大限度之上"，需联合组织，互相扶助。

对此，蒋介石大发了一顿火，责令强制施行《新闻检查法》，国民党中央宣传委员会于这个月初宣布，决定从10月1日起实行所谓"统治言论之合理化政策"，规定凡日报、晚报、小报、通讯社稿及增刊、特刊、号外等，均须于发行前将全部新闻，一次或分次送新闻检查所检查。此规定一出，平、津、沪等地各报立即纷纷向国民党当局要求开放言论自由。这是本月初刚刚发生在北平的事，未能平息，现在蒋介石又来到北平，记者们当然会就这一敏感问题提出质问和抗议。

"北平的记者最难缠，最好不要得罪他们。这个月初中央宣传委员会虽然刚刚颁布'统治言论之合理化政策'，但许多记者根本就不把这当回事。"邹致权谨慎地向蒋介石解释。

"什么新闻？政治需要的工具而已。他们有碗饭吃就不错了，还来拆我的台。目光短浅，会误了国家大事的。"蒋介石拧着脖子说。

"老百姓考虑问题就是这样，南方的'剿匪'毕竟离北平远一点儿，当前北方所遇到的最大社会问题的确是日本人的入侵问题，因此民众的排日情绪很重。我看委员长还是不要直接与记者接触为好，免得引起不愉快的事情。委员长这次来北平不是还要检查一下身体吗，我给您安排一下，住到医院去。这样既可避开记者的纠缠，也可安心检查身体。"

"好吧。"蒋介石此时恐怕也权衡到了新闻舆论的利与害，决定对记者采取"瞒天过海"的计策，于26日住进王府井大街东侧的协和医院，名为检查身体。

就在蒋介石住进北平协和医院检查身体、养病的时候，27日，第一次张北事件发生。日本天津驻屯军参谋川口清健，外务书记官池田克己等8人，不遵事先与中国有关方面的约定，自行由张家口前往多伦旅行，途经张北南门时，宋哲元第29军所属赵登禹第132师卫兵要求检查护照。川口等无理拒绝，双方发生争执。日本驻张家口领事桥本借口中国士兵侮辱日本外交官，向该军参谋长张维藩提出抗议。日使馆武官高桥坦也在北平向宋哲元提出抗议。宋哲元为息事宁人，令该师师长赵登禹向日方道歉，并将守兵连长撤职。但日驻张家口特务机关长松井源太郎要求在察东划界，要宋部退长城线以西以南，宋答复此问题应向外交部交涉，松井即单方宣称宋已允诺，在年底以前撤兵，妄图借此划察东为"非武装区"。

"不要惹事吗！这个宋哲元总是给我找麻烦。我们的既定国策他忘记了？是先'剿匪'而后再言抗日，在当前情况下绝不能轻言抗日。"对日本畏惧如虎的蒋介石，不是对渐露危机的华北形势有所考虑，却把有民族正义感的中国官兵大骂了一通。

与此同时，隔海峡又传来消息，台湾青年郑清水在基隆掷弹刺杀日本伏见亲王和黎本亲王。住在北平的蒋介石可有些坐不住了,他担心北平的日本人是否会实施报复行动,"委员长"这个目标是够大的。侍卫室为此制定了尽量减少外出活动的日程安排计划。

说来也真是怪哉!蒋介石对近在脚下的日军挑衅充耳不闻,却时刻不忘万里之外的赣南"剿匪",每日接发大批的作战电报。协和医院内蒋介石的"病房",这时竟然成了"剿匪"临时作战指挥部。

时南方的红军各路部队正紧张地奔波于突围和作战之中。中央红军携带大批辎重和机器,行动十分迟缓。中革军委在获悉粤军一部集结于大庾、南雄之间截阻中央红军西进的情报后,速改令中央红军改道,"前出至大庾、贤女埠",从大庾、崇义之间西进。红一军团从乌径迅速分路北上,向池江、青龙前进。红三军团前出新城、池江之间,准备渡章水,红八军团由龙回至贤女埠渡河,向南康警戒。红九军团随红一军团跟进。并决定红军于下月初进至汝城、城口等地,并通过湘军由沙田、汝城到城口的封锁线。

红六军团在暂时突出包围圈后,与红三军在四川省酉阳县南腰界召开会师大会。红三军恢复红二军团的番号,贺龙任军团长,任弼时任政治委员,关向应任副政治委员,并以红二军团总指挥部统一领导红二军团和红六军团。28日,红二、红六军团从南腰界出发,向湘西的永顺、保靖、龙山、桑植地区发动攻势,以策应中央红军的战略转移,并开辟新的苏区。

29日,北平协和医院特别"病房"中,蒋介石面前摊开来自南方的许多加急军情电报,国民党"剿匪"南、西、北3路大军的基本进攻态势是:南路军集结于大庾、南雄之间作战;西路军(湘军)主力向湘赣边集结中,其第62师正向汝城开动;北路军周浑元纵队正向遂川集结,企图侧击中央红军。

"现在的问题在北路军,要让北路军守备部队尽力向前推进。给周浑元发个急电。"蒋介石挥手间,译电员手持文件夹立于沙发一边,做好了记录的准备。

蒋介石口述电报:"北路军除进剿部队外,所有守备各部队应尽力推进筑碉,以便与前线部队切取联络。"

夜已很深,协和医院特别"病房"中的蒋介石仍毫无倦意,伏在地图上部署南方的"剿匪"作战。

6. 粤桂军阀面和心不和，蒋介石得知主力红军突围后慌忙南返

北方的深秋之夜，在10月底已是寒意料峭。窗外站立的老槐树已经掉了叶，在漆黑的夜空中现出黑炭条般的一片片光秃秃的枝丫，被冷风吹得"呼呼"怪叫。

已是凌晨时分，蒋介石放下手中的笔，离开桌子，伸胳膊叉腿，直挺挺站了一个"大"字，舒展了一个懒腰。

一夜的工夫，冥思苦想的蒋介石除写了一个令东路军蒋鼎文部"以筑碉向长汀进展"的电报外，还写出了一篇千余字的长电报。这个关于"追剿"方针及国民党"剿匪"北、西、南各路军的行动部署，可谓较全面地反映出蒋介石在红军长征刚开始时对其进行围追堵截的战略、战术思想。电报全文如下：

"一、综合情报：由赣南西窜之匪，尚徘徊于大庾东北地区，有向西北逃窜之模样。判断匪将以全力经赣南西窜，或以一部北犯遂川，企图牵制。

二、追剿方针：应侧重堵截其西窜。冀可于万安、遂川、大汾以南，桂东、汝城、仁化、曲江以东地区，及其以南至湘、桂永之间，及纵横碉堡线之中间地区，消灭匪之窜力。

三、北路周浑元纵队限江日（11月3日）以前先行集中遂川、大汾线上；薛岳部即速分由现地出发，经龙冈、吉安、安福、莲花、茶陵、安仁、耒阳、常宁，向永州附近集中，限支日（11月24日）以前完全达到。所遗防地，由顾祝同总司令派队星夜填驻。

四、西路应先巩固江西省遂川县属大汾镇，湖南省汝城县及该县南端的广东桥纵线，及江西省万安、遂川两县及大汾镇横线。两线之守备部队应即日各就指定之位置。其余衡、郴、宜及湖南省衡阳、郴县、宜章3县

及衡阳、祁阳、永州3县和广西省全州属黄沙河镇，与湖南省茶陵、安仁、耒阳各纵横线上部队，暂以保安团队守备。其主力陆军，均先控置于相当地点，以资机动。尔后适应情况，再就守备位置。

五、南路军速就湖南省汝城，广东省仁化、曲江3县封锁线上，努力堵截，以迟滞匪之行动，并以大部追击之。

六、桂军应控于全县、兴安间，并速巩固广西省全县属黄沙河、全县、兴安、桂林4县市碉堡线。

七、空军第3队队长张有谷，率领第3队及杨亚峰第5队，暂驻吉安，归周指挥官指挥。尔后相继推进衡、郴。该处机场应由何总司令先行整理备用。

八、追击部队应轻装并携带炒米袋。

九、空军应逐日派机更番追匪，尽力轰炸，使匪白昼不敢行动。又所得情报随时分报行营、何总司令、周指挥官，并通报附近部队为要。

十、追击部队之给养就地采办；应由何总司令先行饬知境内官吏、团队先事筹备，尽力协助。

以上10项，希饬属遵办，并将办理情形随时具报为要。"

蒋介石在这封电报发出后，把晏主任喊了进来，问道："刚才外面吵吵什么？"

"有几个记者找上门来，要见您。不知道他们从哪里得知委员长您住在这里。他们昨天就来过了，我推说您外出视察未回。这不，今天一大早又来了。"

"这些无孔不入的记者，讨厌得很！有什么好事，也会让他们给搅坏了。这样吧，我们今天就离开这里，免得他们再来找。再说在这个地方也闷得慌，住久了恐怕没病也会生出病来，还是搬出去住吧。你准备准备过几天去下一站的视察筹划工作。"

下午，蒋介石悄悄搬出协和医院，住进中南海一所僻静的小院，不再轻易出户。除接见迪邮谈判代表指示交涉要点外，概不见外宾，专心于指挥万里之外的"剿赤"和安抚北平的原东北军军政要员。

这天晚上，国民党南昌行营接到蒋介石发自北平的电报后，立即转发各路军。为从速消灭中央苏区红军主力，转令"追剿"军总司令何健："追剿方针偏重堵截，截其西进"，希于遂川、万安、大汾以南，桂东、汝城、仁化、曲江以东地区及其西至湘、桂水间纵横碉堡线之中间地带阻击；限周浑元纵队于11月3日前，集中遂川、大汾线上，限薛岳部于11月24日前在永州附近集中；着何键部先巩固大汾、桂东、汝城纵线及遂川、万安、大汾横线，所余衡州、郴州、宜章及衡州、祁阳、永州、黄沙河与茶陵、安仁、耒阳各纵线，暂以保安队守备。令南路军速于汝城、仁化各线上截堵，并以大部队追击之；桂军应置于全州、兴安间，并从速巩固黄沙河、全州、兴安、桂林线；命令空军逐日派飞机轮番追击轰炸。空军归周浑元纵队指挥，暂驻吉安，尔后相机推进。

中南海畔，一觉醒来已是10月最后一天的蒋介石，下床后的第一件事仍是阅读来自南方的"剿赤"战报。

"吃了早饭再看吧，饭菜都凉了，我又要陪着你吃冷饭了。"宋美龄抱怨说。

"你先吃。让晏主任快来，我要发个电报。"

晏道刚跑步而来："向哪儿发电报？"

"东路军和北路军。"蒋介石说道，"匪主力断已过河西窜，则闽西与赣南各县城之收复应重新规定，不必再筑封锁线与步步为营之方式也。"

"什么？重新规定？不再筑封锁线，步步为营方式也不用了？请委员长再复述一遍。"晏道刚担心听错了或是蒋介石说误了嘴，连忙核实道。

"对，重新规定，以前的战术对现今的共军已不起作用。从今天起，东路军和北路军不必再筑封锁线与采用步步为营之方式。"蒋介石的语气很肯定，不知他又有什么新的花招。

"我不喜欢听那种叫破嗓子的剧，不去！今天有什么重要消息？"晚饭后的蒋介石谢绝了北平市特别安排的京剧专场，望着案头的一堆文件发呆。

"今天是11月的第二天，事情还真不少。"晏道刚连忙拿出文件夹，上面已经列出了近两日的要闻，以供蒋介石调阅，说道，"昨日，立法院通过《中华民国刑法》修正案；战区清理委员会在北平成立；国民政府政务官惩戒委员会发表'顾孟余应不受惩戒'之决议；中国童子军总会成立——"

"南方前线的军事怎么样？"蒋介石最关心的是红军的情况。

"据报：昨天，他们的先头部队已进入湖南。今日，其第1军团2师占领广东仁化县城口，开始突破我第2道封锁线。"晏道刚汇报说。

"陈济棠是怎么搞的！我看他并不用力。其他的要闻不读了，快把贺国光喊来，一定要守住这道封锁线。"

"还有一件关于'剿赤'的电报。"晏道刚小心翼翼地又抽出了一封电文，这是四川省善后督办兼"剿匪"总司令、国民党军第21军军长刘湘，于昨日向在北平行辕的蒋介石、南京的国民政府主席林森、行政院长汪精卫发出的电报，内容是关于红二、红六军团会师及中央红军西征，请求速筹消灭红军之策。

"谁发来的？有什么重要情况？"蒋介石仰起头问。

"四川刘湘关于川黔鄂边的情况。"

"快读。"蒋介石一听，忙说，他对"剿赤"总有一种迫不及待的神情。

"查萧（克）、贺（龙）合股已成事实，燎原之势既成，后患之忧更大。不待湘、鄂、川、黔边徼永无宁日，万一绕窜万（县）东，以扰我五路剿匪后方，则将势成不至。近据各方情报，朱（德）、毛（泽东）西窜，先头彭部已达湖南汝城。是川、黔形势日趋紧张，川民引领，切盼中央速筹大计。"

蒋介石把电报捏在手中，又仔细看了一遍。他坐在沙发里，半天无语。

"回不回电？"晏道刚请示。

"不必回。我们把北方几省民众的反日情绪安定后，就赶回南方。明天就离开北平，沿长城一线向西巡视。"

"是。"晏道刚闻言连忙布置西巡部署

11月3日，蒋介石一行沿平绥铁路乘车西行，于次日抵达察哈尔省省会张家口。

交通要冲张家口，地势北高南低，北靠坝上高原，南为洋河河谷盆地，一向为京西战略要地，明筑张家口堡，清置张家口厅，1928年建为察哈尔省省会。得知蒋介石西巡的省府官员和驻军首领，早已等候在站台上迎接。

蒋介石一行卜榻省府官邸后，即召见当地军政要人言以机密。

5日，南方前线的国民党"剿匪"西路军总司令兼湖南省主席何键，在长沙中山纪念堂向民众"辟谣"，叫嚣"赤匪入湘，不堪一击"，并重复蒋介石"攘外必先安内"的论调。但他一走下讲台，就急忙向蒋介石发电告急。与此同时，蒋介石正在出席察哈尔省扩大纪念周，在会上无非是继续宣传他那套"攘外必先安内"的既定"国策"，并大肆宣扬赣南的"剿赤"战绩。

驻在张家口的蒋介石在自认为安抚好察哈尔省军政官员的情绪后，并不理会何键的急电，还无意南返，仍决定继续西行到归绥，平定一下绥远民众的抗日风潮。

"委员长沿途辛苦，休息好后，可到城郊游览一下此处的风景名胜。水母宫、清远楼、镇朔楼、赐儿山、云泉寺、辽壁画墓都值得一看。"负责接待的察哈尔省省府官员挽留蒋介石在张家口多住一天，并建议道。

"清远楼、镇朔楼，是可以去看一看。这次西行，时间紧迫，其他地方等以后来时再去吧。"近日来心情较好的蒋介石对军事上的戍边古迹清远楼、镇朔楼，看来还挺感兴趣。

"这楼那楼的，江南江北还不是一个样，我看还是去看这里的山吧。楼是人造的，能同样，山可是没有重样的。"宋美龄的言外之意肯定是要去赐儿山。

笑眯眯的蒋介石显然也明白了夫人的意思，便说道："也行，就去看看山吧。远不远，高不高？"

"不远，就在城西。山也不高，海拔标高是1005公尺，看起来山势高耸，走起来，路还算平坦。"

"为什么叫这么个名字，一定有什么故事吧？"宋美龄关心地问道。

"这主要是在山的东麓有座寺庙，叫云泉寺。俗传在寺中可祈神求子，由此整座山就叫做赐儿山。最为称奇的是山中之洞……"省府官员为了讨得蒋介石的欢心同往，又继续解说道，"云泉寺始建于明洪武二十六年（1393年），在山的西侧有3个天然石洞，中间一个叫风洞，洞中风声呼啸作响；右为水洞，泉水甘美，终年不竭不冻；左为冰洞，洞中冰雪晶莹透亮，盛夏不融。洞前有明代古柳两株，洞西有滴珠鸣玉洞，洞底喷泉涌动，洞顶水帘挂珠。山上还有蠢云亭、万松亭、烽火台等古迹，都很值得一观。"

"好吧，我们就去看这些洞怎么个奇怪法，竟然能冬夏共存于一山中。"蒋介石和宋庆龄统一了意见，大家也就皆大欢喜。当天下午，他们喜滋滋地去了赐儿山、云泉寺。宋美龄进寺祈神赐儿，饮洞中泉水求仙送子，在此不必细说。

话说蒋介石由张家口继续西行，经大同于6日抵达绥远省省会归绥。一下火车，蒋介石就连忙让贺国光拟定关于消灭中央红军于湘水、漓水以东地区的电报，两个小时后，这封急电就发给了何键，电文如下：

"综合本日情报，西窜匪部先头约千余，已返汝城，约八十里，继续向宜章方面逃窜，以一部在汝城城口与我军对战，掩护其侧翼，其主力向汝（城）、仁（化）间西窜。判断该匪必沿五岭山脉，循萧匪故道，经兴（安）、全（州）间窜，且其行动必速，不致北犯，既有亦不过以一部掩护其侧翼。我军为欲歼灭该匪于湘、漓两水以东地区计，各方部队均须迅速出郴（州）、永（州）以南，宜（章）、道（县）以北，分别堵剿与追击。

薛（岳）路虞日（7日）由吉安出发，已令兼程经茶（陵）赴永（州）；周（浑元）纵队本日已过左安，已令兼程直趋郴州方面迎击与截击；并电约伯南（陈济棠）所部速出宜章以北夹击及崇（义）、庚（大庚）以南部队追击。为恐薛、周追赶不及，即希芸樵（何键）兄尽先抽出湘中部队，分别迅速进出郴、永以南堵截，且设法迟滞其行动；倘顾虑万一该匪北犯，薛路到湘后，亦可就近堵剿。桂军除巩固湘、漓两水及龙虎关一带碉线外，希德邻（李宗仁）、健生（白崇禧）两兄以有力部队，迅出道县以北，与永州部队协同堵剿。此方极关重要，乃匪必经之路，务须严密防堵。各纵横线碉堡，依以前及最近经验，在多不在大，重密不重坚，每里最多两碉为宜。以上各项，须将办理情形电复。"

何键接电后，速令各部："着第77师抽一部督同地方团队，提据皂口至凛阳（含）线之江防；着第72师派部接替遂（川）万（安）间防务兼顾遂城；着第18师以大部提接遂川、大汾（含）线之防务；着第53师速开资兴附近；第23师速开郴县向桂阳前进；第63师仍遵前令开赴耒（阳）、安（仁）之线；第15师开赴郴县附近。"并令"刘纵队司令建绪统筹指挥，并协同友军固守湘江沿岸，并须特别留意零陵上游与桂军切实联络。"

同日，蒋介石又电令南京孔祥熙，速向美国订购飞机用以"剿赤"军事。但是，蒋介石处心积虑的军事部署，却未能如愿以偿，南方的各地红军在这个月上旬又有了新的重大发展。

在湘西，红二、红六军团袭占了永顺县城；在湘南，中央红军由汝城到城口间通过敌人第2道封锁线后，中革军委又指示红三军团于良田、宜章间通过敌第3道封锁线，并包围汝城；红一军团于宜章、坪石间通过封锁线，军委第1、第2纵队及红五、红八军团在红三军团后跟进，红九军团随红一军团后跟进，其余部队由左右两翼内侧前进；在鄂豫边大别山麓，中共鄂豫皖省委于6日率红二十五军西进，在汤池歼敌5个连，又与敌约10个团在斛山寨激战，毙伤敌约4000人，缴获甚多；在川陕根据地，红四方面军于通江县毛浴镇召开政治工作会议，总结政治工作经验，提出粉碎"川陕会剿"的行动口号，表彰反"围剿"作战中的先进单位。

红军北上抗日先遣队由皖南转入闽浙赣苏区后，在葛源以北地区同红十军会合。中革军委决定北上抗日先遣队和红十军合编为红十军团，任命刘畴西为军团长，乐少华为政治委员，继续担负抗日先遣队的任务。红十军团辖第19师（原北上抗日先遣队改编）和第20师（原红十军改编），寻淮洲和聂洪钧分别任第19师师长、政委，刘畴西、乐少华分别兼任第20师师长、政委。同时任命曾洪易为赣东北省委书记，方志敏为赣东北军区司令员。决定还指出，赣东北省委受中央分局领导，红十军团受中央军区项英司令员指挥。

在北方巡游的蒋介石得知这些来自南方的消息后，焦虑不安。8日，蒋介石一行由归绥飞抵太原。飞机上，手攥电报的蒋介石真有些不知从何处下手的感觉，他面对一大堆来自"剿赤"前线的文电，首先把来自四川刘湘的电报推到一边，却致电南京林森："会剿川匪之有效办法，现方在慎密规划中。"其实，此时手忙脚乱的蒋介石哪有时间"慎密规划"川中军事，又何来"会剿"的有效办法？

蒋介石的精力仍然主要集中在赣南，他摊开地图，拟定关于改定西、北两路军任务及指挥系统的电报，令："兹改定西、北两路任务、境界及指挥系统如下：西路总部移驻衡阳，注重追剿；北路总部移驻吉安，注重清剿；西、北两路改以湘、赣省界为界限，但现在鄂、赣境内之西路第3纵队及所属各部，仍归西路指挥，其区域仍旧；西路第1、第2两纵队之部队，其在赣境者，如第18、第50、第77各师，均改归北路指挥。以上四项，希遵办具报，并饬所属遵照，但未交防前照旧负责。"

专机飞抵太原，山西"土皇帝"阎锡山已率领省府文武百官迎候在机场。太原报纸以通栏大标题登载："蒋委员长驻节太原，备受各界大会欢迎"。蒋介石在太原又有一番"攘外必须安内"的游说活动。总之，他此行途经北平、察哈尔、归绥、太原各地，分别接见当地军政首脑，如在察哈尔接见宋哲元，在归绥接见傅作义及蒙旗德王、云王、沙王，在太原接见阎锡山等，多次找人密谈。他为了争取这些北方各地首脑同意他反共，以缓和国人对他不抗日的攻击，逢人便大肆宣传那套谬论："不是我不抗日，而是共产党拉住了我的后腿，非消灭赤匪，方能谈抗日。"

却说蒋介石带着宋美龄正在华北游说，并计划着是在太原还是在南京接见意大利政府任命的驻华首任大使罗亚谷诺，突接南昌行营转来的加密重要情报：红军西移前锋部队已抵达赣湘粤边界。10日，国民党东路军李默庵部攻占瑞金，南京政府宣布第5次"围剿"结束。占领瑞金的国民党军由所得资料综合分析判断，红军此次行动已不是往常的战术机动，而是战略大转移；不是南下，而是西进。

"战略大转移，向西突围？这不太可能！"蒋介石摇着脑袋，感到不可理解。他一直认为红军的行动与往常一样，是限制在原赣南附近的反"围剿"突围。

"综合各方面的情况，看样子不再是往常的小规模转移，而是大搬家。"宋美龄在一边翻看着电报说。

"这北方的事还有一些没有完成，能不能晚几天回去？"蒋介石的原计划是还要在北方几省周游几天，以缓和民众抗日的情绪。

"南方事紧，还是先回去看看再说。"宋美龄在一边劝道。

蒋介石的"夫人政治"多数情况下比下面来几道军令还管用，制约着其行动。果然，蒋介石经宋美龄这么一说，决定明日即动身赶回南昌。

这天下午晚饭后，蒋介石连忙把晏道刚和贺国光喊到自己的住处。

"什么事这么急？"贺国光的晚饭吃到一半就跑了来。

"你们看这些刚刚得到的情报，我们已经胜利进占伪都瑞金。从所得的情报看，赤匪的行动是向西出动的战略大转移。把你们叫来，是让你们赶快拟定一个初步追堵的计划。"蒋介石把一摞情报资料递给贺国光，并看了眼桌子上的钟表，又说道，"由晏主任执笔吧。你们商量一下，两个小时后把计划拿来。现在是7点钟，限9时以前发出电令。"

正患偏头痛的晏道刚皱了皱眉头，与贺国光一起退了出来。

"我身体不太舒服，是不是由贺参谋长主持写一份电文？"晏道刚双手按着太阳穴揉搓着，向贺国光说道。贺国光原任南昌行营的参谋长，因此大家仍习惯称呼他为参谋长，而少称呼厅长，免得与其他厅的厅长相混淆。

"委员长亲自点名让老弟执笔，我怎么敢代劳？能者多劳，你的文笔好，还是你辛苦一下，完成后，我请客到仙居酒楼搓一顿。"贺国光推托道。他知道晏道刚虽然是自己名下的副职，但这位老弟值钱的牌子并不是这个副厅长，而是那个"蒋委员长侍从室主任"，他在蒋介石面前说话要硬朗得多。

"我这两天头痛得厉害。"晏道刚说着，只好接过贺国光手中的情报材料，去草拟追堵计划电文。

"写得怎么样了？"晏道刚坐下还没过一刻钟，电话铃声就急促地响起来。可电话筒中传来的不是贺国光的声音，而是蒋介石的询问声。

"我正在写。委员长有什么考虑？请指示。"

蒋介石想了想，授意道："总的部署应是这样的：由何键部为西路军，堵击赤匪进入湖南；陈济棠部为南路军，堵击赤匪进入广东；以李宗仁的桂系主力集中于广西北部，堵击赤匪西进；以顾祝同部为北路军，堵击赤匪进入湖北。"

贺国光也接到了蒋介石的询问电话，感到今天这个电报是蒋介石异常关心的，再也不敢有所怠慢，赶紧来到晏道刚的房间。

每隔10多分钟，蒋介石即以电话催问贺国光是否拟就。贺国光对晏道刚说："委员长似迫不及待，挂电话听筒之声甚重。你快点儿草拟，让他看看后再细改。"

晏道刚根据蒋介石的要旨，很快就拟出"追堵电令"。蒋介石看后，改动了几个字，写上一个大大的"发"字，递到了电台台长手中。

追堵计划很快下达到各部队：令西路军何键部除留刘膺古纵队于赣西"清剿"外，主力悉调湘南布防，依湘江东岸构筑工事进行堵击，并以有力之一部在粤湘边境堵击，该路总部移驻衡阳；令南路军陈济棠部除李扬敬纵队留置赣闽边"清剿"外，主力进至粤湘边乐昌、仁化、汝城间地区截击，该路军总部推进至韶关；令第4集团军主力集中桂北，总部移至桂林；令北路军顾祝同部以第6路军薛岳率所部包括吴奇伟、周浑元两个纵队担任追击。

在离开太原前，蒋介石又把这个追堵红军的作战计划看了一遍，确定发出后，才急忙登上飞机。

蒋介石南飞，先到武汉，又转轮船到九江，然后连夜赶往南昌。是时已是11月12日上午。

千里迢迢奔波的蒋介石坐到南昌行营的办公桌前，行营机要参谋已把一大堆电文放在案头。前线各方来电表明，赣南中央红军的行动的确是重大的战略转移，而不是一般的战术动作。

一张大地图前，蒋介石立刻召集有顾祝同、陈诚、杨永泰、熊式辉、林蔚、贺国光和晏道刚等人参加的紧急军事会议，商谈对策。

大家刚坐下就议论纷纷，红军的行动方向成了这次会议的主要议题。

负责作战的行营第1厅厅长贺国光在作了简要的军情报告后，蒋介石便指着作战地图判断道："赤匪有可能由赣南信丰入广东，他们利在乘虚，如进入粤境，逼得粤军不得不拼命抵抗，倘被前后夹击，是难于立足的，那是他们的不利之路，去了亦无足为虑。他们也有可能从赣南经粤湘进入湘南，目的在于重建匪区。赣粤湘边区是政治上的薄弱点所造成的军事薄弱点，且赤匪入湘后有与贺龙匪部会合之利，我们应加以重视。"

蒋介石在说出这两个判断后，停顿了一下，引得与会人员把目光都投向了地图上的粤北、湘南地区。

"当然，赤匪在进入湖南后，也有可能出鄂皖苏区再北进。大家知道这是一条什么路吗？历史的经验值得注意啊！"蒋介石摆出一副很懂得历史的样子，以反问来证明他的推论的正确。

众人没有回答蒋介石的提问，其实大家都知道蒋介石下面要说什么。

"这就是当年太平天国洪秀全率部北进的路线。当年长毛由南而北，再顺长江东下，直取天京。当然今日赤匪绝对没有洪秀全那个实力，但他们如果由此路外窜，这在政治上对我们的首都南京威胁较大，我们不能不多加考虑。"

"委员长说得极是。另外，赤匪也有可能经湘西入黔进川，然后再北进。"杨永泰说出了一条蒋介石刚才没有推论到的路线。

"你说是赤匪一直向西退去，由江西而湖南、广西、贵州到四川，远距离的大逃窜？"说到太平天国历史，兴致正浓的蒋介石被杨永泰打断思路，有些不悦。

"是的。我以为除考虑到赤匪有外出粤北、湘南和北上鄂、皖的可能外，还要考虑到赤匪在西出湘南后，再渡长江上游金沙江入川西的可能性。"杨永泰解释道。

还沉浸在太平天国历史中的蒋介石，哈哈一笑，说道："那是石达开走的死路。他们走死路干什么？如走此路，消灭他们就更容易了。"

"委员长说得也是。"众人附和说。

"总之，不论他们是南下或西行，或北进，只要他们离开江西，就除去了我们的心腹之患。"蒋介石说道，"他们不论走哪一条路，久困之师是经不起长途消耗的。只要我们追堵及时，将士用命，政治上配合得好，消灭共匪的时机已到，希望大家好好策划，毕其功于一役。"

会后，蒋介石当即在南昌发布命令，任命原西路军总司令何键为"追剿军"总司令，指挥原西路军和北路军薛岳及周浑元部共16个师77个团专事"追剿"中央红军；同时电令广东陈济棠、广西白崇禧、贵州王家烈，各派有力部队分别到湘粤、湘桂、湘黔边堵截。蒋介石亲拟这封电报，并限即刻发出，他写道："派何键为追剿总司令，所有北路入湘第6路总指挥薛岳所部及周浑元所部统归指挥，并率领在湘各部队及团队追剿西窜股匪，务须歼灭于湘、漓水以东地区。除任状、关防另发外，特电遵照。"

同时，蒋介石又特别给薛岳发电报，叮嘱："赣匪西窜迅速，现正超过郴（州）、宜（章）线。应照前令，兼程取捷径直取永州。匪若阻进，击破继进；如在翼侧，掩护前进，不必停止进剿，以小匪而妨碍本任务。病兵可收容于适当地点派员料理，绝不能因此迟滞行动。切要。"

蒋介石之所以特别给薛岳发这封电报，从电文表面上看似乎只谈军事，而实际上是别有用意，这就是"追剿军"总司令的人事安排问题。关于"追剿军"总司令的人选，蒋介石初意是由陈诚担任，陈诚却极力保荐薛岳。蒋介石最初表示同意以薛岳担任此职，决定抽出9个师的兵力，归薛岳率领。陈诚则任预备军总指挥，集中亟待休整的嫡系部队作为机动兵团策应各方面的需要。但到此时，蒋介石看到红军先头到达粤湘边，他转而认为趁机掌握湖南权柄的机会到来，可借红军入湘境的理由，调嫡系部队入湘，然后再将湘军主力何键部调离湖南，而使何键更易受控制。

因此，心中有着两本账的蒋介石在军事会议上说道："何键原是西路军总司令，红军进入西路作战地境，他应是名正言顺的负军事指挥总责。"于是，一面明令发表何键为"追剿"军总司令，一面让侍从室主任晏道刚电告何键，指明薛岳所部入湘后悉归何键统一指挥。然而，蒋介石却不便把这样做的真实企图明确告知薛岳。

南昌行营的人本也以为这"总司令"一职已是薛岳的了，一是蒋介石有言在先，二是因为统观整个追堵红军的全过程，薛岳在国民党军将领中是最为卖力的一个。中央红军主力向粤桂边境转移，通过赣南信丰、安远间的南路粤军封锁线后，薛岳即曾以万分火急电报，分电陈诚、顾祝同及蒋介石，表示愿率第6路军负责"追剿"，随即得到蒋、陈、顾复电鼓励。可以说红军长征这一年，也是薛岳长途追击红军最多的一年。因此，薛岳也自认为会得到蒋介石的重用。

这时，薛岳正率第6路军行抵衡阳附近，接到南昌行营电："已特派何键任赣粤闽湘鄂剿匪军追剿总司令，第6路军入湘后改受该总司令指挥，该总指挥着兼任前敌总指挥。"何键也发来电报，表示"欢迎北路军第6路军入湘，戮力同心，共矢有我无敌之决心"。但是，不谙政坛斗争中欲擒故纵之策的薛岳，又不明蒋介石欲图湖南的心思，脑袋中自然也就少转了个弯，所以在见到何键的任命电文后大为不满，牢骚冲天。他认为自己率中央军之众入湘，还要受制于何键，是为大辱，便立刻先发电报给陈诚，表示不满。时陈诚复电安慰，认为薛岳率中央军入湘，可以前敌名义兼任指挥湘省第4路军各师，暗示"将来越境追歼有利于国家大局"。蒋介石也暗示了几次，而薛岳的眼睛只盯住"追剿军"总司令这个职务，难以心领神会。为此，气得蒋介石大骂薛岳眼光短浅，狂妄自大，但也暗自窃喜："薛岳的牢骚话能让何键听到最好。"

蒋介石为了安抚薛岳这员虎将，遂在薛岳部占领道县时，即亲函指示机宜，暗言职务的变更主要是应付地方军阀的措施，说："朱、毛扰湘南逐日继续西进，有沿今秋萧克窜道入黔与贺龙合股之公算大。近日在粤桂边之窜扰应是佯动,图粤图桂可能性较小。弟(指薛岳)入湘佐耘樵(何键)任前敌,实乃肩负追剿重责,望善体斯意,与何通力合作,谦虚为怀,俾在战略上统率前线部队,摒弃境域观念,越境长追。如情况变化,进入粤桂境内与友军相处,尤要慎重,以顾大局。西南诸省久罹军阀鱼肉人民之苦。此次中央军西进,一面敉平匪患,一面结束军阀割据。中央军所至,即传播中央救民德意,同时也宣扬三民主义之精神。"

蒋介石表面上说的虽然是一套官腔,但实际上也显露出他一箭多雕之计。薛岳在见到"结束军阀割据"几个字后,对蒋介石的良苦用心方才有体会,明白蒋介石原来主要是担心粤、湘、桂3省军队联合自立,希望他入湘后再率湘军进入外省,调虎离山,使何键无所凭借。于是,薛岳才不再牢骚满腹。

薛岳带中央军名正言顺入湘,蒋介石尤为得意,他在拉得一个何键后,又对侍从室主任晏道刚吩咐说:"你发个电报,严令广东陈济棠、广西李宗仁全力防堵。"蒋介石开始打两广的主意,希望能像得湘一样得粤、桂。

晏道刚有所担心地说:"粤、桂是否依我们的计划办事乃是防堵的关键,我看仅发个电报不行,应派员妥为联系才能贯彻命令。"

"你不要管其他的事,命令只管下。他们不照我的命令行事,赤匪进去了他们就会受不了。现在的问题是先给他们发防堵的命令,他们执不执行我的命令,那是下一步的问题。"

"我明白了。"晏道刚理解到蒋介石的真实用意是在利用红军的军事行动,欲收"一箭多雕"之效,在对调动湖南何键的部队没有顾虑后,再图两广。

因为粤、桂在当时处于半独立状态,不如湖南何键基本上能控制得住,蒋粤、蒋桂之间疑忌很深,粤、桂系怕蒋军嫡系乘机入侵他们的地盘绝不亚于怕红军。由此,削弱陈济棠、李宗仁的实力,欲图粤、桂,成了蒋介石在追堵红军军事部署中所考虑的一个重要因素。他多处极力图谋利用追击红军的机会,打破粤、桂及西南各省各自为政的半独立状况。然而,"聪明反被聪明误",蒋介石的防人一手,早已被别人防备于先。

本书前面已述,红军长征一开始就巧妙地利用"南天王"陈济棠和蒋介石之间的矛盾,与陈济棠订立了统战协议。事实表明,红军如此顺利、迅速地得以通过陈管区，固然与红军的英勇作战分不开，但也不能不说与陈济棠的统战工作有着直接关系。为此，蒋介石严厉电斥陈济棠"拥兵自重，按兵不动，任由赤匪西窜"，并要"绳之以法"时，陈济棠这才"有所表示"地令该军一部沿乐昌、坪石尾追红军入湘，而这时，中央红军已经达到了预期的"借道"目的。红军与曾是对手的粤军所建立的统战关系，对长征迈出第一步起到了重要作用。

再说桂系李宗仁、白崇禧，也与蒋介石面和心不和。桂系此时一共仅有18个团的兵力，廖磊带第19师、第24师追红军萧克部入黔，这时又要他们火速回桂林附近集中待命。第15军（由夏威代领，名义上白崇禧是军长）除第44师已到兴安、全州、灌阳地区外，其余第43、第45两个师，正由柳州及其以西地区向恭城、富川、贺县一带集中。因此，李宗仁、白崇禧在考虑堵击方案时，无不担心蒋介石嫡系入桂，恐怕是"接客容易送客难"。

高参刘斐向白崇禧提醒说："牛虽痴而卧于豚上，对广西说来是会被它压垮的，何况老蒋的部队又跟在后面。"

"是呀！老蒋对广西是不怀好意的，你看我们这个仗怎么打才好呢？"白崇禧愁容满面。

"这确是一个难题，输也输不得，赢也赢不得。"

"是呀，我们18个团，若打输了，共军进广西，老蒋说，'我来替你剿赤'，那么，广西就是老蒋的了。"白崇禧的推测不是没有道理。

刘斐接着说："可是即使打赢了，广西却已疲惫不堪。蒋介石说，我来替你善后，叫黄季宽回广西，把你们调到中央挂个空名义吃饭，你们也只好卷铺盖走路。"

白崇禧等人说来说去，总感到蒋介石不怀好意。因此，桂系首先确定了对红军作战的主要着眼点，或者说总方针就是"送客"，即在形式上做出堵击模样，实际上是保全桂军实力，既要阻止红军深入广西腹地，又要避免蒋介石的中央军乘机跟踪入境的双重危险。在具体做法上应开放一条让红军西进的道路，不拦头，不斩腰，只击尾，专从红军后卫部队做文章，以敷衍蒋介石。

粤、桂军阀的如此"送客"作战计划，蒋介石即使明白也真是无可奈何。

但蒋介石对湖南何键的笼络却是收到奇效的。何键对蒋介石虽原有防备，但并不像粤桂系那样提防严密，他受命新职后，特别是又风闻薛岳对此大为不满时，更为受到蒋介石的重用而沾沾自喜。13日，何键即以总司令名义发布"追剿"计划。

11月14日，何键在衡阳成立"追剿"军总司令部，宣布就任总司令职。蒋介石特派刘文岛至衡阳监督，何键专负军事，湖南省主席由省政府委员曹典球代行。何键将其所属"追剿"部队编成5路军：命令刘建绪任第1路"追剿"军司令官，辖章亮基、陶广、陈光中、李觉（一部）各师及补充团4个，保安团3个，集结黄沙河附近，与桂军联络，并沿湘江堡垒至衡阳、东阳渡之线防堵；薛岳任第2路"追剿"军司令官，率吴奇伟纵队、梁华盛、甘丽初、韩汉英、欧震各师及惠济支队，由衡阳赶往零陵附近集结，与第1、第3两路联络；周浑元任第3路"追剿"军司令官，率万耀煌、谢溥福、肖致平、郭思演各师，由郴州开往宁远、道县南部，尔后与第1、第2两路及桂军取得联络；李云杰任第4路"追剿"军司令官，率第23师和王东原师，由嘉禾向宁远及其南部尾追，与周浑元部取得联络；李韫珩任第5路"追剿"军司令官，率第53师由临武、蓝山赶往江华、永明堵截，并与第4路军取得联络；并决定派刘建绪前往全州与白崇禧商订"联剿"办法。

这天，蒋介石见内部高层军事指挥系统调整完毕，便又通令各省继续加紧封锁苏区，并发出关于消灭中央红军于湘水以东地区的电报，严令何键："现在匪已窜过一、二两线，今后倘再不幸窜过第三线（指湘江封锁线），则扑灭更难，贻害国家不堪设想。希芸樵兄督饬两李（李云杰、李抱冰）各部及军队、民团，并会同粤、桂两军，妥为部署，分别严密追堵，务歼灭窜匪于湘水以东，尤须注意勿使迂回粤、桂，剿办更难。并须粤、桂两军严密防堵南窜，且压迫于郴水以北地区聚而歼之，最为有利。又亟须设计迟滞匪之行动。"

何键接电后，即于当日晚电令各部："着周（浑元）纵队指挥官率部由郴向匪进剿；着李（云杰）军长率第23师星夜由桂阳向嘉禾、蓝山，沿茭水之线相机堵击。"

蒋介石就此任命何键为"追剿"红军的总司令，薛岳为追剿军前敌总指挥，陈诚任预备队总指挥，集中休整嫡系部队作为机动兵团策应各方面的需要。但在追堵红军的部署和战役中，蒋介石则自始至终都是坐镇亲自指挥。当时国民党政权派系林立，追堵红军牵涉到三四个省，上10个军（粤军2个军、湘军3个军，桂军2个军、薛岳所率的蒋的嫡系3个军），兵力将近40万，即令蒋介石亲自出马也是指挥不灵。

为了防堵红军于湘江一线，蒋介石连日来寝食难安，整日伏在作战地图上，他要拟定出一个满意的作战计划。17日，一份关于在湘水以西地区"会剿"中央红军的计划大纲由蒋介石手中传出，这是一个给红军带来致命打击的湘江战役全面部署，其影响对红军来说是非常巨大的。电报全文如下：

"查赣匪倾巢西窜，我大军正分头追堵，期于湘水以东地区将匪扑灭，唯虑该匪一部或其残部万一漏网，突窜湘、漓水以西，不能预为歼灭之计，兹特拟定湘水以西地区剿匪计划大纲。

"（一）方针：防西窜之匪一部或其残部，如窜过湘、漓水以西，应以不便该匪能长驱入黔，会合川匪及蔓延湘西，与贺、萧合股之目的，围剿该匪于黎平、锦屏、黔阳以东黔阳、武冈、宝庆以南，永州、桂林以西，龙胜、洪州以北地区以消灭之。

"（二）纲领：1. 应于匪未窜渡湘、漓水以前，于永、宝、武、黔、锦、黎、洪、胜、桂线上，赶筑工事，先择定重要城镇，构成据点，然后逐渐加强、增密。2. 于上述地区内，预为坚壁清野之准备，使匪窜过湘江时，进无所掠。3. 先于上述地区内，严密组织民众，布成侦探网，并由湘、黔、桂军于上述工事线上，分布民众团队扼守，并扼要控置有力部队，预为区划守备地点。4. 一旦匪若窜过湘、漓水以西，各军即迅就预定之地域，相机堵剿。5. 原任追击之部队，即穷匪所至，追截抄袭，与各守备部队联合兜剿。

"（三）指导要领：1. 湘军（北路军派出之追击队附之）：以黄沙河以北沿湘江经永州至宝庆，沿资江上游经武冈至黔阳，沿清江河至瓮洞，为其守备区域；应先完善冷水滩、郦家坪、宝庆、塘家口、桃花坪、黄桥铺、武冈、峡口（高沙西北三十里）、安江、黔阳各处据点工事；匪如窜过湘、漓水后，应防其回窜及北窜，并追击之。2. 黔军：以瓮洞沿清江河上游至黎平，经中潮至洪州，为其守备区；应先完成瓮洞、远口、锦屏、黎平、中潮、洪州各据点工事；应于锦屏、黎平两地控置有力部队，俟匪西窜时，相机堵击，阻其入境。3. 桂军：沿黄沙河、漓水上游至桂林，经义宁、龙胜、古宜至洪州（不含），为其守备区域；除巩固湘、漓水上游原防外，须先完善义宁、龙胜、古宜各据点工事；匪如窜过湘、漓水以西，除防其回窜外，应协黔军拒止其入黔，并截击之。以上各项，希分别查照办理具报。"

至此，蒋介石自认为他"围剿"红军的军事可说是即将大功告成。19日，他在南昌行营扩大纪念周会上，狂妄地宣称：赣南、闽西反共军事告一段落，所有从前赣粤闽湘鄂5省"剿匪"军东、西、南、北4路军及预备军等战斗序列，着于11月20日取消，改自12月1日起另行划域"绥靖"，限期肃清，完成公路，组织地方，训练民众，处理该区善后事宜。后又规定闽赣"绥靖"区域部署如下：以顾祝同为驻赣"绥靖"主任，孙连仲、刘兴、毛炳文、陈继承、谭道源、余汉谋、张钫、赵观涛为第1至第8"绥靖"区司令官，李生达、郭汝栋为第2、第4"绥靖"区副司令官，均归顾祝同指挥。陈诚为驻赣预备军指挥官，罗卓英为副指挥官，辖4个纵队，以樊崧甫、罗卓英、汤恩伯，刘绍先为第1至第4总指挥，均归陈诚指挥；以蒋鼎文为驻闽"绥靖"主任，刘和鼎、卫立煌（兼）、李延年、王敬玖为第9至第12"绥靖"区司令官，李默庵为第11区副司令官，卫立煌为驻闽预备军总指挥，均归蒋鼎文指挥。

蒋介石在南昌安排完他的军事部署后，20日，他似乎较为放心地由南昌飞往南京。

而实际上，在这一期间，各地红军的军事行动有着重大变化，局势的发展并不像蒋介石所想象的那样就此可以告一段落，战幕还是刚刚拉开。

这半个月中，红军比较重大的行动要数红二十五军实施的战略转移。11日，中共鄂豫皖省委在河南省光山县花山寨召开常委会议，讨论红二十五军实行战略转移的问题。会议根据中共中央的指示精神和鄂豫皖根据地的实际情况，决定率红二十五军主力向平汉铁路以西实行战略转移，以桐柏山区和伏牛山区为初步目标，创建新的根据地；为宣传中共党的抗日主张，扩大党和红军的政治影响，部队在行动中对外称"中国工农红军北上抗日第二先遣队"，留部分武装重组红二十八军，坚持鄂豫皖苏区的武装斗争。会议还讨论了部队的整编问题，决定由程子华担任红二十五军军长。13日，该军在河南省罗山县的殷家湾、何家冲一带进行政治动员和整编补充工作。军直辖第223、第224、第225团和手枪团共2900余人，程子华为军长、吴焕先为政治委员、徐海东为副军长。该军从河南省罗山县何家冲出发西进。中共鄂豫皖省委发布了《中国工农红军北上抗日第二先遣队出发宣言》，号召广大群众武装起来，打倒日本帝国主义，并愿同国民党任何部队订立抗日作战的协定。宣言还指出，北上沿途，国民党部队如加拦阻，本军定将坚决扫除之。红二十五军的长征从此开始。

红二十五军后在罗山县朱堂店附近击退国民党军"豫鄂皖3省追剿队"第5支队的进攻，当晚在信阳以南的东双河、柳林之间越过平汉铁路西进，进入桐柏山区。中共鄂豫皖省委认为该地不具备创建根据地的条件，决定北上伏牛山区，如伏牛山区不宜立足，便进入陕西省南部。22日，红二十五军以一部佯攻枣阳县城，主力由韩庄附近转向东北，取道泌阳、方城县城以东向伏牛山前进。26日，红二十五军在方城县独树镇附近与国民党军第40军第115旅和骑兵团遭遇，激战半日，当晚，突出重围，经保安镇以北越过许（昌）南（阳）公路进入伏牛山区。中共鄂豫皖省委发现该区国民党统治较严，建立苏区比较困难，遂决定向陕南转移。月底，该军以中国工农红军北上抗日先遣队名义颁发布告，指出红军部队北上，一方面去打日本帝国主义，另一方面来帮助陕西的受苦群众解决吃饭和穿衣问题，解除一切痛苦。

在此前后，湘西的红二、红六军团主动撤出永顺县城，于16日在永顺县龙家寨歼国民党军两个旅大部，击溃一个旅，17日重占永顺县城，一周后再占大庸和桑植两城。26日，中共湘鄂川黔边省委会、省革命委员会和省军区成立，任弼时任省委书记，贺龙任省委委员兼省革命委员会主席和省军区司令员；在川陕根据地，红四方面军于四川省巴中县清江渡召开军事工作会议，总结反六路围攻的作战经验，传达毛浴镇党政工作会议的精神和决议，制定了《军事教育计划大纲》，对军事教育的目的、内容和方法作了具体规定；留在江西苏区的中央军区决定红十军团转到外线作战，创造浙皖边新苏区。中央军区指示以方志敏、刘畴西、乐少华、聂洪钧、刘英组成军政委员会，方志敏为主席，指挥红十军团行动。

这时，西进的中央红军第3军团占领良田、宜章，于15日通过国民党军第3道封锁线。接着，红一军团主力占领临武，红三军团迫近嘉禾。18日，红九军团占领蓝山县城，中央红军分两路向西进击，左路经蓝山向江华前进，右路经嘉禾、蓝山之间向道县前进。中革军委总政治部发出《关于争取少数民族工作的指示》，要求各部队尊重少数民族的风俗习惯，反对大汉族主义，争取少数民族加入红军。22日，中央红军占领湘桂边界的重镇道县。

红军前面的路还长。由于还未从根本上解决党内的军事路线问题，仍是凶多吉少。磨难才刚刚开始。

7. 湘江大血战，中央红军折损过半

南京，蒋介石在应酬忙不完的例行会议和接待外宾活动外，仍集中主要精力指挥粤西、湘南、桂北的追堵红军作战。

红军越过粤汉铁路宜章、临武地区后，蒋介石在指示何键、薛岳部署防堵的同时，又电陈济棠派兵进占粤湘边界的连县、星子防堵，并指定李汉魂率两三个师编1个纵队进至湘南蓝山、江华地区防堵红军入粤。这时，蒋介石为了利用粤军参战，要求随行参谋人员在电令措词上尽量客气些，特别是对粤军仁化、延寿之役一再嘉勉。

红军进入湘粤边时，蒋介石立令白崇禧在桂北防堵；当红军进据湘南后，蒋介石又电令白崇禧集结桂军主力于灌阳以北各关口，与湘军合力在湘江东岸围截红军，并要白崇禧至灌阳指挥。这时，蒋介石为了利用桂军，特别发了一笔相当大数目的军费。总之，蒋介石是挖空心思策划粤湘桂军联合作战堵击红军，唯恐不达目的。

11月22日，蒋介石发出关于给追堵红军的国民党军各部队的共同注意之要项的电令，称："此次朱、毛被我压迫，离开赣南老巢，窜据湘、粤、桂边境。如任其窜过湘、漓，将贻国家之巨患。各部如能协力追堵，亦为歼赤匪之最好时机。兹述各部应共同注意之要项如下：匪之惯技，向利用边区之弱点，以图逃窜。此次无论追、堵部队，不分界域，协同歼灭而后已；凡任堵剿之部队，须严密切实防堵，力求迟滞时间，以求追袭队之夹击。其据有城地及指定封锁工事之军政官吏，尤应固守待援，不得擅离职务，并须置烽火以告警；任追剿部队，宜与匪保持接触，尤以追剿部队应力求匪主力穷破之，免失，好以空军连续尽力侦察轰炸，并与军队取得联系，协同作战。上项希通饬所属遵照。"

同日，蒋介石又发出关于桂军南移恭城给时在衡阳的何键的电报，指令："以据迭报，匪主力由临武分经嘉禾、蓝山西窜，龙虎关、富川、贺县

同时吃紧。仁（李宗仁）部原在龙虎关以北防堵，故拟即将仁部主力移赴恭城附近，以策应富、贺、兴、灌，但兴安、灌阳以北，仅能留一部，诚恐力量单薄，拨请转饬何（键）总司令所部，向江华、贺县推进，以期周密。等情。除电复外，希即查照办理具复。"

蒋介石还调整留在江西各"围剿"部队的部署，分区清乡，划定几个"绥靖区"，订立各种清乡规章，采用所谓"剿抚"兼施的手段，军事工作由第1厅主办，政治、经济、文教工作由第2厅和办公厅主办，同时借口红军可能去四川，蒋介石把他策划已久的组织参谋团入川的计划乘机拿出来，决定以行营参谋长贺国光为主任率参谋团进驻重庆，统帅川黔各部配合作战，实是欲图整个西南。

27日，南昌行营颁发赣闽两省"绥靖"计划，规定：以占领赣南、闽西各县，同时以护路及封锁，构筑碉线和划区"清剿"，发展交通，组织地方武装为方针，以划分"绥靖"区域，攫夺红军余部，完成各重要公路，完成地方武装之训练，处理原苏区善后为纲要，要求各"绥靖"部队应负守备"绥靖"等任务，各预备军应负"清剿"及构筑主要公路任务。其进行步骤为：第1期以樊崧甫纵队及第43师自兴国进占于都，并构筑兴国及于（都）会（昌）碉线；以汤恩伯纵队（欠第88师）由石城至宁都县长胜圩构筑宁（都）瑞（金）碉线；以东路李延年纵队由瑞金进占会昌，并构筑瑞会碉线；另以卢兴荣师由永安进占清流、宁化，构成碉线，并由卫立煌抽队筑建宁（都）长（汀）碉线；由罗卓英纵队及第8、第24两师并第117旅构筑新安圩、宁都公路；赣闽两省公路亦应派员参加，其余各队均须在其防区内加紧搜查红军。第2期从12月初至次年5月底，完成划区"绥靖"、交通、组训地主武装及处理该地善后等项。

到了这时，蒋介石国民党军企图在湘江之线打一个大规模歼灭战"拉大网"的追堵部署已经初步完成。粤湘桂边区的湘江战役部署，名义上何键是"追剿"军总司令，薛岳是前敌总指挥，事实上是蒋介石亲自部署并指挥的，而以南昌行营这套机构代行其事。

湘江大战前夕，国民党军参加追堵于湘粤边、湘桂边的兵力，计有中央军9个师，湘军7个师另1个旅，桂军5个师，粤军在粤湘边的约有8个师另1个独立旅，共有30个师，约30多万人。桂北、粤西、湘南的地方民团数万人还不计算在内。其兵力基本部署是：以薛岳直辖的5个师，沿湘桂公路进行侧击，保持机动，防止中央红军北上，与红二、红六军团会合；以第36军周浑元率所辖3个师尾追红军，取道宁远进占道县加以确保，防止红军南下进入桂北；以第27军李云杰率王东原第15师及其所兼之第23师，取道桂阳、嘉禾、宁远，沿红军前进道路尾追；以第16军李抱冰率其所兼之第53师，取道临武、蓝山，沿红军前进道路尾追。

国民党军这个5路进军的湘江追堵计划，蒋介石是很用了一番心机的，他处处从人地相宜着想，认为何键与李宗仁、白崇禧有私交，以湘军入桂北全州，彼此不会猜忌，必能合力封锁湘江，堵住红军去路。桂北设有民团，亦可使过境红军遭到一些困难。李抱冰、李云杰都是湘南人，所部多系嘉禾、宁远子弟兵，跟踪追击，地势熟悉，可收地利、人和之便。蒋介石认为，以精锐之周浑元军抢占道县，压迫红军西进，吴奇伟军沿永州西进，阻遏红军北上，企图即是逼迫红军在桂北一线西渡湘江，然后击于半渡中，形成在大军前堵后追、左右侧击之下于湘江东岸进行决战的有利形势，以图造成红军最大伤亡。如果红军不渡湘江则只有转入粤北或桂北，当时陈济棠已有几万人集中于粤湘边，红军欲仓促建立根据地亦不容易。事实上，此时红军在战略上已陷入不利态势，是否能渡过潇水、湘江这一条地障，的确已成为关系到全军生死存亡的一大关键。

蒋介石在下达命令时，担心他的部属不认真贯彻执行他的意图，特别让侍从室晏主任引用古代兵家尉缭子的4句话："众已聚不虚散，兵已出不徒归；求敌若求亡子，击敌若救溺人。"将其写进电令中。蒋介石希望部下能够依照他的计划行事，依托有利地形，发挥优势兵力，上下同心，追得上，堵得住，好好打一个歼灭战。湘江战役追堵计划的实施，蒋介石可说是倾注了满腔心血。这一战役，是粤、桂、湘3省地方军队及国民党中央军的联合作战，对战略转移中的中央红军的危害是非常严重的。

再说薛岳抵达衡阳后，会见了新任命的顶头上司何键，然后遵照蒋介石的指示，先后分别召集各军军长刘建绪、吴奇伟、周浑元、李云杰、李抱冰等及各路军参谋长柳善等会商"追剿"计划，并面商机宜。何键又派刘建绪为代表至广西全州，与广西第4集团军副总司令白崇禧、军长廖磊、夏威等，遵照蒋介石南昌行营决策，协商布置湘江堵截计划。何键在衡阳督战中,又分电各军,要求各将士立奇功,悬赏缉拿红军首领,其中有规定:"除南昌行营原定拿获朱德、毛泽东、周恩来、彭德怀各赏10万元外,如在湘境长追拿获者,另增赏5万元。"

何键、薛岳综合红军的行动作出如下判断:红军计划从湖南西北入湘西与贺龙合股,可能性不大;徘徊于粤边之连县、桂边贺富地区迟迟不动,南入粤桂,生存不易,因此可能性也小;全面观察分析,只有西行,强渡湘江入桂转黔,步萧克西行之路可能性较大。为此,"追剿"军按照行营指示,应利用湘江地障,加以追堵是刻不容缓的措施。其追堵方针,应是:"追剿"军基于行营指示,利用湘江地障,一面猛追,一面猛堵,以强有力之一部,协同桂军扼守全州迄灌阳以北四关(指湘桂边境地区的清水关、高木关、永安关、雷口关),并沿湘江布防堵截,主力衔尾追击,并先占道县;另以一部机动于祁阳、零陵、全州间作为战略预备,以防红军取道零陵北进。如在湘江将其击破后,再加以"追歼"。

基于以上判断和作战方针,何键、薛岳决定作战要领是:如红军全力渡湘江西上,即照原定方针,所在湘江沿岸的各堵击兵团,协同地方军队进行堵截,迟滞红军行动,使尾追部队进行"追歼";如红军在道县附近向南进入桂境贺川、富县地区时,追击兵团进行穷追,配合富川堵击的地方军队共同行动;如红军不经道县由宁远北经零陵,向东安西北进洪江,以图与湘西萧克、贺龙部会合,即将原堵击兵团与机动兵团,进行东西截击。

确定作战序列如下:

"追剿"军总司令何键;

前敌总指挥兼第6路军总指挥薛岳;

第1纵队指挥官(原第28军军长)刘建绪,辖第16师章亮基、第19师李觉、第62师陶广、第63师陈光中(原辖的第15师拨第4纵队指挥);

第2纵队指挥官(原第6路军副总指挥兼第4军军长)吴奇伟,辖第59师韩汉英、第90师欧震;

第3纵队指挥官(原第36军军长)周浑元,辖第5师谢溥福、第96师萧致平、第13师万耀煌;

第4纵队指挥官(原第27军军长)李云杰,辖第23师李云志、第15师王东原;

第5纵队指挥官（原第16军军长）李抱冰，辖第53师；

机动纵队指挥官由第6路总指挥薛岳自兼，直辖第92师梁华盛，第93师唐云山及第5军第99师郭思演、第1支队惠济。

在全州担任截堵任务的第1纵队刘建绪部原配属第16、第19、第62、第63等4个师，因集结时间太急，只有陈光中的第63师由宝庆抵达全州，章亮基的第16师由郴州抵达全州，分别于11月25日布防湘江觉山、朱蓝铺之线，而李觉的第19师和陶广的第62师尚在零陵至全州黄沙河途中，未及赶到。关于全州防务，刘建绪事先虽与白崇禧协商堵击计划，但担心中央军到广西地区布防，会引起李宗仁和白崇禧的误会，南昌行营又决定由刘建绪纵队开至全州。由于部队到迟，除利用桂军及民团原修的碉堡外（追堵红六军团时的旧碉），新碉与其他野战工事均未完成。28日，第16师章亮基部，在觉山附近之下坡田与红军先行部队交火，激战一天。在朱蓝铺、白沙铺的国民党军第63师陈光中部，也与红军交战。刘建绪闻讯，惊慌失措，以为红军如渡过湘江，湘军责任重大，随即令陶广的第62师由黄沙河兼程赶往增援，并令由零陵开全州途中的李觉第19师火速赶往。何键得报，立由衡阳派飞机10余架轮番助战，蒋介石电派毛邦初在空中督战。薛岳所直辖的第2纵队吴奇伟部，先头已由祁阳、零陵向全州、黄沙河、庙头急行，希能及时加入堵截战斗。

时中央红军于24日占领江华，次日在道县、江华间全部渡过潇水。中共中央及总政治部下达了"突破敌人之第4道封锁线，并渡过湘江"的命令，要求"进攻部队应最坚决果断的粉碎前进路上之一切抵抗，并征服一切天然的和敌人设置的障碍；掩护部队应不顾一切阻止及部分的扑灭尾追之敌"。同日，中革军委决定中央红军分4路前进：红一军团主力为第1纵队，沿蒋家岭、文市向全州以南前进；红一军团1个师及红五军团缺1个师和军委第1纵队为第2纵队，经雷口关及文市以南前进；红三军团、军委第2纵队及红五军团1个师为第3纵队，经小坪、郑家园向灌阳前进，并相机占领该城；红八、红九军团为第4纵队经永明县（今江永），向灌阳、兴安前进，准备突破国民党军第4道封锁线。

27日，中央红军第一、第三军团主力进至广西全州、灌阳，其先头部队红二师顺利渡过湘江，并控制了界首到脚山铺的渡河点。次日，红三军团第 4 师主力渡过湘江，进至界首，但后续部队未能及时跟进。

这天，国民党"追剿军"由全州向脚山铺红二师发起进攻。接着，桂军 4 个师由龙虎关等地向兴安、灌阳以北进攻，红军在湘江东西两岸同敌人进行英勇顽强的战斗，掩护中央机关渡江。

湘江一侧的枪炮声传到南京，有些激动的蒋介石快步跑到作战地图前，连声叫喊："一定要把他们堵住，击其半渡！何键这个笨蛋，把兵力放在这里嘛。"

蒋介石把挂着地图的墙壁敲得"咚咚"作响，好像他那手一挥，湘江就要断流似的。

"发报！"蒋介石喊道。

"向哪儿发？"

"给何键、白崇禧。"蒋介石开始口述电文，"据恢先（刘建绪）感戌参机电：匪先头已于宥、感两日，在勾牌山及山头与上米头一带渡河。迭电固守河流，阻匪窜渡，何以全州沿至咸水之线并无守兵，任匪从容渡河，殊为失策。窜渡以后，又不闻我追堵各队有何处置，仍谓集结部队，待机截剿。匪已渡河，尚不当机立断痛予夹击，不知所待何机？可为浩叹。为今之计，惟有一面对渡河之匪，速照恢先、健生（白崇禧）所商夹击办法，痛予歼除；一面仍击匪半渡，务使后续股匪不得渡河，并照芸樵（何键）预定之计划，速以大军压迫。匪不可测，以迟滞匪之行动，使我追军得以追击及兜剿。总之，窜匪一部漏网，已为失策，亡羊补牢，仍期各军之努力，歼匪主力于漓水以东、四关以西地区也。前颁湘水以西地区剿匪计划，已有一部之匪西窜，并望即按计划次第实行，勿任长驱西或北窜为要。"

这个时期，蒋介石真是聚精会神，废寝忘食，与南昌行营和湘桂前函电交驰。陈诚自调预备军总指挥后，基本上是待在蒋介石身边，协助策划。由于薛岳唯陈诚之命是从，因此第 6 路军的行动多由陈诚直接秉承蒋介石的旨意行事。有时蒋、陈密议的问题，作为待从室主任的晏道刚，也不知道。

湘江战役于本月 28 日打响后，蒋介石犹如热锅上的蚂蚁，坐立不安。惯于用权术收揽部属为其卖力的他，这时又使出了常用的拉拢许愿的招数，亲笔写信给第 6 路军薛岳以下各军军长和师长，认为红军为"流寇"，这次向西突围已"势穷力蹙",规定该路军9个师以穷追为首要任务,狂言"根剿"红军在此一举。蒋介石频繁地写信,内容却不让第三者知道。时蒋介石派有飞机一队驻衡阳助战,他的信件即由晏道刚通知飞机空投。事后得知,蒋介石这些给前线各军、师长的电报内容主要有:

"赤匪此次西窜,虽号称10万,据空军毛邦初指挥官的侦察报告,匪军分几路前进,队伍很乱,且民夫甚多,确是倾巢西窜,辎重甚长,行动维艰。据陈济棠总司令电告,匪军通过信丰、大庾、上犹、仁化、汝城、延寿地区,迭经阻击,溃散不少。据俘供:一、三军团在前,五军团在后,朱、毛确在军中。歼灭此股,关系国家成败,应特加注意,倍加奋勇。"

"过去赤匪盘踞赣南、闽西,纯靠根据地以生存。今远离赤化区域,长途跋涉,加以粤、湘、桂边民性强悍,民防颇严,赤匪想立足斯土,在大军追堵下,殊非容易。自古以来,未有流寇能成事者,由于军心离散,士卒思归故土;明末李自成最后败亡九宫山,可为明证。"

"第6路军以机动穷追为主,匪行即行,匪止即止,堵截另有布置。如侦察匪军有久盘之计,务即合围,毋容其再度生根。对朱、毛与贺龙合股之企图,务必随时洞察其奸,在战略上要经常注意,加以防范。"

"要令各军将士,应认识西窜流寇,人数虽众,乃多裹胁;在江西经国军4年良战,无以生存,才相率西逃。今已势穷力薄,内部不和;缺粮缺弹,形如缺水之鱼。我军要人人同仇敌忾,树立灭匪雄心;为个人建立殊勋,为国家开太平之信念。"

……

蒋介石是真够忙活的,几天中写下了这么多亲笔信。

国民党中央军的这些指挥官们接到蒋介石的空投亲笔信后,一个个也都如获至宝,拼命效力。他们不知道这样的信并不止他们有,湘江两岸的所有师以上指挥官可说是人手一份。他们互不相宣,却互相傲气十足,自恃有蒋介石在背后撑腰。于是,一个个真的为蒋介石卖起命来。

一场旷野大血战在湘江之滨的桂北全州附近陡然展开。

湘江之战,是红军整个长征途中最严酷的一次战斗,激烈的枪炮声持续响了六昼夜。红军选择了广西境内北部界首与全州之间的正面作为渡口,紧急架设浮桥,强渡湘江。当时的桂北湘江之滨,一片战火,千军万马混战在一起。

国民党军轰炸机俯冲时凄厉的尖啸声，像一根急剧颤抖的铁丝，把那沉浊的巨大的爆炸声串联在一起，使人从骨头缝中渗出几分恐惧。

12月1日，红五军团主力渡过湘江。红军仍有大队人马拥挤在江边，等待过江。

南京紫金山下，"大雪"的季节中，身披狐皮大衣的蒋介石站立在大地图前，鼻尖上汗珠微露，他突然叫喊道："这个地方应该堵上一个师去！'追剿军'应重新调整作战部署！"

蒋介石指挥作战的特点是事无巨细都要管，因此，有人评论蒋介石在军事上顶多是个战术家，而不是战略家。他管得越细，下面的部队就越混乱。

2日，蒋介石将5路"追剿军"改为两个兵团，以刘建绪为第1兵团总指挥，以薛岳为第2兵团总指挥，集中全力在湘江边追堵中央红军，并令贵州王家烈部在锦屏、黎平一线阻击红军西进。

战役过程中，战报如雪片由湘江边飞到南京。侍从室主任晏道刚阅后，凡属重要的即马上交给蒋介石的机要秘书汪日章摘要转给蒋看。

晏道刚素知陈诚和薛岳非常受蒋介石的赏识，蒋对薛的来电比较重视。因此，薛岳的来电在当时是不能积压的，一纸一文都要原原本本递到蒋介石手中。但是，薛岳的来电在这时却不多，因为他的部队并不处在第一线。薛岳的电文内容，在这时多数是对何键的湘军及白崇禧的桂军摆长蛇阵阻止红军过湘江而有意见，并将这些地方实力派担心国民党中央军抢地盘的私下行动，也连电向蒋介石告状。

蒋介石在此时有着他的如意算盘，这就是在湘江之战中既要达到消灭红军的目的，又要削弱湘、粤、桂等地方军阀势力。对此，薛岳在蒋介石上个月面授机宜后即心领神会，所率领的国民党中央军也尽量躲在后面，故意延迟行军速度，而让粤、桂、湘军首先与红军作战。但粤、桂军对蒋介石的这番别有用心已有提防，粤系陈济棠和桂系李宗仁、白崇禧出于对自身利益的考虑，在执行蒋介石的命令中是大打折扣的，采取的是应付和保存实力、避免与红军正面作战的方针。唯有湘军由于受蒋介石的收买和分化手段，行动比较积极。

蒋介石在湘江追堵计划中的兵力部署，是把主要战场全州附近地段划归湘军何键主力部队防守，灌阳以北四关（清水关、高木关、永安关、雷口关）则由桂军防守。这些地区，如全州的灌阳和湘江西岸渡河点，白崇禧曾派民团修过碉堡，并在恭城、灌阳、兴安间采取坚壁清野的措施，但国民党军在这一地带毕竟是兵少防宽，中央红军有隙可乘。自11月下旬红八、红九军团在湘南江华、永明向富（川）贺（县）边活动后，桂军第15军（其第7军一部留桂林外围不能调动）各师的布防举棋不定。当时，有着异样心理的桂军一面既要防富川红军南下，一面又要防红军西上，同时又对国民党中央军不放心。结果他们为了保全实力，除留韦云淞（第45师）防堵富、贺方向的红军外，将主力撤开湘江正面，仅留少数部队监视，在灌阳、兴安地区打机动战。

当红军不入富、贺地区，渡潇水向西进追灌阳北入文市及全州的丙谷、石塘，从界首地区渡江时，桂军竟不与湘军刘建绪部联系，将第15军之第43、第44两师及第7军之第24师均撤至灌阳北苏江、新圩、咸水一带，实行侧击，限制红军南进。红军主力由界首附近通过湘江时，桂军于灌阳、新圩附近对红三军团及红八、红九军团之一部作侧面疯狂的阻击。

中央红军分3路纵队西移至湘江东岸后，中间纵队为军委纵队和红五军团，靠近北面全州一侧的右纵队为红一、红九军团，靠近南面界首一侧的左纵队为红三、红八军团。中革军委下达了强渡湘江的命令。

南京的蒋介石得到来自湘江岸边的报告后，迅速调集7个军20个师共40万大军的兵力，向红军步步紧逼，具体部署是：何键第1路军由东安进至全州、咸水一线，第2路军一部进至零陵、黄沙河一线，第3路军尾红军直追，第4、第5路军向东安集结，形成对红军的四面包围之势，企图前堵后追，南北夹击，围歼红军于湘江之侧。而红军在长征初期大搬家式的战略转移，机动能力很差，不幸处于一种被动挨打的地步。

红军前锋部队渡过湘江占领要点后，红一军团第2师奉命赶到全州附近的脚山铺（国民党军战史中又称觉山）地区，担负由右侧掩护军委纵队渡江的任务。当时，桂系军阀李宗仁、白崇禧由于害怕红军南下深入广西，急忙收缩兵力，布阵防守，自动放弃桂北的灌阳、兴安、龙胜一带防线，将兵力南移到富川、恭城、临桂一带。红军中间纵队趁机顺利接近湘江东岸，并随后渡江。但驻守在全州的国民党湘军刘建绪部见红军主力要渡湘江，则急红了眼，于是从全州倾巢出动，向北猛攻红军脚山铺阵地，企图夺回湘江西岸渡河点。国民党"追剿"军第1路向红军先头部队红二师防守的脚山铺地区发起猛烈进攻。国民党桂军主力则沿板桥铺、新灯向前推进。同时，蒋介石命令空军出动飞机，对半渡中的红军进行狂轰滥炸，封锁湘江。

脚山铺是国民党军进攻红军渡口的咽喉要地，红二师先在这里与国民党军血战一天。次日，红一师也加入战斗，两个师一起阻击由全州方向进攻的国民党军。下午，阵地曾一度被国民党军夺去。第二天拂晓，红军组织反击，失守的阵地一度又被红军夺回。以后国民党军又以3个师在多架飞机的掩护下，向红军阵地正面猛扑。红三军团在下坡田村附近阻击，先后击退国民党军的多次攻击，战斗最为激烈。第三天，国民党军见正面进攻不能奏效，遂改变战术，除继续加强正面进攻兵力和火力外，还以大部队迂回到红军整个部队的后方和侧翼。此时，红军各部已是极度疲劳，连续几个晚上未睡眠，吃不上饭，但仍同国民党军争夺前沿阵地。不少阵地是在红军指战员全部牺牲后，才被国民党军夺去的。

12月1日，是红军两翼掩护部队战斗最激烈、最残酷的一天。在紧张的渡江战斗中，红军战斗部队不仅要抵抗敌人，保障本部主力渡过江去，而且要不惜一切代价保障中共中央领导机关安全渡过湘江。红一军团在右翼，红三军团在左翼，红五军团在中间，与围追堵截的国民党军浴血奋战。湘江两岸的公路旁，茂密的松林中，近20公里的战场上，炮声隆隆，杀声震天。

红一、红三、红五军团的勇士们，用血肉筑成铁的长城，在狭窄的地域中堵住了20多万国民党军的围攻。原来工事上的泥土被炮火摧平。山头上黑烟滚滚，绿色的、黄色的硝烟停留在空中，夕阳也变了颜色。渡江的中央机关部门和战斗部队冒着滚滚硝烟，顶着隆隆炮声，跑步前进，横跨湘江。

蒋介石手持指挥棒于长江之滨的紫金山下，他随时准备在湘江岸边的军情紧急时，立刻飞到桂北前线亲临指挥。只是因为这时他在南京急需筹划国民党四届五中全会，难以抽出身来。他若不在南京坐镇，说不定国民党内部又要冒出什么乱子来。

湘江之战进入最紧张的时刻，蒋介石在南京顿显心神不安，焦急万分，他随时查询部队到达位置，计算红军实力，调度国民党军防堵。

南京方面的事在此还是少叙，还是让我们把历史镜头转向湘江战役广阔的战场。

湘江之战在国民党军方面又称全州战斗，因为此战的主要战场是在广西北部的全州。最为激烈的战斗就发生在全州的脚山铺，红军阻击部队为掩护主力突围强渡湘江，在此顽强抗击两昼夜，击退国民党军的冲锋10余次。湘军两个师利用地形压迫红一军团于篛子江口，依山对峙。

湘江之战是红军长征中所遇到的最大一次损失，战况颇为惨烈，双方伤亡都很大。为了充分展示红军那种惊天地、泣鬼神的英勇牺牲精神，我们先把历史镜头聚焦到两个红军师的血火阵地上，即可见此战的激烈程度，也可反映出这次关系到红军生死存亡之战的一个概貌。这就是红三军团第5师和红五军团第34师的湘江阻击战。

红五师在湘江之战时的兵力实际上只有两个团，即第14、第15团，第13团调归军团直接指挥。该师的任务是在广西灌阳的新圩附近阻击桂敌，保证整个野战军的左翼安全，掩护中间纵队渡过湘江。军团给该师的命令就是："不惜一切代价，全力支持三天至四天！"他们接受任务后，部队以急行军赶到新圩。师长李天佑、政委钟赤兵、参谋长胡震和两个团的团长、政委立即到前沿阵地部署兵力。这里，距离湘江约有30多公里，一条通往灌阳的公路从阵地前通过，此地是国民党军进逼湘江岸边的必经之路。公路两侧是一片丘陵地带，扼住了公路的道口。这个地方是距湘江东岸最近的一道山岭，过了此地的背后直到江边是一片大平川，也就无险可守了。红五师把第14团部署在阵地右翼，第15团在左翼，师指挥所设在离前沿阵地1公里多的地方。时由武亭带领的军委"红星"炮兵营，配属红五师指挥。一切准备就绪，国民党"追剿军"就赶到了。他们的企图十分明显，沿大路急进，想快些赶到新圩，控制红军渡河前进的左翼。但是，却被红军这只铁拳迎头挡在新圩附近。

战斗一打响，红五师所面临的困难就是以两个团的兵力迎战国民党军两个师的进攻。红军在经过一个多月的连续行军后，减员严重，极度疲劳，

第二章 湘江水飞血苦战 黎平大转兵恨晚

但士气仍然高昂，喊杀声震天，烟尘滚动，刀光闪闪。

师长李天佑回忆道："战斗一开始，就十分激烈。敌人在猛烈的炮火、机枪掩护下，向红军的前沿阵地猛扑。我走出指挥所，站在一个山头上向前沿阵地观察。指挥所离前沿不过3里路，在望远镜里一切都清清楚楚：敌人的排炮向红军前沿猛击。一时，卧在临时工事里的战士们全被烟尘遮住，看不见了。敌人整营整连暴露地向前沿冲击，越走越近。但红军的前沿还是沉寂着，仿佛部队都被敌人的炮火杀伤完了。但是，当敌人前进到离红军只有几十米时，突然腾起一阵烟雾，我们成排的手榴弹在敌群中爆炸了。战士们像从土里钻出来似的，追着溃退下去的敌人的屁股射击。'红星'炮兵营的炮弹也在敌群中炸开。敌人的冲击垮下去了。"

红军给敌人以巨大的杀伤，但红军自身因为没有工事，在国民党军的炮火和机枪扫射下，也付出了相当大的代价。在红五师的阵地上，到处都被国民党军的炮火打得稀巴烂。第一道工事，连影子也没有了，山上的松树成了半截木桩。谁也记不清已经打退了敌人多少次进攻，大家记得最清楚的是师、团首长的命令："我们的背后就是湘江，我们这座小山，是全军的前哨阵地，我们要坚决守住它，保证中央纵队顺利渡过湘江。"

阻击的第一天就这样在接连不断的冲锋、反冲锋中很快过去。从第二天拂晓开始，战斗更加激烈。国民党军加强了兵力和火力，轮番冲击，并以小部队迂回红军。从正面发起进攻的是装备精良、兵力10倍于红军的白崇禧桂军阻击部队。但是桂军的这次进攻仍没有得到什么便宜，从拂晓到中午12时，10多次进攻又被红军全部打垮。情况越来越紧张，红军的伤亡也越来越多。第二道工事，全被炮火摧垮。前沿阵地几个小山头失守，这几个山头上的红军指战员全部阵亡。为了保存有生力量，经上级批准，红军主动撤到山顶上最后一道工事内。

红军伤亡迅速增多，抬送伤员的担架络绎不绝地穿梭于阵地间。红十四团政委负伤，全团伤亡400余人；红十五团团长白志文和政委罗元发都负伤，两个营长牺牲，全团伤亡500余人。团、营指挥员有这么多的伤亡，这在过去还是鲜见的。仅这头两天的激战，红五师已经损失过半，但他们仍顽强地坚持着。

军团的电报不断传来江边的涉渡情况："'红星'纵队正在向江边前

进。""'红星'纵队已接近江边。""'红星'纵队先头已开始渡江。"电报下文无疑都是要求阻击部队"继续坚持"。红五师的阵地上炮火横飞,弹坑遍地。李天佑师长和钟赤兵政委交换了一下意见,决定让师参谋长胡震到伤亡较重的红十五团组织战斗。

红十四团阵地上,团长黄冕昌在政委负伤后,又冒着敌人的炮火,来到阵地前沿。他和往常一样,穿着一身褪色的军装,踏一双草鞋,腰上挎着个黄瓷缸。他那黝黑的脸上,显出指挥员特有的那种既很劳累又不易被人察觉的神色。他进入阵地第一句话就关切地问:"同志们现在怎么样啦?情绪都好吗?"连指导员何诚简单地报告说:"全连只剩下60多人,还有10多个伤员。但大家的战斗情绪都很高,都有决心守住阵地。"黄团长扫视了一下整个阵地,略微考虑一会儿,便直看着何诚,严肃地说:"现在离黄昏还有5个多钟头,后续部队能不能渡过湘江,就决定在你们能不能守住这最后一道工事!"

说话间,一个团的国民党军又向阵地前逼近。在黄团长的指挥下,连长亲自带领两个机枪班向敌侧后迂回过去,其余战士一声不响地伏在工事里。国民党军见红军一枪不放,便一个劲儿向上爬。等其爬到只有20多米时,一阵手榴弹突然飞进敌群中爆炸。敌阵一乱,红军所有的轻、重火器一齐怒吼起来。顷刻间,国民党军就像高山顶上的草堆遇到大风暴,一个紧接一个滚下山去。这时,连长带领的两个机枪班已经迂回到国民党军后面,他们的机枪像雨点一样扫出,国民党军又败退下去。但红军出击的两个班只回来12人,连长牺牲。黄团长命令部队:"快组织部队从敌人尸体上拾弹药,准备再战。"然后,黄团长又到最前面的工事去看望战士们,当他走到轻机枪阵地时,一颗子弹打在他的腿上,战士们急忙给他包扎,劝他回团部去,可是被他拒绝了,他仍坚持指挥在阵地最前沿。

战斗打到最后,双方都是在咬紧牙关拼命,就看谁能坚持到最后5分钟。遮天盖地的硝烟中,红军又多次把国民党军的冲锋打下去。但红军的伤亡越来越严重,就在这最后几个小时的激战中,师参谋长胡震和红十四团团长黄冕昌先后英勇牺牲,他们以自己的胸膛挡住了国民党军的进攻。

红五师在焦土上已整整抗击3天,中央纵队还在过江。该师参谋长和两个团的团长、政治委员都已牺牲或负伤,营、连指挥员也剩得差不多了,负伤的战士仍不断地被抬下来。如此严重的伤亡和战斗之激烈，是红军指战员在以往所未遇到的。但打不散、攻不垮的红军，却愈战愈强，伤亡的指挥员有人自动代理了，带伤坚持战斗的指战员越来越多。红军以拼死的战斗，坚持支撑着更险恶的局面，新圩前的阵地上仍然飘扬着红军的旗帜。吼叫着的群群国民党军被拦阻在这几平方公里的山头面前，就是不能前进半步。

直到第3天下午4时过，红五师接到军团电报，通知说：中间纵队已突过湘江，正向龙胜前进，红五师的阻击任务已经完成，将阵地移交红六师。红五师这才向部队发出准备撤退的命令。而负责断后的红六师部队战斗之激烈程度更可想而知了，红六师第18团又是担负本师的后卫，全团指战员浴血鏖战，最后大部分壮烈牺牲。

与此同时，红三十四师在正面为了掩护主力过江，也在湘江东侧的另一个阵地上与国民党军展开殊死战斗。几天前，该师进至道县以南的葫芦岩附近，陈树湘师长、程翠林政委带领本师各团团长、政委接受了担负掩护主力渡过湘江的阻击任务。军团首长指示："朱德总司令命令全军组成4个纵队，迅速从兴安、全州之间抢渡湘江，前出到湘桂边境的西延山区。军委电报命令红三十四师目前的任务是，坚决阻止尾追之敌，掩护红军主力通过苏江、泡江，尔后为全军后卫；万一被敌截断，就返回湘南发展游击战争。朱总司令、周总政委要我们转告你们，军委相信红三十四师能够完成这一伟大而艰巨的任务。"

红三十四师是一支有光荣传统的部队，是在毛泽东、朱德亲自关怀和谭震林、罗瑞卿、萧劲光等领导人具体帮助下，由闽西人民子弟兵逐步改编、组建起来的。红三十四师正式成立于1933年春，师、团干部大多是原红四军调来的骨干和由红军学校毕业的学员。广大指战员出身贫苦，阶级觉悟高，整个部队士气旺盛，战斗力较强。在第4、第5次反"围剿"中，屡建战功。红三十四师明确任务后，立即出发。部队虽连日行军作战，极度疲劳，但指战员们情绪高昂，互相帮助，几十里急行军，很少有人掉队，准时进入阻击阵地。

红军刚进入阵地，气势汹汹的国民党军也来到了眼前，并开始发起全面进攻。战斗异常激烈，全州和兴安之国民党军沿公路前进，企图夺回渡江点，截断红军前进道路；国民党第2路军进至黄沙河地区策应；第3路军由道县进占文市，合击红三十四师，桂军则向红军左翼实施猛烈突击；国民党第4、第5路军正向文市前进，情况万分危急。

在国民党军四面包围的严重情况下，红军指战员顽强奋战，顶住了兵力占优势之敌的多次进攻。在红三十四师阻击阵地上，空前激烈。追敌是国民党第3路军4个师，他们自恃兵力雄厚，美式装备，来势汹汹，妄图一举消灭红三十四师。在猛烈炮火和飞机轰炸的配合下，轮番发起进攻。红三十四师广大指战员以大无畏的英雄气概和顽强的革命精神，杀伤大量敌人，又把敌军几乎打入红军战壕的进攻反击下山去。

晚上，受到重创的国民党军经过调整部署后，向红军发动了更疯狂的进攻。整个阵地上空，信号弹、照明弹，各种炮弹的火花交织在一起。红军指战员们响亮地提出："誓与阵地共存亡，坚决打退敌人进攻，保证中央机关和兄弟部队抢渡湘江！"与国民党军进行殊死搏斗。弹药打光了，就用刺刀、枪托与冲上来的敌人拼杀，直杀得敌人尸横遍野。红一〇三团第1营有位福建籍的连长，在战斗中身负重伤，肠子被敌炮弹炸断了，仍然带领全连继续战斗。

阵地上空，铁火横飞，前沿工事被摧毁，山上的树木烧得只剩下枝干，部队伤亡越来越大，但红军指战员仍英勇坚守阵地，顽强地战斗。

红一〇一、红一〇二团阵地上，也是烟尘滚滚，杀声震天，许多指战员负伤不下火线，始终顶住了数倍于红军之敌的疯狂进攻。激烈的血战中，全师指战员前赴后继，付出重大代价，师政委程翠林和许多指战员血洒疆场。由于红三十四师全体指战员的浴血苦战，迟滞了国民党军的进攻，掩护了中共中央、中革军委和兄弟部队于12月1日晨渡过湘江。中共中央、中革军委和中央红军主力抢渡湘江后，红三十四师和红六师第18团（即接替红五师阵地的部队）被国民党军阻隔在湘江之东，西去的道路被切断，部队处在国民党中央军、湘军、桂军3路敌人的包围中，形势极为严峻。

在继续抢渡湘江已无希望的情况下，陈树湘师长当机立断，率领部队东返，准备沿原道转至湘南打游击。当他们进至青龙山附近时，与国民党军一部遭遇，红军奋力迎击，打垮该敌。次日下午，又在新圩与追堵之国民党军激战3个多小时，虽歼敌一部，但自身也再次遭受损失。这时，国民党军调整部署，对湘江之东的红军实施四面包围，妄图一举歼灭。于是，陈师长召集师、团干部，宣布两条决定：第一、寻找敌兵力薄弱的地方突围出去，到湘南发展游击战争；第二、万一突围不成，誓为苏维埃新中国流尽最后一滴血。

　　正当红三十四师准备突围的时候，桂军一部发起进攻。面对疯狂的敌人，红三十四师广大指战员同仇敌忾，集中兵力火力，勇猛反击。敌人被打得晕头转向，又摸不清红军的底细，急忙后撤。这次胜利，坚定了指战员的信心。但红军毕竟是孤军作战，又处在国民党军统治区，兵力、粮食、弹药都得不到补充，既无兄弟部队配合，又没有群众支援。红军决定乘胜立即突围，由红一〇〇团团长韩伟率队担任掩护，师长陈树湘和师参谋长王光道率领师直及红一〇一、红一〇二团余部共约400余人，迅即向东突围。

　　为掩护师主力突围和转移，韩伟团长和本团第2营营长侯德奎将全团不足1个营的兵力集合起来，编成3个连，重新任命连、排干部，向部队作了动员，要求全体指战员发扬红三十四师打不垮、拖不烂的光荣传统，在最困难的时候，要看到光明，树立信心，争取胜利；要求每个指战员，特别是党、团员和干部，冲锋在前，不怕流血牺牲，坚决完成掩护师突围的任务。指战员们摩拳擦掌，士气高昂，决心为牺牲的战友报仇。红军那种压倒一切敌人的英雄气概和一往无前的革命精神，在此再一次得到充分体现。

　　当天深夜，突围开始了。虽然部队在山区拖来拖去，已是3天多没有吃上一顿热饭，没有喝上一口水，肚子饿，身上冷，全身无力，尤其是伤病员行走更为艰难。但是，为了胜利，指战员们忘了极度的疲劳、饥饿和伤痛，大家互相关心，互相照顾，搀扶着向前走去。大家都深切地体会到，多一个人，就多一份力量。当红军刚刚通过猫儿园附近，正准备向长塘坪前进时，国民党军突然扑了上来。在千钧一发之际。红一〇三团新组成的3个连队集中全部所剩不多的弹药，迎头反击敌人。子弹打完了，就与敌人拼刺刀。指战员们只有一个念头："坚决打退敌人的进攻，保证师主力胜利突围！"一场恶战在残酷地进行着。扑上来的敌人，终于被红军打垮。但红一〇三团遭受重大伤亡，全团冲出包围时仅剩下30多人。为保存革命的种子，韩团长含泪宣布：立即分散潜入群众中，然后设法找中共党组织，找部队。

这时，陈树湘师长率领的师直属队和另两个团余部在湖南江永县左子江也遭到国民党军的袭击。陈师长身负重伤，战士们用担架抬着他转移，但又不幸在道县落入敌手。敌保安司令何汉听说抓到1名红军师长，高兴得发狂，命令国民党士兵抬着陈师长去向其主子邀功领赏。英勇不屈的陈师长乘敌不备，用手伸进腹部伤口，绞断了肠子，壮烈牺牲，时年仅29岁，实现了他"为苏维埃新中国流尽最后一滴血"的誓言。敌人残忍地割下陈树湘的头颅，送回他的原籍长沙，悬挂在小吴门的城墙上。红三十四师其余100多人，也终因在国民党军重围中弹尽粮绝，最后大部分英勇牺牲。

湘江战役中担负殿后任务总后卫的红三十四师指战员，发扬不怕流血牺牲和连续作战的光荣传统，血战湘江之侧，拦截堵击国民党军数万追兵，为红军主力能在前面顺利开江辟路，为中共中央、中央革委两个机关纵队赢得充裕的渡江时间，与大于自身10余倍的敌军鏖战，在血溅尸飞的枪林弹雨中奋战4天5夜，用生命筑起一道铁的屏障，战功卓著，出色地完成了中革军委赋予的光荣而艰巨的任务。师长陈树湘、师政委程翠林及全师大部指战员壮烈牺牲，全师7000余人，最后仅剩下90多人，转入湘南开展游击斗争。

湘江一战，红军全体指战员为了中共中央的安全，为了中央红军的生存，不怕牺牲，英勇奋战，终于突破国民党军设置的第4道封锁线，西渡湘江进入越城岭山区。自身也付出了极大的代价，一些部队拖垮了，一些部队被打散了，辎重几乎全部损失在湘江岸边。红三军团的第18团，红五军团的第34师大部分指战员都没有过江，牺牲在敌人的枪炮下，数千名烈士长眠在湘江两岸。中央红军全军人员由出发时的8万多人，锐减为3万多人。但红军以大无畏的革命英雄主义气概，硬是从敌重围中杀出一条血路，其特别能战斗的精神可谓气壮山河。

湘江战役，由于中共中央主要领导人在军事上犯了逃跑主义的错误，使红军蒙受巨大损失，这进一步暴露了中共党内王明"左"倾冒险主义的错误，血的教训最终促成了后来的"黎平转兵"和遵义会议的胜利召开。

但红军无坚不摧的大无畏革命英雄主义精神,却在湘江血战中再次浴火升华。

当时在南京的蒋介石闻知后,也不禁为之自叹国民党军不如,尤其是在听说红军师长陈树湘绞断肠子自杀的消息后,连连惊呼:"古今未闻,可见共产党的力量不容忽视。"为此连声痛骂粤军、桂军在战役中不卖力,并骂国民党中央军官兵不效力拼命。

在湘江战役中,周恩来一直坚持在湘江东岸的渡口,指挥部队抢渡。他焦急地询问毛泽东渡江没有。当他看到毛泽东大步走来时,立刻迎上去,请他迅速渡江。

"咱们一起过江。"毛泽东说。

"你先过,我还要在后面交代任务。"周恩来把毛泽东推上路,又向后召集着队伍。

毛泽东在激战中随军委纵队从花村渡过湘江。

8. 白崇禧拍"七千俘虏"影片造假；红军黎平大转兵

湘江之战结束了，而国民党军之间新一轮的尔虞我诈的争斗才刚刚开始，蒋介石不得不又陷入解决这些问题的内耗中，遇到的难题首先是"论功行赏"。

从蒋介石的内心说，他很想把"头功"赏给自己的嫡系中央军薛岳部，但是薛岳所率吴奇伟、周浑元部及直辖部队一直是躲在湘南境内，远离桂北湘江岸边，因此该部没有显著战绩可言，连谎报战果的借口都找不到。这真使蒋介石大伤脑筋，当初为了保存嫡系实力而藏兵在后，现在在战后"论功行赏"却犯了难。

"哪个部队更靠前些？"蒋介石问。

机要秘书汪日章明白蒋介石问的是国民党中央军，皱了半天眉头，回答道："我看论功可不问谁在前，谁在后，谁在战斗中起了关键性作用，就该把头功给谁。"蒋介石好像是没有听懂汪日章的话中话，凝神望着汪秘书，抬起右手指点着："你继续讲。"

"在整个战役中，我看周浑元师的战略作用不容低估，该部抢先占领道县，使共军行动受阻，达成了战略包围任务。"汪日章望着蒋介石的眼睛，谨慎地说道。

"讲得好，讲得好。战略上的作用必然重于战术上的作战，有道理，有道理。应该给周师以特别奖励。"

机要秘书迎合着蒋介石的心理，巧妙地解决了蒋介石欲想解决的问题。否则，国民党中央军没有任何可"论功行赏"的部队，这在面子上对蒋介石来说是过不去的。很快，周浑元师首先受到了蒋介石的特别通令嘉奖。

"何键怎么办？"蒋介石在奖励了嫡系部队后，不能不有所考虑地方势力派，毕竟在湘江之战中打头阵的还是这些地方军，尤其是湘军。

汪日章猜知蒋介石这次肯定是在明知故问，也就不好再随便提什么建议，只是说："湘军作战勇敢，是出了力的。只是——"

"只是什么？"

"湘军虽然给共军重大杀伤，但共军却也是从他们的防线上过江的。"

蒋介石沉思了一会儿，他在战前的确有"放匪逃逸，定必严惩"的训令。湘军刘建绪部虽在全州觉山堵击红军两天，红军主力却从此过江西去。因此，互相倾轧的国民党军内部都在盯着这个问题，看蒋介石如何处置。

"刘建绪部的战绩辉煌，是为众路军的榜样。"蒋介石明显是从政治需要的角度权衡军事。其实，刘建绪在战斗刚结束，就已提心吊胆，担心蒋介石会以"失守江防"为由，借机谋取湘军，于是他所采取的应急措施是一面向蒋介石"告捷"，虚报创伤红军人数，称"斩获数千"；一面又为逃避失守湘江之责，指控桂军撤出文市以南各关，私自转移兵力并未通报友军之"罪"。

何键、刘建绪作战一贯耍滑头，各军阀都了解得很，对他们这种所谓捷报，心里都很明白，有人就又奏上一本，状告湘军虚报战功，应负"失守江防，纵匪西逸"之责。

然而，结果是由于蒋介石心存别图，玩弄权术，意在掌握湘军，所以最终并未追究刘建绪失守湘江的责任，反而给何键、刘建绪两人嘉奖。由此，连非何键嫡系的湘军李抱冰部由于进入湘南时间迟，沿途没有与红军接触，也得到了嘉奖；湘军李云杰部在宁远天堂及湘江东岸的下灌、水车附近，接触红军后卫，放了几枪，蒋介石也通令对李云杰嘉奖。不久，蒋介石的此番用心收到奇效，原湘军的刘建绪渐渐被蒋介石所拉拢，唯蒋介石的命令是从。很快，刘建绪接替何键担任了国民党第4路军总指挥一职，夺取了何键的军权。

蒋介石在通令嘉奖国民党中央军、湘军后，桂军就坐不住了。李宗仁、白崇禧意会到在这通令嘉奖的背后埋伏着蒋介石意图广西的杀机，于是便从夸大战果上做起新文章。

其实，桂军在湘江之战中的表现，蒋介石的心中是比较清楚的，在南京军事会议上就公开责怪桂军避开正面，以致功亏一篑。事实也的确是这样，白崇禧所指挥之夏威、廖磊两军在前线的部队，为保全实力，并不按照蒋介石的指示扼守灌阳以北，完成堵击任务，而是自动撤至灌阳、兴安间新圩附近占领侧面阵地，在那里装模作样地阻击红军掩护部队，打了两天。红军主力从这里较顺利地安全渡过湘江。红军过江后，向西延（今资源）地区西进，桂军到这时才惊魂始定，派部尾追，一面收容红军掉队人员作为俘虏告捷，一面派地方民团沿红军经过道路烧房子，诬蔑红军"杀人放火"。有"小诸葛"之称的白崇禧见红军全部过桂境，速出一计，为表白战功，也弄个嘉奖令，更主要是掩其执行蒋介石的命令大打折扣的痕迹，他电报蒋介石，称：击溃红军，俘获数千之众；甚至不惜伪造事实，制成"七千俘虏"影片来夸耀他的"战功"。

而所谓"七千俘虏"，事实原来是这样的：当红军大军过境后，沿途遣散一些病号和因足疾不能行动的士兵或挑夫。由于人数不多，桂军就厚颜无耻地雇请一些平民化装成"俘虏"摄制成"七千俘虏"的影片，并把这部影片运到各地去放映。白崇禧对群众演说，大肆夸耀桂军击溃红军的"战绩"，宣传"广西十万民团获有七千俘虏"，并且责备中央军"剿共"不力，称桂军在湘江击败红三、红九军团；湘军打败红一军团，中央军只击败后卫红五军团，借以贬低别人，粉饰自己。薛岳闻言大为不满，当即向蒋介石、陈诚揭露桂军在战中的真相，白崇禧也起而反驳，推脱失守江防的责任。

关于"七千俘虏"，白崇禧在回忆录中曾这样写道："我亲自坐镇桂林指挥。11月21日，部署甫定，共军已抵境界，首先扑攻龙虎关，双方发生激战，终因防线过长，共军乘隙由永安关以北地区窜陷文市，直趋咸水，经3昼夜之苦战，适第44师王赞斌部自江西调回来，星夜驰往增援，湘军张亮基部也抵达全县接防，我方士气顿壮。韦、王、黄3个师由防线向北出击，同时陈恩元在全县指挥民团南入夹击，切共军首尾为数段，并包围其一部于文市、咸水，俘虏共军7000余人，获枪械3000余支。我方为纪念此一大捷，特摄有7000俘虏之影片。此外，因民众与民团之合作，厉行空室清野政策，共军所经过约60公里之正面，找不到颗粒粮食。共军因无法补给，陷于饥饿，计饿毙者不下万余人，朱、毛见无法在广西停留，所以急由龙胜、三江以北地区向贵州逃窜。"

白崇禧的如此虚报战果，在当时却使蒋介石大伤脑筋，他既不敢明言责备白崇禧，又不愿嘉奖桂军。因此，尽管白崇禧在湘江之战后导演了许多闹剧，在局外人看来蒋介石应该给桂军以"奖励"才能平衡关系，但蒋介石却始终保持沉默，这件事拖了数天后，李宗仁、白崇禧真是再也坐不住了，又发电报到南京再补报战功，用意很显然是摧蒋介石快发嘉奖通令。

在桂军如此要挟下，7日，蒋介石才自南京发出嘉勉湘江战役中的桂军，电文的措辞也很巧妙，称："邕宁李总司令，冬午戌电均悉，贵部与匪主力，激战5日，俘获5000以上，具见官兵奋勇，深堪嘉慰。所拟追剿部署，亦甚妥善，希与友军，切取联络，努力穷追，所俘匪众，可就近送交芸樵处置，除电知芸樵外，特复。中正虞酉参京电。"电报中那个"5000"数字显然与桂军所报"7000"打了一个大折扣，又一个"希与友军，切取联络"、"送交芸樵处置"，明白无误地把桂军置于了湘军之下。

李宗仁、白崇禧接电后，真是满脸怒容，气歪了鼻子，可又不好再向蒋介石表白什么。

"只能这样了，我们比上不足，比下有余，总比陈济棠还要挨'草字头'的骂要好些。"白崇禧向李宗仁劝说道。此事也就这样不了了之。

白崇禧所说的"比下有余"，是说粤军不但不会有"嘉奖"，反而要受"批评"。因为蒋介石对粤军的作战那更是一百个不满意，陈济棠也很知趣，明白粤军与红军的"统一战线关系"是不可能一点儿风也不透的。所以，陈济棠在看到周浑元、刘建绪等部受到蒋介石的通令嘉奖后，压根儿也没有像桂系那样还盼着弄个"奖励"，他只求保全广东地方势力，不让蒋介石的嫡系部队找到入粤的借口就算达到最终目的了。

恶人也有不打不开口说话的。因此，蒋介石对持沉默态度的粤军倒也一时真没了办法。由此，自从红军过湘江后，其他国民党地方军阀势力也就纷纷效仿粤军、桂军，谁也不愿猛追强堵，怕接近红军反遭挨打，他们把这种战法概称为"踩榔式的防堵，送客式的追击"，并奉为"两不得罪"的妙法。

湘江之战后的国民党军"论功行赏"风潮就这样在吵吵闹闹中过去了，但在国民党军内却留下了说不尽的俏皮话和风凉话，连蒋介石南昌行营内也是牢骚遍地，有位高级参谋在日记中就这样记道："薛岳一军没有与共军见面；周浑元纵队全军仅获步枪7支，机枪1挺；尤幸万耀煌师攻克道县，由此万提升为第25军军长；粤军23日进克蓝山，李抱冰军尚在临武，诚然听不见枪声，而惠支队远在茶陵，更看不见共军的影子了。蒋委员长直属部下，今天一电报告捷，明天一电报说迟滞了共军的行动。可照上述情况来看，纵令朱毛全军停止不动，恐怕也没人去敢拔毛了。"

满肚子意见的白崇禧在湘江之战后，也无处不在嘲笑得到蒋介石通令奖励的国民党中央军和湘军，说："如果刘建绪的部队能努力合作，桂军战果更大。当刘部刚入全州，我们为尽地主之谊，特备酒肉款待，望其饱食之后，协助共同作战。我们派飞机侦察刘部是否行动，驾驶员回来，很怨愤地说：他们不在'剿共'，而在'抗日'。原来刘部架着枪在睡觉，驾驶员说的'日'不是指日本，而是指太阳。"

蒋介石闻言，不置可否。

漫天的战火硝烟散落在湘江两岸，激流裹走枪炮，红土掩过黑血。

喘息过一口气来的蒋介石在为桂系的"宣传攻势"大为头疼时，侍从室晏主任递上一份电报来，说道："这是前几天就到的，为湘江战事压了下来。委员长看应该怎么处理。"

"什么事？"

"月初，伪满发表《集团部落建设》文告。我们应该表示个意见。"

原来就在蒋介石在南中国忙于明堵红军于湘江一侧，暗设计谋瓦解湘、粤、桂军地方军阀势力的时候，北中国的土地上有人正在进行着分裂国家的勾当。伪"满洲国"成立后，日本关东军和伪满中央不断加强对东北人民的控制，在设立治安维持会和武装自卫团后，又推行保甲法，实行连坐，进而实行所谓"匪民分离工作"。本月3日，伪满民政部发布《集团部落建设》文告，开始全面推行归屯并户，制造无人区和集团部落，以对抗日武装进行政治围困和经济封锁。他们强迫大批群众离开自己世代居住的土地和家园，迁到指定的部落之内。对原有村庄，一律实行烧光、杀光、抢光的三光政策。集团部落四周建有3米左右的高墙，墙内还设有木栅和铁丝网，每隔100米就有1个炮楼，整个部落只设1个大门，居民出入要挂号。种地不准离部落太远，结果造成远处大片耕地荒芜，而部落内粮食奇缺，加上住房简陋不堪，大批群众被冻死、饿死、病死。集团部落内的政治控制也十分严酷,群众的一言一行都要被监视,还要受到警察和官吏的百般勒索与刁难。5年后,东北境内共建集团部落13400个,殃及500万人,占当时东北沦陷区总人口的十分之一。

但蒋介石对这一严重的国难却视而不见,把如此关系到国家领土完整的大事置于脑后,专心于与红军打内战,在这份电报再次呈到他的面前后,他粗略地瞟了一眼,便闷闷不乐地说道:"对日本人不能惹,我们现在实在也惹不起。静观事态发展如何后再议吧。我们目前的主要精力仍是必须用全力来对付共军,朱毛已在末路,我军要抓紧时机,毕其功于一役。明天的大会,我就要专讲这个问题"

蒋介石所说的大会,是指本月10日在南京召开的国民党四届五中全会。

这次大会,在蒋介石的控制下,果然不提东北领土的问题,而开成了专门讨论议定"剿共"的大会。这次会议,国民党中央执监委员有112人出席。行政院院长汪精卫主持会议并致开幕词。汪精卫宣读按蒋介石的授意所拟定的讲稿,称:四中全会以来,"剿共"取得重大成果,现在的急办要务是继续"剿灭残匪及如何肃清四川的匪患"。蒋介石在会上又再次重申"剿共安内"方针,说:这次会议的中心议题,首先就是讨论消灭共产党,然后再研究召开国民党五全大会和起草并审查宪法等问题。

会议根据蒋介石的指示,特别发出《嘉慰"剿匪"将士文》,后又通过了《中华民国宪法草案》、《划分中央与地方权责之纲要案》、《刷新政治与民更始案》、《关于盐政改革案》、《实施义务教育标本兼治办法案》等,却只字不提东北伪满洲国问题。会议决定成立以林森为首的宪法草案审查委员会,以《建国大纲》为制宪准则,并规定国民党第五次全国代表大会之后公布宪法草案;决定1935年11月12日召开国民党第五次全国代表大会,并由五全大会决定国民大会日期。大会于14日结束。会后发表宣言,宣扬"剿共"战争的胜利,重申坚持"攘外必先安内"的反共原则,表示要"根本歼灭"中国工农红军,声称"雪耻端在自强,救国图存之道当以充实国力,修明政治为先务"。

会议期间,念念不忘"剿共"的蒋介石白天参加会议,晚上又忙于指挥作战。11日,他命令国民党"追剿军"军总部移驻邵阳。仅隔一夜,他又颁发在湘水以西地区"会剿"红军的计划大纲,电称:"查赣匪西窜,前已拟定湘、桂、黔各军会剿计划大纲,业经十一月筱戌行战一电知在案。兹为严防赣匪入黔,重申前令起见,各军守备区域,按照筱电规定地点,迅速完成碉堡,严守之。(1)黔军除巩固原防外,于玉屏、锦屏、黎平、永从、洪洲线上,赶筑坚固工事,先择重要城镇,构筑碉堡,以防匪之突窜。(2)桂军除巩固原防外,须以一部迅由长安、古宜进至榕江,协助黔军堵剿。(3)湘军除巩固原防外,以追剿部队之一部,追至铜仁,巩固黔军左侧之防线。(4)各军对于各该区兵力之部署及工事之程度,并犹(国才)总指挥所部现抵何处?迅速详细电复。除分电外,希分别查照办理具报。"

湘江战役后的蒋介石趾高气扬,他一面电令撤销江西、福建各地封锁区,各县停筑碉堡;一面又在湘西南、黔东北部署了近20万兵力,形成了一个大口袋,等待中央红军的到来,企图聚而歼之。又一个"湘江战役"在蒋介石的作战地图上标示出来。

如此情况对中央红军来说,显然非常危险!中央红军如果继续北出湘西,势必与五六倍于己的国民党军决战,将有全军覆灭的可能。

蒋介石又打起了如意算盘:"哼哼!毛泽东算得了什么,有人还说他很能打仗,我看他也不过如此。我很了解他,我在广州黄埔开办军校时,他也在广州,在城中那个孔庙里办了个什么农民运动讲习所,谈什么战略,我看他懂都不懂。"看来,蒋介石并不清楚从第5次反"围剿"到湘江之战,毛泽东被排斥在中共中央和中革军委之外,并没有参加指挥红军作战。蒋介石的军事对手在这段时间一直是中共党内的"左"倾领导人博古和"洋顾问"李德等。

湘江战役后的博古、李德又是个什么样子呢?说来真是又可悲,又可气!

俗话说:"不怕百战失利,只怕灰心丧气"。这往日开口就训人的博古、李德此时犯的正是这个毛病。

博古过湘江后,深知红军损失如此惨重,自己有不可推卸的重大责任,可他又一筹莫展,痛心疾首。在行军路上,他拿着一支手枪朝自己瞎比划。聂荣臻见到后,对博古劝说道:"你冷静一点儿,别开玩笑,防止走火。这不是瞎闹着玩的！"

　　李德一面唉声叹气，一面却诿过于人。他先拿红二十二师师长周子昆开刀。这个师在湘江岸边进行阻击，被打垮了，只有负伤的周子昆等10多人突围出来。李德指责周子昆临阵脱逃，粗暴地训斥道："你的部队呢？没有兵还有什么脸逃回来?!"并命令警卫班把周子昆捆起来，送军事法庭处置。

　　警卫班的战士没有一个人肯动手，在场的博古也默不作声。

　　李德在咆哮，却没有人理他。

　　毛泽东走过来，干预说："周子昆交给我处理。"

　　"把他送军事法庭！你去处理吧。"尴尬的李德庆幸毛泽东给他解了围，悻悻离去。

　　一肚子冤屈的周子昆无精打采，听候毛泽东的发落。出乎周子昆所料的是，毛泽东把他拉到一边，却没有再提湘江战役，而是鼓励他好好干，继续带兵打仗，让他赶快回部队。

　　"你这是收容败将，笼络人心！"李德知道后，气得暴跳如雷，大肆攻击毛泽东，但周子昆已经回到部队，这事也就随着战局的发展不了了之。

　　博古和李德的消沉，部队的指挥实际上也就只好由"三人团"之一的周恩来担当起来。

　　中央红军的现实状况真如做了一场噩梦，令人不堪回首。

　　"这一切究竟是怎么发生的呀？"湘江战役的惨重损失，使周恩来和红军指战员陷入深刻的思考。

　　广大指战员眼看第五次反"围剿"以来，迭次失利，现在又几乎濒于绝境，在与第四次反"围剿"以前的情况对比之下，逐渐觉悟到这是排斥以毛泽东为代表的正确路线，贯彻执行了错误的路线所致，部队中明显地增长了怀疑、不满和积极要求改变领导的情绪。这种情绪，随着红军的失利日益显著，湘江战役达到了顶点。

　　湘江战役的惨重损失，使越来越多的人感到再不能照原来的办法打下去了，必须下决心有一个根本的转变。

　　然而，中央红军在渡过湘江后，中革军委仍决定分左右两路向通道（今县溪镇）、鄙扬（今鄙阳）和长安堡（今通道县城附近）前进。5日，中央红军全部越过西延山脉越城岭（老山界），继续沿西延、龙胜山区西进。这时，国民党军又从四面八方围了上来：桂军在中央红军左侧后跟进，湘军刘建绪第1兵团和国民党中央军薛岳第2兵团由北面围追，进至城步、绥宁、靖县、洪江、黔阳、花江等地赶筑工事。中央红军经过两个月的连续行军作战，人员锐减到3万多人，战斗力大大削弱，如果再如此下去，硬向蒋介石部署好的口袋里钻，中央红军的前途真是不堪设想。

红军的处境仍极端危险。这时国民党军已判明红军的行动意图，并在通往湘西的前进路上部署了近20万重兵，设置防堵线，阻止红军主力从湘黔边境北上，准备在这里围歼红军的主力。可博古、李德却仍坚持原定计划，准备率领红军继续往蒋介石布置好的这个包围圈里钻。红军如果仍按照原定的行军计划，准备到湘鄂西去同红二、红六军团会合，无异于带领中央红军全部主力自投罗网，后果将不堪设想，可能导致全军覆没。

红军全军都处在严肃的思考中，中国共产党又处在了历史的转折关头。

大浪淘沙中，英雄在时势中脱颖而出。突变能造势，转折须逢时，中共和红军在湘江之战后的时势，恰已是势成时到。

长征开始后，毛泽东就同王稼祥、张闻天一起行军，开始议论第五次反"围剿"为什么不能取胜的问题，分析第五次反"围剿"的军事指挥错误，认为红军已经不能按原计划去同红二、红六军团会合了。张闻天、王稼祥很快地接受了毛泽东的意见，并且在政治局内开始了反对李德、博古的斗争。

中央红军占领湖南省通道城后，"靠边站"的毛泽东在中共和红军危亡之秋，勇敢地站出来。他首先果断地向中央政治局提出："部队应该放弃原定计划，改变战略方向，立即转向西，到国民党军力量薄弱的贵州去，一定不能再往北走了。"

但是，毛泽东的建议并没有立刻引起重视。中革军委在此时只是鉴于危境，命令部队迅速脱离桂军，西入贵州，寻求机动，以便转兵北上。同时，决定撤销在湘江之战中损失严重的红八军团建制，人员编入红五军团；军委第1、第2纵队合并为军委纵队，刘伯承为司令员，陈云为政治委员，叶剑英为副司令员。

12月12日，中共中央负责人在通道城（今县溪镇）恭城书院举行临时紧急会议，参加人有博古、周恩来、张闻天、毛泽东、王稼祥和李德等。会议由周恩来主持，讨论战略行动方针问题。李德、博古不顾已经变化了的客观情况，仍坚持去湘西同红二、红六军团会合的计划。

李德坚持道："我提请大家考虑：是否可以让那些在平行路线上追击我们的或向西面战略要地急赶的周（浑元）部和其他敌军超过我们，我们自己在他们背后转向北方，与二军团建立联系。"

"红军主力现时北上湘西，将会陷入敌军重围，后果不堪设想。"毛泽东首先表示不同意李德的意见，他又根据破译敌台的电报情报指出，"敌人正以五六倍于我军的兵力构筑起四道防御碉堡线，张网以待！我建议我军应立即改向敌军力量薄弱的贵州西进。"毛泽东的发言得到了王稼祥、张闻天的支持。

在这时，周恩来的意见是至关重要的，他发言表示完全同意毛泽东的意见。周恩来的态度，并非偶然。从宁都会议前夕前方同后方的争执、第四次反"围剿"战争大兵团伏击歼灭战的胜利，一直到第五次反"围剿"期间，周恩来同李德间发生的多次争论，可以看到一条清晰的脉络：周恩来的军事思想同毛泽东基本一致，而同"左"倾领导者是对立的。毛泽东、周恩来都主张集中优势兵力，在运动中创造战机，发现并抓住敌人的弱点，各个击破，加以歼灭。因此，在这个危急时刻和随后的黎平会议、遵义会议上，周恩来能同毛泽东站在一起，坚决支持毛泽东的正确主张，是很自然的。

通道会议根据大多数人的意见，初步通过了西进贵州的主张，相机进占黎平。

博古难再固执己见，李德因为自己的意见被否定而提早退出会场。

当天下午7时半，中革军委发出"万万火急"电令，规定："我军明十三号继续西进"，"第1师如今天已抵洪洲司，则应相机进占黎平"。看来，西进问题还没有彻底解决。

12月14日，中革军委仍电令红二、红六军团向沅江上游湘西地区发展，以策应中央红军北上。

红军主力西进，于12月15日攻占贵州黎平，但北上还是西进的争论并没有结束。中央红军突破黔军防线，占领黎平、老锦屏地区后，继续向剑河方向前进,准备渡过清水江,北上湘西同红二、红六军团会合。可见这时的中革军委还没有完全采纳毛泽东的建议。

红军的战略方向究竟向何处去,已成为牵涉全局的大问题。

12月18日,中共中央政治局在黎平召开会议,重点研究红军的战略方针问题。会上展开了激烈的争论。博古又提出由黔东北上湘西,同红二、红六军团会合;李德因病没有出席,但托人把他坚持同红二、红六军团会合的意见带到会上。毛泽东仍主张继续向贵州西北进军,在川黔边敌军力量薄弱的地区建立新根据地。王稼祥、张闻天支持毛泽东的主张,主持会议的周恩来最后表示采纳毛泽东的意见。会议这才开始接受毛泽东关于改变红军北出湘西的原定计划,向敌人兵力薄弱的黔北发展的主张。

会议通过了根据毛泽东的发言写成的《中央政治局关于战略方针之决定》,其中明确指出:"鉴于目前所形成之情况,政治局认为过去在湘西创立新的苏维埃根据地的决定在目前已经是不可能的,并且是不适宜的。""政治局认为新的根据地区应该是川黔边区地区,在最初应以遵义为中心之地区,在不利的条件下应该转移至遵义西北地区。"

关于黎平会议,周恩来后来回忆说:"从老山界到黎平,在黎平争论尤其激烈。这时李德主张打入黔东。这也是非常错误的,是要陷入蒋介石的罗网。毛主席主张到川黔边建立川黔根据地。我决定采取毛主席的意见,循二方面军原路西进渡乌江北上。李德因争论失败大怒。"

黎平会议后,周恩来把这次会议的决定译文送给李德看。

"怎么会变成这个样子?你们对我这个共产国际顾问根本不尊重!"李德大发雷霆,向周恩来提出质问。

俄文翻译伍修权忙不迭地进行口语翻译。

"这是中共中央政治局的决定,谁也无权改变!"一向温和的周恩来被李德这种蛮横的态度激怒了,用英语与李德对话,两人吵得很厉害。

周恩来批评李德,拍了桌子,放在桌子上的马灯都跳起来,熄灭了。警卫员马上又把灯点上。

这时的博古尽管自己的意见被会议所否定,但他还是表示服从会议决定。他对李德也渐渐不满,当他知道周恩来和李德吵起来后,对周恩来说:"不要理他!"

黎平会议最终放弃了原定与红二、红六军团会师和建立湘西根据地的计划。

聂荣臻在《回忆录》中写道："这是一个十分重要的决议，是我们战略转变的开始。其中最主要的是指出，去湘西已不可能，也不适宜，决定向遵义进发。这样一下子就把十几万敌军甩在湘西，我们争取了主动。"

会后，中革军委决定紧缩机关，充实战斗部队。第二天，朱德、周恩来为执行这个决议作出行动部署。会议决议及其实行，使中央红军从长征开始后的被动局面中摆脱出来，避免陷入绝境。中央红军赢得了主动，挥戈西指，不仅完全打乱了国民党军队的原有部署，而且连战连捷，部队的面貌为之一新。

军委纵队政委陈云后来以廉臣的笔名发表的《随军西行见闻录》中写道："赤军由湖南转入贵州，此时确缴获不少。侯之担部至少一师人被缴械，并连失黎平、黄平、镇远三府城，尤其镇远为通湘西之商业重镇，赤军将各城市所存布匹购买一空。连战连进，此时赤军士气极旺，服装整洁。部队中都穿上了新军装。在湘南之疲劳状态，已一扫而空矣。"

12月19日，中革军委按照黎平会议确定的新的战略方针，决定中央红军分左右两路西进。红一、红九军团为右纵队，向剑河、施秉前进，红三军团、军委纵队及红五军团为左纵队，向台拱、黄平前进，同时要求红二、红六军团和红四方面军牵制湘军及川军，策应中央红军西进。中央红军于黎平会议后，前锋突指黔北，连克剑河、台拱、施秉、镇远、黄平、余庆、瓮安等县城，于12月底兵锋抵达乌江南岸。

在此前后，其他各路红军根据中共中央的指示精神，在各地与国民党军队进行了艰苦卓绝的斗争。红二十五军于本月初进入河南省卢氏县叫河后，绕过敌军封锁线，沿卢氏城南之入陕的小路西进入陕西雒南地区，先在铁锁关击退民团，后在三要司歼陕军1个营。9日，进至雒南县的庾家河，中共鄂豫皖省委在此召开常委会议，决定创建鄂豫陕革命根据地，中共鄂豫皖省委改为鄂豫陕省委。这天，红二十五军在庾家河与突然来袭的国民党军第60师恶战半日，毙伤敌800余人，将敌击退。红军亦伤亡200余人，程子华军长、徐海东副军长都负重伤。

这时，湘西的红六军团继续发展攻势行动，主力由大庸向南进袭沅陵，未克，即沿沅江东进。本月中旬，红二、红六军团在桃源县以北浯溪河歼敌1个旅大部，占领桃源，包围常德城。为准备粉碎湘鄂两省敌人的"围剿"，这两个军团主动撤离常德、桃源，然后占慈利，又西返大庸。此时，两军团实力发展到1.2万余人。各地红军的攻势作战显然大大出乎蒋介石的所料，战局在悄悄发生逆转，蒋介石也觉察到了这一点，问题究竟在哪里，他一时还无解。

也就在中共中央召开黎平会议的同一天，时在南京的蒋介石焦灼不安地满房间乱转，他推测着红军的行动，部署其新的"口袋"计划。他把几份前方来的急电又反复看了几遍，突悟到红军很有可能不再北上，而向西进军。

"快给薛岳发个电报，命令他立即到镇远截击共军。"

"请委员长口述。"机要秘书汪日章做好了记录的准备。

"据报，现匪主力由黎平向剑河、榕江逃窜。黔军力弱，恐难防堵，希督励所属，克日迅由晃县、玉屏直趋镇远截击，以期一举聚歼。除电何（键）总司令知照外，希速照办具报。"

蒋介石刚刚口述完给薛岳的电报，晏道刚手持一封电文，急匆匆走了进来："委员长，湘黔前线来电。"

"薛岳的？"

"不是，是何键发来的，内容是关于筹拟根本消灭湘西贺龙、萧克共军的特急电。他看来不能确知您在哪里，连发了奉化、南京和南昌3个地方。"

"我若不在这3个地方呢？如果去了其他地方呢？他有什么事，这样急？你读一遍。"蒋介石一听是特急电，刚才歪坐在沙发上的身子挺直起来。

"顷据罗旅长启疆筱酉、筱戌、洽戌各电及常德刘司令运乾、蔡县长大璋连续电话报称：桃源于筱午被贺、萧股匪攻陷，罗旅被截断，两团长负伤，现匪围攻常（德）城甚急，势难固守，请飞兵救援。等语。窃贺、萧乘虚进，职早已引以为深虑，只以职辖部队正在专力进剿朱、毛大股，而迭电请求调用朱（耀华）、岳（森）、罗（霖）各师，又须留驻赣西。嗣后蒙派郭（汝栋）师，则以道途较远，刻仅两团到达长沙。匪现乘我援兵未集，猛攻常城，若即进一步分兵扰我益阳、安化，则糜烂更大。职负地方重寄，事先明知其故，而力不从心，及情急势迫，则已误事机，顾此失彼，心痛曷极。现一面飞电徐（源泉）总司令迅令在澧（县）之部队向临澧、鳖山夹击，一面令郭师已到长沙之两团及飞调十九师一部，与省会警备部队，兼程开常援剿，一面令陈渠珍师迅出大庸，断匪归路，勉应一时。至如何将该匪根本歼灭，并谋湘西之整匪与巩固，俾免进剿之顾虑，容俟筹拟，呈候钧核，示遵。"

蒋介石仔细地听完后，不再像刚接电后那样紧张，说道："大惊小怪的，我还以为是什么不得了的大事，这个何键，作为主官，处事应不惊，才能稳定军心。……你手中还有一份，是谁的电报？"

"贵州省主席王家烈的，他恳请委员长飞令到湘各军及桂军援黔。"晏道刚回答。他担心蒋介石又要骂人"大惊小怪"，没有敢再读。

王家烈的这封告急电报肯定又是蒋介石不愿听到的，蒋介石也没有让晏道刚再读，而是要了过来，粗略地看了几眼。

黔电称："据锦屏杜旅长肇华筱亥电报：赣匪一部约五六千人，删日在黎平被我周旅长芳仁击退，折向老锦屏，图绕天柱、青溪北窜，被我五、六两团迎头痛击，匪伤亡甚众。铣日匪分数股向南嘉堡、平兆、瑶光等处猛攻，企图强渡清江河，向剑河、台拱方面沿萧匪旧路北窜。当与我河防守兵激战半日，匪部续到甚众。复以机炮向我岸猛轰，江岸碉堡多被摧毁，官兵死亡二百余人，致被突破。等语。当饬该旅长集结所部，尾匪痛击，并令李旅长成章率二、三、九各团，推进施洞、剑河截堵；王参谋长伯勋督率团队及第三团扼守锦屏至清江河下流；周旅长芳仁转饬团队肃清后方，即行率部尾匪追剿。等语。查该匪号称十万，若今日久蔓延，不仅黔省被其赤化，恐川、湘及其他各省，亦同感危贻。除集中所部进剿堵截外，并恳中央飞令到湘各军，西移黔境；及桂省各部队越境会剿，以期聚歼该匪，挽救黔难，无任感祷。"

蒋介石一手抓着电报，一手指着墙上的作战地图，问道："朱、毛共军现在大概在哪个位置？"

"大约在这一带。"晏道刚指在贵州的黎平一带。

"我们的作战重点从现在起必须立刻转向西南，朱、毛共军突然西去，很可能是放弃了原来北上会合湘西贺、萧部的计划，转而企图与四川的徐向前部会合。立即通知南昌行营，加强川、黔之线的防堵。"蒋介石站立在地图前，说道。

"是，南昌行营组成国民政府军事委员会委员长行营参谋团的事，明天就宣布命令。"

"四川刘湘的事和西康建省的事筹备得怎么样了？"蒋介石问道。

"正在办理，计划在下个月初就宣布。"

"不行！必须马上办理，办事如此拖拉，何日才能完成先总理的遗训？在这非常时期不能再按部就班的做事，限令他们在一周之内必须完成川、康两省的事。"蒋介石决定用军事命令的方式，直接干预政府行政上的事。

果然，蒋介石的话一传下来，本来还要拖几天的事，很快就接连开了几个会，21日，国民政府任命刘湘兼四川省政府主席。刘湘接电后，当天就以追堵红军为由向南京发出效忠电，电称："主席林、院长汪、委员长蒋钧鉴：首都觐见，亲聆训言。厚爱殷期弥深。奋勉叩别以来，兼程西返，已托庇于皓日申刻平宏抵渝。所幸北道徐（向前）匪尚无异状。惟朱、毛数万西窜，已渡过黔属青江，向施洞口前进。将来窜湘窜川？企图未明。边疆巨患，来日堪虞。尚乞指示机宜，俾资循守。不胜企祷。"

"这刘湘还算是比较懂事的，换其他人未必能控制得住四川。嘱咐南昌行营，由贺国光任主任率领的驻川参谋团务必在近日赴川。催一下行政院汪院长，争取快把西康分出去，先设立西康建省委员会。稳住了四川，其他几个省有问题也不会出现大的麻烦。"蒋介石接连部署了一道道命令后，他满意地点着头，在桌前沉思。

几天后，国民政府行政院在蒋介石的接连催促下，第192次会议通过决议，设立西康建省委员会，派刘文辉、诺那呼图克图、向传义、冷融、禄国藩为西康建省委员会委员，以刘文辉任委员长。国民政府公布《西康建省委员会组织条例》，规定在西康省府成立前，由该会筹备建省事宜，执行中央命令，直隶于行政院；不得发布与中央抵触的命令；主要负责决定关于建省计划及发展地方经济文化事业、地方行政区域的划分、预算、决算、地方"绥靖"等事项；下设秘书处和民政、建设、财政、教育、保安5科。该会设委员5至7人，并推一人为委员长。

川、康的问题似乎已经顺利解决，蒋介石的心思又回到了广东、广西两省地方势力派的身上，接连琢磨了几天后，他决定施出一个"连环计"：催促调两广部队入黔。由此既可削弱陈济棠和李宗仁的力量，又借机控制了贵州，进一步控制川、康。主意打定后，蒋介石遂于 25 日致电广州陈济棠和邕宁的李宗仁、白崇禧，在戴了一大堆恭维的"高帽子"后，才说出真正的目的，称："兄等对西窜之匪，拟抽调劲旅，编组追剿部队，会同友军，继续穷追，以竟全功，至深感佩。尚望勇往迈进，不分畛域，歼灭于黔境，不使其入川合作，尤为深盼，谨复。弟中正有印。"

蒋介石精心编织的一张大网撒向湘黔边，整军整师的国民党军黑压压地扑向中央红军。

据国民党南京中央政府军政部这年的统计，国民党军时共有步兵 132 个师 29 个旅；骑兵 8 个师 6 个旅；炮兵 5 个旅 14 个团，共计 134 万人（不包括空军部队和两广、川黔滇等地方部队）。这些部队大部分都用于"清剿"、"围剿"红军各根据地。用于围追堵截中央红军的部队，在这个月，主要有中央军 11 个师又 1 个支队、粤军 11 个师、桂军 5 个师、湘军 5 个师又 2 个团、黔军 5 个师又 3 个旅、滇军 4 个旅、川军 12 个旅。同时，蒋介石还调集陕西、甘肃、宁夏、山西 4 个省的国民党军 20 多个团 4 万余人，对陕甘边和陕北苏区发动了第 2 次"围剿"。

然而，情况的发展却是蒋介石所始料不及的。如果说 1934 年国、共军事的擂台赛赢家属于蒋介石，那么，这年最后 1 个月的最后几天成了国、共两党及其军队决胜的分水岭，红军开始由走低谷转向爬升。

中国历史的日历上刻写下了这样一个有趣的日子，1934 年的最后 1 天，即 12 月 31 日，中央红军进至乌江南岸地区。中革军委命令红一、红三军团分别在江界河、袁家渡、清水口 3 个渡河点架桥渡江，并特派军委副参谋长张云逸率两个工兵连协助红二师在江界河架桥，保障部队强渡乌江。

局势开始出现戏剧性的变化。

赣粤闽湘鄂"剿匪"军总司令部顾问胡羽高在著文中曾这样哀叹道："乌江为黔中第一大水，有天险之称。而今朱、毛到此，天堑本难飞渡，然竟易渡。1934 年算是过去了，而抗日必先'剿匪'的口号，又成为过去。不料贵州的乌江竟成为朱、毛的过年洗礼，中央军'剿匪'之成就等于零也。"

第三章

毛泽东赤水四渡　蒋介石贵阳惊魂

　　世事如弈棋，高手顾大局，不以一子一地为重，以最终赢棋为目的。

　　高手不恋战，懂得一个人想干什么和能干什么，完全是两码事。

　　高手谋大势，敢于赞叹对手，指点对手，大度从容，赞许对手回棋。

　　伟哉！山不在高，名在有仙；水不在深，灵在游鱼。

　　万水千山，多少楼台亭阁；群山原野，多少城镇乡间。

　　毛泽东唯把遵义雕刻在红军长征史封面上，于是有了赤水红，娄山绿。

9. 溪口雨夹雪，黔北阴转晴，毛泽东大写遵义

大西南贵州，一块神奇的土地。

公元两百多年前，这里是古夜郎国的国度。司马迁《史记》载："西南夷君长以什数，夜郎最大。"说的即是这里。由于山川险阻，夜郎人对中原和西汉王朝的情况几乎一无所知，结果，夜郎王在接见汉王朝使君时，提出了"汉王朝与我夜郎国相比，哪个大"的疑问，留下了"夜郎自大"这千古笑话。

妄自尊大的夜郎王很快就灭国了。但世间自大者却不乏其人，当历史的大潮澎湃荡入 20 世纪 30 年代，就在这块古夜郎国两千多年后的土地上，有人即续写了"夜郎自大"的新篇。此人就是蒋介石。

黔北重镇遵义，在至今仍标示着"夜郎"地名之土南边不远处。1935 年 1 月，动荡不定的中国历史航船即在这里泊港驻足，而当航船再次扬帆驶入历史长河，悄然中更换了舵手——毛泽东从此地崛然而起；中国共产党领导的革命运动由此地扶摇直上；中共中央政治局在此召开的遵义会议镌刻进史册。曾一度对世宣称"不出 3 个月，全部剿灭赤匪"的蒋介石，在此地却接连惊魂落魄，扮演了一个"现代夜郎王"的角色。神奇的古夜郎国在中国现代史分册中，记下了这位"现代夜郎王"首次入黔多惊噩的趣闻秘史。

1935 年第一天，是为元旦，中共中央政治局在贵州瓮安县猴场召开会议。

毛泽东重申红军应在川黔边地区先以遵义地区为中心建立新的根据地的主张。多数与会者赞同这个意见，再次否定李德、博古提出的"完全可以在乌江南岸建立一个临时根据地，再徐图进军湘西，与红二、红六军团会合"的错误主张，决定红军立刻抢渡乌江、攻占遵义。

会议提出渡过乌江后的行动方针，作出《中央政治局关于渡江后新的

行动方针的决定》,再次强调,主力红军渡过乌江后,"主要的是和蒋介石主力部队(如薛岳的第 2 兵团或其他部队)作战,首先消灭他的一部,来彻底粉碎第五次'围剿',建立川黔边新苏区根据地。首先以遵义为中心的黔北地区,然后向川南发展,是目前最中心的任务。"并规定:"关于作战方针,以及作战时间与地点的选择,军委必须在政治局会议上做报告。"这在实际上取消了以往李德独断专行的军事指挥权。同时,在黎平会议后,已重新任命被李德、博古派到红五军团当参谋长的刘伯承为总参谋长。

从猴场会议的决定看,中共因党内以往的"左"倾机会主义"惯性"作用,此时还没有完全摆脱过去那种强调"进攻"的主导思想,但从总的形势上看,中央红军开始由被动变为主动。

但争论仍没有结束。正如周恩来所说:"从黎平往西北,经过黄平,然后渡乌江到达遵义,沿途争论更烈,在争论的中间,毛主席又说服了中央许多同志。"王稼祥回忆道:"一路上毛主席同我谈论了一些国家和党的问题,以马列主义的普遍真理和中国革命实践相结合的道理来教导我,从而促使我能够向毛主席商谈召开遵义会议的意见,也更加坚定了我拥护毛主席的决心。"

此时,王稼祥向毛泽东提出了召开中央政治局扩大会议的意见,毛泽东认为这是一个好主意,建议他先同张闻天通通气。张闻天也同意王稼祥把李德、博古轰下来的意见,并且说:"毛泽东同志打仗有办法,比我们有办法,我们是领导不了啦,还是要毛泽东同志出来。"

贵州的天气常被人称为"天无三日晴"。在向遵义进军的途中,天总是下着毛毛细雨,道路泥泞,十分难走。毛泽东、周恩来等手里拄着一根棍子,穿着湿漉漉的衣服,冒雨行军。这里的地势起伏不平,一个坡接着一个坡,下坡时,稍不小心,便要滑倒,人人都弄得满身是泥。

1 月 2 日至 6 日,中央红军全部渡过乌江,向以遵义为中心的黔北地区挺进。7 日,红军占领贵州的第二大城——遵义。

遵义,北倚娄山,南临乌江,是黔北政治、经济、文化的中心。中央红军突破乌江后,在 1 月 7 日解放了这个黔北重镇。毛泽东同周恩来、朱德等随军委纵队于 9 日下午进入遵义城。

这时,蒋介石得到空军的侦察报告说红军进驻遵义地区后方向不明,批准"追剿军"总指挥薛岳的请求,令第1纵队吴奇伟部集结贵阳、清镇一带整训待命;第2纵队周浑元部在乌江南岸对遵义方向警戒。这在客观上给中央红军的休整提供了条件。

南京电灯下的蒋介石批阅"剿匪"作战计划时,黔北遵义城中昏暗的桐油灯下,毛泽东也在紧张地思考和书写着,他是在总结红军反"围剿"作战的教训和经验,为即将召开的中共中央政治局扩大会议做准备。红军部队占领遵义后,在城乡各处召开群众大会,宣布遵义县工农兵临时政府——革命委员会成立。毛泽东、朱德、李富春在大会上发表演说,阐述共产党的主张,揭露国民党反动派的罪恶,号召人民群众打土豪,分田地,建立革命政权。

冬阴的黔北,天地间总是一片灰蒙蒙的,正午的太阳泛着暗淡的白光,在树下连一道影子也看不出。红军进驻遵义后,天空突然一扫黔北冬日多有的阴霾,出现了少有的艳阳天。遵义市民纷纷走上街头,参加红军组织的各种活动。就在遵义市民纷纷争看红军渡乌江时的"水马",红军指战员为了迷惑敌人,在所驻房门写上"第一水马司令部住此"几个大字,使得围观的群众久久不愿离去时,中共中央政治局扩大会议在相隔不远处原黔军师长柏辉章的公馆二层楼上召开,这就是决定中国共产党和红军命运的著名的遵义会议。

红军在遵义得到了短暂而十分宝贵的休整时间,在这比黄金还珍贵的时间里,中共中央重要领导人在戎马倥偬中,静坐下来反思前一段走过的弯路,激烈地争论下一步的脚步应该举向何方。这次政治局扩大会议的主要议题,是审查黎平会议的决定,总结第五次反"围剿"和中央红军长征以来在军事指挥上的经验教训。

这次具有转折性意义的政治局扩大会议,是王稼祥同毛泽东商议后由他出面提议,并得到张闻天、周恩来、朱德等支持而召开的。毛泽东、王稼祥等向中共中央提出,立即准备召开政治局扩大会议。伍修权回忆说:"这时王稼祥、张闻天同志就通知博古同志,要他在会议上作关于第五次反'围剿'的总结报告,通知周恩来同志准备一个关于军事问题的副报告。"聂荣臻也回忆说:"周恩来、王稼祥同志他们两个人的态度对开好遵义会议起了关键的作用。"

周恩来负责会议的组织工作。毛泽东、张闻天、王稼祥认真准备发言。经过共同讨论,由张闻天执笔写出一个反对"左"倾教条主义军事路线的报告提纲。毛泽东过去在开会时一般都是即席发言,这次也写出一个详细的发言提纲。

博古意识到这次会上必有一场争论,事前进行活动。支持博古的政治局候补委员凯丰曾几次找聂荣臻谈话,要聂在会上发言支持博古。聂荣臻没有答应。凯丰向博古汇报说:"聂荣臻这个人真顽固!"

1月15日至17日,在遵义城红军总司令部召开中共中央政治局扩大会议。出席会议的政治局委员有博古、周恩来、张闻天、毛泽东、朱德、陈云,政治局候补委员有王稼祥、邓发、刘少奇、凯丰,红军总部和各军团负责人有刘伯承、李富春、林彪、聂荣臻、彭德怀、杨尚昆、李卓然,还有中央秘书长邓小平,军事顾问李德及翻译伍修权也列席会议,共20人。

会议由博古主持,并作了关于第五次反"围剿"的总结报告。他对军事指挥上的错误作了一些检讨,但主要还是强调种种客观原因。周恩来作副报告,提出第五次反"围剿"失利主要原因是军事领导的错误,并主动承担了责任。随后由张闻天代表他和毛泽东、王稼祥作联合发言,尖锐地批评"左"倾军事路线。接着,毛泽东作了长篇发言,指出导致第五次反"围剿"失败和大转移严重损失的原因主要是军事上的单纯防御路线,表现为进攻时的冒险主义,防御时的保守主义,突围时的逃跑主义。他还以前几次反"围剿"在敌强我弱情况下取得胜利的事实,批驳了博古用敌强我弱等客观原因来为第五次反"围剿"失败作辩护的借口。同时,比较系统地阐述了适合中国革命战争特点的战略战术和今后军事行动的方向。

周恩来在发言中全力推举由毛泽东来领导红军的今后行动。他的倡议得到多数人的支持。周恩来的态度,对毛泽东的正确主张能取得胜利,有着重要的作用。

会后陈云在传达提纲中说:"扩大会中恩来同志及其他同志完全同意洛甫及毛王的提纲和意见,博古同志没有完全彻底的承认自己的错误,凯丰同志不同意毛、张、王的意见。"

毛泽东在60年代初曾多次讲到凯丰当时用反批评的方式来维护博古、李德,说:"遵义会议时,凯丰说我打仗的方法不高明,是照着两本书去打的，一本是《三国演义》，另一本是《孙子兵法》。其实，打仗的事，怎么照书本去打？那时，这两本书，我只看过一本《三国演义》，另一本《孙子兵法》，当时我并没有看过。那个同志硬说我看过。我问他《孙子兵法》共有几篇？第一篇的题目叫什么？他答不上来。其实他也没有看过。从那以后，倒是逼使我翻了翻《孙子兵法》。"

会议采纳刘伯承、聂荣臻的建议，决定红军准备北渡长江，在成都西南或西北建立根据地。经过3天热烈讨论，会议还作出下列决定："（一）毛泽东同志选为常委。（二）指定洛甫同志起草决议，委托常委审查后，发到支部讨论。（三）常委中再进行适当的分工。（四）取消三人团，仍由最高军事首长朱、周为军事指挥者，而恩来同志是党内委托的对于指挥军事上下最后决心的负责者。"

遵照会议的决定，洛甫根据毛泽东的发言内容起草了《中央关于反对国民党军五次"围剿"的总结的决议》，经政治局通过后印发各支部，决议指出，"军事上的单纯防御路线，是我们不能粉碎国民党军五次'围剿'的主要原因"；同时充分肯定了毛泽东在历次反"围剿"战役中总结的符合中国革命战争规律的积极防御的战略、战术原则。

遵义会议后不久，在常委中重新进行分工，由张闻天替代博古负总责；以毛泽东为周恩来在军事指挥上的帮助者。

遵义会议在中国革命最危急的关头，依据民主集中制的原则，独立自主地解决了党中央的组织问题，结束了王明"左"倾教条主义在中央长达4年之久的统治，纠正了当时具有决定意义的军事上和组织上的错误，毛泽东重新走上领导岗位。这消息很快传遍遵义城内外，广大红军指战员无不为之欢欣鼓舞，而国民党军尤其是那些指挥官们却是闻之丧胆。毛泽东的军事指挥那可真称得上是一种艺术，许多国民党军将领在中央苏区的前3次反"围剿"中是领教过的，国民党军张辉瓒师长的被俘下场足使他们铭骨刻心。

毛泽东在身处逆境的情况下，经历了长时间被孤立的痛苦磨炼，他深切地领悟到团结大多数人的极端重要性。长征路上，他在中央领导层中一个一个地做工作，让正确的意见为大多数人所接受，这才实现了遵义会议的巨大转折。贺子珍回忆说："遵义会议后，毛泽东对我感叹地讲：办什么事都要有个大多数啊！他在会议以后，有很大的变化，他更加沉着、练达，思想更加缜密、周到，特别是更善于团结人了。"

遵义会议后的新的中央，改变"左"倾宗派主义的干部政策，对犯了错误的人既严肃批评，又热情团结。同时，对以前受到错误打击的人进行平反。毛泽东指示要起用受王明路线打击的干部。总政治部地方工作部通知刘晓任红一军团政治部地方工作部长，罗明任红三军团政治部地方工作部长。被诬陷为江西"罗明路线"代表的邓小平，在遵义会议前已被任命为中央秘书长。对被诬陷为"罗明路线"在军队中的代表而被开除党籍判刑5年的萧劲光，遵义会议刚开完，周恩来就向他宣布："会议认为，你的问题过去搞错了，取消了对你的处分，决定恢复你的党籍、军籍，中央还考虑要重新安排你的工作。"

遵义会议期间，蒋介石对红军的围追堵截又作了新的部署，调集40万兵力，企图将中央红军围歼于乌江西北地区。

在这种情况下，中革军委决定，部队从1月19日开始逐次向北转移，在川黔交界处的赤水、土城地区集中。20日，中革军委下达《渡江作战计划》，决定在宜宾、泸州之间北渡长江，进入川西北，同红四方面军会合，创立新的根据地。

红军分3路在27日全部推进到赤水河以东地区。毛泽东在向土城镇行军途中，同朱德、周恩来、刘伯承等商议，认为道路两边是山谷地带，如果追兵孤军深入，红军可以在土城以东的青杠坡利用有利地形，集中优势兵力，围歼川军郭勋祺师。

黔北，刹那间成为全国注意的焦点。

国民党贵州省主席王家烈紧皱眉头，连声哀叹："我王家烈怎么在今年一开门就撞'红'运?!"刚过元旦节，他急电南京，向蒋介石发出关于请薛岳部追击抢渡乌江之中央红军的电报，称："自薛岳纵队吴奇伟军收复镇远、施秉，职部杜肇华旅追抵黄平后，共军纷向余庆、旧州、瓮安方面溃窜。职部已与吴军取得联络，并于1日与潘绍武、路邦道两专员，犹国才、何知重副总指挥各将领前往重安欢迎吴军暨各武装同志，就便晤商剿匪大计。所商结果即托吴奇伟兄转陈诚、薛岳总指挥。现职部担任扼守由平越至开阳沿清水河之线，掩护贵阳。"

对王家烈的电报，蒋介石连看都懒得看一眼，反而嗤之以鼻："哼，他能有什么好消息。贵州的将来，还得要看薛岳的。"此时，他手中拿着的一封电报即是薛岳刚由贵州发来的，内容恰好是对王家烈充满诋毁之意，告了王的黑状。

薛岳秘报说："本路军入黔行动，前经逐日电呈，但尚多特殊之点，谨再综合补之。一、黔政黑暗，民间不惟疾苦甚深，并毫无组织，对于清野、破坏交通、构成侦探网等，均付阙如。二、黔军先以主力控置马场坪、炉山一带，以固贵阳门户；其分置于黎平、三穗、镇远、施秉、黄平、旧州、瓮安者，共军来则望风披靡。三、黔本贫瘠之省区，年来遍地植烟，生产锐减，补给极为困难。四、共军自黔东而至黔中期间，王家烈主席似以主观之见地，判断共军必循萧克故道北窜，并各次要求本路军向铜仁、石阡、余庆截剿，颇以中央军入贵阳为虑。谨闻。"

这封电报的作用，无疑更加扩大了蒋介石与王家烈之间的裂痕，坚定了蒋介石尽快以嫡系势力攫取黔政的决心。因此，蒋介石在这时对红军的入黔不是忧虑，反而是感到给他制造了一个由此控制黔政的绝妙机会。

"今年这开门之月，全国形势还是不错的嘛！"蒋介石沾沾自喜地说。

"好事必连台，去年江西军事丰收，今年更应是拉大网之大丰收。"侍从室主任晏道刚在一边奉承道。

对蒋介石来说，1934年的确是他的一个得意之年。自1927年他发动反共政变，发誓要彻底"剿灭"共产党后，终于在第8个年头，借着中国共产党内部"左"倾错误路线盛行之机，在第5次对中央苏区"围剿"后，把中央首脑机关及其主力部队"轰"出了江西大本营，开始了艰苦的长征。

在蒋介石看来，红军的战略大转移，是绝对的战略溃退，离其全军"覆没"不远了。上个月湘江之战后，踌躇满志的蒋介石在南京的"庆功会"一片喝彩声中，更是被部属吹捧得有些晕乎乎的。此刻，他在接到薛岳发自贵州的电报后，又是一番自我陶醉，贵州的统治好像已由他的嫡系取而代之，红军的"剿灭"似乎已不值一提。在如此好的心情中，个人感情很重的蒋介石突然间又想起了他的祖屋，想起了养育他有今天高位的那片乡土。他从椅子上霍然站起，向侍从室主任吩咐道："你去准备一下，我今日就动身，回老家溪口休养去。"

蒋介石笃信其祖先葬身之地有灵气，会给蒋氏家族带来好"风水"。所以，这位封建思想很浓厚的政坛风云人物当权后，每逢有暇时都要回浙江奉化溪口祭祖，一直到1949年他兵败大陆最后一次返故园，山林中他虔诚地折腰屈膝，乞求祖宗的保佑。然而，遍数蒋介石回溪口的年次，也许是巧合，乞灵的结果却适得其反。

1935年初溪口之行中，由于起身仓促，侍从人员把蒋介石正在看的那本《曾文正公治兵录》拿错了，使蒋介石上车后不久就拉下脸，责骂道："在战场上，拿错了地图，就会失掉一个战役，你们懂吗？"在侍从官谨慎解释说很快就通知派人追赶送来后，蒋介石的怒气这才有所减消。但是，侍从人员隐约感到此行的第一步就很不顺心，都非常担心在这新的一年里触霉头。

车过中国共产党的成立之地上海市，车上的蒋介石突然大喊"杀"声，吓得侍从人员失魂落魄，待听清蒋介石口中又念念有词"我就不信杀不尽共产党"后，这才稳下心来。接着，蒋介石随手开列出一大串共产党重要人物的名单，然后，他望着这张名单发呆，目光停留在"毛泽东"的名字上。

为"剿共"绞尽脑汁的蒋介石深知，共产党的力量是绝不能忽视的，这心腹之患一天不除，他蒋氏政权就会一天不得安宁。为此，尽管在日本帝国主义铁蹄踏进东北三省，并进一步向华北腹地侵犯的中华民族危机情况下，他仍发疯般地坚持"攘外必先安内"的主张；尽管他对中共中央江西苏区大规模的军事"围剿"，曾一度使国民党军折兵赔将，但他仍一意孤行，非要拼个鱼死网破不可。红军高级指挥员之一的毛泽东曾诗兴大发，对前几次反"围剿"写下著名的诗篇，畅吟"枯木朽竹齐努力"，"前头捉了张辉瓒"，"不周山下红旗乱"。毛泽东的激昂诗情正可反衬出蒋介石败得够惨。与毛泽东交手多次的蒋介石，对毛泽东的军事指挥才能嫉恨之极。他有时也扪心自问："我究竟能否与毛泽东对阵匹敌？"

使蒋介石庆幸的是，中央苏区"左"倾错误路线的内患，终于使他得到一个从共产党内部攻破堡垒的机遇，毛泽东被排挤出红军高级指挥员圈外。结果，蒋介石乘机发动进攻，中央红军在第五次反"围剿"中虽付出了巨大的代价，却再难保住苏区根据地，被迫进行战略转移。对此，蒋介石有所了悟，他之所以取胜于江西，在一定程度上取决于中国共产党内"左"倾路线机会主义者排挤了毛泽东，帮了个大忙。

溪口飘洒的雨夹雪中，蒋介石面对祖屋，掐指计算着国民党中央军的"追剿"进程：湘江之役后，红军损失过半，虽说是突破了4道封锁线，但元气大伤，全部"剿灭"，指日可待。他有所悟地对站立在一旁的侍从室晏主任说："湘江之役未能全歼共军，致使一部西逸入黔，可能并不一定是坏事。"

晏道刚一时迷惑不解地望着蒋介石，问道："战役未得全歼，怎么会是好事呢？"

"川、黔、滇三省各自为政，共军入黔我们就可以跟进去，比我们专为图西南而用兵要好得多。川、黔、滇为自救也不能不欢迎我们去，更无从借口阻止我们去，此乃政治上的最好机会。怎么会不是好事呢？我去年在南昌时就讲过，今后只要我们军事、政治、人事、经济调配适宜，必可造成统一局面。"

蒋介石的话说得众人纷纷点头称是，方明白他此时已不把红军放在眼里，而是欲借追堵红军之机，同时吞并贵州乃至整个西南的地方势力，以收一箭双雕之效。

由此，当中央红军突然改变战略方向，向贵州前进，突破黔军乌江防线而进军遵义时，蒋介石就认为红军已势穷力竭，做起了借"追剿"红军之机图黔和控制西南的打算。他一面督饬黔军堵截红军北进及返回湘西，同时抽调川军和滇军封锁长江和横江；一面令尾追红军的国民党中央军8个师改向贵阳急进，压入黔境。薛岳率所部8个师不顾王家烈是否愿意，乘黔军与红军交战失败之时，以急行军长驱进占贵阳，沿途并未与红军发生大的战斗。蒋介石在政治上早已安下乘追堵红军的机会，完全掌握西南的计划，薛岳率部进占贵州，正是这一计划的具体行动。

黔东的国民党军此时只有刘建绪带4个师布防。蒋介石担心中央红军会走萧克红军所部西进之路与贺龙会师，陈电令王家烈率黔军赶往黔东堵截外，又急电令何键、李宗仁派兵尾追，并令薛岳率主力入黔以防阻红军会合，特别交代将防堵红军会师的任务交给刘建绪，令刘部进至黔东石阡、印江沿乌江东岸布防。并电原在鄂川边的徐源泉第10军派兵进至酉阳、秀山与刘建绪部联防。这时，湘西红军正在涪陵以北进行反攻，策应入黔的中央红军。何键深恐湘军入黔后会失去控制，便借阻击湘西红军为由，苦苦要求调其亲信部队李觉、陶广、章亮基等师回湘西，蒋介石不得不允其申请。

5日，进入贵州的薛岳专电溪口，报告进黔情况，请求在贵阳整备，电称："共军窜集黔北，即就桐梓、遵义地区暂事喘息，抑或转窜川南，尚须待证。谨就管见所及，窃为嗣后进剿策划，有待川、滇、黔军协力之需求，尤以重庆、桐梓、遵义、贵阳交通之掌握，与本路军所依托贵阳策源地之整备实力为急务；否则大军再事涉远，后方联络线日益伸展，恐功亏一篑，遗无穷忧虑。兹拟于本路军到贵阳附近后，以吴奇伟纵队配置修文、息烽、大渡口间，筑碉警备；周浑元纵队配置贵定、龙里、贵阳、清镇，筑碉警备，并以一部进至黔西附近地区，以保持进出西北方面之便利，再观共军行动，以妥定进剿机宜。是否之处，谨电察核，示遵为祷。"

萧瑟寒风中，蒋介石执杖立于祖坟道旁，在阅毕薛岳的电报后向机要秘书汪日章说道："贵州方面，暂不回电。先给湖南发个电报吧。"

蒋介石口述饬令给"追剿总司令军"何键急电："共军既入黔，若不乘予急追，设连川中共军，则湘西更难安定。请兄决心继续追剿，速莅辰州督战，完成任务。临时费10万元，当照常发给也。盼详示前进日期及计划一切为荷。中正。"

侍从官们琢磨着这一发一压的电报，体会到蒋介石又是一番别有用意。

薛岳虽然没有立即得到蒋介石的回电，但因为他与蒋介石早有默契，不待再有什么指示，即于7日率部进入贵阳市。他在"欢迎会"上发表讲话说："共军为国家民族公敌，现强渡过乌江，我们决心在乌江以北、长江以南地区将其消灭，以拯我黔省父老于水火之中。"薛岳这满篇以封疆大吏自居的口气，使站立在一边的贵州省主席王家烈汗湿脊背，暗自叫苦："乌江未守，这次可真是引火烧身了！"

近几日，中央红军分别从余庆县的回龙场、瓮安县的江界河、开阳县的茶山关顺利渡过乌江后，指向遵义地区，把国民党"追剿军"甩在乌江以南地区。王家烈急向溪口发出"共军大部渡过乌江，支（4）日分陷湄潭、团溪向遵义压迫"的电报。而当蒋介石接此电报时，红军已抢占遵义城。直到此时,被"胜利"冲昏头脑的蒋介石,恍惚中意识到红军队伍中一定注入了什么活力,发生了什么事,他是不相信部属所报红军过乌江有"水马"相助之谈的,那纯是部属掩蔽其腐败无能所编造的天方夜谭。

此时的蒋介石不知道,也不可能知道,红军中"左"倾冒险主义的瞎指挥在湘江之役后正得到克服。红军在渡湘江中付出惨重的代价,兵力骤减,而国民党军又正严阵以待于中央红军欲西进与红二、红六军团会合的途中。在这危急关头,手中没有指挥权的毛泽东力主建议向敌人力量薄弱的黔北进军,红军部队渡乌江后又展现出蓬勃生机——7日,中央红军先头部队进占遵义城;8日,攻占娄山关;9日,中共中央、中革军委进驻遵义;10日,攻克桐梓。中央红军除一部狙击敌人外,主力在遵义、桐梓、湄潭地区进行短期休整。因此,大惑不解的蒋介石越发感到他的指挥棒不灵了,红军中不会有什么"水马"之神物,但一定出现了对国民党军大为不利的奇事。

"委员长可静心休养,前一段时间也太劳累了。现在,黔北军事不会再有什么变化。"时刻跟在蒋介石身边的高级秘书陈布雷劝说道。

休养在溪口的蒋介石,确实很想沉浸在故乡的松涛泉声中,陶醉于功成名就的祭祖的袅袅香烟里,可他终是"休养"难成。如果说薛岳在8日发来关于同王家烈商定目前军事部署的长电,其中并没有能让蒋介石引起注意的事,但到了10日,国民党第25军副军长兼"剿匪"后备总指挥侯之担以特急电,报告关于中央红军突破乌江相继占领遵义的经过,却使蒋介石再也不能安心休养。

"你说侯之担那个报告的措辞很讲究,他是怎么讲的?"蒋介石问机要秘书汪日章。

"侯之担来电称:共军于1日抵江来犯,担部沉着应战,防止共军于南岸,俾追剿各部易于成功,共军竟猛攻3昼夜,片刻未断,各渡均以机炮集中轰击,强渡数十次,均经击退,毙、溺共军约三四千名,浮溺满江。2日午,共军忽增至二三万之众,拼命强渡。担仰体钧座埋头苦干之训诲,督各部死力抵抗,务祈追剿各军一致奋击。无如众寡不敌,我林秀生旅守老渡口、岩门之第15团,被共军机炮灭净。共军于2日午后5时,突过乌江,不得已收集各部退守湄潭龙岩一带,死守待援,以图反攻。共军渡江后，节节进攻，连日激战肉搏，担部虽伤亡过重，仍以孤军固守遵义。至7日晚，共军以大部攻城，卒以寡不敌众，弹尽援绝，不得不暂率所部背进于娄山关及长岗山之线待援。现共军之主力在遵义、湄潭等处。担部正整顿补充中。查共军为全国之敌，此间军民等早已具杀敌决心，山河可残，壮志不磨。谨电告明，伏祈睿察，并请中央早颁围剿明令，期于一致进行，以达早日歼灭之效。"

"什么'沉着应战'，'壮志不磨'？遵义是黔北重镇，丢城失地就该问罪。他倒耍小聪明，开脱罪责，论起功劳来了，这个狡猾的'猴子蛋'！"蒋介石骂人也骂出了水平。

侯之担报告遵义失守的消息，开始打破溪口的平静。

相隔仅一天，国民党黔军指挥官蒋自珍突然又发来急电，这个电报令蒋介石再也难以在溪口静心"休养"了。蒋自珍在电报中惊呼："遵义设共军中央机关。毛泽东很可能已重掌兵权。"这消息对蒋介石来说，无疑是一个晴天霹雳，他惊得半天没说上一句话。他清楚，毛泽东如果东山再起，对他蒋介石意味着什么。

"娘希匹！怪不得……"蒋介石回过神后，气急败坏地举着双拳，在房间内来回走着，急促的脚步踏得地板"啪啪"作响："尽快查明中共高层指挥人员的变化。抓几个职务高的俘虏，一定要把毛泽东的情况搞清楚！"

蒋介石真是盼望着毛泽东立刻从这个地球上消失，发出了类似三国时期东吴重臣周瑜嫉恨蜀汉军师诸葛亮时面对苍天的感叹："既生瑜，何生亮？"

蒋介石喘着粗气吼叫着，嘟哝着。侍从人员乖乖地站立一旁，他们都明白"毛泽东"这3个字在蒋介石心目中的分量，所以，在此时谁也不敢多言一句。

"走！回南京！"直到蒋介石盯着众人喊出这几个字，房间内的侍从人员方才敢挪动一步，如释重负，然后纷纷去忙碌着回南京的准备工作。

蒋介石火速返回南京，召开各种军事会议和召集高级指挥官商议军机，火速调整战略部署。

国民党军在南京的一些高级将领全部出席紧急军事会议。还没等与会人员坐稳，蒋介石就急匆匆地说道："据报，共军已完全渡过乌江，分三路窜扰，直趋渝、万，断绝长江交通，影响滋大。我军除已饬徐源泉部于本月 20 日以前到达黔江、彭水，上官云相部于本月 25 日以前到达夔州（今奉节）、万县；刘建绪部派得力部队开赴酉阳、秀山，王东原、陈光中、李抱冰、李云杰各师，速渡乌江追剿；令滇南抽兵 10 团开赴毕节堵剿。昨据陈济棠 10 日午电，业派兵 3 师，自 11 日起出发，经桂入黔。"

"另据报，共军现在遵义地区徘徊，毛泽东——"蒋介石本想说毛泽东可能复出的事，但话到嘴边又感到不便在这个会上说出，于是，他改口说道，"下面由辞修公布当前军情，然后大家再各自谈谈自己的看法和灭敌之策。"

陈诚的话不多，他在介绍军情后，又手持刚收到的电报，向蒋介石报告说："据前线刘湘、龙云、徐源泉报称，黔北共军欲逃古蔺、赤水一带窜扰川南，进而联合徐向前共军。我泸州方面已有潘文华师，范子英、章安平两旅前往驻守。共军如全力上窜，地方兵单，处之可虞。拟再集结兵力，待滇军到毕节，即约期会剿。他们请令滇军早日出动，徐部速接酉、秀防，以便调陈万仞、田忠毅驰援川南。"

"好吧，给刘湘、龙云、徐源泉回电，他们所称确属紧要，希速各部早日开拔速进为要。"蒋介石的话说得很少这样果断。

紧急军事会议上，蒋介石并没有给众将领留下说话的机会。陈诚讲完后，蒋介石就宣布命令，决定兵分 3 路，再度对红军发起全面"围剿"：调任何键为"剿共"第 1 路军总司令，刘建绪为前敌总指挥，负责对付贺龙、萧克的红二、红六军团；调任龙云为"剿共"第 2 路总司令，薛岳为前敌总指挥，负责对付朱德、毛泽东的中央红军。薛岳并兼贵阳"绥靖"主任，统筹正火烧眉毛的贵州"剿共"事宜；调任朱绍良为"剿共"第 3 路军总司令，杨虎城成为副总司令兼前敌总指挥，负责对付徐向前的红四方面军及徐海东的红二十五军。并对在黔"剿共"军 7 个纵队作了详尽的部署。蒋介石总的计划是想将中央红军压迫于长江以南、横江以东、乌江以北和以西地区"聚而歼之"。

"让薛岳率部快速渡过乌江，追击共军。"从会议室回到办公室的蒋介石又命令，"希迅率所部渡过乌江，联络各友军，跟踪追剿，以收聚歼之效。"

"贺国光的事办得顺利吗?"蒋介石在壁炉前边取暖边问道,他问的是关于南昌行营驻川参谋团由贺国光率领入川的事。上个月中下旬,蒋介石南昌行营驻川参谋团组成。蒋介石任命贺国光、杨吉辉为正副主任,第一处处长刘倚仁,第二处处长王又庸,政训处长康泽,总务处长柏良,高级参谋李伯华,共200余人先行入川。

"按原定计划,他们今天抵达重庆。"侍从室晏主任回答。

"那好,四川有什么情况,要随时向我报告。"

"是。"

"天下未乱蜀先乱,天下已治蜀未治。这话很有道理啊!"蒋介石陷入沉思。

对于大西南,蒋介石独把四川看得很重,他深知四川在整个大西南中举足轻重的地位。四川不图,即使他在滇、黔等省得手,也未必能稳得住。南京国民政府建立时,四川各派军阀名义上归属国民政府,但实际上多年来各自割据一方,拥兵自重,且抵制蒋介石的政治势力入川。1年前,刘湘得到蒋介石的支持,联合其他军阀,打败刘文辉,基本上统一了四川,被蒋委任为四川"剿匪"总司令,统率6路川军20万兵力对川陕革命根据地发动6路围攻,以配合对中央革命根据地的第五次"围剿"。红四方面军进行了历时10个月的反6路围攻斗争,彻底粉碎了川军的进攻,歼敌达8万余人。刘湘财尽兵溃,一筹莫展,向蒋介石提出辞职。中央红军突围西征后,蒋介石为了利用刘湘,电约刘湘到南京会商。刘湘通电复职,后又亲自到南京,秘见蒋介石,表示服从南京政府,开放四川门户,允许蒋系中央军入川,同意蒋介石的参谋团入川指导监督反共军务,以此换取军事和财政上的支持。蒋介石就此任命刘湘兼任四川省主席,统一四川军政财权,并发给军费和武器弹药。但是,名义上归顺南京政府的刘湘,在暗中仍十分警惕蒋介石的势力染指四川。蒋介石也明白其中奥妙,此时却已顾不了那么许多,一周前急忙任命贺国光为参谋团主任,并督促参谋团抓紧时间准备,借刘湘求援"剿共"之机,立即部署中央军入川。

蒋介石是夜以继日地亲自忙活"入川"事,他在由溪口返回南京的当天晚上,部署完黔北的"剿共"军事后,伏在灯下审定《国民政府军事委员会委员长行营参谋团组织大纲》。对行营参谋团的性质和组织,蒋介石特别批写道:"国民政府军事委员会委员长行营参谋团为对四川剿匪各军作战上,运筹指导督察之特设机关。参谋团以主任、副主任、秘书、第一处、第二处、政治训练处、总务处人员以及高级参谋、督察专员、各级督察员等组织之。"关于参谋团的业务,他逐条审核,最后列为7项,分别是:一、运筹剿匪作战计划;二、指导剿匪各军军事行动;三、维系各军间之密切联络;四、督察各军对于剿匪之勤惰,审拟奖惩,呈请委员长核夺施行;五、考核各军之械弹分配与消耗情形,及剿匪经费之支用,暨考查经理、卫生改良事宜;六、搜集诸种情报,适时向委员长呈报;七、督促并指导剿匪攸关政治设施。

这份组织大纲还在审改中,率参谋团到达重庆的贺国光把电话摇到了蒋介石的办公室,报告顺利抵渝的消息。蒋介石很高兴,在电话中对贺国光多加勉励,并告以制定《国民政府军事委员会委员长行营参谋团组织大纲》的事。至此,蒋介石的参谋团入川后,逐渐控制了四川的军政财权,成为蒋介石"控制西南"的重要工具。

两个月后,蒋介石也亲赴重庆,通电川黔各军由其统一指挥,无命令不得擅自进退。后来,蒋介石以追击红军为由,调薛岳、李抱冰、万耀煌、徐源泉、周浑元、上官云相、郝梦龄等部大批国民党中央军进入川、康、滇、黔4省,后大部分军队则驻足四川。蒋介石又在峨眉山举办军官训练团,轮训川军团以上及少数营职军官,以实现川军中央化。不久,再将参谋团改为委员长重庆行营,由顾祝同任主任,杨永泰任秘书长,贺国光任参谋长,控制了川康黔军政大权。蒋介石后来亲到重庆、贵阳、昆明、成都"督剿",就是以统一西南、消灭长征红军的一箭双雕作为总策略的。

蒋介石在与地方各军阀之间的斗争中,无疑是胜利者。但他的"一箭双雕"计划,也顶多是射中了这一"雕",他借"围剿"中央红军而图西南的目的最终是达到了,而"围剿"红军的计划却渐渐成为泡影。就在他制定《国民政府军事委员会委员长行营参谋团组织大纲》图川之时,其"剿共"的如意算盘又被毛泽东悄然拨动了。蒋介石哪想到,他在黔川边界竟被红军牵鼻而走,"剿共"不成,却猛吃一惊。

蒋介石对中共中央在遵义召开如此重要的会议,在那时显然并不知晓,他若是在当时能得知这一消息,那肯定会不惜任何代价调动空军和地面部队把遵义城炸翻。遵义会议召开前一天，隔一条乌江近在贵阳的薛岳还就"进剿"计划给蒋介石发出近似报告"平安无事"的电报，说："朱、毛共军现集黔北，日间复有转窜赤水河方面模样。窃与进剿方策上之变动，为当前所宜研究者。谨妄胪管见，呈供参考。"这个"研究"与"供参考"的字眼，还真有些遮住了蒋介石对黔省军事的视线。

14日，南京紫金山下的蒋介石把视线转移到川黔边一线的贵州毕节和四川的酉阳、秀山一线上，拍着地图说："酉阳、秀山防务空虚，请速令郭汝栋、罗启疆两部克日出动，接防酉、秀，并饬滇军兼程到毕节增援，以达歼灭共军于黔北之目的。希志舟（龙云）兄即饬所部兼程开赴毕节堵剿。芸樵（何键）转催沅江流域部队迅速进至酉、秀为要。"

前线的薛岳却对蒋介石的如此调兵表示不满意，他认为此时由黔出动是为"偏师"，非常不利，忙电南京，申辩道："现友军未集，联系疏懈，川境中央部队未到，部署未定，若以偏师由黔出动，徒促共军入泸、叙间地区，将增整个剿共军事困难。若共军果犯渝、万，川军暂予抑留之，则本路联合桂、滇、黔各军，向北推进，亦可望歼共军于大江以南綦水、乌江之间地区也。目前本路及黔军相机向遵义追剿。职对于进剿策划上见地如此。是否？仍乞钧裁。"

蒋介石对薛岳的建议不置可否，仍按照既定方案实施"围剿"计划。到了这个月中旬，薛岳兵团8个师逐步进到贵阳以北的乌江南岸，黔军3个师向遵义、湄潭进击，川军10多个旅向川南集中，其中两个旅已到松坎以北，逐渐对中央红军形成了新的包围圈。在蒋介石如此调兵遣将期间，中共中央利用宝贵的休整时间，已顺利完成遵义会议的召开。19日，中共中央和中革军委离开遵义，中央红军分3路从遵义、桐梓、松坎地区向川南开进。巧合的是，在红军撤退后，国民党军第一个率部进入遵义城的是黔军师长柏辉章，他就是中共中央在遵义城中召开政治局扩大会议时"借用"的那所楼房的房主。

柏辉章进城后，首要的大事就是赶紧来到他漂亮的住宅公馆内查看损失情况。当他见到公馆完好如初，室内桌椅板凳样样排列有序后，不禁喜形于色。当然，他不敢向上司报告公馆内的这一切，而只是"报捷"，吹嘘他如何率部第一个"克复遵义"。当时的柏辉章没有想到，就在他的这所造型别致的公馆二楼上,中共中央召开了从此闻名于世的"遵义会议",这一建筑竟成了中国历史上的一个重要图案标志。

同一个19日,黔北的红军撤离遵义,柏辉章率部回到他的公馆,一切看似平平常常。但在南京的这天下午,蒋介石却仍认为红军还在遵义,他把国民党军高级将领们召集到一起,又是一番图上用兵,在军事会议上作出一个关于在长江南岸"围剿"中央红军的计划。

仍是陈诚首先说明黔北军情,在蒋介石的面前,他一向是能不说的就不说,能让蒋介石说的话他就不再说,这也是陈诚做官的成功之道。他简要介绍说:"现查朱、毛共军,大部仍在遵义、桐梓、湄潭一带,已陷仁怀、茅台,并连日在湄潭、遵义构筑工事,建设伪政治机关,似有休息整理,再图窜据模样。为歼共军该部计,委员长特别决定制定新的围剿计划。下面请委员长作指示。"

南京的冷冬是出奇的冷,地虽处江南,但由于湿度大,临长江风又急,给人的感觉是要比实际温度还要冷几分的。这个月,由于蒋介石提倡"新生活运动",南京国民政府各办公室内原来烤火用的炉子也都限量用煤,因此,室内温度比室外温度也高不了多少。蒋介石把捧在热水杯上的双手交叉着搓了搓,把呢子大氅向椅子背上一甩站立起来,走到墙壁上悬挂着的大地图前,他的手冷得有点儿发抖,颤巍巍拿起树在墙角的标图长杆。

"首先说关于作战方针,我军应以追剿军紧跟共军急追,压迫共军于川江南岸地区。大家看图,在这一地区,与扼守川南行动部队及各要点之防堵部队,合剿而聚歼之。"蒋介石把标图杆靠在身上,合拢双手,作了一个"掐死"状,又说道,"作战指导要领是,追剿军除第1兵团以一部围剿共军萧克、贺龙,并派一部开驻酉阳、秀山,固守乌江东岸,即与徐源泉部联络外,其大部及第2兵团全部,联合黔军,应于2月15日以前渡过乌江,先行扫除湄潭、遵义之共军,尔后占领德江、凤江冈、湄潭、遵义、黔西之线。最后的追击行动,愈速愈妙,使共军无喘息余地,因此尤须控置重兵于兵团左翼,使我军得以压迫共军于川江南岸地区。"

"又是新的计划,真不知道等计划到了前方,情况又是一个什么样子?"有人在下面低声嘟囔。

蒋介石环视了一遍会场,吓得刚才说牢骚话的人不敢再出声。

"看这里，我们堵剿部队主要由川、滇军担任。川军对共军主力如犯重庆，则由南川与龙门场部队夹击之；如犯泸州，则由龙门场与泸州、纳溪部队夹击之；如向西窜，则第一步防堵于泸州、叙府、毕节线，并于横江、老鹳滩及安边、叙府间金沙江下段，叙府、泸州大江一带，构成第2道防线。滇军应分任叙府、毕节线及老鹳滩、横江，衔接川军防堵。"蒋介石手中的木杆指在图板上，发出击鼓一样的连续颤动声。天气太冷了，是他的手在抖动。与会将领们的双脚在桌下来回交错移动着，但绝对不敢跺出声响。

"南京今冬的气候太冷了，大家忍耐一下。"蒋介石跺了跺脚后又把标图杆指向地图，"各部队应于本月30日以前，完成各地区碉堡工事及通信设备，严阵固守，以待追剿军赶到，联络川军机动部队夹击之。如被共军窜过其防地时，则立即紧跟共军追剿。徐源泉部，以一部协同湘军剿办萧克、贺龙共军，一部应限速接彭水、黔江之线，联络友军防堵。上官云相部到达夔州、万县、涪陵，扼要布防，互相接应。"

接着，陈诚又就具体兵力部署作如下安排："追剿军第1兵团，占领德江、凤冈、湄潭线后，以一部扼守原防，其主力需有两师以上兵力，开向绥阳、桐梓、松坎方向；第2兵团会同黔军，占领遵义、黔西，向古蔺、叙永方面兼程追剿。两兵团应切取联络，互相策应。其行进路线，由薛岳总指挥负责，相机处理。川军南岸总指挥潘文华，正安穆旅，松坎廖泽旅，南川陈万仞两旅，每旅计3团。合江徐国暄团，叙府4团，赤水、古蔺侯汉佑部，另以各县团防分任以西防堵，须依情况，联络第1、第2两兵团夹击聚歼之。滇军应以10团以上之兵力，扼守叙府、毕节之线，并限于2月15日部署完妥。如共军窜过该线，即联合第2兵团及川军，堵追围剿，另以3团防守安边、横江、老鹳滩及其上游。徐源泉及上官云相两部主力为预备军，在指定地区待命。"

如此一个在会议桌和墙壁上运筹而定的作战方案，连全体与会者的精神也没有提起来，也就可想而知发到前线后，薛岳、王家烈等指挥官的情绪会如何了。

贵州的薛岳接电后，把脑袋摇了几个来回，长叹一声："委座部署得如此细致，我们这些人也就无事可干了。可情况恰恰相反呀！"

身处第一线的薛岳对国民党军的实际战斗力是了解的，他面对红军的频繁调动，尤感黔中的国民党军力量不足，连电南京总部，要求增加黔北兵力，把李宗仁、白崇禧、陈济棠、刘湘的部队速调到乌江前线上来。23日，薛岳致电蒋介石，报告说："粤、桂军即推进贵阳，与我连接一气入川，以后更依一个中心，协同一致，并在国家民族剿匪国防，共同努力，避免内战。李宗仁、白崇禧两总司令俱愿以北伐精神，积极策进剿匪，贡献委座，拥护中央，决不含糊推诿，并敢保陈济棠必与第4、第7两军一致努力。四川纷扰已极，希望中央选择精良部队，如第5、第18军者共同入川，庶能宣扬德威，奠定川局，巩固国防。"

在蒋介石于南京召开高级军事会议的同时，红军中革军委也召开了非常重要的军事会议，向全军发出《关于渡江的作战计划》，指出，"我野战军目前基本方针，在由黔北地域经过川南，渡江后转入新的地域，协同红四方面军由四川西北方面实行总的反攻，而以红二、红六军团在川黔湘鄂之交活动，来牵制四川东南会剿之敌，配合此反攻，以粉碎敌人新的围攻，并争取四川赤化。"

中共中央政治局和中革军委同时电示红四方面军配合中央红军的渡江行动，指出："为选择优良条件，争取更大发展前途计，决定我野战军转入川西，拟从泸州上游渡江。"指令红四方面军"以群众武装与独立师团向东线积极活动，牵制刘敌，而集中红军全力向西线进攻"。要求"迅速集结部队，完成进攻准备，于最近时期实行向嘉陵江以西进攻"。红四方面军为配合中央红军的渡江行动，遂决定暂停在川北与国民党军胡宗南部的角逐，适当收缩东线部队，集中主力强渡嘉陵江。

陕北高原的红军在这个月中旬也向"围剿"的国民党军发起反攻，奇妙的是击败了敌人一个第84师，又组建了同一个番号的红军第84师。首先是长征中的红二十五军近日来在攻克陕西省镇安县城后，转战到鄂豫陕边区南部的镇安、山阳、旬阳、郧西开展群众工作，建立根据地。在遵义会议召开的同时，西北军委发布了反对国民党军第五次"围剿"动员令，然后集中红军主力，首先打击深入陕北根据地中心区的国民党军第84师，以打通陕北与陕甘边苏区的联系。月底，中国工农红军第二十七军第八十四师在陕北安定县白庙岔成立，陕北红军又壮大了队伍。

对红军来说，也有不幸的消息传来。从中央苏区北进的红十军团，在本月中旬遭到国民党军的重兵围击，损失惨重。该军团由皖赣边返回赣东北革命根据地，进至德兴县港头村时，遭敌截击，部队被分割成两段。先头部队在粟裕、刘英率领下突破封锁线回到赣东北革命根据地，随后改为挺进师。军团主力2000多人，在怀玉山区遭数倍于己敌人的围攻，弹尽粮绝，大部分壮烈牺牲。方志敏被俘，坚贞不屈，于同年8月在南昌从容就义。

时在黔北的中共中央对发生在陕北高原和赣东北的事并不了解，毛泽东等人最关心的是设法使中央红军摆脱国民党军在黔北的重兵围追。遵义会议后，中央红军准备渡江北上川西，接连向国民党军发动攻势：24日，进占土城；25日进至猿猴（元厚）场、旺隆场；26日攻占复兴场。此时，川军两个旅先于红军到达赤水城，阻止红军北进，尾追的川军已达土城以东地区。

中央红军由遵义突然西进，蒋介石闻讯惊呼："共军威胁川南，可能北渡长江。"他急电驻川参谋团贺国光及四川刘湘组织"剿匪指挥部"，派潘文华任总指挥，进驻泸州，集中第21军可能抽集的兵力在赤水、古蔺、叙永地区布置堵击，封锁长江；令薛岳以周浑元部渡乌江进至黔西、大定（今大方）侧击；控制主力吴奇伟部待命；令催滇军龙云派兵入黔堵击，封锁横江；再令黔军王家烈部速渡乌江尾追红军；急调上官云相部由豫鄂入川集结于川黔边之松坎。蒋介石曾经准备计划调滇军第3军王均部入黔，但又怕引起龙云误会而在电报上圈掉了这一命令。

此时，国民党军围追堵截中央红军的兵力，除湘、鄂军在川湘边布置战略封锁线的部队及归薛岳直接控制于贵阳的机动预备队约10个师兵力不计外，实际参加在黔北追截堵击红军的兵力约15万人以上。这对红军来说，兵力是多出5倍的绝对优势。再就地形而言，川、滇、黔边，南有乌江，北有长江，西有横江、金沙江重重地障，红军所遇到的困难比在湘江战役时减轻有限。

国、共两军新的一轮大厮杀，展开于川黔边的长江南岸赤水河畔。

双方一交手，远在千里之外的蒋介石就感到，与湘江之战最大的不同点是，红军已经不是在"斗勇"，而完全是在"斗智"。

当蒋介石习惯于南中国的冬雨暖风中策划"剿共"时,北中国的暴风雪突然间闯入他的卧室。北平急电:察东事件发生。

蒋介石围剿和追击红军是不遗余力的,但对这时日本帝国主义扩大对中国的侵略行动却是充耳不闻,反而遮遮掩掩。

"察东事件的发生,弄不好要误我的大事!我们早有国策在,宋哲元怎么就是不理解,不执行?!"蒋介石的恐日症剧增,听不得"抗日"的言行。他又向陈布雷问道,"我那篇关于中日关系的文章怎么还没有见发表?"

"近日就发表,最后一校稿我已经看过了。这两天就会送样刊来。"

蒋介石所说的文章,是指近几个月来由他分章口述、陈布雷执笔写成的《敌乎?友乎?——中日关系之检讨》的长文。这个月底,即以"徐道邻"的名字,发表在《外交评论》第3卷第5号上。该文郑重宣称:中国的对日外交方针是"不绝交、不宣战、不讲和、不订约"。由此表明了蒋介石对日本的基本态度。

如此"敌乎?友乎?"的署名"徐道临"的奇文,圈里人一看就明白是出自蒋介石之口。文章发表后,引起国内外的关注,却并没有缓解中日矛盾。日本政府反而又提出进一步的侵略要求,希望中国能及早跟日本的外交一道走,赶快镇压国内的革命势力与抗日运动,把中国变成日本独占的殖民地。日本灭亡中国的野心更加暴露无遗,而国民党政府的卖国论调却越来越令中国人民气愤。汪精卫首先表示说:"中日关系从此得到改善的机会。"蒋介石则表示:"吾人认为亦具诚意,吾国朝野对此当有深刻之谅解。吾国同胞,亦当以堂堂正正之态度,与理衔道义之指示,制裁一时冲动及反日行动,以示信义。"蒋、汪对日本的表态,说明了国民党政府决心执行进一步对日投降的政策。接着,南京与东京同时把两国公使升为大使级,以表示中日关系的"好转"。

充满屈辱、投降论调的《敌乎?友乎?——中日关系之检讨》公开发表了,中日关系反而越加恶化。蒋介石也顾不上那么多了,此时他的主要精力仍然放在赤水河边,他立言要把赤水河变为"湘江第二",咬牙切齿地发誓:"我要让赤水河变成名副其实的红水河,把朱、毛共军全部撵进河中去!"

连日来,蒋介石与陈诚等人对中央红军由遵义、桐梓西去的战略目标感到捉摸不定,他们仔细研究来自黔北的所有电报,计划能把中央红军全部围歼于长江南岸为最好。

"说说你的判断。"蒋介石的食指点向负责作战的杨永泰。

杨永泰想说得既有分析,又含有对蒋介石的建议,他先绕了个圈,说道:"据薛岳综合王家烈、周浑元等前线指挥官的情况报告,共军现在的全部兵力加上在遵义征募的新兵合计约有3万余人。而那些临时征募的新兵据说吃不了苦、逃回者不少,弹药、装备也颇差——"

"别那么啰嗦,你就说你对共军的下一步行动有什么见解。"蒋介石直截了当地点题。

"我估计朱、毛共军的行动,将有三种可能:一是过赤水河,趁刘湘的兵力尚未集结之前,由赤水直趋长江边,从泸州、叙永地区,渡过长江,另辟川西南战场,策应川北共军,或继续北上与徐向前部主力会师;二是走向川滇边,穿越大凉山西上,绕道滇北经西康间窜入松潘、懋功,策援徐向前部共军,背靠康藏建立根据地,企图赤化川西,然后进图西北;三是他们在感到进入川康不易后,很可能入滇另辟战场。而在这些多民族地区,我敢断言他们不易发展,最后仍会回转到乌江以北、长江以南地区,东与共军贺龙、萧克部会合。此策就共军言,虽可暂安于一时,但出路也不大。"

从蒋介石的表情上可以看出,他对杨永泰的判断并不怎么满意。在杨永泰讲完之后,蒋介石的食指又点向了陈诚:"说说你的看法。"

"我认为,共军入川与徐向前部会合,或回湘西与贺龙会合,在战略上都是必然的腹案。就目前言,川滇地接边陲,我军早有决策不足为虑,最应注意者是防备朱、毛东行,因东行与贺龙、萧克会合后,我们再'追剿'就比较困难,那样,不利于我们,政治影响也较大。"

"龙云有何见解?"蒋介石把大氅紧裹了裹,斜靠在沙发椅子上。

"龙云认为共军多江西客籍,除朱德、罗炳辉在滇军做过事外,其他多不熟悉地方民情。云南民情强悍且有组织,地接边陲,共军想在那里生根很不易,因此他们此次如入滇,过路是上策,想久据是下策。"

"刘湘呢?"蒋介石又问。

"刘湘好像总的认为是朱、毛共军必入川与徐向前部会合,以在川南渡长江的可能性最大。因为共军主要首领朱德、刘伯承、聂荣臻都是四川人，他们与川军有关系，尤其是刘伯承过去在泸州带过兵，对那里的人事地理很熟悉。共军此次既入黔北，就不会再回湘，他们如要与贺龙合股，就不会有现在的入贵州。"

"薛岳也这样认为吗？"

"他认为朱、毛共军入滇入川均有可能，在贵州久据的可能性则很小。朱、毛共军如再东下回湘，只能是在不得已的情况下才会出此下策。贵州不比江西，那里遍地穷山恶水，'地无三里平，人无三两银'，大军久据不易。"

"他讲得有道理。长追途中，我们必须坚决防备共军东返湖南，那样也会直接威胁我中枢南京。"蒋介石点着头，对薛岳的见解表示赞赏。

正是基于如此判断，蒋介石开始断然部署赤水河两岸的军事。

从22日起，国民党第2路军第2、第4两纵队分别由桐梓、遵义、黔西各地分别向西追截红军，但国民党军刚出师两天就损兵折将。先说国民党军第4纵队教导师侯之担部，该师在前几天的乌江溃败后放弃遵义、桐梓，即退守仁怀、习水。侯之担是黔北赤水人，在红军由遵义、桐梓继续西征时，侯部原想退回赤水、土城集结，当时该部残破不堪，已不足3团人。红军先头部队于24日到达土城附近，被红军打怕了的侯之担，却再也没有之前发给蒋介石电报中的那种"山河可残，壮志不磨"吹破牛皮的勇气，竟不敢与红军应战，在溃败途中只身向川境逃跑，所部交其堂弟侯汉佑副师长率领。侯部在土城抵抗不足一天，即被击溃。此役即是长征史上所称的第一次土城战役。

红军占土城后，蒋介石分电薛岳及王家烈追究黔军罪责，认为土城不守，红军会经赤水进入川南，下令将作战不力、擅自离职的侯之担缉拿归案。薛岳也趁机对黔军落井下石，火上浇油，致电蒋介石要求严惩作战不力将领，以申军纪。就此，逃到重庆的侯之担，被贺国光的参谋团查获并逮捕。侯之担所师残部被收容改编，由侯汉佑代理师长。后来薛岳为了扩张实力，向蒋介石推荐嫡系部队第4军第59师副师长沈文成接任师长，改编为暂编第25师，在后来黔军改编时，该师又改编为第140师，侯之担的部队终于化成了中央军。第一次土城之役，就这样以侯之担被蒋介石军法惩办而告终。

对于土城战役的失利，蒋介石是大骂了几天"猴子蛋"的，责备王家烈的军规不严。25日，蒋介石在南京发出关于速向黔西北追击中央红军给薛岳的特急电："黔军应集结主力与兄部联合，对朱、毛共军主力全力追剿或截击，除必要地点必须占领外，不必专致力于收复失地，致分兵力。现在共军已向西北窜，兄部与黔军应速完成追击，不失时机，予以猛烈之截击为要。碉堡与公路除必要者外，暂从缓筑。对黔军加以整理，自属必要，但整理须从经理及用人入手。该军对此应如何改良，须察其现状，拟订方案具报。守备贵阳、贵定，应以疲劳较甚必须整理之部队任之，请兄决定。贵阳飞机场应速加修理扩充，务能起落轰炸机为要。应派得力部队由黔西向古洞追截，并与滇军确取联络，请抽兄一部协同川境部队，完成川黔公路，并由湘、黔两省负责构筑湘黔公路各节，准予照办。"

轰炸机调到了贵州，"围剿"大军云集于黔北。蒋介石在处分了黔军的"猴子蛋"，给王家烈以颜色瞧后，他又放心不下的是川军。川军的实际军权仍在川系军阀手中，蒋介石担心在这关键时刻川军会不出力，那样会导致满盘皆输。他想来想去，用金钱收买，在时间上已来不及了，还是先以军令约束之，于是，他严令川军将领不得擅离职守。蒋介石的语气是很严肃的："查共军行动，飘忽异常，我军剿匪作战，处置贵在神速。各带兵长官，必须身临行间，方能应付机宜。近人常谓剿匪战略，前方反指挥后方，确系洞见症结之论。乃查川中各将领，每每安处后方，前方责任，委诸部属。而所属将校亦相习成风，层层委托。以致平时则废弛军纪，有事则坐失戎机。兴言及此，良堪浩叹！嗣后各军事长官，务须恪遵上级命令，常驻指定地点，非经长官核准，不得擅离。倘有仍前玩忽或因之失地丧师者，定按抗命辱职各罪，分别严惩，决不姑宽。希转饬所属，一体懔遵。"

为了阻止中央红军与红四方面军的会师，蒋介石采取双管齐下战术，在南围中央红军于长江岸边的同时，又急电川军邓锡侯立刻增援广元、昭化，限制红四方面军的南进西出。

"怎么个堵截法？"陈诚问。

"这样通知邓锡侯，我军以拒止共军该股西窜并相机消灭其实力之目的，拟分别堵截与进剿。"蒋介石走到大地图前，把标图杆戳向川北，"第1

路由江口方面抽调两团以上兵力,即日开赴剑门关;钟开泽代旅长所部两团即日开赴剑门关,会同江口开到之两团堵截宝轮院西窜之共军。杨师长秀春率领思衣场方面集结之第5团,限30日开到剑门关指挥,共9团兵力,立即协同胡宗南师向共军攻剿,恢复昭化、广元江防,并应从速集结9~10个团于绵阳。"

"报捷"的电报频频飞到蒋介石的办公桌上,然而,蒋介石却感到共军似乎越打越多。其实,他的心腹薛岳这时也在黔北打了败仗,但薛岳最清楚蒋介石好大喜功的脾气,为了掩饰黔北的败绩,他狡猾地仿效去年春他在江西古龙岗组织党政联席会议时的故伎,在贵阳召开所谓军民联欢会,以掩蒋耳目,遍发通电,当然他无功可表,却别出心裁地宣扬"安内期可攘外,剿共所以救民",并通过几项措施,来显示蒋系势力抵黔后的"新政",一是通电"拥护中央",二是电慰全国"剿共"将士,三是呈请惩办"剿共"作战不力的军政人员。薛岳的目的很明显,他自身作战失利,却还要再找一个更失利者作为"垫背",并想假借民意来整饬军纪,扩张势力,趁此吞并杂牌军。

善于制造新闻的薛岳在前台跳,贯于制造矛盾的蒋介石在幕后操纵川、黔军,国民党军在黔北的军事由此自身也多了许多"新闻"。

1月28日,红三、红五军团和干部团发起土城战斗,与川军郭勋祺部激战于土城附近青岗坡地区,给郭勋祺部以重创后,主动撤出战斗;29日,红军分3路从元厚场、土城地区西渡赤水河(一渡赤水),进入川南古蔺、叙永地区。

赤水河畔的土城又开新战。

10. 蒋介石悬重金捉朱毛，毛泽东唱赋娄山关

"雪土城之耻，就看你们川军的了！你准备让谁打头阵？"蒋介石在电话中问刘湘。

"郭莽子，如何？"刘湘所说的"郭莽子"是指川军旅长郭勋祺，郭在军阀混战中打仗玩儿命是出了名的，当了旅长也是经常双手使枪，脱光膀子冲在士兵的前面，因此有个绰号叫"郭莽子"。

"行。你们一定要先放下川北，把川南的朱、毛共军一网打尽是为当务之急！"蒋介石命令刘湘。

"是。我让潘文华立即部署，一定不会让共军渡过长江。"

在侯之担失守土城的前几天，刘湘认为红军进攻方向必然是赤水、古蔺，取捷径北渡长江，到川北与红四方面军会合，或重新在川康边建立根据地，赤化全川，所以一面在川南长江沿岸构筑江防工事及据点，一面在泸州以南的叙永地区扼要构成封锁线，进行堵击；同时急电飞调进抵川黔边温水附近的郭勋祺、廖泽、潘佐各旅，向赤水河岸边追堵截击。

"你要亲自到前线指挥，这次作战不同往常，它关系到整个川境的安危。如果让川北川南共军串通一气，四川的局势将不堪设想。"蒋介石的话中之意是在警示刘湘要用全力堵住北上红军，否则就会危及到刘湘在四川的统治。

刘湘明白蒋介石话中的督战意思，但也确实非常担心中央红军入川后会推翻他在川中的统治，因而也决定不遗余力地堵截准备北渡长江进入四川的中央红军，并把战斗力较强的郭勋祺旅调到第一线。

蒋介石又以警告的语气说道："你转告郭勋祺，要接受那个'猴子蛋'的教训！如再丢失土城，定以同罪论处！"

刘湘把蒋介石的话转达到郭勋祺的耳中，正喝了半斤茅台酒的郭勋祺拍着胸脯发誓要打出个样子来给国民党中央军瞧瞧："哼哼！王家烈的黔军

还值得一提？中央军又算什么东西？还是让'草字头'看看我们川军是如何要枪杆子的。"

"共军参谋长刘伯承、总司令朱德，还有聂荣臻，都是四川人，他们足智多谋，熟悉地形，如入川南，川局当不堪设想。你旅一定要和潘佐旅密切协同，扬川军威望于长江两岸。"刘湘提醒加警告，对郭勋祺等人说。他生怕红军取道泸州、宜宾渡过长江，严令川军官兵："须抱必死决心，奋勇阻截。"

川军郭勋祺、潘佐两部受令后，尾追红军在土城东北10多公里的青岗坡一个狭长险隘的山地中，首先与由土城附近向四川北进的红三军团发生遭遇战。

激烈的枪炮声响了一天，艰苦转战中的红军奋力突围，前赴后继。

郭勋祺率9个团拼全力堵截，逐次加入战斗，集中机炮火力猛扑。

双方力量几乎势均力敌。

战斗打成了拉锯战，胶着在一起。立下军令状的郭勋祺又使出了他的"莽子"劲头，脱光膀子在前线督战。战斗打到黄昏时刻，红军发起新的攻势，川军如被赶羊一样被打退几个山头，就在郭勋祺旅几乎全线退下来的关键时刻，川军援兵廖泽旅加入战斗，郭勋祺旅这才稳住战局。

焦急万分的蒋介石隔几个小时就发个电报，调兵遣将，重新布置阵势。

红三、红五军团在中革军委负责军事的"三人指挥小组"毛泽东、周恩来、王稼祥部署下，形成拳头于土城青杠坡一线，回击尾追的国民党川军郭勋祺旅。这就是长征史上著名的土城战役。

这一战役，作战地区主要在赤水的土城、青杠坡、猿猴场、陛台、枫林坳附近，地域广达古蔺、叙永。参战的国民党军部队有川军第21军所辖郭勋祺、潘佐、廖泽、范子英、刘兆藜、章安平、达凤岗等旅主力，前线指挥是驻泸州的四川南路总指挥兼教导师长潘文华，实际上的总指挥是兼军长刘湘和时刻守候在电话机旁的蒋介石。当时，国民党中央军追击部队主力尚在仁怀、习水、黔西、大定地区向西急进中。

青杠坡战斗仍在激烈进行中。

狡猾的郭勋祺在当晚趁机组织了一次夜袭，却不料红军也有同样的准备，双方偷袭的部队又针锋相对地遭遇在一条山沟中，一阵对打后，各自退回营地。郭勋祺旅在夜袭中损失惨重，没有得到什么好处，但他却在与红四师交战中得到一条重要情报，探听到红军高级指挥员彭德怀、刘伯承就在前线指挥，红军缺粮少衣，缺乏弹药。因此，郭勋祺判断道："既然刘伯承、彭德怀已到了最前线，这说明共军已是用了最大努力打这次战役。共军在追截大军云集下不会久战。"于是，郭勋祺急令川军守紧阵地，不准再轻易出击。

国共两军经过两天一夜的激战，伤亡都很严重。郭勋祺旅伤亡已多达700余人，但有源源不断的援军正开过江来。然而，战略大转移中的红军的兵员补充却异常困难。

如此拼消耗的战斗显然对红军不利。毛泽东来到前线，认真听取了彭德怀和刘伯承的汇报后，说道："我们怎么能与地头蛇在此安营扎寨比宝献艺？还是'打圈子'好。"

"打什么圈子？"彭德怀有些不解地问。

"在这。"毛泽东一拍大腿，"走路！绕圈子，有机会就吃掉他们一口。大兵团作战照样可以打圈子，只不过是圈子要绕得大一些而已，多走一点儿路嘛。"

"是红军初上井冈山的战法，打得赢就打，打不赢就走。"彭德怀理解了毛泽东的话。

"对，是运动战，不能是阵地战。"刘伯承也明白了毛泽东所说的战术。

"好，我们就给蒋介石在这长江南岸来一个盘旋战，我就不信蒋介石在这万里长江上会不留下一个渡口让我们过去。"毛泽东充满了必胜信心。

毛泽东立刻命令由陈赓、宋任穷率领军委纵队干部团上前增援。在朱德亲临前沿阵地指挥下，干部团猛打猛冲，终于打退了川军的进攻，稳住了阵地。毛泽东在山头上看到这种情景，称赞道："陈赓行，可以当军长。"接着，原已北上进攻赤水县城的红一军团赶回参战，把阵地巩固了下来。

红军在稳住阵脚后，为了避免更大伤亡，主动退出战斗，于次日晨向西撤去。

郭勋祺在后来回忆这段历史时，还心有余悸地说："如果当时川军被打垮，红军一定会在泸州渡江，就不会有后来的渡金沙江、大渡河，走雪山草地了。"

青杠坡战斗结束后,毛泽东在土城召开师以上干部会,主要讨论解决红军往哪里去的问题。毛泽东审时度势,见刘湘、郭勋祺川军为了维系四川的地盘,拼全力相堵;红军后边又有周浑元、孙渡、王家烈等部的追截,各路国民党军队正奔集而来进行围堵,判明原定在这里北渡长江的计划已不能实现。为了摆脱敌人,毛泽东适时果断地决定迅速撤出战斗,命令红军停止北进,从土城渡口首渡赤水,改道向西进发。

    青杠坡战斗是由毛泽东提议而经红军总部决定的,以红三、红五军团为作战主力。敌人遭到重大打击,红军也付出不少代价。经过连续几个小时的激战,没有取得较大战果。后来从抓获俘虏的番号中发现,原来的情报有误,敌军不是4个团6000多人,而是6个团1万多人。现实的战斗力也估计不足,它的增援部队又即将开到,战局逐渐对红军不利。因此,首渡赤水时的这一仗打得并不好。博古在当时就说风凉话:"看起来,狭隘经验论者指挥也不成。"

    1月29日,红军一渡赤水,进入川南古蔺、叙永地区。这时川军潘文华部36个团已部署在长江南岸的赤水、古蔺、叙永一带,防止红军从这里北渡长江。毛泽东和军委领导人认为在这种情况下不应恋战,立刻指挥各军团避实就虚,摆脱川军,进入云南省威信县扎西地区。

    时值春节期间,中共中央转战来到云贵川边的"鸡鸣三省"地区。2月5日,大年初二,毛泽东、周恩来、张闻天、朱德、博古、王稼祥、刘少奇、陈云等中央领导人由四川省石厢子进驻云南省扎西地区的水田寨。"鸡鸣群山起伏,数川归复东流",这是始编于清初的水田寨《陈姓族谱》中的词句,是故乡人对祖宗之地山水的由衷赞美。就在这里,中央领导权完成了遵义会议上决定但因频繁作战未来得及实现的交接。

    在这个风光秀丽的小山村"花房子",中央常委开会,决定由张闻天正式接替博古在党中央负总的责任(习惯称为总书记),这是在当时条件下党的集体意志做出的选择。张闻天的正式任职,保证了毛泽东的军事指挥,也就在实际上确定了毛泽东在全党全军的领导地位。张闻天对毛泽东非常尊重,他常说,"真理在谁手里,就跟谁走。"

    周恩来在回忆这段史实时说:"当时博古再继续领导是困难的,再领导没有人服了。本来理所当然归毛主席领导,没有问题。洛甫那个时候提出要变换领导,他说博古不行。我记得很清楚,毛主席把我找去说,洛甫现在要变换领导。我们当时说,当然是毛主席,听毛主席的话。毛主席说,不对,应该让洛甫做一个时期。毛主席硬是让洛甫做一做看。人总是要帮嘛。说服了大家,当时就让洛甫做了。"毛泽东从维护团结的大局出发,甘当助手,显示出他宽宏的伟人胸怀。

犯有严重错误的博古在中央明确他的错误后,在思想上还没有完全转过弯来时,仍能服从组织的决定,自觉以党的大局为重,把中央的团结放在首位。"洋顾问"李德曾策动博古反对党的决议,但博古没有同意李德的意见,表现了很高的党性原则。当时还有人在背后鼓动博古不要交权。所谓"交权",就是把几付装有中央重要文件、记录、印章的挑子交出来。博古没有听,他说:"我应该服从集体的决定。"就这样,博古在"鸡鸣三省"的扎西水田寨花房子,把象征"权"的几付挑子移交给张闻天。以后,博古逐渐认识到自己的错误,做了许多有益的工作。

中共中央政治局在这一地区相继召开会议(统称扎西会议),通过了《遵义会议决议》,并传达到部队中。军委根据敌我态势的变化,确定新的战略部署,决定放弃由川南北渡长江的原计划。这是中央红军在遵义会议后军事上的一个重要决策。

中革军委和毛泽东纵观全局,审时度势,决定利用敌人判断红军仍将北渡长江与红四方面军会合的错觉,果断决策,避开敌重兵集团,向敌力量空虚的黔北急进,以开展新的局面。军委命令中央红军迅速东渡赤水河,以消灭黔敌王家烈部为主要作战目标。中共中央、中革军委在《告全体红色指战员书》中号召全体指战员为消灭川、滇、黔、蒋诸敌,在云贵川区域内创造新的苏区根据地,必须坚决实行灵活机动的运动战的方针,指出:"为了有把握地求得胜利,我们必须寻求有利的时机与地区去消灭敌人,在不利的条件下,我们应该拒绝那种冒险的没有胜利把握的战斗。因此红军必须经常地转移作战地区,有时向东,有时向西,有时走大路,有时走小路,有时走老路,有时走新路,而唯一的目的是为了在有利条件下,求得作战的胜利。"毛泽东机动灵活用兵的军事思想,跃然纸上。

中央红军各部在毛泽东的指挥下挥戈东指,于2月20日二渡赤水河,连克桐梓、娄山关、遵义。这次战役,红军勇战5天,共击溃和歼灭敌军两个师又8个团，俘敌3000多人，缴枪1000余支，是长征以来最大的一次胜利。红军再占遵义，战绩辉煌，但这绝不仅是军事意义上的重复。战役的胜利对经历了湘江失利的红军来说是一次巨大的精神鼓舞，恢复了必胜的信心和活力。整40天前撤离遵义的红军在两渡赤水后再回到遵义，已经完成从遵义会议到扎西会议的飞跃。

就在水田寨花房子这个小山村中，中共中央还确定了对全国其他苏区和红军的战略部署。电报要求中央苏区中央分局立即改变组织方式和斗争方式，以适应斗争环境；决定成立中央革命军事委员会中央苏区分会，项英任主席，"在中央苏区及其邻近苏区坚持游击战争"；还决定在湘鄂川黔苏区成立军委分会，贺龙任主席；红二、红六军团的战略方针，"是决战防御而不是单纯防御，是运动战而不是阵地战"。这些战略部署对贯彻遵义会议精神，转变全党和全军的军事战略有着重要作用。由此看，这个小山村在长征途中也曾有着指导全国革命总指挥部的地位。

蒋介石发觉红军西渡赤水河，有进入川西北与红四方面军会合的意图后，又调整部署，企图围歼中央红军于宜宾以南的川南地区。但当红军突然停止进攻的消息传到南京后，蒋介石则有些费解："共军一定又有什么新花招。"时刻放心不下川黔边战局的他决定把指挥部搬得靠前线些。2月2日，蒋介石带领军事指挥人员离南京逆长江之水而上，转芜湖赴赣，先赶到庐山牯岭。

澎湃6300多公里的长江，是中国第一长河，它发源于青海省西南部，曲折东流，经过青海、西藏、西康、四川、云南、湖北、湖南、江西、安徽、江苏等省区，携千山雪水，裹万岭云雨在上海市附近浩浩荡荡注入东海，水势浩大，因此它又是中国第一大河。长江从发源地到湖北宜昌为上游，在四川宜宾以上的一段，称作金沙江。中央红军在川黔滇边赤水河畔的转战地域，即是在这长江之首。毛泽东率领红军骑长江"龙头"上，撒豆如兵，翻江倒海，搅得处在南京"龙尾"的蒋介石再也稳不住，好不烦恼。

逆水而上的蒋介石站立在船头，面对翻卷的滚滚江水，心中却生出许多豪情："大江东去，浪淘尽千古风流人物。'剿匪'战争很可能是到了最后收网之际，要做好对共军的政治瓦解工作，特别是要注意不要使被打散

第三章 毛泽东赤水四渡 蒋介石贵阳惊魂

的共军士兵流窜山林乡间，啸聚为匪，滋扰地方。"

"已向南昌行营和川、黔方面布置。"陈诚报告说。

"怎么布置的？"

"拟定的30多条'剿匪'政治口号已经电传到了南昌行营，让他们再分令赣、粤、湘、桂、黔、川、滇等地。委员长指示的几点都写在了里面，如：欢迎共军军官投诚；国军不咎既往，并不准乡籍难民报复；共军弟兄们，快来投诚；跟共军到四川去是死路，投诚国军才是生路；共军的伤病员，请投诚过来，国军替你们医好；保护投诚的共军弟兄；落伍的共军弟兄请投诚吧，护送你们回家……"

"劝说投诚的标语一定要指出使他们绝望的地方才行。"蒋介石一只手扶船舷栏杆，一只手比划着，"比如说四川的共军已经快被国军消灭了，瑞金、于都都已被国军克复了，你们还想往哪里跑吗？江西的共军第7军团投诚了，得到国军优待，你们知道吗？各方的剿共军，像铁桶一样，他们全围拢来，你们绝不能跑出去，想活命的赶快投诚；孔荷宠投诚了中央，现在做了行营参谋和湘鄂赣招抚特派员，你们赶快向那里去投诚吧；当共军整天的跑，一顿饭吃不饱，病死在半途可真惨。"

晏道刚赶紧掏出个本子，迅速记下蒋介石所说的话。但蒋介石戛然而止，不说了，盯着晏道刚说道："话都让我说完了，你也说几条。"

"共军中的湖南弟兄们，不要再向远处走了，你们还不回家乡去吗？共军中的江西弟兄们，你们不要跟着共军头子远离故乡，死在半路；共军中的北方弟兄们，受了共军的欺骗，受尽了千辛万苦，现在还要跟着朱、毛到四川去送死吗？"

"你也说几条我听听。"蒋介石对陈诚说。

陈诚想了想，说道："我说不太好。"

"说说看。"蒋介石督促道。

"共军弟兄们，在江西老巢都站不住，逃出去有何把握，赶快投诚吧；老巢有险已经守不住，走到路上，哪能经得起大军截击，飞机轰炸。弟兄们投诚，受何等安稳；四川的共军，已被国军打得七零八落，你们再去干什么？前面挡住没有路走，后面大军追杀，共军弟兄们，除了投诚，还有什么办法？"

"这种口号一定要注重实际，打动人心才有效果。要说些具体的，像说各市镇都设立投诚招待所，弟兄们赶快离开共军，到招待所去吧；欢迎共军投诚，招待所准备路费和护照，让你们回家去和父母妻子团圆；你们的父母妻子弟兄亲友都在家中，望你们回去；没有盐吃，没有医药，爬山路，饿肚皮，何苦当共军；共军的弟兄们，到四川去，千山万水，不饿死，也要病死；有30万大军，几百架飞机，在前面等着你们，你们跑得脱吗？等等。你去把布雷喊来。"蒋介石对原来交办的事，看来并不太满意，现在又要亲自过问宣传口号的拟定。

陈布雷快速从舱内来到甲板上，站立在蒋介石的身边，问道："有事需要急办？"

"那个招抚传单标语你看过没有？"

"看过了，文理还通顺。具体内容——"

"只文理通顺怎么行？！要考虑到实际效果，现在剿匪到了关键时刻，考虑问题要更周到些。"蒋介石说着就要发火，但他对有"文胆"之称的陈布雷向来都是比较尊重的，也就把怒气压了下去，说道，"标语要考虑到实际效果。我想除了原来的招抚内容外，还应该加入刺杀共军首领的内容。"

"搞暗杀？"

"对，我们不容易对朱、毛等共军首领下手，但他们的士兵办得到。重赏之下必有勇夫。"蒋介石已经是杀气满面，他始终相信金钱的魔力。"劝说共军士兵，半路上是刺杀共军首领的好机会；刺杀共军首领，拖枪投诚，重重有赏；捉杀朱、毛两个共军首领来降，可得重赏；捉杀周恩来前来投降，可得重赏；刺杀欺骗压迫他们的政委和指导员。"

"这件事，我看委员长可不必亲自署名出面，交由南昌行营与其他军务一并办理。赏格怎么定？"陈布雷办事考虑得很周全。

"重金悬赏：一、生擒朱德、毛泽东者，赏洋10万元，献其首级者，赏洋5万元。生擒或杀死周恩来、彭德怀等以献者，各赏洋1万元；二、生擒或杀死匪师长者，各赏银1000元；三、夺获机枪者，每挺赏银300元；四、夺获步枪者，每支赏银30元。"

陈布雷一一记下，合上记录本："我再仔细酌处一遍，即发出去。"

蒋介石没有言语，他继续望着长江滚滚波涛，在他眼中似乎整个江水都变成了血色。

次日,南昌行营即按照蒋介石在船上所拟定的宣传标语,训令各省政府:"查共军主力,业已西窜,刻正追剿协击中。关于目前宣传工作,若仅于共军过去之后,张贴标语,散发传单,收效已微。亟应迎头宣传,极力招抚,以期动摇共军部队心理,瓦解共军主力,使逃窜的共军相率来归。兹经本行营政训处堵剿共军西窜标语30余条,随令颁发,应即转发各该省府遵照,加印多份,向共军逸窜路广为散发,并组织欢迎共军招待处,以资分化,而利肃清。"

在蒋介石于江轮上决定"重金悬赏"赏格的同日,同一条江水上游的川江南岸,中央红军继续分左、右两路西进。右纵队红一军团先头攻叙永不克,后卫在三岔河遭川军袭击。3日至6日,在叙永、毛坝、大坝等地又遭川军截击。左纵队在天堂坝同川军两个团发生战斗。红军中革军委要求部队迅速脱离当面之敌,向川滇黔边3省交界的分水岭、扎西(今威信)、水潦、水田寨集结。红军在西进中相继击败川军章安平、刘兆藜、范子英各旅在古蔺、叙永地区的阻击,在叙永打了两天后,进入云南扎西。

川军"乘胜"进占土城,刘湘通电告捷。庐山上的蒋介石得报后认为郭勋祺"作战有功",立即升郭为模范师师长,通令各军:"第21军旅长郭勋祺联合友军,收复土城之役,激战两昼夜,率所部冲锋多次,卒将顽敌击溃,忠勇可嘉,着晋升第21军模范师中将师长,以资鼓励。"

同时,蒋介石又令重庆参谋团,严厉查办正拘押在重庆的侯之担,以失守乌江和土城之"罪责"追究军法惩处。在红军压境下,蒋介石对川、黔军阀的这一赏一罚,不仅是施展其对部属威胁利诱的惯技,也是他欺软怕硬的表现。王家烈和刘湘两人见令后,自然是一哭一喜,都别有一番滋味在心头。

国民党军重占土城后,蒋介石在拍发"祝捷"电的同时,又重新调整部署,将"追剿"部队编为第1、第2路军。以何键"追剿军"第1兵团改为第1路军,何键为总司令,辖4个纵队,其第5纵队,司令官刘建绪;第6纵队,司令官李云杰;第7纵队,司令官李韫珩;第8纵队,司令官李觉。主力留湘西地区"围剿"红二、红六军团,一部进至湘黔边境,防阻中央红军进入湖南。以"追剿军"第2兵团和滇黔两省军队改为第2路军，龙云为总司令，薛岳为第2路军前敌总指挥，辖4个纵队，第1纵队，司令官吴奇伟；第2纵队，司令官周浑元；第3纵队，司令官孙渡；第4纵队，司令官王家烈，共16个师（旅），集结川滇黔边地区，"追剿"中央红军。本月中旬又任命朱绍良为"追剿军"第3路军总司令。

蒋介石并专门电致薛岳，要其"驻贵阳主持后方交通运输，暂派周浑元兼代总指挥职务，仰其可负责指挥。"

就任国民党第2路军总司令的龙云接令后，即根据蒋介石的军事部署，令本路军第3纵队孙渡部由毕节、昭通向盐津"堵剿"，第2纵队周浑元部两个师由修文、扎佐经黔西、大定、瓢儿井向古蔺、叙永"追剿"，另1个师由龙里、贵定经贵阳、扎佐、仁怀向川南"追剿"；第4纵队王家烈部由遵义、桐梓向土城集结，然后向古蔺、叙永"追剿"；第1纵队吴奇伟暂位于黔西、贵阳线待机。同时，川南"追剿"指挥部总指挥潘文华命令陈万仞率袁如骏、达凤岗、刘兆藜3个旅为右追击队向高县前进；郭勋祺率袁治、潘佐、廖泽3个旅为左追击队向珙县、高县前进，范子英及章安平两个旅在古宋、叙永完成"清剿"任务后，向高县前进。

蒋介石所部署的新的一轮围追中央红军的计划，很快由图上转化为川江南岸的兵山碉线。国民党军川南"追剿"总指挥部也于7日移驻长江第一城宜宾。中央红军又处在国民党军的重兵包围圈中，强渡长江北上遇到了非常大的困难。

5日后，中央红军军委纵队相继到达"鸡鸣三省"的水田寨和石坎子、大河滩地区。根据国民党军的围追情况，中共中央和中革军委在7日决定暂缓停止执行北渡长江计划，改为"以川黔边境为发展地区，以战斗的胜利来开展局面，并争取由黔西向东的有利发展"。

中央红军于9日在扎西地区集结完毕。中共中央在这里召开干部会议，由张闻天（洛甫）传达遵义会议决议。一周后，《红星报》专门刊登了军委纵队党的干部会议决议案，指出："完全同意洛甫同志关于反对五次'围剿'总结报告，一致拥护党中央政治局的决议。"

红军在扎西借暂时摆脱尾追之敌机会，一住就是11天，进行休整。中央军委在此召开扩大会议，决定整编部队，精简机构，取消师的编制，充实战斗连队。

这时，国民党滇军孙渡纵队和川军潘文华部从南北两面向扎西逼近，中央军周浑元纵队正从黔西、大定向扎西开进。为免遭国民党军合击，红军中革军委决定："迅速脱离川敌与滇敌之侧击，立即于11日起，转移到雪山关及其以西地域，争取渡河先机，并准备与薛岳兵团及黔敌为主要作战目标。"

"蒋介石想与我们打阵地战，我们怎么能让他牵着鼻子走？相反，我们应该牵着蒋介石的鼻子在这大山大川中转他个迷迷糊糊。这就是运动战！打圈子的战术！"毛泽东在干部会议上通俗地讲出了自己的用兵原则，得到了广大指战员的热烈拥护。

"在敌强我弱的情况下，我们绝不能与敌人拼消耗，绝不能再打阵地战；全国的红军都必须立即改变过去那种不切实际的愚蠢战术，运动起来，游击起来，盘旋起来。"毛泽东的战略观点得到了中共中央新的领导人的赞成和支持。

"运动起来"的口号由滇北扎西迅速传向红军各部队。中共中央、中革军委关于战略问题专电红二、红六军团，指出总的方针是决战防御而不是单纯防御，是运动战而不是阵地战。主要活动地区是湘西及鄂西，次是川黔一部，必要时主力红军可以突破敌人的围攻线，向川黔广大地区活动，甚至渡过乌江。指示要求成立军委分会，指定贺龙、任弼时、关向应、夏曦、萧克、王震为委员，贺龙为主席。同时，对留在中央苏区坚持斗争的红军和地方武装，中共中央书记处致电项英并中央分局，要求他们立即改变组织与斗争方式，开展游击战争，指定项英、陈毅、贺昌等5人组成军委中区分会，任命项英为军分会主席。

中央红军在扎西按兵不动后，突然"销声匿迹"，使满以为近日就可结束"剿共"战争的蒋介石一时如坠云里雾中。川军总指挥潘文华在本月9日的电报中即称："刻下匪踪不甚明了"。红军去向不明的消息顿时又使蒋介石不知所措。而"追剿军"第1路军总司令何键在10日中午发电报给蒋介石，狂妄地认为中央红军现已被击溃，请求移兵湘鄂西，"以全力扑灭贺龙、萧克共军所部"。

庐山牯岭上的蒋介石凭直觉也不相信中央红军会不战自溃，他推断道："共军一定就躲藏在川江南岸边某个山沟中，正伺机过江。毛泽东农民式的小聪明，明白人一看便知，我们不要上了他们的当，不能放松对共军的堵剿，更不能移兵别地，而是增厚川江南岸的兵力，严加长江守备。"

而运筹帷幄的毛泽东好像熟知千里之外的蒋介石的心思和战略部署，比如下棋，蒋介石看出了未下的两步棋路，而毛泽东则看出了三步，甚至是四步，计谋总比蒋介石高出一筹。毛泽东决定利用蒋介石判断红军必北渡长江的错觉，出其不意，挥戈东进，重返贵州。11日，中央红军分3路纵队，由扎西掉头东进。红三军团和红一军团一部为左纵队向摩泥前进，军委纵队和红一军团主力为中央纵队向石厢子以东前进，红五、红九军团为右纵队，掩护野战军主力向东南转移，然后向水田寨前进。

仍然高高在上处于庐山云雾中的蒋介石，对中央红军的真实行动是一点也摸不到底，甚至连红军高级将领有哪些参加了长征也弄不清楚。陈诚、晏道刚有一天与南昌行营的几个参谋人员闲聊的话题，就是讨论有关红军高级将领叶剑英的问题。

话是由南昌行营准备北移武汉打前站的一个不知名的参谋引起的，他知道陈诚在过去与叶剑英共过事，因此为了讨好陈诚，神秘地说道："据说在赣共军主力，自朱、毛率众他窜后，其余留赣南共军，由叶剑英统率，久踞赣粤边境。现在赣区，颇为失意。"

"叶剑英的资格，远在朱德、毛泽东、彭德怀之上，因此朱、毛、彭对叶皆嫉妒。叶在瑞金两年，始得任红军学校校长。该校在名义上，虽为共军之最高训练机关，但因共军无军事人才，乃以叶任校长，正所以辱之也。"陈诚在蒋介石面前谨小慎微得不愿多说半句话，但在其他人面前却敢于吹大牛，大有知道的机密很多的派头。他滔滔不绝地说道，"但叶经此波折，对朱、毛养成一种恐惧心理，向来奉命唯谨，而不敢违，积至4年。叶之学生，多任军中下级干部，叶在共军中之地位又将恢复，朱、毛乃调彼率共军学生守筠门岭，表面上予以重任，阴实置之死地。筠门失守，叶以失机，不敢回巢，伏于粤闽边半年，过其土匪生活。"

晏道刚也接过话头说道："朱、毛初窜，叶乃重返共军区。以叶在共党之待遇论，固应有觉悟投诚之可能，但叶生性畏首畏尾，自以为广州暴动首祸，决难再见于父老，且在朱、毛淫威之下，多年恐怖心养成甚深，即对于左右亲信，亦恐系朱、毛之密探，不敢弃暗投明。现叶在于都、会昌间，有众千余。因叶曾任伪红军校长，流散余党皆归之，现为粤军李振珠师击溃，已逃入深山。"

"据说黄埔四期的林彪……"

陈诚等人在庐山上的这番"纵论共军高级将领"的话，很快就以特快通讯登载在南昌的报头。由此也可见，蒋介石的高级幕僚对红军长征情况的了解很不够，其实，此时的叶剑英作为红军中央纵队的副司令员正率领部队冲杀在赤水河畔。

如此一班子幕僚出谋划策，蒋介石不打败仗那才叫怪呢！

果不其然，中央红军在川滇黔边又有了新的动向后，蒋介石却完全不得知。13日，他依然基于原来的判断，发出关于划分第1、第2路军作战地域及限期消灭红军的电令，称："乌江以北之仁怀、鸭溪、二郎庙、赤水之线，为第1、第2两路军作战地境，线上属第2路军；第2路军须外同川军，在大江以南，横江、鸡连以东地区，将西窜之共军完全消灭；第1路军迅速协同徐源泉部，限3月底以前，将萧、贺共军完全消灭；以有力之一部，集结于赣水、东皇殿一带，以策应第2路军。特电遵照。"

电报刚交办机要秘书汪日章发出，在客厅中高谈阔论的晏道刚匆匆忙忙从门外走进来，向蒋介石请示道："有两个日本人要见委员长，见不见？"

"什么日本人，跟到我上庐山来了，不见！"专心致志"剿共"的蒋介石一听"日本"两个字就以为又是有人在提"抗日"。

"是日本《朝日新闻》的记者，还是见见的好，正好借机宣传中日两国的提携精神。"晏道刚建议道，他非常明白蒋介石此刻在想什么。

半个月前，日外相广田弘毅在第67届议会上就"中日亲善"、"经济提携"问题发表演说，声称："中国倘能将排日及抵货运动完全停止，日本政府将予以精神上、人才物质上之援助。"广田这种"烟幕弹"在平常人看来，一眼就能望穿，"援助"是幌子，扩大侵略才是真，而且这种对华的大规模侵略已是迫在眉睫。

但是，鬼迷心窍的蒋介石却被广田放出的"烟幕弹"蒙蔽住了，他为答谢广田外相的演说，专就"中日亲善"问题答中央社记者问，说："此次日本广田外相在议会所发表对我国之演说，吾人认为亦具诚意，吾国朝野对此当有深切之谅解。中国人民因迭受刺激，发生一部分反日运动，政府曾不断予以合理的驲止。……中国过去反日之感情，与日本对华优越之态度，皆应共同改正，方为敦友睦邻之道。我全国同胞亦当以堂堂正正之态度，与理智道义之指示，制裁一时冲动及反日行为，以示信谊。"

蒋介石的"答谢文"一发表，立刻在全国引起强烈反对。

"日外相广田发表的'中日亲善'、'经济提携'的演说，我看是诚心诚意的，怎么会有假呢？"蒋介石对国人的普遍不满表示不可理解。

因此，为了探明日本政府对中日关系的真意，蒋介石自庐山牯岭专电汪精卫，提议由国际法庭法官王宠惠乘返海牙任职之便，取道日本东京，与日本政府交换"亲善意见"。

现在，王宠惠还未动身，日本人就找上门来，刺探中国政府对日本的态度。14日，蒋介石面见日本《朝日新闻》记者，略称："中日两国不仅在东亚大局上看来有提携之必要，即为世界大局设想，亦非提携不可"；"中国不但无排日之行动与思想，亦无排日之必要"，中日"经济提携"应先从改善两国间之现状，并恢复其正常关系做起。

把日本记者送下山后，蒋介石立刻把电话打到南京，找到汪精卫，让他赶快组织人员商讨王宠惠访日原则，千嘱万托："一是谈话程度，应以我在南京时所定的4项原则为限度，而以探实彼方真态为主旨；二是见人范围以外部为主体，旁及军事，以事敷衍，而免忌妒，但回避参部，以防利用。更与法界及国际法学协会等团体周旋，以资点缀。"

在蒋介石的精心安排下，王宠惠很快动身乘比亚士总统号船赴日，在东京与广田交换"亲善"意见，广田声称："中国果真能严禁排日，披沥诚意，日本将予以一切援助"。王宠惠也发表声明，称此次"趁过日机会，以私人资格，将中国方面普遍心理传达于日本朝野人士；并愿将日本朝野之意见传达于本国，借以增进两国友谊，此外，无他任务"。根据蒋介石所定的访日原则，王宠惠在东京期间，分别访问了日首相冈田启介、外相广田弘毅、外务次官重光葵、陆相林铣十郎、海相大角岑生、众议院议长滨田、民政党前总裁若规等政界人士。谈话的主要内容有：中日关系应以和平方法使其密切；中日外交为和平对等外交；两国国民亦应互相融和。

王宠惠在日本活动近半个月后离开东京，算是完成了蒋介石所赋予的使命。他在与广田讨论促进中日邦交具体办法时，依照蒋介石、汪精卫的口径提出3项原则：中日两国依照国际法互相尊重对方国家的完全独立；两国保持真正的友谊；遵循外交途径，用和平方法解决两国间的一切事件。

广田与王宠惠在东京刚握手，消息传回中国，牯岭上的蒋介石就表示满意，他更被广田的"迷魂汤"灌迷糊了，又沉醉在庐山缥缈的云雾中，做他那个"剿共"即将全胜的美梦。

可美梦总有醒时，蒋介石的"剿共"醒梦，是开始于证实了中共在遵义召开重要会议，毛泽东千真万确已走上了领导岗位。这是薛岳发来特急电的主要内容，蒋介石真是不看则已，一看顿时眼睛都睁大了两圈。

毛泽东的掌权用兵，震惊了国民党军前线所有将领，此时方知眼前的对手已不是第五次"围剿"和"湘江战役"中的红军最高军事指挥员了。国民党军将领千方百计探知当前他们的对手是谁，猜知是毛泽东，却又不敢承认就是毛泽东，就连此时的蒋介石也是这种心态。

这个月，红军接连取胜，从各种渠道来的消息都证明，毛泽东当权指挥红军作战已是确凿无疑的事实。薛岳更是尤为重视这一消息，急切地欲探明这条消息是否完全可信，对被俘红军掉队人员审问，必先问毛泽东近况。

薛岳最终从周浑元部俘获的红三军团第五师第十四团政委田丰所写的材料中，了解到中共在遵义召开会议的情况。他得悉后如获至宝，亲召田丰到贵阳面谈，并予以奖赏。田丰所谈长征以来许多问题，特别是红军各军团的战斗力、将领作风、派系与中共中央当时的决策等情况，后来成为蒋介石、薛岳研究对策的重要资料。

薛岳对毛泽东的用兵一向都是非常敬畏的，所以对此情报极为重视，立即转报蒋介石，并通报各军从此后作战一定要格外小心。他上报蒋介石的电报全文很长，并附"供词"数张。电报主要内容是："中共内部在遵义有井冈山派与苏俄派，斗争非常厉害，井冈山派只谈主动硬干，坚决反击国民党军，苏俄派则空谈理论，避重就轻，斗争结果是毛泽东的井冈山派获胜利。但内部分裂，军心不稳"。

对于什么"苏俄派"、"井冈山派"，蒋介石并不感兴趣，令他最为惊愕的是，由薛岳的这个电报，可完全证实中共中央在遵义召开了一次重要会议，毛泽东进入中共军事决策圈子，已是确凿无疑。

薛岳的情报,引起了蒋介石的高度注意,他判断道:"由这个情报我们可判断,共军内部存在很大分歧,可以这么断言,共军很快就会出现分裂,各据一方。另一方面,毛泽东的当权,必须立刻引起我全军上下的足够重视,我们更应加紧围攻,绝不可轻敌。"

坐卧不安、一夜未眠的蒋介石尽管在之前已得知毛泽东出山的简报,但对薛岳此详报仍恐惧万分,当夜亲函复电薛岳:"毛既已当权,今后对共军作战,务加谨慎从事,处处立于不败之地,勤修碉堡,稳扎稳打,以对付飘忽无定的流寇,至为重要。"

于是,心中非常不踏实的蒋介石特别调整战略部署,决定实行分工负责制:以何键为总司令、刘建绪为前敌总指挥的第1路军,负责对付贺龙、萧克的红二、红六军团;以龙云为总司令、薛岳为前敌总指挥兼贵阳"绥靖"主任的第2路军,负责对付中央红军;以朱绍良为总司令,杨虎城为副总司令兼前敌总指挥的第3路军,负责对付徐向前的红四方面军及徐海东的红二十五军。

各路军在接到蒋介石的严令后,也立即调整部署。龙云、薛岳所负责的国民党第2路军作战序列重新划分:以吴奇伟部编为第1纵队,周浑元部编为第2纵队,滇军孙渡部编为第3纵队,黔军王家烈部编为第4纵队,湘军李云杰部编为第5纵队,川军郭勋祺部编为第6纵队,湘军李抱冰部编为第7纵队。

蒋介石的计划是将红军压迫于长江以南、横江以东、乌江以北和以西地区聚歼。正当蒋介石打着这个如意算盘时,不料本月下旬红军挥戈东向,击破王家烈在赤水前线部队,势不可当。

中央红军在扎西地区集结后,突然挥戈东向再渡赤水河,直下桐梓、娄山关、遵义,打乱了国民党军的整个部署。

"共军北渡西行均遭阻拦,黔北穷困,不可久留,回师向东一定是再图去湘西与该地共军会师。"蒋介石断言道,他急令薛岳调出吴奇伟部由贵阳驰援王家烈,坚守遵义、娄山关,令上官云相部驰援桐梓,令刘湘督促郭勋祺部尾追,并令第1路军何键注意黔东防堵。他认为这虽然是仓促应战,但国民党军的围攻部队处于绝对优势,如此重兵足可遏阻红军。

蒋介石的电报还未来得及送到薛岳的手中,15日,红军中革军委命令各军团迅速东渡赤水河,以消灭黔敌王家烈部为主要作战目标,先由林滩经太平渡至顺江场地段渡过赤水,然后分兵向桐梓地域进击,准备消灭由桐梓到土城的黔军,并在内部宣布放弃由此地北渡长江的计划,电告中央军区、红二、红六军团和红四方面军,"我野战军渡江计划不能实现,因此,军委决定我野战军改在川滇黔边区广大地区活动,争取在这一广大地区创造新的苏区根据地","现我野战军已折向赤水河东、乌江以北活动,并以黔西敌人为主要作战目标。"

中共中央、中革军委发表《告全体红色指战员书》,指出:由于川滇军阀集中全力封锁长江,为保存红军的有生力量,决定停止执行北渡长江的原定计划,改向云贵川3省创立根据地。指出,为了有把握地取得胜利,"红军必须经常的转移作战地区,有时向东,有时向西,有时走大路,有时走小路,有时走老路,有时走新路,而唯一的目的是为了在有利条件下求得作战的胜利"。军委总政治部发出《关于由川南回师向东的政治工作指示》,指出"政治工作是红军的生命线";并发出《关于目前瓦解敌军工作的几项重要指示》,对瓦解敌军的极端重要性、瓦解的对象、工作方法作了具体规定。

毛泽东的"打圈子"战术在赤水河畔又走出新的第一步。

这时,蒋介石对红军主力的被"击溃"消息还将信将疑,红三军团于18日傍晚突然出兵进抵二郎滩,反击入黔,二渡赤水河。仅用3天时间,中央红军分左右两路由四川省古蔺县太平渡、二郎滩渡过赤水河,以凌厉之势向桐梓地区急进,寻机消灭黔军。

中央红军已经运动到了赤水河以东地区,可笑的是牯岭上的蒋介石于19日又发出了关于在赤水河以西地区消灭红军的部署命令:

"查朱、毛残部不及万人,粮弹两缺,状极疲敝,毫无战斗能力。经川、滇军压迫,于16日由营盘山、麻线堡向东南逃窜,刻已到小水、白沙、凹义、铁厂、镇龙山等处,洛用有共军小部,似有回窜入黔模样;我军以集歼该敌于叙、蔺以南,赤水河以西,仁怀、毕节以北地区之目的,拟联合各军向共军围剿;周浑元代总指挥所部已到毕节之部队,应以一部扼守马蹄滩、清水塘两点;万耀煌师以一部扼守鄢家渡、仁怀两点,各以其主力向共军进击;川军已到箭竹坪之潘佐旅,及由威信、建武、筠连东移之郭勋祺、廖泽、范子英、达凤岗各旅，应扼守古蔺、叙永两点，另以3旅以上兵力向共军追剿；滇军向威信、雨洒河前进之安恩溥、龚顺壁、鲁道源3旅，应以一部扼守威信、赤水河两点，主力向共军进剿；黔军何知重、李成章两部，应扼守二郎滩、土城两点，余部向共军截击；第47师裴昌会部，以主力移驻綦江，分派一部进驻松坎防守；横江、滩头、盐津、昭通等处防务，仍由川、滇军联防守备，防共军盘旋西窜。各部应与左右邻接友军确实联络，妥为防剿，并将遵办情形，随时具报备查为要。"

牯岭上的蒋介石是把主要兵力放在了赤水河之西，同时不忘他的"一箭双雕"之计，把主要心思用在了谋取西南诸省的地方政权上，尤其是川政。蒋介石在赤水河部署兵力"剿共"的同时，又迫不及待地令四川各军阀交出政权，发出特急电，专令致重庆四川省政府刘湘主席、雅安刘文辉总指挥、梓潼邓锡侯总指挥、三台田颂尧总指挥、回龙场李家钰总指挥、凤仪场罗泽洲副指挥、营山杨森军长，文称：

"川乱频年，军民交困，防区特制，实为厉阶。政治机能，失运用之力，社会经济，陷崩溃之途，致邦人有封建之讥，略外敌无组织之诮。因而共军乘隙以为逋逃之薮，徐向前、张国焘既盘踞于北岸，朱德、毛泽东复窜扰于南陲。今虽幸睹各军奋勇合围，群丑有驱除之望，然剿共须用七分政治，已成颠扑不破之原则，否则军队方尽力剿匪于局部，而政治乃普遍造共军于无形。所谓狐埋狐搰，其滑稽矛盾，宁逾于此。今值该省政府改组成立，各军将领已先后宣言打破防区制，交还政权，足见剥极必复，新机已生，殊堪嘉慰。惟迁善贵在力行，除弊尤宜迅速，望该省政府与各军将领妥商接收各戍区办法，克日移交具报，无稍瞻顾。自兹该省政府负责改善政治，各将领专心整理军队，共集统一之勋，渐造康郅之治。四川之复兴，即为中华民族复兴之基础，该省政府与各将领负任綦重。其各勉旃。"

川省各军阀自然对蒋介石的这一纸电文感到了无形的重压，意会到即使"剿共"胜利，也难免会有"前门拒狼，后门进虎"之忧虑，由此反而对在黔、滇省"剿共"不再那么积极。蒋介石在当初大概是没有想到令四川军阀交出政权的这一纸电文，会引起如此军心涣散的后果，否则，他就不会迫不及待地那样攫取川政了。

急于"剿共"的蒋介石准备赶到重庆，一方面是为了就近指挥川滇黔边的"剿共"作战，一方面也是为了尽快染指川政。21日，他下了庐山，乘兵舰赴汉口，准备再转重庆。

这时，其他地区红军的不断发展，也牵制了国民党军的大量兵力，支援了中央红军在赤水河畔的转战。红四方面军于本月初举行陕南战役，向驻陕南的国民党军杨虎城部发动进攻，先后占宁羌、沔县两城和阳平关镇，歼敌4个多团。红二十五军在袭占柞水县城后，主力在蔡玉窑击溃尾追的国民党陕军第126旅，歼其1个多营；继又在蓝田县葛牌镇以南文公岭歼敌两个多营。接着，部队在鄂豫陕边区北部开展群众工作，创造革命根据地。同时发布《关于商业政策问题》布告，宣布"保证贸易自由，反对奸商，取消一切苛捐杂税"。中共鄂豫陕省委在湖北省郧西地区召开常委会议，批评对创建根据地缺乏信心、主张入川的思想，通过了《为完全打破敌人进攻，争取春荒斗争的彻底胜利，创造新苏区的决议案》。本月下旬，红二十五军为贯彻郧西会议精神，并配合红四方面军的陕南战役，由郧西地区西进。同时，成立中共鄂陕特委和鄂陕游击司令部。中共陕甘边和陕北特委在赤源县（今子长县）周家硷召开联席会议，决定成立中国共产党西北工作委员会和中国工农红军西北革命军事委员会，统一领导苏区的党组织和红军及游击队。

川陕边红军的攻势，闹得蒋介石六神无主，牵扯了很大一部分精力，他专电西安，严令"剿办"，特别相嘱："徐向前共军，久踞川北，亟应迅速予以减灭，以除大患，故将赣闽浙皖等省共军残部肃清，集中大军，向川省推进，一致围剿。"为统一指挥、方便督导，蒋介石还特别任命兰州绥署朱绍良主任为"剿共"军第3路军总司令，西安绥署杨虎城主任为副司令，兼第3路第1纵队司令官。总司令不在前敌时，副总司令可代总司令职权。

此时，二渡赤水中的红军与国民党军如捉迷藏一样，正在周旋打圈子中。别看川、滇、黔各省军阀在特急电报中报告得那样热闹，其实再像土城青杠坡那样的激烈战斗在赤水河畔不可能再有，因为毛泽东的"打圈子"战术已开始运作。

蒋介石作战值班室的标图参谋在图上忙得不亦乐乎：红军先头进至东

皇场，有趋温水之势；主力在土城，后卫尚在赤水河古蔺界上一带；与黔军在猿猴交战之红军撤退。一切都似乎在扑朔迷离之中。

这两天，国民党军的"告捷"电报是如江水一样涌到蒋介石的面前。

川军前线总指挥潘文华先电"告捷"："共军一部约二三千人在土城与黔军正激战中，其势似有由二郎滩窜据黔北之模样。郭勋祺指挥即率袁治、廖泽、潘佐3旅，轻装急追，寻共军主力而痛击之。"

龙云自昆明发专电"告捷"："共军由双合场水田寨分窜叙永地界，滇境已无共军踪影。该共军第1军团代号为山东，第3军团为河南，第5军团踪迹不明。所过之处，掳掠一空，幸未大肆烧杀。其所带武器，轻机关枪十分之一，手枪十分之五，交通器具，亦少完备，徒手兵甚多，极现疲惫之状。尚有俄人数名，随军工作。"

潘文华再电"告捷"："22日，我潘佐旅迫击至太平渡附近，与共军之后卫接触，我官兵奋勇攻击前进，激战数小时，共军伤亡百余名，争渡拥断浮桥，溺毙者无数，并俘虏200余名，夺获步枪百余支，共军即退过对岸，与我隔河相持中。"

刘湘发自重庆的"告捷"电，在潘文华的电报基础上又有"进步"："共军强编游民土匪补充，经夹石太平渡大村镇二郎滩谋窜黔境，我唐团进达太平渡，即遇共军大部遭遇，奋勇攻击，激战数小时，伤毙百余，获步枪百余。共军争渡桥折，淹毙甚众。未渡之共军，完全溃散，我亦伤亡官兵数十名，余敌正肃清中。"

王家烈的电报虽然没有"告捷"内容，却引起了蒋介石的高度注意："23日，共军占遵仁、铜习交界之花秋坝，向高桥急进。滇军安旅尾追至镇龙山石宝寨。"

"朱、毛共军已经越过赤水河东去无疑。"蒋介石如此判断虽然正确，却显然是放了一个马后炮。

"越过赤水河东去的共军肯定是朱、毛所部无疑。"陈诚鹦鹉学舌一样地说，他等于什么也没有说。

"必须立即阻止共军越过遵义、桐梓线以东地区，快，给薛岳发个急电。"蒋介石口述电报："朱、毛如果东窜，切勿使其窜过遵义、桐梓、松坎、綦江线以东。黔北部队应负其责。此时裴昌会师只留1团驻防重庆，其余兼程先在綦江、松坎一带集中,视共军之去向而截击之。现驻綦江者,应即推进松坎附近。如桐梓已有相当兵力,务责成其固守。桐梓、松坎间之空隙,应即由我遵义、桐梓部队堵截。待我集中完毕,如共军未东窜,则我各部可向西兜剿;如我未集中,而共军已东窜,则各部应随时出击,切勿呆守一处,使共军从容窜去也。"

薛岳刚接到蒋介石的急电,正在图上寻找桐梓的位置,急促的电话铃声响起:中央红军已于24日占领桐梓。

渡过赤水河的中央红军在毛泽东的指挥下,如猛虎出山,几天内就连克数地。25日,中革军委作出决定:"坚决消灭娄山关黔敌,乘胜夺取遵义城",命令红一、红三军团及干部团统归彭德怀、杨尚昆指挥,于26日迂回攻击娄山关、黑神庙之敌,并乘胜夺取遵义;命令红五、红九军团主力移官店,其两个后卫团分别在温水与新罗坝两处阻滞川敌,在29日以前不使该敌逼近桐梓。

红一、红三军团受令后,于26日在娄山关经过激烈战斗,粉碎敌人多次反扑,相继攻占娄山关以南的黑神庙、板桥等地。27日,中央红军在董公寺击溃黔敌3个团的阻击,乘胜再度攻击遵义城。

薛岳惊呼:遵义告急!

消息传到武汉,已是深夜,蒋介石急忙召集谋士制定"关于消灭中央红军于乌江以西地区的部署方案"。

蒋介石阴沉着脸,说道:"前线情况有重大变化,辞修介绍一下情况。"

陈诚的声音并不高,但在与会众将领听来,都是如雷震耳:"共军再陷桐梓,林彪、李某各共军首领已到桐梓。该股共军即围攻娄山关、祖师观,破坏交通,企图围犯遵义。查该共军迭受我军截击,残余万余人疲于奔命。现在既入于三面围绕环江之河套内,我军亟应利用地形追剿与堵截,并努力将该共军聚歼于乌江以西地区。"

"这股共军怎么好像从地下冒出来似的,一夜之间就跑到了遵义?"有人在嘀咕。

"下面请委员长宣布歼敌部署命令。"陈诚总是不愿多说,把能让蒋介石说的话都推出去。

"我命令:薛岳就近以韩汉英、唐云山两师策应遵义城、娄山关之线。

该线原有之守备队,应竭力固守,以待增援。周浑元纵队之谢溥福、万耀煌、萧致平3师,速取捷径,限期恢复桐梓,以一部守备桐梓,而以主力穷追。川军应以3个旅尾共军猛追,与周纵队取得联络,非将该共军歼灭不可。"

蒋介石环视了一遍会议室,其实到会者也没有多少人,但他已习惯于发号施令,仍是高嗓门地吼叫道:"上官云相部之裴昌会师,固守綦江、松坎。徐源泉总司令应以蒋作均旅推进于涪陵、龚滩之线,沿乌江东岸固守,并令第48师星夜前进,增加该线。何键总司令仍以王东原、李云杰、陈光中等师,配置于龚滩、水口一带,沿乌江东岸防守。王绍武部防守水口迤西乌江南岸。以上部署,如有贻误,定以纵匪论罪也。追剿部队如撤退,定即严加惩处。并将遵办情形切实具报。"

特急电连夜发到了国民党军在川、滇、黔、湘各部队中,增援部队火速向遵义前线开去。但是,黔军总指挥王家烈直接指挥的好几个团,接连在遵义被红军击破。红军于28日凌晨再占遵义城后,接着又在遵义城南的红花岗、老鸦山击溃增援来的吴奇伟纵队第59、第93师,并乘胜追击,歼其大部。吴奇伟部与红军交战不到一天就被打败,狼狈退回乌江南岸。吴、王两部,伤亡损耗在万人以上,柏辉章等3个师也均被歼过半。在温水尾追红军的川军郭勋祺旅也伤亡惨重。

登立娄山关口的毛泽东,敞开襟怀,让强劲的山风吹着大衣的下摆,远眺万里江山,诗情大作,放声畅吟:

"西风烈,长空雁叫霜晨月。霜晨月,马蹄声碎,喇叭声咽。

雄关漫道真如铁,而今迈步从头越。从头越,苍山如海,残阳如血。"

毛泽东在为英勇的红军而发自内心的歌唱,在为他的"打圈子"战术在此取得成功而由衷的欢呼。

遵义战役,红军经5天苦战,共击溃和歼灭敌军两个师又8个团,俘敌约3000人,这是长征以来最大的一次胜利。

红军挥戈东进,二渡赤水,打了国民党军一个措手不及,这是蒋介石最初意料不到的,是他布置川、黔、滇围攻中最大的一次失败,他在指责薛岳的电文中认为这是"国军追击以来的奇耻大辱"。

重占遵义的中央红军精神抖擞地又把红旗插在了柏辉章的那座公馆上,

40多天前，中共中央政治局曾在这里召开扩大会议，现在又打回来了。再占遵义当日，中共中央致电红二、红六军团、红四方面军及中央军区，传达遵义会议的基本精神，内容与中共中央本月8日发出的《中共中央政治局扩大会议总结粉碎5次"围剿"战争中经验教训决议大纲》大致相同。

当红军再下遵义城的急电送到蒋介石面前时，蒋介石可谓已忙得手足无措了。他站在地图前急促地搜寻着对策，此时他判定红军北渡西行均遭阻拦，黔北穷困，不可久留，回师向东一定是再图去湘西与该地红军会师。于是，蒋介石急令薛岳拼死也要扼制住红军的攻势。

遵义再度失守的消息使蒋介石焦急得火冒三丈，特别是"遵义"这个地名又和毛泽东的崛起联系在一起，这就使每当蒋介石听到"遵义"这个词后如火上加油，怒不可遏。他久久思索着对策，决心要与毛泽东决一雌雄，命令站立在一旁的侍从室主任晏道刚立即准备作战地图，他蒋介石要亲临第一线，赤膊上阵了。

11. 蒋介石入三峡进范庄，谨防毛泽东"五渡赤水"

即将动身到重庆的蒋介石，急于办妥的大事是宣布武昌行营的成立。武昌行营的人选是由蒋介石亲自提名圈定的，主任张学良，秘书长杨永泰，参谋长钱大钧。几天后，武昌行营又设立陆军整理处，派陈诚兼任处长，分期整理全国陆军，要求4年内整理好60个师。该处聘任杨杰、周亚卫、俞大维、邹作华、卢致德、郑大章、冯庸为研究委员。

"我在会上讲些什么？"早上起床后的蒋介石问高级文字秘书陈布雷，因为今天设在武昌的"军事委员会委员长行营"宣布成立，他作为委员长哪有不到场讲话的。

"按惯例，还是先回顾一下刚结束的南昌行营的成绩，再讲一讲即将开始的武昌行营的建立过程和使命。"

"新行营的一些具体筹划日期，你说给我听听。其余我想到哪就说到哪。"

做文章，写讲话稿，陈布雷是轻车熟路，所以说得也很轻巧："国军取得第五次'围剿'胜利之后，南昌行营即已结束其使命。年初，委员长电令南昌行营在1月底撤销，停止收发往来文件是自1月20日起。上月初，委员长为处理南昌行营结束事宜，离开南京赴江西。上月16日，委员长由牯岭飞南昌，决定在武昌新设行营。"

"这些东西，陈谷子烂糠，听起来就没有新意。"

"武昌行营的今后工作主要为'剿共'、禁烟、推行新生活运动。三位一体，主导思想还是应该尊崇孔子，发扬中国传统文化，国有政纲，不容共党作乱。"陈布雷看到蒋介石的目光落在卧室中悬挂的一副对联上，即猜测到了蒋介石心中此刻所想。

这是一副孙中山写给蒋介石的对联，上书"从容乎疆场之上，沉潜乎仁义之中"几个苍劲的大字。这次离开南京时，蒋介石特别交代侍从人员一定要带上这副对联,他走到哪里,就把这副对联悬挂在哪里的卧室中。

讲话的主题一确定,"神笔"陈布雷的脑子中已经形成了整篇讲话的腹稿,立刻像诵读报纸一样,把所拟文稿的大意简要地说给蒋介石听。在蒋介石吃早饭的时候,陈布雷的笔下已经飞出两千字的文章。

"中华开国五千年矣,迄于今,犹巍然灵光雄踞大地,远不与埃及希腊罗马诸古国,近不与德意志意大利日本诸疆国,同其覆亡之命运者,当必有其特殊之立国精神在。此种立国精神非它,即唐虞推贤任能之民主政治,孔子天下为公之大同主义,墨子尚同非攻之兼爱理论,管子崇尚礼义廉耻之四维学说等是。先总理送我一副对联说的就是这种立国精神,作为军人,就必须'从容乎疆场之上,沉潜乎仁义之中'……"蒋介石在武昌行营成立典礼大会上的讲话,经陈布雷这么一"包装",文采飞扬,是要比仅讲前后两个行营的"流水账"耐听些。

武汉的事情处理得差不多后,蒋介石为了策划对川黔边中央红军新的围攻,于武昌行营成立典礼后即赶往重庆。

在蒋介石看来,中央红军从江西出发,经过他的四道封锁线"围剿",减员甚大,现虽周旋于赤水河畔,也不过是强弩之末,可以轻而易举地彻底歼灭。但出乎他的意料,红军纵横驰骋于赣、湘、桂、黔、川诸省,防不胜防,堵不胜堵,追之莫及。更料不到遵义一战,吴奇伟部竟遭如此惨败。蒋介石看到了红军的强大力量确实不可轻视,痛切感到如不乘此机歼灭红军,必定后患无穷。因此他决定把指挥所放得更靠近前线一点儿,亲自指挥作战。

在低沉的川江纤夫号子声中,蒋介石进入三峡,他到了距国、共两军交战地很近的重庆市督战,随行人员有陈诚、晏道刚等人。

蒋介石在重庆的指挥所暂设在川军军阀范绍增的家中,此处又称范庄。

作战参谋人员还没有把地图挂起来,王家烈关于丢失遵义经过的电报就送到了蒋介石的面前:

"重庆委员长蒋钧鉴:共军于上月26日乘我驻桐梓蒋德铭旅部队奉令推进松坎,及由遵义所派接防部队尚未到达之际,攻陷桐城后,复向遵义南进,与杜肇华旅及第15团激战于娄山关、黑神庙一带,达两昼夜。我方伤亡官兵千余员。27日迫近遵义城,复与我第1、第6两团激战于校场坝一带。我亲赴前线指挥，战斗甚烈。我杜肇华旅长及江荣华副旅长，均负重伤；营、连、排长一时尚难确查；士兵伤亡过半。共军伤亡倍我。适吴司令官奇伟率部于27日傍晚至忠庄铺，我即赴忠庄铺商洽附近剿共机宜。夜过半，共军攻城益急，城内官兵殉城者极众，至伤亡过半之第1、第6团突围退至附城之马坎，布防于附城之丰乐桥一带。28日晨，吴奇伟司令由左翼进剿；我收集兵力，仅约两团，由右翼进剿。殊共军以大部向我军压迫，我身边护卫士兵使用殆尽，而左翼亦无进展，我宋团长亦负重伤，万团长失踪，连长、连附伤亡又复过半，士兵已亡伤殆尽，是以无功。我在本月2日移驻新场附近，收容散部，速加整顿，待命反攻。"

"娘希匹！他王家烈损兵失地，还有什么功劳可摆?!"蒋介石把电报纸"啪"的一声，拍在桌子上。

"为了统一号令，避免各部向来难以协同作战的弊端，委员长既已到了前线，可特别电示各部，不得再各自行事。"陈诚建议道。

蒋介石气呼呼的："好，公布本委员长已进驻重庆。凡我驻川黔各军，概由本委员长统一指挥；如无本委员长命令，不得擅自进退，务期共同一致完我使命。仰各通令所属遵照。"

这份带着怒气的电文很快发出，蒋介石来到刚布置好的新卧室内，那副对联已经悬挂在壁上。

"从容乎疆场之上，沉潜乎仁义之中。"蒋介石诵读道。

"是啊，先总理说得很有道理。这两句话正好可用在当前，上一句说的就是疆场上的'剿共'，下一句说的就是川滇黔政治。兵事要害在于从容，为政妙诀在于'仁义'，'仁义'这两字太重要了。"陈布雷仍然如平常闲聊一样，但蒋介石却明白了其中之意。

陈布雷在暗示蒋介石刚才不应该发那封语气强硬的电报，继续说道："川滇黔政治还是有功绩可言的。查共军以残败余孽，豕突边陲，致川南北各县地方，被其荼毒。迭经令派各省，分路兜剿，而西南各省军队，均能共同一致努力，合围歼共军甚多，并使共军无立足之地。此各军将领，指挥有方，将士用命，故能迅奏肤功，是深堪嘉慰的，没有功劳也有苦劳嘛。"

"我累了，你也休息一会儿吧。晚饭后，那几份电报你再润色一下。"

蒋介石背靠沙发，显得无精打采。

　　蒋介石到重庆后，不仅因前方打败仗苦恼，还因何应钦在北平受到国人责骂，他更加大发脾气，责骂何应钦："怕死就不要穿军服。"晏道刚、陈布雷等委婉建议蒋作出处置，稳定一下华北局面，蒋生气地说："什么处置？抽部队去？你要抽什么部队到华北去和日本顶？共军把我们的人力物力财力都消耗尽了，拿什么打日本？"这些话说明，蒋介石的心思仍在反共上，不惜向日军屈膝认输。

　　陈布雷走回自己的房间。蒋介石却并没有上床休息，他听进了刚才陈布雷所说的话，于是，来到办公桌前，铺纸提笔，手令西南各省，以显"仁义"于内政，冲淡几个小时前那封措辞强硬的电报的严厉，他写道：

　　"行师用众，赏罚是先，我革命军连坐法之效用，即所以整齐步伐，统一精神，表上下亲爱之诚，励将士忠勇之气，前有令电告我军，务宜切实遵守，又查所有共党，何一非民，特以教育甄陶之不良，或因贪污土劣之驱迫，意志薄弱者，遂流入歧途。此后凡我军人，务各惩前毖后，努力洁身，以保国安民为剿共之先着，勿驱民为敌，以误国于将来。况今国难方殷，正待军民合作。须知用兵，不如用民，教民当如教兵。若复昧此意义于故事常，漠视人民，玩忽法令，则载舟覆舟，古有明训；必赏必罚，国有常经。掬诚诰诫，务各奋勉，并令所属官兵，一体遵照为要。"

　　在如此指导思想下，蒋介石虽有严厉军令在先，但对以往"擅自进退"者采取的也就是"过往不咎"的做法。加之遵义失败的真情，陈诚为袒护薛岳，不敢如实向蒋报告。晏道刚当时也有顾虑，因为薛岳部队一向归陈指挥，薛部失利，陈不说，而晏道刚则也不便说破。如果说破，不仅陈不满于晏道刚，蒋介石也会以晏道刚有嫌隙于陈，而对晏不满。薛岳、吴奇伟在陈诚、晏道刚的如此庇护下，也就没有受到什么惩处；王家烈迭失桐梓、仁怀、遵义等地，蒋介石也不便现在就追究。国民党军在此前后损失1万余人的事，也就抛之脑后。蒋介石只好针对遵义战败的教训下了一道命令："今后在前线作战，不论是追是堵，是攻是防，如不与阵地、城池共存，未奉命即逃避者，一律治以失土纵敌之罪。"

　　一觉醒来，是3日凌晨。蒋介石还未起床，陈布雷已经把昨晚拟好的几份文稿誊写好，放在蒋介石的办公桌上。

带着浓烈火药味的一天又开始了,蒋介石到重庆的第一个军事会议,即是围绕陈布雷开夜车所修改润色的7份作战电文召开的。

当陈布雷蒙头大睡时,在渝的国民党军高级将领聚集到范庄内大会议室内,商讨川黔滇"剿共"军事。

一阵掌声之后,蒋介石坐到了会议室的正中座位上。

主持会议的陈诚双手按在桌面上,宣布会议开始:"蒋委员长这次莅渝,主要是统一指挥我驻川黔滇各军,制定在乌江以西、黔巴大道围歼朱、毛共军的战役部署,决定采用堡垒推进和重点进攻相结合的战略,彻底消灭朱、毛共军于遵义、鸭溪之间地区。下面我把主要敌情和委员长对我军的部署简要介绍一下,然后由委员长作训示。

"朱、毛共军于上月27日晚回窜遵义,娄山关附近现在尚有万余之共军盘踞。28日又有一股窜至遵义、湄潭道上老蒲场,与我军在珍部激战。判其企图,似拟经由湄潭、凤冈东渡乌江,希与萧克、贺龙共军合股。我军以歼共军于乌江以西、黔巴大道之目的,除已派队分途追剿,并于巴黔大道及其以西数线布防,堵其回窜外,拟特于乌江沿岸严密守备,坚固防堵。"

陈诚以目光征求蒋介石的意见,蒋介石领首表示赞同。

"下面我讲一下具体部署:徐源泉部新3旅及第48师,除酌留一部守黔江外,应以主力守备乌江下游自彭水至龚滩之线,限8日到达。何键部第15师、第23师、第63师,除酌留一部守备松桃、酉阳、秀山线外,应以主力守备乌江沿岸自龚滩迄水口之线;至沿河至思南一段,尤须特别注意。第53师着由镇远移驻石阡,以为沿江守备之策应。以上均要在8日以前到达。薛岳部吴奇伟纵队应以一部及民团,守备乌江上游自水口经茶山关渡、乌江城至大渡口之线,限6日以前到达。以上各守备部队,均须构筑碉堡工事,严密封锁,阻共军窜渡。"

蒋介石扫视了一遍在座的所有川黔滇高级将领,他们都正襟危坐,随着陈诚手里的标图杆的移动而转动着脖子。趁此时机,蒋介石在仔细地逐个端详着那一个个圆的、方的、长的、短的脑壳,那里面都是些什么玩意儿呢?

陈诚仍在地图上比划着:"关于以凤冈、湄潭为目标截击共军的部署,如茶山关至水口行程在6日以上，则不如改道由茶山向龙场坝上下附近选择渡河地点，渡过乌江北岸。届时吴奇伟纵队主力即沿乌江支流湘江东岸，经棘子哨、珠场、接龙场、新场大道，以凤冈或湄潭为目标，寻共军踪迹所向而击之，或奏效更大；如我军渡江时而共军尚在遵义附近与我军对峙，则吴纵队可由珠场一带向西转进夹击遵义。总之，吴纵队用在遵义以东地区，或沿湘江东岸，或沿乌江东岸挺进，皆须切实详查准备，方可相机处置。"

说到遵义，蒋介石来了情绪，他站立起来，从陈诚手中接过标图杆："我强调说明几点，关于收复遵义城的部署：郭指挥勋祺率所部3旅，并指挥现在桐梓之黔军，限6日集中于大溪里、排居坊附近后，即向遵义城东北地区进攻；周浑元纵队限6日集中枫香园、鸭溪口一带，即向遵义城西南地区进攻；吴奇伟纵队仍在茶山渡至息烽乌江城一带取攻势防御，其主力应集结茶山渡附近；另派一部向鸭溪口、枫香园，与周纵队切取联络，准备对共军无论窜向何方，不失时机取直径堵剿。"

蒋介石的标图杆又指向乌江："共军已向东转进，其目的仍在乌江东岸，图与萧克、贺龙共军合股。我第53师应即兼程向石阡及其以西急进，东自银溪口与陈光中师衔接，西至余庆、水口，沿乌江扼要布防，务于5日以前部署完毕。至银溪口以东防务由何键兄派部队负责。余庆、水口以西防务，已由犹国才部负责防守，并望李抱冰、李云杰兄与之切实联络。酉阳、秀山、印江方面防务部署是否就绪，请何键总司令详复后再作部署。"

至此，在重庆的蒋介石每天必是亲自审查战报战电，全面了解战局，掌握前线部队的调动，制定作战方案，甚至是部署具体战斗，并日夜派出飞机飞临前线，对红军进行侦察。

本月初，中央红军在遵义获胜后全师西进，这一着很出乎蒋介石意料。当川军郭勋祺率部首先到达遵义时，蒋介石还认为是胜利，再度犒赏该部。虽然这次郭师尾追红军只是扑空，但在蒋介石看起来川军还是十分卖命的。

重庆范庄的军令迅速传向各方。这期间，范庄门前热闹非凡，门内更是电键声声，一片战中紧张气氛。连日来，蒋介石亲自主持召开的军事会议一个接着一个，范庄夜晚灯火彻夜通亮。然而，几天来虽经过反复的谋略推测，众将领仍面有难色，吞吞吐吐地向蒋介石表示：红军行迹仍捉摸不定。

蒋介石把贺国光喊到面前训示："第47师应全部向桐梓推进，限本月8日前到达桐梓。其綦江防务由第54师派1团兵力前往垫防。上官云相总指挥务于9日以前到达桐梓城。"接着，又连电薛岳、吴奇伟："务望于此两日内，定5日先行设法占领乌江城或镇南关，用少数部队，约1团以上兵力固守之；其余吴纵队主力，仍照昨电速向龙场及其以东地区，选择多数渡河点，以备各部得以同时渡河。"

这时，国民党军因连吃败仗，已不敢与红军交手，但又鉴于蒋介石的督战，采取了与红军在阵中若即若离的"胶着"状态。

正在国民党军犹豫不前之际，毛泽东却主动挑战来了。

中革军委于3月4日决定设立前敌司令部，任命朱德为司令员、毛泽东为政治委员。毛泽东决定以红九军团在桐梓、遵义间地域吸引川敌向东而牵制之，主力则西进遵义、仁怀路上突击周浑元敌。前敌司令部发出关于消灭周浑元部萧致平、谢溥福两师的指示，命令红一军团和干部团为右纵队，红三军团为左纵队，红五军团为总预备队，向白腊坎前进，突击周敌。红军兵分一路于娄山关、遵义抗击北面之敌，而用主力在仁怀、长干山、鲁班场、白腊坎一带，积极寻敌作战，以求进一步调动国民党军。

中共中央为粉碎国民党军新的围攻并赤化全贵州，发表《告全党同志书》，指出最近红军在遵义附近的战役中，消灭并击溃了王家烈、吴奇伟两个师又8个团之众，这是第五次反"围剿"以来第一个伟大的胜利。现在，蒋介石仍企图进行新的"围剿"，消灭红军于黔北地区。中共中央号召全党克服一切困难，在运动战中消灭敌人，彻底粉碎敌人的围攻，赤化全贵州。中央红军主力奉命西进，向长干山、鸭溪一带移动。两天后，军委纵队抵达鸭溪西北的苟坝，红一、红三、红五军团在长干山周围活动。

红军的盘旋战术，把赤水河畔的军情搅得瞬息万变，使国民党军将领个个都畏缩不前。蒋介石为此首先严厉斥责滇军："孙渡部以为6日可到黔西，而对共军之情以为其主力在鸭溪场一带求决战，此皆主观太深之故。如果共军不放弃遵义，则其主力为何要移到鸭溪，而与我吴奇伟纵队进取遵义之便，受我侧背夹击之险？且我孙部究能如计遵命到达黔西否？以不可知之事，而定处置方案与判断共军军情，焉得不失时机！过去我军着着失机，不能予共军以痛创者，即为此也。"

"不要动不动就发脾气，仁义治政啊！"陈布雷的插话，总让蒋介石深思："逃离巢穴的共军为何还能得到地利？而我军不论是中央军还是地方军却得不到当地老百姓的帮助，得不到来自民众的情报，成了睁眼瞎，这很值得我们思虑。"

"有道理。尤其是川军的军纪，必须严加整肃。"蒋介石明白陈布雷说的是国民党军骚扰地方的弊端，长叹一口气说道："据报，前朱、毛共军窜川南时，对人民毫无骚扰，有因饿取食土中萝卜者，每取1头，必置铜元1枚于土中；又到叙永时，捉获团总4人，仅就内中贪污者1人杀毙，余均释放，借此煽惑民众。"

"共军的仁义之处就很值得我们吸取。我们也应严饬所属军队、团队，切实遵照上月22日电令，爱护民众，勿为共军所利用为要。"陈布雷点到为止，见好即收。

"就这个问题，可先电令川军，严饬所属，爱护民众，向刘湘总司令和宜宾的潘文华总指挥说明利害关系，并就所掌握的共军的行踪快快报来。"

民心不是一夜之间就能争取来的，蒋介石的应急办法只能是迅速派出飞机，进行低空侦察。红军部队的频繁调动，果然很快报到了范庄。蒋介石得空侦情报后，立即把陈诚喊到面前："据下午飞机报告，共军万余人向鸭溪口西南方向移动。察其企图，不外以下两种：放弃遵义，仍向西窜，求达其原来目的；先求与我周浑元纵队决战，然后再向南对贵阳压迫。我军的处置应暂取攻势防御。"

"吴、周两纵队如何部署？"陈诚从不自己先拿主意。

"吴奇伟纵队明日仍在乌江南岸，暂秘其行动，一旦共军情况明晰，如共军果向西窜，则吴纵队主力用最快行动，星夜兼程，即向黔西西南地区挺进，不得延误片刻；若共军果与我周浑元纵队在枫香园附近接触或对峙，我吴纵队亦用最速方法，渡江北岸猛进，寻共军侧背围剿之。"

"周浑元纵队呢？"陈诚一边问，一边记录。

"周纵队明日在长干山附近集中，并构筑强固工事，暂取攻势防御。如共军不敢向我进攻，仍在枫香园附近停止，则我军可逐步前进，先诱其来攻，然后双方夹击之。否则，共军如向黔西窜去，则周纵队亦应取最速行动，向黔西之西北地区兜剿。总之，周、吴两纵队，自接此电时，应即多组织别动队，以一排或一连为组，速向黔西之西北与西南地区活动，并沿途埋伏截击。其沿途各地点，应由各纵队指挥详细规定，尤应注重夜间行军与夜间袭击为要。"

"夜袭？"

"夜袭！对，专电薛岳，让他现在即先令驻息烽、修文与贵阳部队之主力，准备今夜夜行军，贵阳城内只留 1 团兵力；分组别动队，立时出发，到鸭池河附近，迅向黔西县西南地区，专用伏兵战术，沿途布置，到达后就实施截击与夜袭，以阻滞共军之行动为要。"蒋介石不知为什么对"夜袭"来了兴趣。

"夜袭！对，夜袭！"蒋介石很为突然想到这一战术而感到高兴，在陈诚退出后，又亲自手令薛岳，令其采用截击、伏击、夜袭之法与红军作战："望兄速照前电之意，多用别动队，以一排一连一营为单位，分别用车或星夜徒步，向织金与黔西两方向，沿途布置伏兵。以后追剿堵截，再不可照正式集中兵力再攻之法。否则，非是剿共，乃是纵共也。此次川军予共军创伤者，亦皆用沿途截击与伏兵夜袭之法，从未用过 1 旅以上兵力与共军对战，故能奏大效。切望我周浑元、吴奇伟两纵队以后必须多用此法，勿再待集中为要。孙渡部由瓢儿井直达大定，我吴奇伟部主力备向织金推进，而现在应即多派别动队不分昼夜急进勿误。"

次日晨，为"夜袭"而激动了一晚上的蒋介石又电令薛岳："共军之行动，常走曲线，乃其狡计。望我吴奇伟纵队主力向遵义行进时，而彼则由六广渡、修文方面袭击我贵阳，亦在意中，请注意之。令第 59 师派黔西别动队，应区分为 10 个或 20 个单位，复在纵横百里上之面积内，各别扼要设伏。"

早饭后，蒋介石又就"设伏夜袭"电令周浑元、吴奇伟向黔西北地区挺进："据此推断，共军以西窜的可能性为多。望两兄各电土家烈、犹国才，在打鼓新场一带之黔军，严密布防堵截。周浑元兄部应准备取直径向黔西之西北地区挺进，待本日飞机通讯袋投到，共军情况明了后，当不失时机，找共军进击。周纵队主力应跟共军猛进，其所派之别动队，尤应立时出发在黔西之西北地区。吴奇伟纵队所派之别动队、先遣队在织金西北纵横分布埋伏，以代民团扰乱与夜袭之任务。"

"夜袭队"派出了，但蒋介石蹲在地图旁"守株待兔"般连等了两天，却无任何"报捷"消息。

中央红军这几天似乎又从赤水河畔消失了。

"怪事！飞机侦察明明看到共军就在鸭溪这一带活动，怎么会不见了呢？"陈诚看着满面怒气的蒋介石，不敢多言。

"共军似仍在鸭溪、白腊坎一带。孙渡纵队仍令开黔西为宜。王家烈部亦在黔西，饬属联络。又各部对空军务须遵照规定铺摆联络符号，以免误会。至叙永普盘山一带，令潘文华部防堵。"蒋介石没有再提"夜袭"两字，"打鼓新场、西安寨、大平寨一带，应派得力人员切实联络，并令其每日报，以资实在。黔西至西安寨一带，已有黔军扼守，则吴奇伟纵队除酌派1团兵力扼守鸭池河、滥泥渡、六广渡一带外，其余主力应向大渡口、刀把水一带转移，预定于11日集中完毕。"

"共军究竟是向东，还是向西逃窜？"陈诚说着模棱两可的话。

"我看，现在遵义西南之共军一部，回窜遵义县城，似有东窜乌江之势，乌江上游、箐口上下游窜渡之可能性最大，具体地点当在由余庆县至余庆司间之渡口。"蒋介石指着地图，作出新的判断和部署，"速令李抱冰部应速赴箐口南岸附近部署。原令第53师暂行担任之思南至水口江防，现在第63师既已陆续到达，即改归该师逐次接替，将第53师部队逐次上移，最后守备水口至回龙场一段，并将主力控置于箐口南岸附近，以备策应。"

"委员长的判断非常高明，共军向东突围正好撞在枪口上了。"陈诚发出爽朗的笑声，蒋介石也跟着笑出声来。

调动部队的电令很快由范庄发出，国民党军第53师、第63师等部队连忙遵令调防。

前线部队正在忙乱调动中，重庆范庄的特急电通过空投又传到，蒋委员长有令："现在共军有西窜模样，部队停止前进！"

李抱冰望着头上嗡嗡叫的飞机，大发牢骚："我们这是在搞演习呢，还是在打仗？一会儿向东，一会儿向西，瞎指挥！"

其实，真正苦恼的是蒋介石。11日这天，他在发出"部队停止前进"

的手令后，陷入茫然中："天时，地利，人和，这三者，共军全不占有。难道我们也失去了这三者？"

"非也。"陈布雷摇头说，"共军以万人以上之大队西窜，其气候、地形与风俗皆非其在赣区时之便利可比，而且彼我正立于相反地位。以共军之不利，即皆我之利也。共军行进队形必照前卫、后卫与本队及左、右侧卫，而且其各部相隔距离必须差半日或1日路程。以其粮食缺乏与道路狭隘，故其正面亦必广也。此乃我军昔日在江西剿共之法，而今日共军不能不用。然而我军因此失利，甚至有几次全军覆没者，是共军利用天时与地利、人情以及其别动队埋伏等不正规之战术胜我也。"

"分析得有道理。"蒋介石边琢磨边说，"此次共军在遵义与我对战，而我军反而失利，恐我将士以为共军势仍盛，以后不可轻用小部队以对共军。殊不知此次遵义之役，乃共军取攻势，彼乘击破黔军之势，立于主动地位，得其各个击破之机。而我军准备未能充分，敌情亦未详晰，盲目应战，是立于被动地位，故致失败。凡于敌军取攻势，我军准备未完之时，必以撤至预备阵地，虽取守势，亦立于主动地位。故我军退过乌江南岸，共军乃不敢轻进，是我军虽退仍非被动可比也。总之，无论进退，皆有主动之地位，非必以退为被动也。我军以后追剿，无论大小部队之动作，皆有充分时间之准备，时时可立于主动与攻势地位，切勿以遵义失利之故而丧失我将士之勇气，反忌共军之弱点、缺点，以致动作迟钝不决，错过时机。"

陈布雷也越说越有劲头："共军弱点不只以上所述天、地、人三者之不利，而其子弹缺乏，重兵器毫无，故其决无取攻势之可能。我军若只认识此一点即可到处大胆袭攻，以一当百，以小胜众。只要我军据地形之利，先共军所至，准备得法，埋伏得当，则以贵州春天多雾，地势多水，若各级指挥官能明此利，运用有方，共军虽众，未有不被我歼灭之理。共军行进队形已如上述，而且其各部卫间隔距离必大。我军如能应用得法，则随时随地皆可将共军截成数段，各个包围与歼灭。"

蒋介石也越说越有精神："应该将此意明告各级将士，使其各出其智，能激励其勇气与决心。如何利用雾天与夜间接近共军，埋伏袭击；如何利用河流渡口隐匿藏秘，如共军从前之封锁消息，以待其大队进来或渡河时而腰击之；如何使其截成各段被我各个击破。以共军此时溃窜退却，各自逃命之时，其前后彼此必不敢互救恋战。绝非如遵义时，彼进取攻势，已得有城池根据地，立在主动地位时可比。"

"对于'剿共'，委员长是尽了全力的，可说是呕心沥血。问题出在哪里呢？我看纵有千条万条原因，归结为一点就出在这'人和'上，是将士不用命的结果。"陈布雷说着向墙壁上悬挂着的那副对联望了望。

"你拟一个训令。"蒋介石对陈布雷说。

"给谁？"

"给薛岳部连以上的军官，薛岳主任、周浑元总指挥、万耀煌副指挥、吴奇伟军长、陈芝馨副军长，各师、旅、团、营、连长。川黔滇军难管理，暂时就算了。"蒋介石对陈布雷说。

"主要讲什么？"

"就讲这天时、地利、人和。共军西窜，是我军围剿唯一良机，如再不能剿灭，则再无革命军人之资格。"蒋介石攥着拳头站立起来，"军事必须利用天时、气候。凡昏雾黑夜如能利用，皆为决胜之良机。必须利用地形、山河与敌人队形及其心理，而尤在必争先着，立在主动，然后践墨，随敌以决战，事则无不取胜。惟运用之妙，在乎一心。望我各级将士努力奋勇，灭此朝食以赴之，则国家、民族皆蒙万世无穷之福也。希各勉之。"

训令发出后，蒋介石又严令查办损兵失地的罗泽洲。他再鼓勇气，回到地图前，划乌江至金沙江为四道防线，组织新的"围剿"计划。此时，中央红军的"三渡赤水"正在悄悄由东向西进行中，中革军委在《关于我野战军战略方针的指示》中指出："党中央政治局决定，我野战军战略方针仍应以黔北为主要活动地区，并应控制赤水河上游，以作转移枢纽，以消灭薛岳兵团及王家烈部队为主要作战目标。"蒋介石仅凭借飞机送来的情报作出判断和部署，对中央红军的这一战术行动也就全然不知。

中央红军的"三渡赤水"始于3月中旬。13日，重庆范庄内的蒋介石还在命令部队"应注意向远方搜索"，在给周浑元的手令中训斥："三元坝、毛坝方向，平时有否派搜索部队活动？如果我主力驻谭厂，而毛坝附近之情况毫不注意，是太不知用兵之道！可知谭厂东北之大坝、三元场附近，亦未有注意。如果剿共而不知远方搜索，多方侦察，则非剿共，而乃被共军所玩弄！"

同日午饭前，走下楼来围着范庄转了一圈的蒋介石突然又有了新的"判断"，他又手令薛岳、周浑元、吴奇伟："据我判断，共军主力如未发现其窜向，则尚潜伏于仁怀、谭厂之四周；与其断为向毛坝之路西窜，不如断其在谭厂东北方面，绕窜平坝、大坝，转向赤水之可能为多。因如许大股共军，通过谭厂西侧向毛坝窜去，决非易事，而我谭厂部队未有不知也。故对于花秋坝、大渡滩、大坝向赤水道路，尤应注意。我周浑元纵队主力，必待共军情况明了，方可大举；但有力之搜索队，派遣愈多愈远愈好，夜间尤应特别活动远探。吴奇伟纵队到达鸭溪附近，须搜索前进，不可随意轻进。但无论周或吴部，如闻有1个纵队与共军激战，则其他之1纵队，必须不顾一切，向激战方向猛进，以期夹击尽净，万勿稍加犹豫！"

午饭后，情绪亢奋的蒋介石没有像往常一样去上床休息，而是走回到作战指挥室。

"综合各方情报，共军主力似仍潜伏在长干山附近及其南北地区，有与我周浑元纵队决战，乘机西窜模样。我军以聚歼该共军之目的，决定分途剿办。"原来蒋介石在策划一个在长干山附近消灭中央红军的部署，"特急命令：郭勋祺师除留3团以上兵力暂守遵义城，待裴昌会师接防，即归还建制；其余主力，即由遵义经红花桥、牛蹄塘、牛角屯向两河口方向兜剿，务限于16日前进占两河口。届时如共军已西窜，应跟踪追剿。吴奇伟纵队由鸭溪、白腊坎、枫香坝、花苗田方向兜剿，务限于15日前占领白腊坎。如届时共军已西窜，应即跟踪追剿，并归周代总指挥之指挥。周纵队速派有力之一部，占领平坝营或大坝，其余主力仍控置于谭厂附近，准备向毛坝、北向大坝地区进出追剿。"

陈诚、陈布雷、晏道刚等人面面相觑，都在为蒋介石的这个"聚歼"计划而惊讶。

"吴奇伟纵队到鸭溪时，可派一部分扼要做工事，其主力应即向左翼延伸，努力与周纵队及犹国才、何知重、柏辉章各部联系，并与遵义郭勋祺部设法联络。共军既未窜去，则我军可以从容部署，严密兜剿，不必过急。对于犹、柏、何各部之部署，可由吴奇伟以薛岳主任名义，在前方处理一切。对此3部，如能就近运用得法，则可增以一当二之力。希特别注意慰抚之。"

蒋介石的"聚歼"计划仅仅发出两天,前线战报即传来,结果与蒋介石的预测相差甚远。还未等国民党军出击,中央红军就主动进攻,突然对鲁班场之国民党中央军周浑元部发起冲击。一夜激战后,还未等周浑元明白过来是怎么回事,红军已经撤出战斗,向仁怀、茅台转进,以调动国民党军,寻求新的机动。

正在做"聚歼"美梦的蒋介石,一听这与自己愿望相反的消息,点名道姓厉声斥责薛岳、吴奇伟、周浑元3个人:"吴奇伟部到枫香坝后,其主力不得停留片刻,应即向太平场、井坝道路转进。如遇共军后卫拦阻,更应猛力冲击,并设法绕至其后卫两侧,竭力抄袭。若照吴奇伟14日电称,'梁华盛师先遣队到达枫香坝附近,有共军阻我,前进即止',此乃为我军之大耻!当此釜底游魂之共军,若再不乘机聚歼,运其智勇,各尽职责,则何颜再立于斯世?希严令遵行!"

中央红军西渡赤水的战术行动,蒋介石到此才算是"判断"准确了。重庆范庄内,又是一片忙碌。

蒋介石通令前线各军:"据报,共军企图窜至横江,以4万人能存1万,即算成功。现朱、毛第1军团在井坝,第3军团在平桥,是共军急西窜无疑。此种情势,周浑元可截击,吴奇伟可追击,王家烈可堵击,孙渡可追击与截击,郭勋祺可绕出仁怀以西追击。假使各部运用得法,努力遵令剿办,乃歼灭良机。"

陈诚也在范庄内猛吼:"委员长有令,第53师即由现地开至遵义,限22日以前到达,担任遵义北鸣猴关起至遵义南镇南关止之线防务。线上道路两旁,均须构筑碉楼,防共军回窜。至鸣猴关以北,则归第47师担任防守。着原守乌江之黔军特务团,并督同各县团防,向东延接第53师江防,由回龙场顶至龙洞湾止,与第63师联络。"

晏道刚在大喊:"委员长有令,此时我军如各方部署略定,只要共军无可窜之途,则可先求各部联系之确实。不但要与黔军彼此联络,以期通报迅速与确实,即兄等两部间,亦应注重联系确实;不可徒靠无线电报,凡种种通信手段与符号,皆应从速规定。枫香坝与谭厂间交通,应速打通,并须构筑相当据点,使共军不能由此东窜。故此时暂勿谋急攻,而谋堵截完备,联系确实,或待其来攻而夹击之亦可。待联系完成,再图积极进攻,但切勿令其漏网。希严令各部分别负责,毋稍疏虞。"

作战参谋人员一个个也都是走路带小跑:

"据周浑元报:共军第1、第5军团昨日进犯鲁班场东北阵地,现仍相持。已复饬固守,待机出击,并防共军一面牵制,一面掩护其主力西窜。"

"据吴奇伟报:昨在枫香坝西与共军第3军团对战……"

范庄如同开了锅的沸水。

"令吴奇伟部继续攻击前进。只要稳扎猛打,定操胜算,期早与周部夹击朱、毛共军。"蒋介石像一个工地上的总工头,在分派今日的工作:"令郭勋祺师由两河口向谭厂、鲁班场转进兜剿。如遇共军与吴纵队对战,即就近侧击;令孙渡纵队仍在原地严密堵共军西窜;令王家烈纵队固守原线,防共军西窜,并多派小组游击队遍地活动,另派有力一部向鲁班场方面北进声援。此次运用得法,乃聚歼良机。"

毛泽东的"打圈子"战术,把蒋介石转得忽东忽西,疯疯癫癫。

为了进一步调动和迷惑国民党军,毛泽东率领红军于16日晨至17日中午,在赤水河上游茅台渡口附近西渡赤水河(三渡赤水),向川南古蔺、叙永方向疾进。接着,攻占镇龙山,击退川军1个团的阻拦,进到大村、铁厂、两河口地区,并以一个团伪装主力,做出北渡长江的姿态,把国民党军吸引到赤水河以西的川南古蔺等地区。

中央红军除第3军团外,三渡赤水河,重入川南古蔺地区。急电传到范庄后,蒋介石竟洋洋得意起来:"怎么样,我早就预料到毛泽东这一着。"他走到作战地图前,对着几个国民党军高级将领训导般地说道,"你们听着,我们国军的整个战略部署就要依着朱、毛共军的这个总溃退计划来制定。朱、毛共军的总计划是什么呢?我看不外乎这两个,一是北渡长江与徐向前共军会合,二是折返湖南与贺龙、萧克共军会合。毛泽东几次率队在赤水河地区打转转,正说明共军企图北渡长江。你们不是说共军行踪捉摸不定吗?这'不定'正说明了他们已走投无路,毛泽东的用兵目的也正在这企图北渡上。"

蒋介石就此又判断中央红军要北渡长江,便急谋在川、黔、滇三省边界重重设防,谋聚歼中央红军于川南古蔺地区。具体部署为:令周浑元派兵两团协同郭思演师占仁怀,筑碉防守,主力向古蔺方面截击。吴奇伟属第59师韩汉英部、第90师欧震部、第92师梁华盛部、第93师唐云山部，归周浑元指挥"追剿"红军。川军郭勋祺部由两河口至仁怀、古蔺尾追。滇军孙渡部鲁道源、安恩溥、龚顺璧3个旅在大定赤水河镇、毕节一带防堵，与川军取得联络。王家烈部固守原地，从黔西延伸至大定防守，并以一部出击鼓新场以北游击。川军主力则在古蔺、叙永一带防守，并与赤水镇滇军联络。旋又改令侯汉佑部在赤水、上城防守，蒋德铭旅守土城、茅台、小河。犹禹九旅在小河口、大河口至赤水镇防守，替出吴奇伟、周浑元、郭勋祺部到川南截堵。

范庄内又是一夜灯火通明。蒋介石与众幕僚将领讨论后一致认为：红军的战斗力仍未稍减，仍不可轻视；贵州西北地区地瘠民贫，大军行动不仅粮米困难，就是柴草也不易得，红军徘徊于此绝地，乃系大方针未定的表现，并企图北渡长江实现与徐向前部会合；这一段长江两岸多系横断山脉，山势陡峻，大部队无法机动，红军在北渡被阻后只有化整为零，在乌江以北打游击。为此，蒋介石最后决定，欲严密封锁红军进退之路，须再用在中央苏区"围剿"中的碉堡政策，步步为营，紧缩包围圈。

于是，蒋介石立令薛岳各纵队尾追侧击，采取在江西修碉筑堡围攻的手段，梯次向赤水包围进剿；令李抱冰部由黔东开遵义，在该城周围修筑碉堡；令上官云相第9军在桐梓、遵义间修路筑碉堡；令刘湘加强泸州上下一带长江防线，并挺进至长江以南叙永、赤水、土城、古蔺地区修碉封锁；令龙云以孙渡部进至大定、毕节以东地区修碉防堵封锁，并切实加强横江的严密封锁。

3月17日，蒋介石电令潘文华、孙渡，立即沿纳溪、毕节线赶筑碉堡工事：

"现在共军已由茅台窜过赤水河，我叙永、毕节第二防堵线，亟应严密封锁，堵共军西窜。潘文华总指挥应饬陈万仞师于纳溪、叙永、营盘山、赤水河镇（含）线；孙渡纵队应于赤水河镇（不含）至毕节线，扼要先行选择据点，星夜赶筑碉堡工事。各据点工事筑成后，即速于各据点间目力、火力均能交叉相及为要。潘总指挥、孙司令官应双方互派妥员参观彼此工事，籍资联络。所选工事地点，即日电告，并绘详图补报。此线封锁严密与否，关系剿共前途至巨，望各妥速办理。"

陈诚忙中有些乱，像说山东快书一样向蒋介石汇报兵力总部署：委员长你听好，所有防堵部队都派出去了。周浑元纵队主力向古蔺方向截击；吴奇伟纵队继续"追剿"；四川南岸"剿总"主力在古蔺、土城防堵；川军郭勋祺部由两河口向怀仁、古蔺尾剿；孙渡纵队赴大定、赤水镇、毕节防堵；王家烈纵队固守原地并派一部到大定、打鼓新场为前哨……

"这次'围剿'行动一定要慎之又慎。鄢家渡与草濂溪里程与方向如何？"蒋介石的问话打断了陈诚的汇报。

"各图皆不相同。"

"电令周浑元，如草濂溪在鄢家渡以西，可与五十万分之一图上的卧牛河以西之大河镇联成一线，构筑工事，但不必沿河构筑，应在东南离河稍远之处择要设伏，待其半渡而后击之，此乃应有计划。盖共军向西向北，如皆受堵绝，则其最后必仍向赤水河镇东南回窜，而以向南岸之可能最大。故此时兄部可以有力之一部急渡赤水西岸，监视共军行踪，其余可先在东南岸扼要布置，并多择设伏地点。如布置已完，共军不回窜，则可再渡河进击。孙渡纵队主力已在瓢儿井附近，请与之联络。吴奇伟纵队亦可令其先在东岸，即在茅台之南北线，与周部之右翼联络。"

说到嫡系部队吴奇伟，蒋介石的心中总感到不是很满意："郭勋祺部已集中谭厂，而吴奇伟纵队仍在枫香坝未动，为何？"

"不清楚。"陈诚回答。

"命令他立即向前追击。"蒋介石说道，随后又想起了什么，口气软了些，毕竟是嫡系部队，需要特别关照，"当然，在沿途重要地点均应酌留少数部队，约营为单位，筑碉扼守，以防共军再绕道回窜。鲁班场、枫香坝、谭厂等处，皆应酌留若干，一面修碉守备，掩护我后方，一面可搜索其后方附近残余共军。但此守备队，必须教其练习伏兵之法，预在其左右前方50里附近选地设伏，以围剿残余共军。任用伏兵战术，方能奏效。故此后我前方追击部队不必过大。若依照围剿战术原则，到处取攻势防御，只要不失共军踪迹，则我每路追击队若有8团兵力，即已足用。仁怀留两团，如嫌不足，可多派一团，总俾此共军不能再回赤水河以东。望照此意图相机部署。如鄢家渡船只不多，则尽量向其以西地区伸展，觅船架桥，并应严防共军转来赤水河南岸回窜。纵队如为取道便利，则可先到仁怀，再转向周浑元纵队跟进。"

千军万马在蒋介石一张一合的嘴巴中，铺向黔西北大地。

侦察飞机在蒋介石的督促下，轰隆隆在赤水河畔上空响个不停。

"本日飞机侦察，仁怀已架浮桥两道，据其判断，共军大部已渡河向古蔺西窜。惟茅台与仁怀间尚有少数共军。"

"据确息，共军所经过村落，皆留有落伍小部共军，以枪送民家，愿为民家做工，而民家因之多为其藏匿。此即共军一面仍为其赤化与窜回之准备，一面扰乱我后方。"

"这空中和地面的情报都十分重要。飞行员一定要敢于低空飞行，共军根本没有防空能力。"蒋介石脸露这几天很少见的笑容，这是17日下午的事。

3月18日，侦察飞机增加了架次，飞行员在蒋介石的特别鼓励下，更为卖力，把飞行高度又降低了100米。

飞行员的报告很快传回范庄："现共军已渡过赤水河西窜。据本日下午飞机侦察，古蔺方面甚安静，见共军先头数百人向古蔺西南方逃窜。似此，共军主力有向西窜模样。我军现在江门、叙永、赤水河镇以东，及沿赤水河流以西地区。"

"只要发现共军形迹就好办了。我军可以筑碉封锁……"陈诚建议。

"电令侯汉佑司令所部，担任赤水至土城之线，主力置土城；魏金荣副师长所部，并指挥蒋德铭旅，担任土城、茅台、小河口之线，主力置茅台。王家烈纵队即派遣担任小河口、大渡口、仙家渡、赤水河镇南岸之线。以上两线河防，均归王司令官负责指挥，均先扼要各渡河点，星夜赶筑据点碉堡工事。待筑成，并于两碉间构筑碉堡，连点成线，务使两碉间能以目力、火力交叉相及为度，统限3天完成。余部迅速肃清赤水河东南地区之残余共军。"

"这边呢?"陈诚指着地图上的赤水河镇一线，问道。

"陈万仞指挥所部仍于江门、叙永、赤水河镇之线上，照上法切实筑碉防守。该部任务重在防堵。孙渡纵队主力仍集结于毕节以北，但须速派一部防守瓢儿井，并与川军确取联络，严密联防。周浑元纵队会合吴奇伟纵队，暂在鄢家渡、瓢儿井间，务多派精兵探寻共军逃窜方向，立即率部拦击或腰击，或击其半渡。郭勋祺部仍向古蔺方向尾追。各部遵办情形及筑碉地点、数目，立即电告，并迅速绘图补报。"

一时间，黔北川南大兴土木，仅10余天，各方电讯即报至重庆范庄，皆称碉堡基本完成。国民党军、政界要人也一致认为消灭共军已在近期，都争先恐后大报其"战绩"和"功绩"，以图争个头功。蒋介石扫视着悬挂着的作战地图，一条起由黔北大定、黔西、金沙、仁怀、遵义、桐梓的碉堡线已初步形成。他不禁沾沾自喜起来，对着众人高谈阔论："这是消灭共军的可靠法宝。我看这本旧皇历——碉堡战术还是可翻的。"

然而，粗心的蒋介石却忘记了致命的一点，就是在他"翻旧皇历"的时候，中央红军的历史却在遵义会议后翻开了崭新的一页。江西第五次"围剿"时的对手是王明等"左"倾冒险主义者，而此刻"赤水围剿"的对手却换了毛泽东。

蒋介石自我觉察到在赤水河开始走下坡路，他后来认为是在18日。这天，就在他与陈诚制定关于在赤水以西消灭中央红军的部署时，突然有急电传入范庄：中央红军警卫营在茅台长坝槽用步枪、机枪击落国民党军侦察飞机1架。这是个不祥的征兆，步枪怎么能够打着飞机呢？蒋介石非常不理解，从此刻起，他感到在赤水河畔的作战是越打越不顺心。

3月20日，红军中革军委指示各部："决意秘密、迅速、坚决出敌不备，折而东向，限21日夜，由二郎滩至林滩地段渡过赤水东岸，寻求机动。"为了迷惑川、滇军，派1个团伪装主力西进，掩护红军主力渡河，尔后再折回随主力东渡。

同日，蒋介石仍基于红军要北渡长江的判断，下达了关于在古蔺东南地区消灭中央红军的电令："此次朱、毛共军西渡赤水河，麇集古蔺东南地区。我川军刘兆藜、达凤岗、袁如骏、魏楷、周化成各部在天堂、叙永、站底、赤水河镇防堵于西；周浑元、吴奇伟、侯汉佑各部沿赤水河流防堵于东与南；黔军现正向此线接防，腾出周、吴两部担任追剿；孙渡纵队亦向赤水河镇堵剿；郭勋祺部由茅台渡河追击。以如许大兵包围该共军于狭小地区，此乃聚歼共军之良机。"

又是一个"良机"，不知蒋介石能否抓着。

蒋介石仍乞灵于他的碉堡战术，令各部："尚望防堵者务在封锁线上星夜并征集民工赶筑工事，以筑碉堡为最善，尤须严密坚固，并与友军确取联防，使无间隙可乘。并另控置兵力于相当地带，准备迎头痛击，并派多组别动队，遍处游击，阻其行进，眩其耳目。追击者不顾一切，以找共军痛击之决心，或尾共军追击，或派游击队绕出其前拦击、腰击与堵击，或主力赶出其旁截击。"

行文于此的蒋介石，大有就要摆"庆功宴"的气魄，在电报文后又龙飞凤舞地写了几个大字："剿共成功，在此一举！勉之勉之。"

其实，局外人一看蒋介石的碉堡战术就会明白这是白费劲。20日这天，云南省主席龙云就针对"碉堡封锁线"提出相反意见，致电蒋介石："现查共军已过赤水，窜入永宁河与赤水之间地区。此时我黔西、大、毕节各地之部队，若仍固守一、二两线配备，则各地之间动距百数十里，空隙大，一部有警，应援不易，有受各个击破之虞。构筑碉堡，固属要图，但材料款项均缺，时间亦不许可。目下共军倾向流动，一有变化，又成虚设。职意赤水河右岸负防堵任务之各部，似宜推进，凭赤水河沿岸择要配备，既能逼进封锁，且可不生隙。共军窜东南，固可截堵，即窜西北亦可变为追击，比控置于后方较为有利。……谨贡愚诚，以备采择。是否有当，仍候钧裁。"

"地方势力派的惯技！有碉堡在，人在，怎么能是虚设？"蒋介石嗤笑龙云别有用心，仍是一心一意修筑赤水河一带的碉堡线。他放下龙云的来电，就给薛岳发去电令："查沿赤水河流碉防，自土城至赤水河镇一段，业经规定王家烈所部联合魏金荣、蒋德铭两部担任在案。兹为防堵严密起见，在黔军未到以前，着由周、吴两纵队，分段筑碉严防，即黔军接防后，周、吴两纵队仍应协助防堵。着吴纵队将主力集结鄢家渡附近，随共军西窜情况，渐次西移，防共军渡河南窜，或相机截击。"

碉堡如夏雨后的蘑菇，眨眼间就成片地冒出了地面。可结果也正如龙云所说："一有变化，又成虚设。"大自然中自生自灭的蘑菇，在雨过天晴后散了架；赤水河畔蘑菇般的碉堡，在毛泽东的"打圈子"战术中也很快自我坍塌。

中央红军在毛泽东率领下三渡赤水河进入川南古蔺地区后，完全达到了调动国民党军的目的。这时，川军第1、第2、第3旅急忙向叙永赶来，滇军孙渡部赶至古蔺、白沙等地一带,而红军主力则在川南古蔺县境休整了3天。在蒋介石正在调兵遣将加强江防之际,红军突然于21日晚至22日拂晓从川南太平渡、黔北二郎滩等处迅速四渡赤水河。在各路国民党军还未弄清楚红军去向时,红军主力正以神速动作,先敌到达遵义、仁怀之间地区,穿过国民党军设在仁怀境内的封锁线,南渡乌江,然后大踏步向南挺进。

此刻,红军广大指战员也方明白毛泽东在赤水河以西讲的"调出滇军就是胜利"这句话的真正含意。滇军孙渡部的北移川南,不正为红军南行让开了大道吗?!而此刻对"赤水碉堡线"正津津乐道的蒋介石,却还蒙在鼓里。那密密麻麻的"围剿"军加上碉堡包围圈,在红军四渡赤水后可真成了带有绝妙讽刺意味的一片空白,在地图上则是一个硕大的"0"字。

3月22日,蒋介石才从迟到的战报中得知这个赤水河畔作战得了"0"分的答案,这显然着实使他大吃了一惊。但他的思想还没有完全转过弯来:"朱、毛共军昨已西窜,无隙可乘,故又渡赤水河东岸,有回向东窜企图?"

"这毛泽东是非要同我们在这赤水河边上转圈圈了!"陈诚也大为困惑。

"毛泽东竟然四渡赤水,东流西窜,现在又向东,我们这次一定要在防堵其向东的同时,做好严防其再向西五渡赤水。"蒋介石自以为这次他掌握了毛泽东的用兵规律,立令部队:"对于乌江西岸警戒部队,暂勿撤退,且须严密赶筑工事,增强防务。其沿乌江守备各部队,应暂任截朱、毛东窜之责,由刘建绪总指挥妥筹部署,并加强防线工事,严密配备。其陶广、章亮基、陈光中3师,应仍照陶纵队司令广19日命令实施;其李纵队司令觉所部,应仍遵照本部20日电指导要领两项,与陶司令互相协定,并与友军郭汝栋、陈耀汉两纵队切取联络,期将贺龙、萧克两共军围歼于湘西境内为要。"

欲举杯庆功的蒋介石被毛泽东这四渡赤水的成功,弄得情绪大为低落,兴头突然从高峰跌入低谷,这是他心理上一时很难承受的,他几乎到了歇斯底里的程度。他连夜立促侍从及作战参谋人员摘下墙上的作战地图,整埋行装,飞赶贵阳,他要立在红军的当道上,誓与毛泽东当面争个你输我赢。

蒋介石执意南下贵阳,可急坏了他的侍从们,纷纷劝其缓行,言外之意为：贵阳正当共军要冲，不能一意孤行，还是委员长性命要紧。侍从们并搬来宋美龄劝说，但终未说动蒋介石。怒气冲冲的蒋介石大骂侍从们是贪生怕死、反共不坚决，声言他就是只身一人也要马上去贵阳。宋美龄无奈，又非常担心火气正盛的蒋介石会有个三长两短，也只好立即收拾行装同机飞往贵阳。随行的侍从及作战参谋人员和宋美龄哪会料到，此行，蒋介石在贵阳真的差一点儿当了红军的俘虏，蒋介石"剿共"不成，却又猛吃一惊。

3月23日，为安排蒋介石到贵阳，安抚王家烈的地方势力派，蒋的心腹何成濬、李仲公、韩文源3人打头站，先一步到贵阳做各种准备。当日即在省党部大会堂开会作宣传，说蒋介石对贵州"甚为关心，贵州各界必须化除私见，拥护中央，接受中央指导，方能造成新贵州"等。

蒋介石在临离开重庆到贵阳前，为了能够静下心来专注"追剿"中央红军，他特别询问其他地区的"剿共"军事现在如何了。

陈诚张了张口，把刚要出口的半句话又咽回肚子里，他担心自己说不明白，特别去把负责作战的杨永泰叫来。

时红四方面军于月初向苍溪、仪陇发起进攻，攻克苍溪，歼敌约5个团，俘敌3000余人，为配合中央红军在长江边的行动，正策划强渡嘉陵江战役。(28日，红四方面军发起强渡嘉陵江战役。红三十军第88师一部和总部教导营于苍溪以南的塔子山附近强渡嘉陵江成功，全歼守敌1个营，击溃援敌1个旅；红三十一军于苍溪以北的鸳溪口强渡成功，攻占敌险要阵地火烧寺，击溃敌1旅；红九军于阆中以北渡过嘉陵江，相继攻占阆中、剑阁。)

红二、红六军团于本月中旬在高梁坪击溃进攻的国民党军4个团。随后主力撤出大庸、桑植两县城。前两天，中共湘鄂川黔省委向中共中央报告，要求在情况不利时，允许红二、红六军团北渡长江，向湖北省的远安、南漳地区转移。中共中央批复了湘鄂川黔省委的报告。

说来也怪，蒋介石在这时最关心的不是在兵力上有方面军、军团建制的红军部队，而是"追剿"红二十五军的军事怎么样了。本月初，红二十五军在占领陕西省宁陕县城、佛坪县城后，进到洋县华阳镇。该军在洋县石塔寺附近设伏，击溃尾追之敌陕军警 2 旅 5 个营，毙伤敌 200 余人，俘敌团长以下 400 余人，缴获长短枪 500 余支。接着在华阳地区开展群众工作，创建根据地。后由华阳地区东返，经柞水、蔡玉窑、曹家坪，到达蓝田县葛牌镇。

"就那么个不足 3000 人的一个军，竟也闹得风云满天？"蒋介石得知红二十五军的情况后，感到万分忧虑。

对徐海东部的西征转战，蒋介石是十分重视的，他曾有过预言："不要以为徐部是残余共军，轻而忽之，要知道将来成大患者，非徐向前，恐为徐海东也。"此时的徐向前等人所率领的红四方面军号称 10 万余人，可见蒋介石对红二十五军的重视程度了。

前几天，蒋介石曾就调伍诚仁、王耀武部"进剿"红二十五军给贺国光发出手令，称："四川'剿匪军'第 5 路军唐式遵部接防镇巴，不易实行，不如速抽陕南部队防守。对于共军徐海东部，可令伍诚仁、王耀武两部多拨 1 团共 3 团，为追剿部队，以期先灭共军徐向前部后，再派队增防镇巴可也。并电第 7 路军总指挥毛维寿、伍师、王旅，先由王旅全部追剿，以伍师抽队担任运输，彼此轮流交换工作。"几天后，蒋介石又手令庞炳勋迅速消灭红二十五军："对于徐海东共军，尚望与陕军切实联系协剿，以期迅速歼灭，免生后患。并已派第 49 师，亦由西向东参剿。请兄对徐海东部严防，并由东向西堵剿，免其东窜。一切请与杨虎城兄和契共济，协力进剿为要。又安康至白河一段公路，可否由兄部用工兵设计修筑，以为吾人永久事业。关于石工、桥梁、涵洞经费，可由中央派员办理。"

"下午就到贵阳了，关于抽调王耀武、庞炳勋参加对徐海东共军'进剿'的部署，委员长还是亲自给杨虎城写个手令为好。"陈诚知道蒋介石对"追剿"徐海东部尤为重视，特别建议道，"进剿小股共军和残余共军，应用良兵大兵，不可以其残小而轻视，以致夜长梦多。此时川北共军必不敢北窜，应多抽有力部队，先于最快时间肃清，待得以后专意对川北之共军。"

晏道刚急忙铺纸，蒋介石挥笔写道："进剿部队，必须随地到处筑碉，派兵留守后方，使共军不能任意逸窜；互应筑成长围之法，限制其活动，则可望聚歼。应令王耀武旅,及庞炳勋部,皆应抽队参加堵截进剿。而庞、王部进剿时,应派陕西熟悉地形之部队各1团或若干部队附之,以为向导与协剿,则事乃有望;否则各以为残余共军,轻而忽之,则将来成大患者,非徐向前,恐为徐海东也。请切实注意详筹之。对防剿川北部署,可照办,但左翼应须经镇巴延伸至四川两河口为止,且须得力部队为要。"

蒋介石再次预言"将来成大患者"很可能是徐海东部,后人可从当时编纂的《军事委员会委员长行营参谋团大事记》中查阅到这个手令。让后人称奇的是,蒋介石在重庆范庄内20多天的判断和预测不计其数,几乎全部落空,而唯有这个在临离开范庄几个小时前的预言"不幸"言中。因为仅在半年后,徐海东所率领的红二十五军与陕北红军一起创建并发展的陕北根据地,成为毛泽东所率领的中央红军的落脚点,继而发祥为新中国的圣地。

蒋介石在临离开范庄前关于身边赤水河畔"剿共"的最后一道手令,则是怒气冲天,他限令上官云相恢复桐梓,写道:"据飞侦报告:本日桐梓已无我军,亦无匪踪,而只见土人向遵义逃跑。此种不遵命令,放弃县城,只图自保生命,殊为军人最大之耻辱!如果以兵单不能两守,则何不放弃松坎而守县城?不应弃重就轻,乃竟放弃桐梓,此非怕死而何?我自治兵以来,未有见如此之奇耻,痛心何极!限令裴昌会师速于明日恢复桐梓城,并希松坎亦派部队前往桐梓。否则照'连坐法'处治不贷!"

已是24日下午1时过,蒋介石才偕宋美龄、端纳、陈诚、晏道刚由重庆登机,历时2小时又15分钟,飞抵贵阳清镇平远哨飞机场。薛岳、何成浚、王家烈、李仲公等亲往飞机场欢迎。蒋介石下飞机后,即乘汽车进入贵阳城,到已安排好的贵州绥靖公署休息。报纸以通栏标题刊载:"贵阳街市,悬旗结彩,表示欢迎"。为了安定人心,激励斗志,蒋介石的新闻机构在大肆报道"委员长亲临贵阳前线剿共"的消息的同时,又报道:"据24日路透社电,今日又有一飞机到此,载来大批钞票,供中央银行贵阳支行发行。"

贵州省绥靖公署在当时的贵阳城中算是最气派最豪华的一座建筑,时为黔中已故军阀毛光翔的住宅,坐落在原六广门内南京街乐会巷内,即今中华北路贵阳市水利局、林业局办公楼。蒋介石的行营设在这里后,蒋介石与宋美龄住在二楼，两端楼梯口都设了双卫兵把守，除了顾祝同、陈诚、端纳、吴忠信和侍从室人员可以自由上下外，任何人不经蒋介石的呼唤都不准上楼去。楼外也是警卫密布，开会时，走廊上全副武装的警士更是穿梭般巡逻游动，戒备森严。

"委员长初次到贵州，更要多讲仁义，才能服众。"陈布雷指着刚挂上去的那副对联说，"要让大家晓得剿共就是救国，就是救民。在贵州而言，就是救贵州的人民，因为共军不仅是到处杀人放火，而且要在根本上把中国一切固有的道德文化完全摧毁，凡它所到的地方，就是使那个地方的道德摧毁殆尽，就是不要忠孝仁爱信义和平八德与礼义廉耻四维，甚至共军到一个地方，就要使那个地方变成禽兽的世界。古人说人之所以异于禽兽者，就是人知道尽忠孝，行仁爱，重信义，尚和平。而禽兽毫不知道。人人能够明礼义，知廉耻，负责任，守纪律，而禽兽绝不能够如此。"

蒋介石看了一遍那副对联，点了点头。当天下午，他即到贵阳警备司令部召集各路将领开会，会商"剿共"事宜。讲到最后，他想起了陈布雷提醒的话，于是又讲道："我们中国的固有道德，就是总理所告诉我们的忠孝仁爱信义和平八德，也就是我所常讲的礼义廉耻四维。现在将这些固有的道德文化完全摧毁，就是要使我们中国人统统变成禽兽，所以共军就是我们中国人共同之敌，也就是我们三民主义当前唯一的敌人。所以凡是我们中华民国的同胞，必须共同一致将共军消灭，才可以做一个人。要能永远成一个人，就要先明白四维八德做人的道理，一方面要从我们的行动表现出来，必得人民信仰协助我们，才能将共军彻底消灭。"

直至掌灯时分，蒋介石的讲话才结束。

当晚，蒋介石又对在贵阳的国民党军政人员发表训话。他挥动着双臂，讲道："共军已是强弩之末，现今被迫逃入黔境，寻求渡江地点未定，前遭堵截，后受追击，浩浩长江俨如天堑，环山碉堡星罗棋布。现在共军又试图向南突围，我看这不过是毛泽东的佯动而已，共军的真正目的还是北渡。我们的决策就是要压缩包围圈，迫使已走投无路的共军不得不与我们决战。"

这时，蒋介石实际上是以战场指挥官自任，亲自打电话调动部队，撤开了薛岳的贵州绥署和前敌总指挥部。显然，他把前一段的"剿共"失利归罪于部属的不得力。薛岳此时变成了一个侍从参谋，等于一个高级传令军官，还经常受到面红耳赤的蒋介石的责骂。所以，每一道调动指挥部队的电令，薛岳非经请示是不敢做主的。薛岳勉励部属，他在贵阳绥靖公署内召开党政军重要人员讲话，即说："我追堵大军云集，大家应以精忠救国精神，确信在领袖指挥下必可成功。"他再度转电各县长要与城共存亡，闻风即弃城者杀无赦，并亲自打电话给前线各县长，要他们指挥团队协助军队办粮草，做向导，侦察情况，安定乡民。

蒋介石不登黔灵山，不上甲秀楼，全力用在军事上。他在贵阳为了拉拢人心，几乎是逢人就讲："我们现在无论要剿灭共军，要建设地方，不能专靠政府和军队，尤其不能专靠薛主任和王主席一两个人，必须我党政军各界同志，大家负起责任，共同一致照着迅速和切实两个原则来努力。然后，新的贵州才可以建设起来。大家要晓得我们现在剿灭共军，建设地方，是最要紧的事情。"

贵阳城的军情经蒋介石这么一煽动，全城紧张，黔灵山上的野猴子都绷紧了神经。

在蒋介石的亲自部署和指挥下，黔中国民党军正规部队几乎全部调到了黔北，准备与红军"决战"，而贵阳城周及城内兵力却十分空虚。黔军第25军的高级军官除贵州警务处兼贵阳公安局长王天锡之外，全部都带兵出城去了。蒋介石到贵阳后，为了笼络人心和自身安全，立刻任命王天锡为贵阳警备司令，但又派心腹郭思演任副司令，负责贵阳市内特别是"毛公馆"的安全。贵阳城各城门的卫兵都换由中央军担任警卫。

蒋介石一副十分热情的样子，对王天锡说："你对贵阳很熟悉，希望你辛苦一点儿，把了解到的情况随时告诉墨三（顾祝同）、辞修（陈诚）。你们都是熟人，不要拘束。你可以搬到我这里住宿，便于联系。"王天锡为蒋介石的"恩宠"所激动，立刻把行李卷搬到"毛公馆"楼下。

25日，蒋介石到贵阳的第二天，他在省党部大会堂作题为"剿灭共军，建设贵州"的讲演，声调还是比较乐观的，他说："各位同志，我此次初到贵州，一切情形，不甚清楚，今天没意见报告，但是这几个月来，在贵州一般同志，无论文武，大家能同心同德，努力将共军驱逐，使贵州的人民，不为共军蹂躏，这是大家很好的成绩，也就很可以对得住整个国家和贵州民众一点儿。不过共军现在还没有消灭，以后大家必须特别努力；共同一致来将共军完全消灭，使我们贵州能够长治久安，才算尽到我们革命党员和革命军人的责任，也才可以做总理的信徒。……大家要和衷共济。这就是今天第一次和大家见面的贡献，关于成功立业最要紧的一点儿意见。大家努力去做，一定会得到一条光明大道，来完成你们的责任。"

就在蒋介石作讲演时，他如果知道中央红军正在神速向贵阳进击的消息，肯定乐观不起来。这天，中央红军进至遵义至仁怀大道北侧，很快经长干山与枫香坝之间南下而来。中革军委命令红九军团"暂留现在活动地域牵制周、吴纵队"，"吸引长干山一带之敌北向，以掩护我野战军主力通过封锁线"。中央红军主力由鸭溪、白腊坎之间突破国民党军封锁线南下，进入乌江北岸的沙土、安底等地。红九军团伪装主力，依托马鬃岭，佯攻长干山、枫香坝，掩护主力南下。红军主力很快经江口、大塘、梯子岩三处南渡乌江。以一部佯攻息烽，主力继续南进。红九军团滞留于乌江北岸，与主力分开，单独转战黔北和滇东北。

蒋介石显然不知道毛泽东南渡乌江的真实意图，仍在防备中央红军"五渡赤水"。28日，他即电令孙渡率部速到打鼓新场"协剿"中央红军，称："共军主力3日来仍在鸭溪与谭厂线之北方地区，与我第1、第2纵队对峙。窥其企图，必将由该线突破一点，或在鸭溪附近乘隙偷窜。务望兄部速取直径。用最快速度于本月31日以前赶到打鼓新场与西安寨间地区，使得按期协剿，完成革命也。"

即使在中央红军先头已经南渡乌江后，蒋介石仍认为这是毛泽东的声东击西战术，国民党军的防堵重点仍必须放在赤水河畔，因为毛泽东对这条河看来太"着迷"了，说不定毛泽东还会六渡、七渡赤水河呢？

接连不断的战报很快转飞到贵阳"毛公馆"，然而，蒋介石却难以从这些言过其实的"战绩"中寻觅出共军的真实行踪。蒋介石令薛岳迅速把红军主力的行动方向侦察清楚，但一连几天都未侦察到红军的真实踪影，即使突然得到空军似乎是非常可靠的情报，当蒋介石下令各路"围剿"大军赶到时，那里也没有红军，有时甚至连当地民团也说红军根本没到过那里。气得蒋介石破口大骂前线各将领："共军的影子都看不到，你们的战报从何而来？你们在前线究竟在干什么？"他把电话机听筒摔在地板上，顿足大骂部属是饭桶。

问题出在何处呢？原来蒋介石的指挥多凭飞机侦察报告，而飞机又每每为红军所愚弄，致使蒋介石得到的报告也就多不确实。如红军明明是向南行进，听到飞机来时，或是立即隐蔽、不露踪迹，或是即向后转朝北行进，等飞机走后，又依旧转向南进。而侦察飞机看到的只是红军的北进，即电报蒋介石，蒋介石即根据此报告，令各军均向北堵截追击，并限期各部到达指定地点。

国民党各路"追剿"军在接连上当后，再接命令后便怀疑空军侦察到的所谓红军集结地的可信程度了。多次的失利，使他们明知赶到后，必是累得人困马乏，依然扑空。可是，有蒋介石的军令在，不去又不行，深恐万一蒋委员长所指定的地点真的有了红军，若未按规定到达，有丢乌纱帽甚至掉脑袋之虞。去了而无红军，既无硬仗可打，又执行了命令，何乐而不为呢！只是苦了千万士兵，就这样在黔北大山中转来转去。如此，国民党军在黔北像飞蛾围绕着灯光一样，围着红军在打转。国民党军扑空一地后，又转向另一地，天天如此，几乎成了一个例行的公式。毛泽东带领红军略施一点儿佯动，整个国民党军阵营就会一片混乱，人喊马嘶，热闹一番。

滇军孙渡总指挥在事后回忆道："我们部队往返跋涉，拖来拖去，将近两月之久，疲于奔命，却始终未见到一个红军。可是也幸而未碰到红军，如果真的碰到了红军，则以这样疲乏不堪、锐气全消的军队，未有不一触即溃的。"

国民党军在黔北跑来奔去地忙个不停，贵阳城内的蒋介石也忙得手慌脚乱，只是没有忙到点子上。坐镇指挥的蒋介石，除留有1个师负责对贵阳的警备任务，又派1个团到号称天险的乌江南岸扼要守备。蒋介石自以为防范周密，可高枕无忧了。

突然，霹雳一声，传来红军主力已冲过乌江南岸的消息，贵阳城被整个震动了。此时，贵阳市区仅有1个师的兵力，负责郊区碉堡的守备又兼任城防任务，兵力非常单薄，难以分兵把口，其他国民党军主力又均隔在乌江北岸，一时难以过来，这一消息可真是急坏了蒋介石。

蒋介石电令孙渡速到镇西卫待命："自本日起，共军约600人，由后山搭浮桥两座，窜渡乌江以南地区，正午共军渡江者已有千数，尚有陆续部队。望兄部星夜兼程，经黔西限明日到达镇西卫待命。盼立复。"

"又是星夜兼程！"孙渡的情绪难有提高。

12. 蒋介石惊守贵阳，国民党军长追入滇

"孙渡到镇西卫了没有？"蒋介石在拂晓前就起了床，紧张地注视着贵阳城北的军情。

"刚有消息报来，孙部前卫即将抵达镇西卫，本队于今天下午即可全部到达。"陈诚回答。

镇西卫即现今的卫城镇，在贵阳市西北60余公里处，清镇飞机场就处于贵阳和镇西卫之间。应该说，蒋介石调孙渡部从黔西县城到镇西卫这个机动点上，从战术的角度看，还是比较妥切的。

蒋介石自得悉红军渡过乌江时起，所作出的判断有两点：毛泽东的计谋一是乘虚袭击贵阳，二是仍图东进与湘西贺龙、萧克部会合。两点中后者的可能性为大，但两点都威胁到贵阳的安全，当前应以确保贵阳为急。正是基于如此判断，蒋介石近日的兵力调动和部署全部集中到了息烽至贵阳公路的东侧。调孙渡部到镇西卫，而不是直接一步到贵阳，便是为了既防堵红军于贵阳城北，形成新的封锁线，又保障了贵阳市的安全。

"密切观察共军的动向。"蒋介石向陈诚吩咐道，"命令我军在黑神庙与息烽的部队准备出击，应于今晚准备妥善。"

此时在黑神庙、息烽的国民党军有中央军第1纵队第93师和湘军第53师，但蒋介石为了保存嫡系势力，总是让地方军打头阵，这次又让湘军第53师作为先头部队，拦截红军于息烽以南地区。

第53师师长李抱冰当日就收到了蒋介石的这份空投手令："望兄明晨由驻地率第157旅向南移动至清水河、蚂蝗箐一带集结，准备截击。如共军东窜或对峙，则向黑神庙转进，与第159旅会合，预定拂晓进攻。如共军已南窜开阳，第159旅应由黑神庙南行至蚂蝗箐附近会合主力，向共军攻击；如共军已经开阳向瓮安道窜去，蚂蝗箐、黑神庙各部应取捷径向石头、马江山急进堵截，如能沿途设伏截击更好。"

"共军今日仍在息烽以北地区，无甚变化。我担心共军会不会像在赤水河边一样，在乌江岸边也来一个反复跨渡。"陈诚疑心毛泽东又会演化出一个"四渡乌江"，特别提醒蒋介石。

蒋介石点头赞许："不得不防。毛泽东用兵善用声东击西之法，反窜乌江也有可能。为防堵共军北渡乌江，给周浑元、万耀煌发个电令。告诉他们到达江岸时，应西至六广渡，东至乌江圩，沿岸皆须密布监视哨，并扼要构筑桥头堡，而以黄沙与六广两渡间为尤甚；不问其是不是渡口，每5里地区必须修筑联络工事，以防共军向北窜。一面应积极设法渡河，使得双方夹击，一网打尽。"

"委座，今天的报纸送来了。乌江战事是头条新闻。"晏道刚把一份国民党中央军主办的《革命日报》放在蒋介石面前。

蒋介石把目光投向报端，上载："前线通讯，此次朱、毛共军回窜黔北，企图再窜黔东，与湘西共军萧克、贺龙部取得联络，故抢渡乌江，以作困兽犹斗。我方各路军乘其半渡之际，两岸夹击；我军飞机，又将乌江浮桥轰断。共军首尾失掉联络，沿江一带，我梁师、欧师、唐师，颇获胜利，计毙共军3000余人，夺获机枪60余挺，步枪800余支。当共军窜经息烽、开阳一带，被我军重重包围，猛烈截击，惊惶万分，毫无斗志，饿疲不堪，沿途倒毙甚众。此乃消灭共军之最好机会。现我方大军云集，蒋委员长下令总攻，亲临指挥，士气百倍，阵容严整，短期内必能将朱、毛共军全部消灭。"

这个"前线通讯"的可信程度究竟有多少，蒋介石心中是有数的：每次交战战果如果都能如实，昨日毙数千，今日毙数千，那么，自"剿共"以来的战果，全国的人口也要统统毙一回了。但蒋介石放下报纸后，起床后一直慌乱的心情倒是有点安定下来。

早饭后，蒋介石在陈布雷的催促下，来到楼下大客厅，按照原定的计划约见在贵阳的记者。记者们原以为蒋介石今天要大谈特谈乌江边的"战绩"，然而，他却一个字也没有提及，反而谈起了另外一个问题。

几天前，陈布雷在密室中向蒋介石进言道："治理国家，在于动中求稳。不稳定，国家不能求发展，但不动也不行。善政者必须善于制造小动以调动排解民众的情绪，集中社会各方力量的注意力到一个热点上。国外的足球运动之所以隔几年就红火一次，就完全在于当政者的清醒。我们的新生活运动搞了已经几年，该换一换名称了。"

"你的意思我清楚。可足球运动在我国当前根本无法让全民兴奋起来。"

"我们应该找到一个能普及到全民的活动，让全社会都能动起来的兴奋点。现在风行西方的斗牛赛、跳舞、选美……可这些都不适合中国国民的情况。"陈布雷在思索着。

"我看就搞一个'国民经济建设运动'，能把全民全社会的力量拉得进来。你去考虑策划一下，过几天举行一个记者招待会，发布出去。"蒋介石对陈布雷吩咐说。

陈布雷笔下又生"风雷"，很快就为蒋介石拟好了关于在全国搞"国民经济建设运动"的文稿。

这天，记者如约到会后，蒋介石照稿宣读：欲挽救今日民族之危急与解除全国民众之痛苦，须有一个运动继新生活运动而起，其名为国民经济建设运动。该运动"以振兴农业，改良农产，保护矿业，开发矿产，扶助工商，调节劳资，开辟道路，发展交通，调整金融，流通资金，促进实业为宗旨"，"而以革除苛捐杂税，减免出口税，与要求新宪法之实施，禁止纸币之滥发，为建设国民经济之初步。今日政府增加中央、中国与交通三银行之资本，以谋社会经济之安定，与农工商业之进步，亦即此国民经济建设运动中之一种。"

蒋介石发动的这个"国民经济建设运动"，权宜之计是转移民众要求停止内战、一致抗日的视线，实际上也是为蒋、宋、孔、陈四大家族垄断全国经济寻找借口。没过多少天，这个运动又被不断创造新名词、制造新运动的陈布雷用新的运动取而代之。

还说1日这天，蒋介石在举行完记者招待会后，急忙回到楼上，一个由他唱主角的重要仪式就要举行。此日，国民政府任蒋介石为特级上将。

穿一身戎装、披挂绶带勋章的蒋介石在宋美龄的陪同下，受令后接受陈诚、薛岳等人的祝词。

此后两天内，国民党军的8名一级陆军上将、20名二级陆军上将和89名陆军中将相继宣布。他们是一级陆军上将：阎锡山、冯玉祥、张学良、何应钦、李宗仁、朱培德、唐生智、陈济棠；二级陆军上将：陈调元、何成浚、朱绍良、韩复榘、宋哲元、刘湘、刘峙、万福麟、何键、白崇禧、刘镇华、顾祝同、商震、傅作义、徐永昌、于学忠、杨虎城、蒋鼎文、龙云、徐源泉；陆军中将：杨杰、贺耀祖、黄慕松、曹浩森、周亚卫、张华辅、钱大钧、陈诚、卫立煌、张治中、夏斗寅、孙连仲、上官云相、梁冠英、陈继承、薛岳、刘建绪、刘兴、赵观涛、罗卓英、谷正伦、王树常、鲍文樾、贺国光、蒋伯诚、戢翼翘、荣臻、吴光新、魏宗瀚、高维岳、魏益三、门致中、王均、徐庭瑶、何柱国、王以哲、孙桐萱、郝梦龄、刘茂恩、谭道源、李云杰、李抱冰、毛秉文、萧之楚、周浑元、吴奇伟、汤恩伯、刘绍先、郭汝栋、孙楚、杨效欧、李服膺、王靖国、杨耀芳、李生达、庞炳勋、秦德纯、王俊、刘翼飞、胡毓坤、胡宗南、周岩、曾万钟、陶峙岳、李延年、李默庵、万耀煌、王东原、朱耀华、李觉、冯安邦、曹福林、冯治安、张自忠、张振汉、岳森、阮肇昌、戴岳、陶广、宋天才、罗林、樊崧甫、高桂滋、冯占海、沈克、李振唐、黄光华、郭希鹏、马法五。

这就是蒋介石国民党军高级将领的全部家底。从这些并不陌生的名字中可以发现，有许多姓名都出现在蒋介石败战长征路上所筹划的"剿共"军事部署命令中。蒋介石把如此多的"强将"都用在围追堵截红军上，可谓是拼出了全力。

在国民党军高级将领们身着换了新衔的将军服互相打电话庆祝时，渡过乌江的中央红军正以一部兵力佯攻息烽，主力进占扎佐等地，前锋逼近贵阳。中革军委决定"迅速通过息烽、扎佐"，"向东南机动"。后又命令红九军团"由两河口附近从梯子岩至老君关间南渡乌江转黑神庙以东会合主力，如受阻不能南渡时，则该军团即隐蔽于沙土地域活动待机"。中央红军主力分左、中、右纵队，以迅猛速度向扎佐东北地区开进。

这时，开始长征的红四方面军也发起凌厉攻势，左翼第9军和第4军各一部，攻占南部县城；右翼第31军在第88师的配合下，攻占剑门关，左右翼共歼敌6个团。第31军和第30军一部攻克昭化，又歼敌1个团。至此，渡江战役第一阶段遂告结束。

"特级上将军衔"挂上还不满一天的蒋介石看着从各地传来的急电，又是一阵大拍桌子："宣布命令，撤了他的职！嘉陵江向称险要。苍溪、阆中、南部一带，原属第29军防地。一年以来，迭次通令构筑碉堡，加强工事,严密布防,以遏残余共军徐部的窜扰,不啻三令五申。"

"撤了谁的职?"

"撤了田颂尧的军长职务!该军负责守备经年,糜饷实巨。律以救国救乡之大义,应如何激励军心,力图报称。乃连日据报:该军防守不严,徐向前共军一部遂于28日晚突渡嘉陵江;继复作战不力,苍溪、阆中、南部亦竟相继撤退。弃藩篱而不守,陷人民于涂炭!实属玩忽命令,贻害地方,断难再予宽容。"毛公馆楼上传出蒋介石的喊叫声。

"川陕边防'剿共'督办第12路总指挥、四川'剿共'军第2路总指挥、第29军军长田颂尧着即撤职查办;其副军长孙震辅助不力,记大过一次。着令孙震督率第29军,戴罪图功。此次该军失败,负责诸将领,由孙震查明呈报,以凭分别惩处。该军现在收容若干,着孙震速即整理改编,禀承刘湘总司令办理具报。仰即转令,一体遵照。"

政坛老手刘湘闻讯后明白蒋介石是借严肃军纪,而再折川军实力,急忙为田颂尧求情。

"他撤我的职,我还不想干了呢!"田颂尧接电后反而乐呵呵的,立刻复电:"贵阳委员长蒋钧鉴:电令奉悉。图功中挫,引咎正深。高厚之恩未忘,严明之罚谨觉。顷已遵饬副军长孙震,接领全军,办理钧示各项,并将前方部署及一切未竟任务,详悉托付该员接办。"他复电后,带领随从回成都家中闲唱川剧去了。

蒋介石折了川军一羽,好不得意,转过身来又令在乌江边打头阵的湘江李抱冰部主力迅速向开阳前进:"共军今晨已有一部到达息烽与狗场间之杨郎坝。判断共军必经开阳向瓮安道路东窜。望兄仍照昨日各电派有力之一部向马家山、岩脚寨方面急进堵剿,主力迅向开阳前进。但养龙站与黑神庙间,仍应留相当部队防守为要。"

同时,蒋介石把"加强乌江北岸防务"拉尾巴的任务交给了嫡系部队周浑元、万耀煌部及其被用重金和高位私下收买了的黔军师长何知重,电令:"共军主力昨夜已过息烽、扎佐间之公路,向开阳东窜。第47师现驻于遵义。万耀煌师速移于老君关与滥板凳之线,限明午到达目的地,并防共军由茶山关渡江北岸。其余各师待沿江碉堡完成后,亦陆续东移。各处碉堡工程,望周浑元亲自巡查,务求坚实。望何知重师长即率所部,直接至刀把水与茶山关一带沿乌江北岸筑碉防守,并与湄潭蒋德铭旅切实联络,该旅即归何师长负责指挥,并希转令蒋德铭旅派1团进驻团溪、羊岩下与龙坪场,构筑碉堡。现湄潭工事如何?由何师长查明复报。"

蒋介石如此处置与地方军的关系,引起了时在乌江两岸作战的川、黔、滇、湘、桂军将领的不满,消息秘报到"毛公馆",蒋介石为了掩人耳目,于4日才宣布因防堵乌江不力对中央军某主官给予"革职严办"的处分。这是一份令西南军阀们读后感到既滑稽可笑又哭笑不得的通令,全文是:

"查现在大部共军,任意窜渡大河巨川。而我防守部队,不能于共军窜渡之际及时制止,或于共军渡河之际击其半渡。甚至共军之主力已经渡过,而我军迄无察觉。军队如此腐败,实所罕见。推其原故,乃由各级主管官事前不亲身巡查沿河地形,详询渡口,而配置防守部队。及至部队配置后,又不时时察其部下是否尽职,并不将特须注意之守则而授予防守官兵。是上下相率懒慢怠忽,敷衍塞责。共军强渡,乃至一筹莫展,诚不知人间有羞耻事。军人至此,可谓无耻之极。此次共军由后山附近渡河,在一昼夜以上。而我驻息烽部队之主管官尚无察觉,如此昏昧,何以革命?着将该主管官黄团长道南革职严办,以为昏惰失职者戒,并通令各部知照。"

"嗬!原来是严厉话说了一大堆,最后被处分的竟然是这么一个大官——团长!"黄道南何许人也?原来他是国民党中央军第1纵队(司令吴奇伟)第59师(师长韩汉英)所辖第354团的团长。

"委员长赏罚严明,官大官小都是个'罚'字,一碗水总算是端平了!"这分明是讥笑话。

蒋介石制造出"剿共"前线如此错综复杂的矛盾,"吃着碗里的,又看着锅里的",使得"云南王"龙云心惊肉跳起来,担心下一个就该轮到滇军了!

在田颂尧被撤职的这天,龙云密电孙渡:"若共军过贵阳,我军应即暂行告一段落,停止前进。……若委座有令,饬我军前进时,可将上述各种困难情形迳电婉呈。倘有滞碍,叮借后方推脱。"接连几天,龙云又向孙渡发出"集中兵力,停止前进"的密令。然而,孙渡似有"将在外,君命有所不受"的架势,此后一周时间内并没有给龙云复电。

奉蒋介石命令到了镇西卫的孙渡此刻在想什么呢?孙渡在回忆文章中

回避了这个问题，不作解答。实际上，后人可从现存比较完整的电报中找到答案，这就是孙渡也有"找棵大树好乘凉"的打算。"鸟趋食，人趋利"，在军阀争斗中，"有奶便是娘"的事多着呢，何必躲躲闪闪的讳言？

中央红军的南渡，使蒋介石又是一阵忙乱。

4日，国民党军高级军事会议在贵阳毛公馆楼下大会议室内召开，蒋介石亲自主持会议。

"共军主力于3日由息烽西南地区经开阳向瓮安东窜。我军分由息烽、修文向开阳前进，在白马洞附近先后夹击，将其大部击溃，斩获甚多。共军仍由开阳以南地区东窜。现我军兹策定瓮安为追剿目标。下面由墨三宣布围剿命令。"蒋介石向顾祝同点了点头。

顾祝同宣布道：

"北面，李抱冰师长速率所部由开阳通瓮安大道猛进，星夜驰进。瓮安城尚有我第99师之一团，固守待援。第1纵队已由新铺经羊场向瓮安追击，唐云山师可留守开阳待命。本晚，李师长务令所部到达清水江，预料共军不可能全部渡过河，这正是我军乘机袭击之良机。即使共军已渡河，则其渡河的材料，想必来不及破坏，我军可乘便渡河，千万勿失良机。"

"西北面：令何知重师长率所部星夜驰往湄潭附近，限本月7日以前到达湄潭之新场、余司、偏刀水一带，构筑碉堡工事，严密布防，切勿延误。并由何师长派员先往湄潭，蒋德铭主力迅即进驻偏刀水筑碉严防，固守待援。何师长亦可星夜兼程赶往湄潭指挥布置，严防共军由余庆、瓮安一带向偏刀水、湄潭溃窜。如兵力不足，则沿河不必布防，但对于各渡口必须派兵监视，并将南岸船舶皆移泊北岸渡口为要。"

"东面：令李宗仁、白崇禧指挥官，廖磊军务于6日以前推进于平越、牛场一带，以便对东窜之共军，扼要堵截。至张达部，现距甚远，一时不能使用，待共军窜向明了，有必要时，再行电商陈济棠指挥官。"

"西面：令吴奇伟司令，欧震第90师、梁华盛第92师，速由六广附近过江，由修文之北东进，截断扎佐至贵阳的公路线，然后在瓮安地区'会剿'共军……"

蒋介石总结道："追剿行动间各师须保持联络。战术运用，重在机动，应免除呆板。大家一定要协力用命，首先完成聚歼共军于瓮安地区的包围圈。切记：5日，我李抱冰师应至岩脚，唐云山师至开阳，梁华盛师至羊场，欧震师至百官。6日，李师至煤炭坳，梁师至鸡场，欧师至谷场，唐师尔后暂在开阳筑碉候命。7日，李师至白岩，梁师至羊场，欧师至黄泥哨。8日，李师、欧师、梁师均至瓮安附近会剿。"

一个在贵阳东北"会剿"中央红军的部署由蒋介石亲自策划完毕，然而，战局的发展并没有按照蒋介石的愿望去实现，而出现了戏剧性的变化。

再说到了镇西卫的孙渡把龙云的电令按下不复，先遵蒋介石的命令防堵于贵阳西北地区，侦探东北方向的军情。此时，乌江前线到处盛传："共军大部过乌江后仍向南窜，大有袭攻贵阳之势。"军情万分紧急，孙渡这位并非蒋军嫡系的滇军首领，此时也为蒋介石捏了一把汗。当然，此时在国民党军非嫡系部队中，也有早就看出问题而幸灾乐祸者，如黔军最高指挥官王家烈在黔西遇到孙渡时即眉飞色舞地说道："你老哥看共军这回渡过乌江南岸，究竟是什么意思？"他接着用嘲笑般地口气，当着蒋介石派在该部的"督剿专员"的面自问自答，"我看硬是要将老帅的军哟！"

确实，坐镇贵阳的蒋介石这位"老帅"，此时大有被"将"死的可能。

驻贵阳国内外记者在此前后纷纷发稿报道"贵阳命运"。如"路透社5日广州电"云："援军到后，时局已有转机。但当局为策划万全计，已劝各教士及外人退出贵阳而往安顺。贵阳已实施戒严令……入夜街中行人，一律禁绝。"由此可见贵阳岌岌可危与蒋介石能否固守城池的信心。

"共军怎么会不向东而向南来了呢？"蒋介石闻讯后忙把众幕僚喊上楼去，急商对策。

毛公馆内，一片临战忙乱气氛。二楼上，由蒋介石亲自主持的军事会议正在紧张地召开，参加人员有端纳、顾祝同、陈诚、何成浚、吴忠信、晏道刚、郭思演、王天锡等人，连蒋夫人宋美龄也坐在蒋介石一旁参加会议，紧急研究护城计策。顾祝同首先作了《敌情报告》，他说："据息烽、开阳县长的电话，共军主力由乌江下游南渡，前部已过扎佐，有进犯贵阳的企图。"扎佐南距贵阳市仅有30余公里。

蒋介石每当军情紧张时，总要显示其临危不惧，有大将风度，但他恍惚的眼神却是遮掩不住的。他就用这种目光扫视着在座的每一位到会者，会议桌上更是一片紧张惊恐。接着，顾祝同又宣读刚拟好的防御计划：特令王天锡指挥的一个宪兵营、两个消防连及警察400余人，誓死警卫毛公馆行营，并严查城内户口，防止共军侦探混入城内。

蒋介石特电令此时在镇西卫离贵阳最近的孙渡部3个旅火速赶到贵阳，加强守备。电传各部，通报红军之兵锋"显有东窜之势"，并限令嫡系部队各部准时到达各指定地点："吴纵队梁师，限午刻到修文；欧师经朱昌堡，限未刻到鸡场、沙子哨各地；安旅到清镇，龚旅在滥泥沟；鲁旅在黔西，候明日电话，向镇西卫、鸭池河推进；周纵队仍在黄沙河、六广河之线警戒，并准备渡河。仰遵切实遵行为要。"以上电文中蒋介石所点各地均在贵阳城周围近郊，此时的蒋介石大有还管什么"剿共"，自身都难保的心态。

会后，蒋介石即一刻也不离开电话机，催问孙渡部"勤王保驾"的情况，并亲自派出卡车多辆开到鸭池河附近，接应安恩溥旅快速赶至贵阳附近，并先接运一部兵力去清镇保护飞机场。当蒋介石从电话中得知第7旅未及时赶到指定地点即行宿营时，便亲自打电话询问该旅旅长龚顺壁。龚听不懂蒋介石满口的浙江话，老是反问，弄得蒋介石大发脾气，若在平时，他非得撤了龚旅长的职。蒋介石责问龚顺壁为什么不按命令开到指定地点，厉言要以军法论处，吓得龚旅长连夜又向贵阳近郊疲奔。龚旅长从电话里那颤巍巍的声音中，方明白蒋介石此刻已紧张到了危在旦夕的程度。

"共军主力先头已过平越西鸡场，清水江发现有浮桥，后续仍在东进，是夜开阳、高寨附近发现异常情况。"蒋介石派出的侦察飞机飞行员回来报告。

"是否有袭击贵阳的迹象？"蒋介石问。

"难以把握。"陈诚支支吾吾地说，不作肯定，也不作否定。

"共军先头已抵龙里所属的脚崖，似有向东南迁回贵阳模样。"薛岳所言，也是不负责任的话。

蒋介石把陈诚、薛岳撵下楼，又把贵阳警备司令王天锡喊上楼来，问道："3天把碉堡修好有把握吗？"王天锡谨小慎微地提高嗓门回答道："报告委员长，只要一天一夜就可以完成。"看来还是这位近在毛公馆楼下的警备司令明白此刻蒋介石迫不及待顾全性命的焦灼心情。当然，蒋介石对王天锡的保证，心中是有数的，因此，他听了王天锡拍着胸脯说的这句话后又警示道："不能草率哟！贵阳的得失，关系国际视听哩！"而王天锡此时可谓话一出口也不好收回,只有顿着双脚又来了一个立正:"明天天亮以前就可以修好,请委员长派人视察,如果还要不得,可以再修。"蒋介石听到这坚决的口气,也就点头称许,又去摇电话催问各路"勤王军"的情况。

王天锡受令后,即强迫贵阳市民全力以赴,拆用寺庙及部分民房的砖、石、木板等,在城周修墙筑堡,终在次日黎明之时"修竣",去向蒋介石复命。拂晓时分,蒋介石与宋美龄、端纳、顾祝同、陈诚亲临城周围墙上视察一遍,对一些地方仍令继续加固。

中午,蒋介石一行由城墙上下来返回毛公馆,他把王天锡叫到楼上办公室,特别赞扬一番。正谈话间,顾祝同慌慌张张地快步跨进门来,向蒋介石行了一个室内礼,连帽子也忘记取下来,惊恐地说:"报告委员长,刚才水田坝有电话来,共军已过水田坝,快到天星寨了。"

蒋介石神色突变,忽地从沙发椅上站起,向王天锡问道:"水田坝距离贵阳有多少路程?"王急忙答:"在东北方向,距贵阳大约30华里。"

"距清镇飞机场多远?"蒋介石又急切地问道。

王天锡正扳着指头计算里程时,陈诚跑了进来,劈头就报告说:"乌当来电话,共军已过乌当。清镇也来了电话,据报飞机场附近发现共军便衣队,王家烈第25军有一部分叛兵在机场附近滋扰。"

把两手背在身后,在办公室内走来走去的蒋介石,内心非常焦急,他听了陈诚的报告后未作任何表示,就这样默不作声地把地板踩得"咯咯"作响。窗外远处,传来了沉闷的枪炮声。蒋介石沉思良久,戛然止步于王天锡面前问道:"不经清镇,有便路到安顺吗?"

"有。从城内次南门出去,经花溪走马场可以直达平坝,平坝到安顺只有60多华里。"

"好,好。你去准备一下,挑选20多名忠实可靠的向导,预备几匹好马和两乘小轿到行营听用。越快越好。"蒋介石命令王天锡。

为了督促孙渡等部"勤王之师"尽快赶到贵阳,蒋介石特发电犒赏前线部队,电云:"此次追剿残匪,我将士跋涉长途,至念辛苦。第1、第3两纵队、第53师及贵阳附近各部队,着每团犒赏猪肉200斤,现洋60元,票洋100元。总指挥部各处照团之规定,特务营、迫击炮营,照团之半数。希各督饬所部,淬厉奋发,务期于最短期间,完成剿共使命。其应发酒肉款,着各部即日垫发,到前敌总指挥部具领归垫也可。"

蒋介石深信重赏之下必有勇夫,"酒肉"诱饵下必有"悬鱼"。就这可怜的200斤猪肉,不够全团人吃一顿,却可使他们加快速度奔驰贵阳。此时的蒋介石最担心的是援兵未到城先破,能抢几分钟也是异常宝贵的。

作为云南省政府委员兼第10路总指挥部参谋长的孙渡,此时是负全责的滇军前线总指挥,他能否听指挥呢?蒋介石反复思忖衡量着这个问题。这时他谋的已不是如何"剿灭"红军,追击堵截毛泽东,而是他自身的安全,贵阳城能否坚守,他根本没有时间去考虑毛泽东这一步棋背后的真实目的是什么。只是稍后,红军完成佯动任务,毛泽东把底牌亮给蒋介石看时,他才捶胸顿足地抱怨部属不出力,但一切都已成为历史。

红军逼近贵阳与孙渡"救驾"部队将至的消息,搅得蒋介石计算着双方路程,心神难以安定。这时,贵阳四周不时报来发现红军部队行迹的消息,急得蒋介石不一会儿就停在窗边细听着天空中稀疏的枪炮声。当郭思演不识趣地向蒋介石报告军情时,就惹恼了这位浑身都欲燃火的委员长,申斥郭思演督责下属不得力,便以玩忽职守之名撤了他的职务。蒋介石为掩饰内心的恐惧,装出一副临危不惧的样子,在部属面前仍大耍威风。侍从室主任晏道刚见委员长如此,又不好当面劝说,只好写一张条子交给宋美龄请其劝解。

10时过,被蒋介石骂了一通的郭思演回部队后,由城郊茶店给"行营"打来电话,报告说共军刚由乌当过洗马河,向龙里、贵定方向开进。蒋介石急忙取出地图摊在办公桌上,手中拿着一根蓝色铅笔,向围集在身旁的顾祝同、陈诚、端纳、吴忠信、王天锡等人说:"你们看,就在这里。廖磊的1个军驻在都匀、独山,共军为避免消耗战,是不敢向南走的。我早就料定他们必然出马场坪东下镇远,出湘西回江西。北渡是绝对不可能的。"

在蒋介石大谈其"正确"判断时,晏道刚走进来向蒋介石报告说:"孙渡到了。要不要他上楼来?"

"让他马上到我这里来。"

蒋介石当着孙渡的面,又把刚才的高谈阔论重复了一遍,并对孙说:"你看怎么样?"孙渡的汗水还未擦净,冷不防蒋介石的反问,只好应付式地答道:"我对整个情况不了解。委座的判断和指示是绝对英明的。"

蒋介石见孙渡并不多谈什么,便安慰般地说道:"你辛苦了。本来应该让你休息一下,但目前军情紧急,希望你再努把力,马上出发,向龙里方向跟踪追击。我已电令薛岳由遵义东进石阡、余庆阻截,并电令何键把重兵摆到湘西一带,你与薛岳从后追击。"

蒋介石接着又说:"官兵们这次驰援贵阳,都很辛苦,你从我这里拿几万元去慰劳他们。"然后转身对吴忠信说:"你让侍从室预备款子,送到孙司令那里去。"

孙渡感恩不尽地向蒋介石再行军礼,后退几步,然后一个标准的向后转军人队列动作,退了出去。

接着,王天锡向蒋介石详细汇报了准备马匹及轿子的情况,说一切工作准备停当,请委座放心,一声令下,即可奔赴机场脱身。蒋介石倾耳细听着王天锡汇报的每一个细节,点头表示赞许,然后又提醒说:"还有城防,这项工作也万万不得疏忽。你还要亲自安排检查。"

王天锡受命后急忙下楼去再次检查城防情况,正与步履急促的几位旅长撞个对面,互相寒暄几句后,各自相背又慌着忙自己的事去。被蒋介石召见的滇军孙渡部的几位旅长刚由外地赶到贵阳,他们是第2旅旅长安恩溥、第5旅旅长鲁道源、第7旅旅长龚顺壁等,这几位虽没有像孙渡那样来时由蒋介石亲自派的汽车由清镇专车接到贵阳,但也因肩负着"救驾"的使命,一进城便由蒋介石的侍卫官簇拥着护送上楼来。

几位旅长受宠若惊,静听着蒋介石刚才对孙渡所说的那一套纵横战局的妙论。蒋介石一一点着诸位旅长的姓名,各有慰问和勉励,然后招手示意刚走上来的晏道刚,小声问道:"给孙渡纵队多少款?"晏答是两万元。蒋介石点了点头,望着几位旅长继续说道:"大家都很辛苦。到贵阳的各旅现各发1万元的补助费,作为慰问。你们现在就可以下楼去领。"

毛公馆中人来人往,把楼梯踩得"咚咚"直响。蒋介石一整天都这样忙碌着,把眼前能为自己保命的人员能召见的统统都传呼了来,但他那颗一直悬着的心却并未因孙渡几个旅的到达而放下来。一是因他心中也最清楚其部队战斗力究竟如何,红军若真的要来攻城,这几个旅是抵挡不住的;二则是这几个旅并非中央军嫡系部队,而是西南地方势力派龙云的滇军,关键时刻究竟如何，还要作两手打算。

这时，中央红军以一部兵力东渡清水江，在江上架设浮桥，伪装主力即将东渡姿态。在部署这次行动时，毛泽东说："只要能将滇军调出来就是胜利。"蒋介石果真以为中央红军欲东进湖南与红二、红六军团会合，急调滇军驰援贵州，又令薛岳和湘军东至余庆等地布防。红军中革军委乘滇军孙渡纵队东调贵阳，云南境内国民党军兵力空虚之机，命令主力红军从贵阳、龙里之间南进，向云南发展。红九军团向毕节、大定前进。

蒋介石提心吊胆地度过了难熬的几个夜晚，挨到8日天明。

晨雾中，顾祝同从城郊视察回来，走进毛公馆译电室，又慌慌张张来到蒋介石的卧室，向蒋报告最新军情："现探明，共军第3军团在脚都河、宋家渡以南地区，共军第1军团在高寨附近地区，共军第5军团在羊场以北高山藏伏。羊场、牛渡间，地形复杂。我李抱冰部本日以一部进至平越，主力进至牛场、黄泥哨各地后，再转向牛渡、南鸡场之线，觅共军夹击。我吴奇伟纵队本日在罗广寨、百宜各地逐步追剿。"

从顾祝同的这个报告看，国民党军在贵阳东北、开阳县城东南形成的包围圈，已缩小到方圆不到20公里的地区。事实上，顾祝同的这个情报也是比较准确的，中央红军数万人马也正被圈在这个地区内。

担惊受怕几天的蒋介石又有些心情激动："就要收网了。"为确保万无一失，他叮嘱顾祝同，说："要加厚包围圈南面的力量，令孙渡纵队本日应以安恩溥旅进至贵定，龚顺壁旅进至龙里、瓮城桥一带地区，鲁道源旅向虎场、高吏目一带地区前进，以洗马河、宋家渡为目标。"

"是。我马上把命令发给孙军长。"

午饭前，孙渡遵蒋介石的命令立即乘车出城去贵阳以东40余公里的龙里，龚顺壁第7旅按计划本日必须赶到这里；安恩溥第2旅按计划本日还要赶到龙里以东40余公里的贵定防堵。由此可见，此时的孙渡对龙云自本月2日连续多次致电"不准东过贵阳"的命令置若罔闻，而对蒋介石存在有很大幻想。蒋介石的分化地方势力派的手腕之厉害可见一斑。

午饭时，蒋介石仍计划着如何圆好"全歼"这个梦，他自然想到了嫡系部队如何在"庆功会"上得赏，可嫡系部队在作战中又是那么不争气。因此，蒋介石放下碗筷，挥笔通令吴奇伟，严责其追击红军不力，希望能于最后"会剿"中立大功,他写道:"对此区区残余共军,既不敢进攻,犹恐被共军诱入夹击,故滞留在百宜、罗广一带增筑碉堡,且故延伸至宋家渡。如此旷日持久,怕共军畏共军,尚能革命乎?此剿共而乃避共军,最后纵共军之逃窜而已。军人至此,精神安在?虽知残余共军无几,而且疲饿不堪,何畏之有?况既明知其诱我深入,则我可预事防备,将计就计,正为军人运用智力之良机,奈何避不敢进也。希即于今、明两日内,决心进攻,占领清水江以西地区,并跟踪追击。勿误。"

午睡前,蒋介石又以署明时间为"庚未"(即8日13~15时)的电报命令何键、刘建绪:"瓮安、平越线已布置完善,共军不能再向东窜。再加施秉、镇远杨其昌旅皆筑碉固守,可保无虞。故决调第63师进驻瓮安,与李抱冰军会合协剿。切望第25师迅即向余庆推进。"

这是蒋介石企图"全歼"中央红军于瓮安地区的最后一份电报。此电报刚从电报员的手指下按出,昨夜一宿没有睡好的蒋介石已脱鞋上床午睡。忽然间,南门近郊传来隆隆炮声。蒋介石哪还顾得上午休,翻身跳下床来:"这声音怎么这么近?"他忙传令王天锡,指着地图问:"你听到炮声了吧?"王天锡答:"听到了。大约在南门近郊,距城不过20华里。"

蒋介石闻之双手不禁颤抖起来,担心地又问:"共军未必会来攻城吧?"

王天锡刚要作答,话到嘴边又咽进肚子里。他明白,这是一个谁都不敢担保的大问题,就支支吾吾半天,未置可否。

正在地图上搜寻炮声所在地的蒋介石,见王天锡不再说什么,更因不了解炮声响处的情况也说不出什么,便令道:"你马上派人去侦察一下,即刻把情况汇报来。"

这枪声来自何处呢?原来是刚出城的孙渡与已到达城南郊黄泥哨的红军发生遭遇战。惊魂甫定的孙渡在当天黄昏抵达龙里后,接着又探知,红军大部队已经到了附近,根本不是蒋介石所说的那样,红军还在100公里以外的包围圈内。孙渡是越想越后怕,既怕遭到红军的歼灭,又怕蒋介石像追究黔军侯之担、川军田颂尧等人那样加以罪名,突然间他才想起龙云连日发来的电报,看来还是回身抱着原来的"大树"要稳妥些。

孙渡连忙电致龙云,报告:"我于本日午后乘车经过谷脚,突遇身穿中央军服装的共军200余人,集中火力向车轰击。……洗马河到共军万余,有向龙里进窜模样。……拟暂集结龙里，待共军的情况较明，再为前进。"后来，孙渡在回忆文章中又写道："原先，我由贵阳出发时，在思想上存在着红军大有先到黄平、施秉、镇远一带的可能，很担心阻截的任务不易达成。万料不到离开贵阳才半点钟左右，就与红军遭遇，并死伤身边卫士4名。而由西向东前进的整个纵队，也被自北向南前进的红军截得支离破碎，各自为战。这对坐镇贵阳的蒋介石，更是一个晴天霹雳，吃惊不小。"

贵阳城内的蒋介石依窗望着城东南方向的天空，时断时续的枪炮声就来自那里，宋美龄等人也都紧张地望着蒋介石。毛公馆内的人此刻可谓是度日如年。

红军的佯攻贵阳城，彻底打乱了蒋介石的军事部署。从8日起，中央红军派一部在清水江架桥，伪装主力东渡；主力分左、右纵队以每日行军60多公里的速度突然南下，在贵阳市郊虚晃一枪，然后从贵阳、龙里间通过湘黔公路西进。其中，红军一部先由贵阳城东北的乌当区进入城东南的花溪小碧乡黄泥哨及谷脚一带，经短暂战斗，歼国民党军数十名，随后进入龙里朵花冲，再经孟关黑石头（今涟江）到青岩，向西疾进。

此日天色刚黑，贵阳市内毛公馆就进入全部戒严状态，一般人不再让进入。警士们荷枪实弹，把整个"行营"围了个里三层外三层，如临大敌。晚8时过，蒋介石就防堵红四方面军向川西北发展的部署给胡宗南、邓锡侯复电后，再不会见任何人。

夜10时过，贵阳外围风闻有红军游击队活动，刚躺下休息的蒋介石连忙从床上爬起来，询问详情，极为关切地问贵阳城郊黔灵山、东山、螺丝山、照壁山、图云关、大小关等处的工事及城防守备兵力如何，尤为关心的是清镇飞机场的情况。折腾了一夜，彻夜不安，难以入眠。

蒋介石当时的侍从室主任晏道刚在回忆史料中这样记述道："是夜，蒋泻肚子，遗屎床上，宋美龄伤风发烧。次晨一早，侍从副官蒋孝镇挨蒋大骂，责怪不该让他住透风的房子。蒋孝镇心有不服，对我说：'他受惊了，怪房子。'此事隔了30多年，我记忆犹新。蒋夫妇及一些高级随员当时的狼狈情景可以想见了。"

非常懊丧的蒋介石怎么也没有想到原来准备彻底"围歼"中央红军于似乎是已经圈好了的包围圈中，竟不料红军突然冲到了自己的鼻子底下，反败为胜，悠然西去。

"转移追剿。"捂着肚子跑厕所的蒋介石，宣布命令已是少气无力，"命令各部迅速向定番、安顺地区追剿。追剿部队应不分昼夜衔尾追踪，迫共军无暇还击，促其崩溃，使得乘机解决。此时万不可姑息官兵体力稍有滞濡，以免功亏一篑，贻害党国。"

红军已经西去，但贵阳城内仍是人心惶惶，风言满街吹。

在贵阳如坐愁城的蒋介石，在房间内来回踱步急走；宋美龄也急得跳脚，在看地图时把地图甩在地下。

"防共同时，我们更要防备趁火打劫者。贵州穷乡僻壤，真的有土匪混进城来顺手抓一把，也不是没有可能。"陈诚提醒王天锡一定要加强城防守备。

"应防止为丛驱鸟，街头上饥民成群，要提防他们在共党的唆使下揭竿而起。"陈布雷警示蒋介石。

"那怎么办？"蒋介石经陈布雷这么一说，也感到街头饥民在这非常时期真会做出红军都难以做出的事来。

"可效古法，广行仁义，布施救济，以收民心，渡过当前难关。"陈布雷建议说。

蒋介石接受了陈布雷的建议，立即在贵阳向饥民发放布施，共发款5万元，并在市区设立乞丐收容所，仅1天就收容乞丐多达100余人。又声称：年少者，均安排工作；老弱者，工作较轻，每日发给生活费，得以维持生活。其实，这都是蒋介石的应急之计，几天后，紧急情况解除后，收容的乞丐又回到了街头。

同时，蒋介石还让国民政府下达安民告示："贵州位处偏僻，地瘠民贫。近年农产歉收，以致百业凋敝。近因残余共军窜扰，地方被害尤深。此次军事委员会蒋委员长督师到黔，电呈人民痛苦情形，请以豁免本年田赋，并据行政院呈请明令实行。政府垂念民生，应将所有贵州全省人民应纳民国二十四年份田赋，着即豁免，以苏民困，而慰众望。"而实际上呢，贵州的田赋已经由贵州省府预征，国府虽然豁免，而人民则并不能免交半点田赋。

激烈的枪炮声仍不断从城南偶尔传来，蒋介石仍然不敢下毛公馆的楼。

在蒋介石于贵阳市内收容乞丐时，9日下午，红军对贵阳城南30公里处的青岩镇发起猛烈攻击，国民党民团乡丁在败退后向镇北的桐木岭方向逃窜。红军占领青岩后，广泛开展政治宣传和群众工作，把镇中刘、黄、贾、关等几姓大地主的粮食和钱财没收分配给当地群众。红军在青岩受到群众的热烈欢迎和拥护。该路红军在两天后主动撤离青岩，向惠水和长顺进军。蒋介石在贵阳"毛公馆"听到的激烈的枪声和炮声，即是该路红军所为，时间虽仅有短暂的几天，却给蒋介石留下了刻骨铭心的记忆。

在上述一部红军攻击青岩镇的同时，佯攻贵阳的红军另外还有两部：一部是活动于青岩镇东南的红军部队，该部由龙里的大碓窝、朵花冲、谷郎进入今贵阳花溪区的高坡乡，然后虚张声势，兵分两路向惠水前进；另一部是活动于贵阳城北乌当区境内的红军。主力红军避开国民党军的围追堵截，分兵3路，浩浩荡荡西进：一路从开阳方向进入乌当区的马场，然后绕道小路经百宜转向龙里；一路由修文县的扎佐方向，经新场、羊昌、百宜转向龙里；一路则从龙里谷脚区的猫场进入乌当东风乡的偏坡村，经下坝乡后，再兵分两支向修文方向前进。

多路红军在贵阳东、南、北的"频繁调动"，攻镇占乡，贵阳城好似被红军层层包围起来。蒋介石一日数惊，贵阳城周已是草木皆兵。然而，就在蒋介石深恐红军攻城，滇军还正向贵阳急忙赶进途中，贵阳市全部戒严，兵入碉堡之际，红军主力却从贵阳和龙里之间，越过湘黔公路。中央红军右纵队红一、红五军团和干部团于10日进占青岩，左纵队红一军团及军委纵队向定番（今惠水）前进。12日，右纵队集结广顺，左纵队进至长寨（今长顺）。

红军强渡北盘江后，日夜兼程，急进云南，威逼正救驾蒋介石的滇军的老巢昆明。由于滇军主力东调，昆明显得十分空虚。

直到这时，蒋介石派出的空军侦察人员才算较准确地汇报了一次红军主力的动向，向蒋介石报告说：共军主力在离贵阳东30多华里处转向西南急进，把所有东追的国民党军甩在了龙里以东地区。

贵阳城"毛公馆"内初步解除了几天来的紧张局势，蒋介石长叹一声，瘫坐在沙发上。国民党军接连追剿，屡次扑空，共军这次却在贵阳城四周反唱了一个"空城计"。但蒋介石暗自庆幸的是贵阳城总算安然无恙，他得以保全性命。自以为好汉的蒋介石竟然也能在垂头丧气几个小时后，一甩前几日的满脸愁容，到贵阳绥靖公署对国民党军高级将领作题为《剿灭在黔共军之要领》的讲话。

"我此次与诸君在贵阳相见，这种机会，是很不容易多得的。将来革命历史上，必将留一个最有价值的纪念。我很希望你们能够早日得到最后的胜利，完成你们剿共的使命。惟恐大家到此以后，因为气候与生活不惯，精神无形懈怠下去，所以我要特别来到此地和大家共艰苦、同患难。今天看见大家身体和精神都很好，并且听到报告，知道前线的一般官兵虽然很辛苦，但士气却非常旺盛，我心里更觉得非常安慰。今天，我想将我们今后剿共所应当特别注意的要领，和大家讲一讲。"

蒋介石在这段开场白后，即开始了他的鸿篇长论。这是他近日在危难中如和尚坐禅一样所苦思冥想出来的道理，他主要讲了如何运用《孙子兵法》中的"围地"战法来完成追剿。

"大家要晓得，现在贵州的残余共军，根本就是在我们的大包围和小包围之中，加之贵州四境山川险阻，他们想逃也逃不了，事实上已成为处于兵法上所谓'围地'和'死地'的'穷寇'。他们现在唯一的企图，便是选定一条最有希望的路线，窜出我们包围的范围之外，找到一个地点来休息。老实讲，共军现在在贵州以内就无处可以休息，他们如果不能窜出贵州，就没有办法，只有一天一天消耗尽了为止。所以他近来拼命兜圈子，就是要想窜出贵州，跑脱我们的包围，找到一个休息的机会。共军惟恐逃窜不暇，所以他们不能和我们对战，只想如何兜圈子，可以欺骗我们，找到一个孔隙跑出去。因此，大家应当晓得，现在剿共，并不是打力量，比强弱，而完全是打计划，斗智谋；共军现在只顾兜圈子来逃命，他们不敢和我们打，也不能和我们打。"

蒋介石的这个讲话整整讲了4个小时，这是他近年来讲话时间最长的一次。这个讲话稿后被整理成1万余字的小册子，印行发至国民党军连以上军官手中。当时的西南各大报纸都全文刊登了这个讲话。

蒋介石通令各部队要研究孙子兵法"围地篇"，其中说明在围地被围时，要多方以诱之，意在使自己由被动变为主动。但在当时，蒋介石却往往为毛泽东所引诱。红军机动灵活的战略战术，敏捷果敢的作战行动，常使国民党军手忙脚乱，不知所措。国民党军官兵抱怨说："蒋的嘴，我们的腿。"意思就是说，蒋介石一开口瞎指挥，国民党军官兵的两条腿就要吃苦头。

"大难不死，仍须剿共。"蒋介石从绥靖公署回到毛公馆后，再次策划追剿计划，命令孙渡："务必阻止共军西进，压迫其向安顺、镇宁北窜故道。"电令郭勋祺："速率所部限11日集中黔西、大定间。此后由我直接指挥，将电台呼号与波长望速电知。此后每日上午8时务须通电一次为要。"蒋介石的下一个企图是能在平坝、安顺、普定、镇宁围歼中央红军。

中央红军的西进云南，又牵着蒋介石的鼻子把国民党军拖到了滇川边地区。蒋介石又是一番全新的判断和崭新的军事部署。

"迅速由贵州向云南转移追剿！"国民党军上下一片闹哄哄的，随着中央红军的西进而开始新的"大游行"。

"综合情况：其窜江龙、开阳一带之共军，似已窜至关岭、贞丰间花江东岸地区。追剿部署如下……"蒋介石又制定了关于向安南、关岭等地"追剿"中央红军的部署。

陈诚向蒋介石进言："我军在黔对共军战术，应取积极攻势，不得到处防守，陷于被动地位，以致处处为共军乘隙偷窜，使我官兵东西奔驰，徒劳无功。"

"给各纵队发个电报，命令他们在追剿中不得再畏首畏尾！"蒋介石检讨往日的战术，总认为是部属不出力，很少从自己的战略指挥上找问题，他训令各纵队指挥官："须知追剿残余共军之法，非比进剿赣区共军老巢之难。共军自此次龙里之役，受我第3纵队不意打击，寒心落胆，不敢有事恋战，只要我各纵队齐头并进，分途合击，则共军既陷于重围，决无逃逸幸免之机。故以后各纵队如无特别训令，不得再取守势，或滞留对峙，为残余共军所玩弄。此次共军如果窜盘江，实予我军以聚歼之良机。"

又来了一个"良机"，不知蒋介石能否抓得住。

蒋介石特别制定追剿方案，宣布："自此以后，如某一纵队或某一师、旅凭借工事，畏缩不前，致共军在其范围内逸窜，则必严处其主管负责长官以纵敌畏敌之罪，决不宽贷。否则不惟剿共无期，而使我部下官兵东西跋涉，长此辛苦艰劳，于心何忍？务希我各级长官遵照此旨，不顾一切，力取攻势，痛改前非，使得一劳永逸，迅奏肤功，是为至要。"

17日，蒋介石又发出关于调整部署准备"会剿"中央红军给吴奇伟、周浑元等人的电令，并派薛岳前去督战。

薛岳临离开贵阳时，蒋介石对薛又是一番训导。

送走薛岳，蒋介石就抽兵进驻兴义问题电令龙云："共军必西窜盘江八属，此正为我军聚歼之良机。未知兄处能否就近抽拨二三团兵力，于五六日内进驻兴义截剿，以堵其入滇之路。至于盘县、普安皆有布置，不必顾虑。"

按照蒋介石的部署，18日，国民党"追剿军"第2路军前敌指挥部进到关岭场，第1纵队两个师向兴仁，第2纵队向普安以南地区急进，第3纵队向关岭方向急进，第53师集结镇宁。

蒋介石仍是把非嫡系部队放在追剿第一线，命令滇军孙渡部速向北压迫中央红军至安顺、镇宁地区，手令写道："我军追击方向，务使共军不向西窜，而压迫其向安顺、镇宁北窜。故道我追击部队之主力，能向共军之左侧背迂回尤佳。第1、第2各纵队，即可布置完妥，务期双方夹击，勿使其再有漏网。"

对嫡系部队，蒋介石是特别关照的，在给吴奇伟的电令中再三嘱咐谨慎行事，称："在对共军的情况未明以前，我第1纵队各师主力之位置应略加变更。第90师主力应置于偏坡寨与白旗堡之间，其目标北面以下坝、南面以唐帽山为主要点，故对该方面地形，各级长官应实地勘察，如在该方决战时，则以第90师为第92师之预备队，向右或向左增加，亦应预先算定，免致临事仓惶。如共军向镇宁、普定间西窜，则以第92师为第90师之预备队，其决战地区与增援方向，亦应先行预定，总使此两师不失联络，能立时策应为要。"

蒋介石的如此用兵偏向，引起了西南地方军阀的不满。就连贵州民众见国民党中央军避战红军，也看出了点门道，戏称："中央派大军，行径最巧妙；怕夫见朱毛，共军尾后筑碉堡。"

国民党军行营高参胡羽高在此后的著述中就这样写道："自共军渡乌江以后，到进入云南之前，朱毛争城掠地，而与共军始终保持接触者，唯有孙渡一军。每当吃紧关头，就令孙渡去追击。本来可以用中央大军围剿，而委员长偏令各部分途建碉堡，不采取攻势，而采取守势，空使滇军消耗，而保存中央军实力。中央大军8个师之众，尾共军入黔，送共军入滇，其功不可谓不大。然而最高军事当局，例如蒋委员长手令：中央主力部队前进时，望滇军掩护中央军主力，严防共军。中央大军如此惧怕朱毛，让滇军掩护，真令我书生百思不解。"

蒋介石的部署刚刚传达到各纵队，红军的行动却有了新变化。中央红军移至长寨以西及西南地域后，稍经休息，继续前进。18日，从贞丰县的白层、者相和望漠县的者坪、罗炎地区渡过北盘江，右纵队向贞丰、兴仁前进，左纵队向安龙、兴义前进，19日占领兴仁。在此期间，单独活动的红九军团经毛坝场、瓢儿井、大定以南的猫厂等地，到达黔西的水城地区。

于是，蒋介石的前一个"围歼"计划自行宣布作废，又制定了关于向兴仁地区追击中央红军的部署。

贵阳毛公馆内，又是彻夜灯火。

"据龙云报告，共军入滇境后，窜扰方向有三：由平彝、宣威插水城、威宁，与罗炳辉联络；由威宁、昭通直窜盐津、绥江；由沾益渡得泽河至会泽、巧家再渡。"顾祝同向蒋介石介绍情况，并建议说："又据威宁县长20日电称，罗炳辉共军由水城方向窜至威宁东离城只百里之地。可知朱、毛必与罗部共军预约在威宁、毕节一带会合。我第1纵队到达亦资孔时，应即沿宣威、威宁道路之东侧，以威宁东北地区为目标，堵截其东窜之路，而令到达平彝的部队也向宣威、威宁转进追剿。"

"共军必由平彝经宣威、威宁，再向西渡江或转赴毕节入川渡江。"这是蒋介石的新判断。

"委座高见。"顾祝同奉承道，"这样看，宣威方向的堵剿任务很重要，我们究竟派何部前往？"

"问问薛岳是怎么决定的，让他立刻报来。以现情判断，共军今晚或24日晨必可经过平彝他窜，而以先窜宣威的可能性最大。告诉薛岳，除派李抱冰部向平彝截剿外，更应立派第13师取捷径直达宣威。倘能于25日赶到宣威，尚追及，而以第36军继续跟进也。兄以暂驻盘县为宜，不必至亦资孔。"

"巧家江面应该是兵力部署的重点，关键还要看龙云的。"陈诚的话把蒋介石的目光从宣威一下子向北拉到了金沙江边，并建议道，"应该告诉龙云，大江以东各县城防虽有相当准备，但望其阻止共军前进则不太可能。巧家方面江边的船只，前已有令该县设法收藏，且此处地形险要，滇军对那里的情况颇为熟悉。如能压迫该股共军向此路逃窜，则以滇军全力应付，可望解决。宣威方向，空隙甚大，防不胜防，如能兼程向宣威推进，更为妥善。"

"有道理。"蒋介石肯定了陈诚的建议，说，"电令龙云，望令威宁部队速向宣威移动，并令其不必驻防宣威城，而在其通威宁要道上扼要堵截或设伏腰击，反能生效。以流寇宗旨，不在得城垣，亦不敢在有公路交通利便之区活动也。至威宁已派第25军兼程前往，约27日可以到达。川军郭勋祺部已令其集中毕节待命兜剿。"

"战术问题也应该引起我们的注意。"陈诚不知为什么把往日的失败又归咎于战术上，"我各部队主力皆应留作正兵之用，凡在前方设伏部队，对于共军之先头部队窜过时，不必出击，应竭力隐蔽避匿，勿使发觉，必待其后续主力进入我伏阵隘路后，方得一齐出击，期获全效。"

蒋介石在陈诚的建议下，训令各"追剿"纵队："我军到达地点，无论久暂，仍应扼要构筑工事，而以相当地点选筑前进阵地为尤要。我军此次部署情形，成完整之梯队，兵力雄厚，节节布置，不患之偷窜他逸。只要我各部队不失时机，努力向目标进击，即使被共军偷窜，已在我某区之阵地时，该区部队更应急起赶追，使我各节布置得以前后夹击，层层围剿，必可使共军无一漏网。万勿以共军已窜过去，致灰心失意，踌躇不追，使共军真乘机逃逸为要。以我各节部队最多相隔一日行程，如我能急追，则前方友军正在追击之际，必可乘后夹击，一网打尽。希各勉之，勿忽。"

"一网打尽?"龙云接蒋介石的电令后摇着头笑了，旁人难以猜出他诡诈的笑声中的含义是什么。

此刻，中央红军正大步向云南省境内开来。中革军委原准备在兴（仁）盘（县）路上消灭周浑元部第13师，后因地形不利向西北转移。改变决定为："速脱追敌，向沾益，曲靖前进。"红三军团为右纵队向平彝（富源）、沾益前进，红一军团为左纵队，向曲靖前进，红五军团和军委纵队为中央纵队，向益肠营方向前进。24日，红军千军万马进入云南境内。贵州境内的战事就此结束。

真不知龙云笑什么？他应该哭才是，还有坐镇贵阳的蒋介石——中央红军出贵州西进云南，宣告了国民党军在黔作战的彻底失败。

这时的蒋介石正在贵阳为孙渡"救驾"有功通电嘉奖，他万万不会想到几十万国民党"追剿"大军竟完全处于毛泽东的股掌之上。红军佯攻贵阳的战略行动，成功地调出滇军，开辟了西进云南的通道，完全打乱了国民党军欲将红军聚歼于贵州境内的军事部署。

当蒋介石得知红军已经顺利进入滇境，如大梦初醒，方明白毛泽东四渡赤水、南渡乌江的真实目的并不是东进，而是相反。面对毛泽东如此灵活机动的战略战术，蒋介石在贵州的指挥真可谓是徒劳无功。他自鸣得意的所谓"敌情判断"，简直是完全不着边际的梦呓，他和他的军队几乎是被红军牵着鼻子，在万山丛中转圈子，兜弯子。

中央红军在贵州的作战，全部时间近半年，经过大小战役、战斗20余次，较激烈的战斗有遵义攻守城战、娄山关战斗、乌江渡口战斗、与川军郭勋祺部在赤水青杠坡的战斗，还有在坛厂、鲁班场与国民党中央军周浑元、万耀煌部打了两仗，出永安寺到西安寨与黔军犹国才旅一度接触。此后红军一路由六广河渡乌江后，经息烽、黑神庙到开阳，由开阳向南越过黔湘公路，在谷脚与滇军孙渡部打一仗。尔后，经孟关、花溪、长顺、紫云渡过花江河，经盘县西进云南。红军广大指战员至此也方明白，毛泽东在清水江以西讲的"调出滇军就是胜利"这句话的真正含意。滇军孙渡部的东移贵阳，不正是为红军南行西进让开大道吗？

蒋介石在贵阳督战的一个多月，他所指挥的国民党军反而几乎天天被毛泽东所调动，可说是完全被动。红军四渡赤水河的真正意图，蒋介石、陈诚、薛岳等事前判断不着，事后洞悉情况，重新布置，而红军却又改变了行动。

国民党军在贵州的作战，前后调动的兵力有：中央军8个师，黔军5个师（何知重、柏辉章、犹国才、侯之担、蒋在珍师），桂军两个师（军长廖磊率领的覃连芳、周祖晃师），川军刘湘指挥的郭勋祺师、廖泽师和杨森的两个师，滇军4个旅（由孙渡率领），共计19个师又4个旅，兵力在15万人以上。如此众多的兵力长追半年多，地经6省，多次制定"全歼"、

"会剿"计划,频繁调动部队,却达不到"追歼"目的。

蒋介石在贵阳大忙一阵,如梦幻一场,很快就从入梦到惊梦再到醒梦,在古夜郎国的疆土上扮演了一个并不怎么光彩的"现代夜郎"角色。

纵观毛泽东与蒋介石的对阵,自1927年他们兵戎相见,到他们两人仅相差半年离世,在长达近半个世纪的军事斗争中,若从身处距离远近而论,贵州的交战应首推近距离之最。

黔北,古夜郎国这片神奇的土地,蒋介石把"聚歼"的赌注押宝于此,希望创造出奇迹;而毛泽东却在这同一片土地上一展风采,由此崛起,创造出了战争史上的奇迹。两人在黔北交手对阵,这里竟成了中国现代革命史的分水岭。蒋介石把数次惊魂遗恨于古夜郎国,毛泽东则把遵义会议、四渡赤水镌刻在中国军事斗争史册上。

毛泽东率领中央红军西进云南,蒋介石坐镇贵阳希望在贵州"全歼"中央红军的计划化为泡影。毛公馆楼上的蒋介石在夜深人静时,陷入极度的苦恼中:"我们是负有责任的,没有协同好几个纵队的联合作战。"

"委座,您这次入黔还是大有业绩的,跑了毛泽东,但抓住了王家烈。"陈布雷劝说蒋介石不必自责,他所说的抓住了王家烈,是说攫取得黔政。本月,蒋介石乘周浑元、吴奇伟两纵队入黔追堵红军之机,压迫贵州省政府主席兼25军军长、"追剿军"第4纵队司令王家烈交出贵州省主席职务,以吴忠信继任。此后,蒋又迫使王家烈辞去军长职务,调任军事参议院参议。

搞垮贵州的"地头蛇"省主席兼军长王家烈,是蒋介石布置长追红军的时候顺便收拾川、滇、黔的计谋之一。贵州军阀王家烈所部,在西南4省军阀中力量比较薄弱,所部号称5个师,但其中犹国才、蒋在珍、侯之担3个师均割据一方,名义上归第25军,实际上王指挥不了。王所能掌握的只有何知重、柏辉章的第1、第2两师15个团。在薛岳进入贵阳的3个月中,薛早已向蒋介石告了王家烈的黑状,并向何知重、柏辉章两人进行分化和收买。红军尚在贵州时,因为贵州战局紧张,蒋介石还要利用王家烈,所以迟迟没有敢从明处动手。红军主力入滇后,黔境战事已近尾声,由黔军组成的第2路军第4纵队留在大定、黔西间整理。当时黔军非王嫡系的各师已完全脱离王的指挥,薛岳取得蒋介石的同意吞并了侯之担师。

犹国才师得力于龙云的支援，蒋在珍师得到刘湘的支援，都保存了番号。蒋介石决定将王家烈的何知重、柏辉章两师并入中央建制，给以第102、第103师的番号，将15个团缩编为6个团，由南京政府军政部直接发饷。

为顺利攫取黔政，蒋介石先施出第一步计策，让王家烈在所任"省主席"和"军长"两职中任选一个，逼王交出贵州军政权力，于是寻找借口，制造纠纷。适逢川军的部队在黔西同黔军因军队驻扎房子的问题，发生冲突。蒋介石闻讯，遂借调查为名，派侍从室主任晏道刚赴黔西、大定，与王家烈"商议"。

"任军长不兼省主席，军费无着落；任省主席不兼军长，省治就没有保障。"王最初表示两个职务都不愿放弃。

"你想两者都不丢，恐怕两者都不保。"晏道刚明言相告。

"我同何师长和柏师长商量后再定吧。"王家烈想托言与两师长商量，意在求援于何知重、柏辉章两人。

晏道刚是何等精明的人，走出王家烈的房间后，就找到了何知重和柏辉章，会晤于密室，诱以优厚利益：一是封官许愿，许以事成后可升军长；二是许以部队可编为中央军直辖师，领十足军饷，再不会受王家烈从中克扣；三是给重金，何知重暗中受蒋介石贿赏5万大洋，柏辉章3万大洋。此款预约部队出省开到四川忠县后即兑现。

何知重、柏辉章经不住晏道刚如此高官厚禄的引诱，听其一说，都表示赞成劝说王家烈下台，直接接受蒋介石的"领导"。

因此，当晏道刚抬脚出后门，王家烈入前门找何、柏两人商谈时，何、柏两人就都改变了主意，虽不便当面反对王家烈，却在暗中纵容部下包围军部闹饷。柏辉章唆使营长令狐作宾煽动该营士兵，当着晏道刚的面，特意做出姿态，向王家烈闹饷。晏道刚就抓住这些事实，乘机向王家烈劝言，拐弯抹角地作比喻说："杨虎城在某个时期，转不过弯子，就自动让开一下。可是后来，蒋先生还是请他回西安了。"言外之意，你王家烈识相点儿，快自动下台。

何知重、柏辉章反过身来也对王家烈软攻硬逼，婉言劝王家烈下台，并虚情假意地说将来决不负王家烈，然后请王同他们两人到城隍庙发誓，什么"仁义"、"兄弟"、"黔省子弟兵"等话说了一大堆。

王家烈在内外夹攻下，无可奈何，与晏道刚一同回到贵阳，当面向蒋介石表示可辞去贵州省主席职。王问何时交卸，蒋告以不必急。当日，蒋介石还亲自到王家烈家中探望，表示慰问，说了些"谈天谈地，总是不说自己"的官腔老话。但是，就在蒋介石赞美贵州的纯朴民风和秀丽山水时，他又在琢磨着如何进一步收拾王家烈。他并不以王家烈交出政权为满足，还要王交出军权。

蒋介石回到毛公馆，便立即决定用内外夹攻的手法，迫使王家烈交出军队：一面进一步扼制王家烈的军饷，分文不给；一面收买王家烈的部下，赶王家烈下台。

蒋介石给王家烈出了一个难题：要王家烈将原来两师5旅15个团，缩编为两个师，辖6个团，当时各旅、团长分驻各县，蒋又不让王家烈集中。要整编，部队不集中，人事不好安排；不整编吧，蒋介石又不给军饷。

"一日无粮千兵散呢！几个师长也不知怎么的在近日总与我别别扭扭的。"王家烈感到处境异常危险。

刚回到军部的王家烈又愤然由大定到贵阳向蒋介石面请辞职。此时，红军已分两路西进云南，贵州境内无战事。王家烈向蒋介石说："我要求解除兵柄，出外考察。"蒋介石假惺惺地说："辜负你啊，在国内各地看看就得了。"次日，蒋介石却在报上公布："任命王家烈为军事参议院中将参议，免去第25军军长职。"他惟恐王家烈这个"地头蛇"久在贵州，多生枝节，决定还是彻底清出贵州的好。凑巧，武昌行营主任张学良，由汉口乘飞机到贵阳，蒋介石就告诉张学良，约王家烈搭乘他的飞机，同路飞往汉口。

王家烈离开贵州后，他原来直接指挥的2师5旅15个团，被蒋介石改编成所谓中央直辖第102、第103两个师，每师辖3团，由柏辉章、何知重分任师长。在改编时，周芳仁（旅长）带第7团，江荣华（副旅长）带第1团，去广西找李宗仁、白崇禧收编。其他团长，有的回家，有的随队出省。另外，犹国才师改编为第121师，参谋长吴剑平任师长；蒋在珍师改编为新编第8师，其仍任师长；侯之担师改编为第140师，沈久成任师长。蒋介石命令以上5个师限期离开贵州，分散驻扎省外。从此，黔军第25军就告结束。

蒋介石总算达到了攫取黔政的目的，但"有所得必有所失"，算起来还是失去得太多太多。白崇禧在回忆录中曾这样讥笑蒋介石，说："共军既不能得志于广西，乃西窜入黔。我得报后即分电中央和贵州省主席王家烈，建议将湘、黔边境道路彻底破坏，凭险截堵。因湘、黔边境多羊肠小道，一经破坏，共军即运动困难。中央军和我军再从后夹击，则湘黔边区便为远东共党的坟场了。孰知中央置若罔闻，其原因固然是中央别有企图，同时也可能是中央军实在不经打，与其见屈于共军，倒不如保存实力，慢慢跟进，以占领共军离去后的地盘。……所以共军西窜，未替蒋介石打下广西，却打下了一个贵州。"

黔政的顺利攫取，无疑使未奏"全歼"中央红军之功的蒋介石在心理上多少有点安慰。本月底，力图收一箭双雕之效的他在打了一个"麻雀"后，又把精力集中到"围剿"中央红军上，并准备顺便收拾滇政。

"此次共军入滇境，山峦重叠，道路崎岖，给养困难，气候险恶，瘴雾弥漫，是共军自陷死地矣！我军若能追堵如计。必可消灭残余共军于此滇、黔交界之中。"蒋介石再续"全歼"中央红军于云南省与贵州省交界地区的美梦。

陈布雷从堆满古书典籍的纸堆中抬起头来，对蒋介石说道："观历代剿灭穷寇与流匪者，莫不用三策。"

"哪三策？"蒋介石迫不及待。

"堵剿部队全在布置与部署之得当，而尤注重小部队之运用，使其行动敏捷，分聚适宜，此为第一策。"

"第二策呢？"

"堵截目标虽以城镇为中心，而堵截方法应注意其中心周围之要口，尤须注意其各隘路之进口与出口，只要各隘路口被扼塞或设伏于其附近，则其中心之城镇虽不布置部队，亦可只待其进入城镇之中心地区，然后各要口之部队共起而围剿之，或乘雾天与夜间袭击之。此便为第二要义。就目前的追剿共军看，我军须择其城镇10里至30里之隘路进口与出口，分派队伍扼要布置，乃能收堵剿之功。"陈布雷从书堆中抽出一本书，指点着，"城镇之中心地区，虽不须多置部队，但必须多布置侦探网与便衣队，于其附近更须查明其通城镇之各条道路，总须设法诱敌军进入中心地区，以期一鼓而聚歼之。此为第三要义。"

蒋介石把书拿过去，看了几行，对陈布雷的总结表示赞同。

"但是，目前我军各主管将官对这三策的运用得不得法，是否努力去实现，我心中是很没有底的。如能努力运用，必可一劳永逸，其效必近而且速。否则，必致功亏一篑，徒劳无功，而我官兵也永无休息之时。"陈布雷的这一个"但是"，使蒋介石又皱紧了眉头。

"徒劳无功，官兵永无休息之时？"蒋介石反问道。

"是这样。"陈布雷说得很干脆。他的话就此看还有点预见性，仅半年后就得到验证，国民党军对中央红军的长追果真应了"徒劳无功，官兵永无休息之时"的话。

蒋介石听了陈布雷的这段逆耳之言后，也感到形势紧迫，当即给在前线的指挥官薛岳发出关于消灭中央红军于滇黔边境的训令："我第3纵队，以气候、习俗、地形、道路皆较熟悉，特令负追剿任务，须兼程穷追，勿失共军踪迹，以期与堵截部队前后夹击，期获最后之胜利。第1、第2、第4各纵队及第23、第53、第63各师，皆负堵剿截击任务。凡堵剿部队应特别注意之点如下……"这几点即是陈布雷从古书上翻出的3条要策。

陈布雷从古书上翻出的这3条要策，很快也发向全国各地国民党军中。

本月中下旬，国民党军在其他地区的"剿共"也遭到失败，红军的攻势是一个接着一个。红四方面军集中主力包围江油（今武都镇），攻占梓潼。川军第28军军长邓锡侯慌忙拼凑10多个团增援江油，红军与援敌激战于塔子山、雄山关一带，击溃援敌，克中坝，占彰明。由剑门关向西北推进的红三十军第89师，攻占青川、平武；由江油地区向西推进的红四军一部，攻占北川城。至此，历时24天的嘉陵江战役胜利结束，歼敌12个多团，约1万余人，攻占9座城镇，控制了东起嘉陵江，西到北川，南起梓潼，北抵川甘边界，纵横二三百里的广大地区。

在嘉陵江战役胜利发展的形势下，红四方面军负责人张国焘放弃了川陕苏区，将后方机关和部队撤离根据地，跟随主力渡江，使红四方面军再次处于无后方根据地的困境。

红二、红六军团在桑植县陈家河战斗中，歼国民党军第58师第172旅。两军团在桑植县桃子溪战斗中，再歼国民党军第58师师部和第174旅（欠1个团），后又收复桑植。此后，各路国民党军均后撤，中共湘鄂川黔省委和军委分会决定放弃北渡长江计划,在原地坚持斗争。

红二十五军攻克雒南县城后,粉碎了国民党军第一次"围剿"。中共鄂豫陕省委在蓝田县葛牌镇召开扩大会议,总结经验教训,肯定了入陕4个月的成绩,提出准备粉碎国民党军新的"围剿"和加紧根据地建设的任务。会议改选了省委,徐宝珊、吴焕先任鄂豫陕省委正、副书记。本月下旬,国民党军又集中30多个团,向红二十五军和鄂豫陕边发动第二次"围剿"。

中国地图上西部地区这红色箭头的长驱直进,如利矛飞舞在蒋介石的面前,虽一时不会危及生命,却使蒋介石寝食难安,最令他头痛的还是滇黔边的作战。

25日,中央红军又有了新的行动。中革军委命令:"第1、第3、第5军团必须乘蒋敌主力正趋云南东北,而滇敌大部距我较远的眼前数日时机,首先在白水、曲靖、沾益地域消灭滇敌的先头部(其较强的4个团),以暂时顿挫滇敌的猛进。"中共中央发出《关于消灭沾益、曲靖、白水敌人给林(彪)、聂(荣臻)、彭(德怀)、杨(尚昆)、董(振堂)、李(卓然)的指示》,指出:"最近时期将是我野战军同敌人决战争取胜利以转变战局的紧急关头,首先要在沾益、曲靖、白水地区内消灭滇敌。"并指出:"上下的团结一致与军委命令的坚决执行,是我们争取决战胜利的先决条件。"

战报忽如一股龙卷风,旋转着跌向贵阳城头。

毛公馆又要召开紧急军事会议了,主要议题是"关于阻止朱、毛共军在宁南、永仁一带渡金沙江"。

"朱、毛共军近日被我军追剿堵截,损伤甚大,现已溃窜平彝。判其行动,似会有经威宁、毕节窜叙永、泸州,或经宣威、会泽向西北窜渡金沙江,尤以向金沙江上游宁南、永仁一段窜渡的可能性最大。"蒋介石仍是一番"准确"的判断。

陈布雷则搬出了书本:"据前清曾国藩、李鸿章剿灭捻军之良法——坚壁清野,筑碉固寨。"

"查江西剿共胜利,得力于封锁者居多。共军徐向前部窜川,南昌行营曾制定有川、鄂、陕、甘封锁共军区办法颁布,惟各省多未切实履行。"蒋介石说起曾国藩,也来了情绪,"本委员长此次入川,详察共军情况,认为朱、毛流窜川、黔各省,既无固定地点可资封锁,即徐向前共军近来放弃通、南、巴老巢,西向窜扰,原颁封锁办法令已不合实用。兹规定在详细封锁办法尚未改正颁布以前,该省各军政长官应速督促邻近各县,并村筑寨,辅以碉堡,一面遵照前豫鄂皖总部所发之民团整理条例,组织铲共义勇队或壮丁队,充实自卫力量。共军至,则将人畜资粮完全集中于碉寨内,死守待援,实行坚壁清野,同共军断绝交通,使共军无可掠夺之物财,无可裹胁之民众,行之日久乃自消灭。"

防堵部署的电令很快就由毛公馆发出:

沿金沙江上下游,应由刘文辉、杨森两部饬所部严密筑碉。凡渡河点须筑碉堡群,多派兵昼夜沿江梭巡,分区设置地区预备队。刘文辉尤须注意巧家至永仁一段江防,速调大兵控置于会理附近。

沿江布防,应就江言,不拘省界。

着杨森所部,应照24日电令提前赶到目的地。以4旅兵力担任叙永及其以西延伸至筠连,构筑横线碉堡,右与滩头部队切取联络;以1旅担任横江、滩头(含)之纵线,南与老鸦滩滇军,东与筠连该军部队,切取联络,另1旅担任金沙江下游自雷波(含)至宜宾江防,右与川康军部队互取联络。

着刘文辉立派得力部队,担任雷波(不含)至永仁沿金沙江上游之防。对于宁南至永仁一段江防,务须严密布置,并控制主力于会理附近,左与雷波杨汉域旅部队切取联络。第21军在川南部队交防后,着以1旅控置于泸州,1旅控置于宜宾。对于金沙江沿岸所有船只及一切渡河材料,应各预先收集储藏我岸,免资共军所用。沿江必须构筑碉堡,对于渡口尤须构成碉堡群。

着龙云所部防止共军渡金沙江。其巧家方面滇军,令龙云转饬与刘文辉所部切取联络。凡与川境毗连各地,均应一律筑碉,以资固守。

"会泽是个重点,电令薛岳派部向曲靖追击共军。"蒋介石特别点明,"第3纵队主力先集结昆明,然后觅共军追堵。第1纵队附第3纵队之1旅由平彝、曲靖跟共军紧追,暂以会泽为目标。第2纵队由宣威经威宁堵剿,暂以昭通、巧家为目标。郭勋祺部由毕节经叙永或威信、筠连,以绥江与大关间地区为目标。第53师驻宣威,第4纵队驻威宁,第23师驻毕节,第63师驻黔西。"

"云南的事离开龙云是不好办的,还是给那条龙套上个枷锁得好。"顾祝同献上一计。

"施以重金,时间已经来不及。再说,他作为一方霸主,给他一座金山,他也不一定能看得上。"晏道刚苦于找不到顾祝同所说的"枷锁"。

"这样办吧,电示龙云,我第1或第2纵队入滇部队,可直接归他直接指挥。"蒋介石认为,他的这一计在以往瓦解笼络各地军阀中常常奏效,大小军阀哪个不爱权如命,龙云也不例外。

但是,龙云却暗防了一手,他深知蒋介石心怀叵测,对所赋予的权力婉言拒绝,说什么也不上"钓钩"。

对红军的西进,龙云本是没有放在心上的。长征开始时,龙云的态度是漠不关心,红军到达湘桂后,他才开始注意起来。贺国光的参谋团到重庆以后,来电向龙云建议派兵在边界截堵,龙云则断定红军不会进入云南,不予理睬。当时龙的高级幕僚中有两种不同的意见:一是说红军现在已成为"流寇",只有在天府之国的四川才可有吃有用,来云南这些贫瘠地区,只有找苦吃,并且红军不会不知道石达开到大渡河钻牛角尖自取灭亡的历史教训;二是说四川江面宽,渡江难,交通便利,"中央"调兵截堵容易,红军不可能在四川渡江,来云南渡江的可能性大。第一种说法比较迎合龙云的幻想,因此他极为赞许。第二种说法是龙云最怕的,他担心红军一入云南,对其在云南的统治会有很大威胁,他最忧虑的还是蒋介石的军队跟着进滇,抓走了云南半独立的大权。

中央红军到达黔东时,龙云紧张起来,决定派兵出黔堵截,幻想不使红军入境。在省内想以坚壁清野对付红军,令各县市修筑城垣,加筑碉堡,先后筑碉堡4000余座。仅昆明市附城郭就筑了20多个,又严令各县长集中力量于县城,万一红军到了县城,必须尽守土之责,如果失守县城,军法从事。

29日,蒋介石又抛出"钓钩",仍坚持让龙云直接指挥入滇各部队,电称:"共军窜元谋、武定渡江,殊为可虑。刘文辉在金沙江北岸之部队,兵单防广,恐难独任防堵。我前令川军郭勋祺部开赴鲁甸、巧家,乃为就近协助刘文辉会理部队,以防堵金沙江北岸。已令该部整饬军纪,兄可无虑。至入滇之湘军及各纵队,仍请兄就近直接指挥,以免往返误时,不必客气。并已电令薛岳前进,一切遵兄命而行。如需严定任务或限期,可以我之名义发布之。此间已加电各部遵照。"

"姓蒋的不会这么大方,不从我们这里抓权就谢天谢地了。等着吧,他马上又会有新的花样。"龙云接电后仍是百倍提防。

果然,仅隔两个小时,蒋介石又就"进剿"与"清剿"事电令龙云和薛岳:"以第1纵队跟踪紧追,第2纵队先到宣威,再看共军窜向转进。而以李抱冰部暂置曲靖为总预备队。令各纵队多用夜间行军与夜行晓袭之法。以滇中人民皆为我用,不难得到共军主力其高级司令部之宿营所在地。若探得其所在地,不论昼夜,尤其在夜间,更应急起直追,并出赏项多雇向导领路之人,且以此意电第3纵队各旅长实施,更能生效也,又对于平彝、亦资孔以南地区如羊场营、威舍、左舍一带,仍须派队清剿,勿可疏忽。"

"怎么样?他仍让我们滇军打头阵……"就在龙云手捏蒋介石的电报愤愤不平时,警报突然传来,红军逼近了昆明城。

"这怎么可能呢?共军怎么会由北向南而来?他们不是要向北过江吗?"龙云大为吃惊。

原来,中央红军在进至白水以西地区后,却没有像蒋介石所预料的那样,而是放弃直接向北边的金沙江南岸边攻击前进的计划,兵锋突然转向西,直下曲靖以西的沾益、马龙等地。29日,再举兵西进,进占寻甸、嵩明,一部进至杨林,南距昆明城仅有30余公里。

"共军先头部队已经到杨林以南,即将兵临城下!"昆明城的守城警备队惊恐万分,隔10多分钟就向龙云报告一次紧急军情。

龙云哪还顾得上考虑蒋介石的"加权"电令,急电在曲靖以东的滇军孙渡纵队取捷径直开昆明,同时调集各县民团防守昆明。

"滇军的第一职责就是护乡守城。走,保家要紧!"孙渡接电后,也顾不上蒋介石的命令,把用来守江防的1个旅也拉上,率部疾驰昆明。如此这样,滇北各地和金沙江南岸的防御就比较空虚了。

在滇军孙渡部接龙云的急电速南返救援昆明时,红军中革军委发出《关于我军速渡金沙江在川西建立苏区的指示》,指出:"中央过去决定野战军转入川西创立苏维埃根据地的根本方针,现在已有实现的可能了",因此,"政治局决定,我野战军应利用目前有利的时机,争取迅速渡过金沙江,转入川西,消灭敌人,建立起苏区根据地。"随后,中央红军分3路由寻甸、嵩明地区向西北前进。红一军团为左纵队,经禄劝、武定、元谋直取龙街;红三军团为右纵队,经思力坝、马鹿塘夺取洪门渡;军委纵队和红五军团为中央纵队,经山仓街、海龙塘、石板河抢夺皎平渡。

原来这又是毛泽东略施的计谋,赚得龙云为保昆明急调滇中各部队回援,从而致使金沙江守备空虚。红军主力在毛泽东等人的部署下,迅速进到金沙江下游的皎平渡,于下个月初,用9个昼夜的时间,渡过金沙江。至此,毛泽东率领的中央红军摆脱了蒋介石数十万军队的围追堵截,奠定了长征胜利的基础。

龙云提防着蒋介石,却终未防得了毛泽东。

第 四 章

战火烧会理包座　铁索寒雪山草地

　　金沙水拍急，大渡桥横跨，
　　激流回荡千里，劈山砍岩，裹石携沙，
　　冰水举着太阳的火焰，从青藏高原的雪山怀中奔腾而下。
　　那弯弯曲曲的水道里，地壳皱褶中不知留下了多少黄澄澄的沙金。
　　那传闻于浪涛中的故事，沉淀于史河中，飞溅成书卷中的浪花，成了人们说不尽的巴蜀战国春秋，红军金戈铁马。

13. 历史瞩目大渡河，红军泸定桥铁索上夺取一个时代

公元1935年的5月，在中国的历史上是一个轰轰烈烈的岁月。毛泽东所率领的中央红军巧渡金沙江；过彝族区"歃血结盟"；血战会理城；强渡大渡河；飞夺泸定桥等重大行动，都发生在这个月。同样，红军陪战的对手蒋介石也率领国民党千军万马奔驰在这大水丛山泥道上，留下了叹不尽的哀鸣。

接上文所述，龙云急电滇军孙渡等部回援昆明城，蒋介石在贵阳盼能从滇北传来好消息。但中央红军数千人马在毛泽东挥手间，撒入滇北重重叠叠的大山，不显痕迹。蒋介石急叫："共军怎么会窜向不明呢？"其实，并非是金沙江上空的云雾遮断了蒋介石的视线，而是毛泽东灵活机动的"打圈子"战术又把国民党军转蒙了。

本月的第一天，贵阳毛公馆楼上的国民党军高级将领们又在对中央红军的去向作出新的判断，可是他们是越分析越感到不解。

"我的判断是，共军之窜向未判明以前，我军的部署不妨预定如下。"蒋介石在百思不得其解后，作出概略性的部署，"第2纵队即由寻甸附近向会泽转进，而以巧家与会泽间之金沙江南岸为目标。如共军果向元谋、武定，则该纵队即由会泽向西转进兜剿。第3纵队即抽6团以上兵力，立刻向禄劝与武定分途前进，且须星夜兼程，必超出于共军先头部队之前，迎头堵剿。而以其余两旅，协同第1纵队分左、右两路齐头紧跟追剿，无论共军往西往北，皆不致被其偷窜，务期歼灭于南岸地区。"

众将领的目光都随着蒋介石的"判断"分散于千里金沙江上，红军要北渡是肯定的，但究竟要在哪一点上渡江，却是谁也不敢断定。顾祝同作了一个较小范围的地区判断，是从东起巧家，西到永仁，这段江面少说也

有400公里。他向蒋介石建议道："朱、毛残余共军企图窜渡金沙江无疑。云南境内巧家至永仁一段江防至为重要，应不分省界，左岸由川军完全负责布防，右岸应由滇军对共军来的方向，也一同布防，以期周密，并须切取联络。"

"一定要赶快加强金沙江江防！"蒋介石是茫然中的紧张，"告诉龙云，除令刘总指挥饬属遵行外，希查照办理，饬属就近确取联络，并将兵力配备情形详告为要。"

国民党军在蒋介石新的命令下，又如无头苍蝇一般东撞西突，疲奔于深谷大山中。

"为什么我军如聋子、瞎子得不到共军的消息，而共军对我们却了如指掌？"蒋介石在毛公馆楼上急得直转圈，"有前方薛总指挥官的电报吗？"

"没有。只有龙云发自昆明的一个短电。"机要秘书汪日章回答。

陈诚从汪日章手中接过电报夹，读道："第3纵队已兼程抄出共军之先头截击。第1、第2纵队由嵩明、寻甸跟踪尾追，预计在禄劝、武定间必有激战。"

"在禄劝、武定间会有激战？"蒋介石一副不相信的样子。

"是的，龙云的预计是在这一地区必有激战。"陈诚把"必"字的声调读得很重。

"报告，特急电报。"刚刚下楼的汪日章突然神色慌张地跑上楼来，他以往还从来没有这样大惊失色过。"云南龙主席的电报。"

"他不在前线，又有什么特急电报可报？"蒋介石漫不经心地说。

还是陈诚代蒋介石接过电报，像往常一样粗略地扫视了一遍主要内容。

"啊！是龙云报告共军已破译我军密码事，委员长，您看！"陈诚也脸色突变。

"给我。"蒋介石说着已从陈诚手中抓过电报纸。龙云报告道："顷在羊街拿获共军参谋陈仲山一名，瑞金人，现解省审讯。于其身上搜出情报一束，系我军各方往来密电，皆翻译成文。无怪其视我军行动甚为明了，知所趋避。现正研究其译电，系有我方电码本，抑以别种技术译出，并此后宜用何法通信，方免泄漏。特先报闻，详情续达。"

"娘希匹，怪不得共军行踪莫测，我军刚行动就受挫。我们的机要译电竟然成了共军的新闻报纸了！怎么办？"蒋介石骂完娘后问陈诚。

"我军电文被共军窃译，实属严重问题，只有重新编印密码。另外还有什么好办法？"陈诚转问汪日章。

汪日章惊色甫定，想了想说："此事只有将另行编印之密码多备，每日调换。凡每一密码，在一星期中至多只用一次，按日换用。密码每部各发10种密本，每日换1种，每10日再另发10种密码。"

"先给龙云发个特急电，现在马上就发。让他暂时重新编发密本；如气候良佳，用飞机通信以补之。我另外再写个手令给他。"蒋介石决定道。

当晚，蒋介石把侍从室人员和机要人员全部召集到楼上小会议室内，就密码被破译之事进行训话："查我军往来电文多为共军窃译，危险堪虞，耻莫甚焉！机要电报，如同我们的生命。仗还未打，军情全泄，这怎么得了？今天把大家召集来，一是通报这一耻辱事件，二是让大家商议一下如何在剿共非常时期防止再泄密，技术上的问题还得靠大家努力去做。"

与会人员突闻这一消息，也都感到十分震惊，纷纷交头接耳，互相猜测究竟在哪个通讯环节上出了问题。

负责侍从室机要工作的汪日章在自我检讨一番后说："委员长已有指示，今后必须多备几套密码，每日调换使用。凡每一密码在一星期中，至多只用一次，换日换用。密码每部各发10种，密本每日换1种，每10日再另发10种密码；气候良好时，可利用飞机通讯。"

吵吵嚷嚷中，有人开始献计献策：

"此后口令信号，不必由军委会或行营颁发，可由当地最高军事机关制发。"

"电报首尾均须用代名词，对于呼号尤须用代名词。"

"后方通讯，一律送最高机关批发。最高机关应指派负责可靠人员专管此事。"

"重要地名及各级主官姓名、部队番号一律用代名词。"

"有有线的地方，所有电文一律用有线电拍发。"

"各部队长官与参谋长，以后密电译法，应由其主官与参谋长检核后再发，且发电时必须专门派得力参谋监视发出，要强调不许各电台间互相通报，擅自问话。"

最后，蒋介石综合大家的意见，归纳为9项，特作新的通讯规定，颁发"追剿"军各部队，他严厉电令道："如不遵照新定人名、地点、时日各种代名词译发，而仍照老法发电，其各主官与参谋长又漫不加检查审核，迳由其译电员任意译发者，一经查出，当以其参谋长泄机通共军论罪，而其主官亦以懈怠失职论罪。以上9项，仰即切实奉行，勿忽。"

从这个月初起，国民党军在"追剿"红军的来往电令中开始按照新的密码进行通讯联络。蒋介石以为找到了以往"剿共"失败的症结所在，换了通讯方法后，就应该打胜仗了。但是，他很快发现，国民党军的作战并没有因为换了通讯方法而有所转变。

话说毛泽东巧用兵在昆明城北虚晃一枪后，调动了金沙江南岸的国民党军回援南驰。当时因滇军仅有的6个旅主力早已外调，龙云是坐守昆明空城，只有卢汉指挥的一些团防及警卫部队担任守备，十分恐慌。蒋介石急令薛岳兼程驰援。不料红军刚抵昆明附近又转头向昆明城西北前进。

"共军大概又要'四渡金沙江'了。"蒋介石派出的空军侦知这一情况后急忙回报。

"又是毛泽东的声东击西之计！共军的真正企图是渡金沙江无疑。"蒋介石挠着光头说。

"速令薛岳率各纵队再跟踪追剿。"陈诚传达蒋介石的命令，"以李抱冰部经会泽向巧家北追，其余主力经寻甸、禄劝、武定向元谋尾追。电令西康第24军军长兼川康边防总指挥刘文辉派兵扼守金沙江各渡口进行阻截，将船只悉送北岸，严加控制。空军每天必须在巧家渡口、寻甸属之洪门渡口、皎平渡口、龙街渡口进行侦察。"

蒋介石所盼望的薛岳的电报，是3日才由前线发到贵阳毛公馆的，他报告道："共军第1军团30日由嵩明向富民方向，第3军团30日由寻甸向禄劝方向。判断中共中央及第5军团必向武定急窜。"

"我军的部署进展情况如何？"蒋介石问陈诚。

"吴奇伟本日起由嵩明尾共军急追。万耀煌师归吴奇伟指挥，本日起由可郎以西地区向禄劝尾共军急追。李抱冰本日起由跌那村向会泽急进，准明日到达截剿，周浑元明日起可由光头坡经新村街，沿金沙江沿岸地区向元谋兜剿。薛岳率温良旅明日起由马龙向易古、杨林、富民前进。"

从国民党军的这个"追剿"部署看，蒋介石在金沙江南岸分兵全面撒网，唯有万耀煌师的行进方向较接近中央红军欲北渡金沙江的渡江地点，但万耀煌师即使按照这个部署赶到禄劝，离中央红军渡江的皎平渡口也还有150多公里，其他"追剿"军离此地点更远。而就在这天，中央红军的渡江行动已全面展开。

红军中央军委纵队于2日到达禄劝县城以北37公里的团街后，中共中央召开干部会议，由博古传达中央政治局渡金沙江的决定。时红九军团进占东川（今会泽）县城。中央纵队干部团一部受令后，在刘伯承领导下，向皎平渡急进。于本（3）日晚占领皎平渡，并偷渡成功，抢占了金沙江北岸的制高点，接着北进通安地区。时红一军团抢占龙街渡口，因江宽流急，又加国民党军飞机轰炸骚扰，架设浮桥未成。红三军团抢占洪门渡口，所得渡船很少，此处又不能架桥。中革军委决定，除红三军团之第13团在洪门渡继续渡江外，红一军团和红三军团主力，全部由皎平渡渡江。

中央红军北渡金沙江，这时的蒋介石还全然不知。此时的红军大队人马已在皎平渡依靠6只渡船，在当地37名船夫的帮助下，抢渡金沙江。

金沙江畔皎平渡口，一片热气腾腾，人欢马叫。

与此相对应的是国民党军也有"一片热气腾腾，人欢马叫"的地方，这个地方却不在金沙江畔，而在昆明城。5日，薛岳率领"追剿"大军来到昆明近郊，龙云盛情接待薛岳及其随行人员，而断然阻挡中央军部队进城。锣鼓喧天中，薛岳在龙云的陪同下来到五华山省府大楼，大楼下排列着云南省府的文武官员，打扮得花枝招展的姑娘在跳着欢快的民族舞，热闹非凡。龙云如此制造"热烈"气氛，当然是别有用意。在鞭炮声响完后，龙云的话开始切入正题，意思很简单——中央军不能进入昆明城。

"蒋委员长有令，剿共不分疆界，龙主席肯定是知道的。"薛岳狐假虎威地说。

"谁的指示也不行，不能进就是不能进！再说昆明城现在哪来的共军？"龙云的"云南王"威风向薛岳面前一摆，就是蒋介石来了也感到无可奈何。但龙云清楚薛岳是蒋介石身边的红人，是不能轻易得罪的，因此见好即收，又说起恭维的话来。

薛岳是广东乐昌人，龙云就软硬兼施，特别发动两广旅滇同乡欢宴薛岳，说明部队不能入城的原因主要有 3 条：一是怕耽误了中央大军的追击日程；二是为防止红军冒充"中央军"混入昆明之事重演，并加以解释，由于在曲靖、马龙附近被共军截去地图事，对昆明虚实有所泄漏，不能不有所戒备；三是昆明城小人众，有孙渡的部队守卫就足够了，中央军主力部队还是尽快追击共军为好。其实，这三点都是次要的借口，实在的主因是龙云担心蒋介石在云南会再导演贵州王家烈的旧剧，最怕"中央"夺了他的地盘。

薛岳深知"强龙斗不过地头蛇"的道理，在见到龙云的态度十分强硬后，也不便再提中央军进城之事，当务之急还是金沙江边的军事问题。

"我们当前最迫切的问题还是在金沙江南岸。"龙云巧妙地把问题的焦点轻轻一拨，使薛岳的小算盘从昆明城转移到了滇北。

6 日晨，龙云与薛岳乘由空军第 3 队队长刘义曾驾驶的飞机，至金沙江沿岸各渡口视察红军渡江情况，并在通安、会理两地上空盘旋一周。

这天，中央红军正在抓紧时间渡江。中革军委指示红九军团渡过金沙江后，彻底焚毁沿金沙江各渡口的所有船只，阻止追敌于江之右岸，以掩护中央红军主力集结会理地域。而此时，江北岸并没有川军布防。

"川军为什么对江防布置如此疏忽，使红军过早在皎平渡暗渡成功？"龙云和薛岳在空中侦察的结果令他们异常惊讶。

"据刘元璋昨日电称，大江北岸防务，已早饬盐边驻军会同县长派兵严防。刘元瑭昨也电称，共军一部在中武山渡口偷渡，也于前日晚赶到通安堵截。看来，他们所报的情况均与事实不符，北岸有无防守，尚属疑问。"薛岳低头从舷窗中向一条绿线似的金沙江北岸眺望，只见浩浩荡荡的红军队伍过江后隐入万山丛中。一笼馒头似的群山中，一切都静悄悄的，根本没有作战迹象。

"所幸我军已达永仁及龙街附近，明日可到江边。唯对岸无兵，共军仍有渡过逃脱之虞。除催我各部星夜猛进，并重奖空军务必努力飞往炸断浮桥外，应恳祈钧座立电刘文辉部，即日驰赴江岸严防。"龙云言谈之中巧妙地把刘文辉拉了出来，言外之意，红军渡过金沙江，川军应该负主要责任。其实，他内心想的完全是另外一回事，红军离滇入川，这正是他求之不得的，只要能保住"云南王"的地位就行。

龙云飞回昆明，走下飞机后，立刻发急电给蒋介石，状告川军没有在江北布防，并报告："发现共军一部在元谋至会理大道之渡口搭造浮桥，已成三分之一。大江对岸并未见川军。查此时江防，关系极重。"

龙云还要薛岳向蒋介石建议，由滇军孙渡第3纵队沿江筑碉防止红军回转，以免追入西康后滇省空虚，实也是不让滇军出滇。

为拉住薛岳，龙云在本日下午专门到都南酒店拜访薛岳，特别摆宴款待。

"这道菜是特意为老弟做的，来，动筷。"龙云招呼着，把筷子指向桌子中央。这是一道宴席上著名的粤菜"龙虎斗"，是蛇肉与猫肉做成的佳肴。

龙云的这道菜显然别有用意，话题就从这"龙虎斗"菜上说起，两人竟越说越近乎。谈至今后红军北去之后，如何治理黔滇问题，龙云表示滇黔应结成联盟，龙、薛应结成兄弟，薛岳作为贵州绥署主任此时也不得不考虑将来，由此对龙云的建议也表示极为赞成。两人相差9岁，于是"龙兄薛弟"拜起把来，相约同甘苦，共患难，在政治上互相支持。自此日起，两人便开始称兄道弟，互为利用。

次日晨，薛岳离昆明赴前线指挥部队。当时他所率各纵队均已分别沿红军行进路线追击：一路经会泽，一路经寻甸，一路经禄劝，一路经武定，直趋金沙江边。薛岳扬言红军先头虽已渡到金沙江北岸，但主力还在南岸，各纵队一定要包围红军于普渡河西、龙川江以东加以聚歼，不容红军主力渡过金沙江。

龙云的电报传到贵阳，又使蒋介石一夜难眠。恰好刘文辉的电报也至，所反映的情况却与龙云所说不相一致，刘也叫苦，状告龙云滇军没有赶到金沙江边，电称："职部前将通安之共军击退，江边洪门、白滩两点共军又陆续抢渡，同时通安共军复行折回。当经分兵奋勇堵剿，共军与我伤亡都甚众。现仍在江边激战，而共军尚陆续抢渡，愈集愈多，急盼滇方追兵星夜赶到，并同夹击，庶易歼灭。"

"将领都如此推责诿过，何有协剿精神？"蒋介石从两军对比中是越想越感到"剿共"作战的吃力，湘江之战没有围住朱、毛红军，乌江、赤水河、北盘江，红军也是想过就过，现在竟又从容地渡过金沙江。不足万人的红军，有着如此神奇的魔法，从国民党几十万围追堵截的大军中穿来走去，显然与毛泽东等人的高超指挥有着重大关系。于是，难以入睡的蒋介石在感觉到一时无法撤换龙云、刘文辉等人后，只能从红军将领身上下手，他又想起了"悬赏"之法。

"用20个团长换一个共军高级首领也值得。"蒋介石咬牙切齿地说着，翻身下床连夜手令前线部队各主官："共军重心，全在军委。我军无论何时，发现其军委所在，务必选有勇有为之团长，不惜牺牲，直前猛扑，本擒贼先擒王之旨，将其重心摧毁。共军头领朱德、毛泽东、周恩来、博古4人，无论生擒格毙，查实均奖国币10万元。即谕官兵知照。"

蒋介石房间内的灯光一亮，毛公馆楼上楼下顿时电灯突明，顾祝同、陈诚等人慌忙披衣起床等候蒋介石的传令。

"委座让你去一下。"晏道刚走进陈诚的房间说。

"共军正在渡金沙江，你们能睡得着觉?"蒋介石冷嘲热讽。

"委座睡不着觉，我们也睡不着觉。"陈诚的话说得较得体，蒋介石有怒气也不好再发。

"据报各军多有士兵声言与共军无仇，如共军反攻不战而退，至后有好处，有白米饭吃等语。"陈诚汇报道。

"怎么竟有这等事?! 希各部立即注意严禁，并设法训诫。今乃于剿共严重期间，忽发生此种事，显系共军居中反间，意图离间我军内部团结，应严为防制以杜患。随时训诫部属，以奋发其同仇敌忾之气魄，坚其灭此朝食之决心。"蒋介石的光头在电灯光下闪闪发亮。

"是，是，一定设法严加训诫。"

"你看应该如何防止共军北渡？"

"应电令龙云，防止共军从仁和以西地区渡江。"陈诚穿戴整齐地站立在蒋介石的身后，建议道，"共军战术灵活，须防其以一部分向环洲回窜，而其主力或重要共军首领，乘我专重围剿环洲共军余股时，乘机向仁和、大兴及其以西地区偷渡。故无论该共军有否向仁和及其以西地区逃窜，而我军总要派一旅兵力驰进仁和与大兴卫之间及其以西地区搜索共军防堵。"

"好，你拟个电令给薛岳和龙云，令我军向洪门、白滩方向进击。我军既已集结，而共军在渡河之时，我军若能猛攻其任何一点，均属有利，必可得以少胜众之功。刘文辉部队防广兵单,共军既已一部渡过,则江岸之防堵甚为可虑。我第2路军除猛攻环洲外,似应派就近有力部队星夜赶赴洪门、白滩,击其半渡,必可收伟大之效果。机不可失,望各部奋进。"

也就在8日一夜间,红军主力在后卫掩护下巧妙地突破了刘文辉部防线,渡过金沙江。国民党军向皎平渡前进之周浑元部,向巧家前进之李抱冰部,向洪门前进之孙渡部,向龙街前进之吴奇伟部,均为红军后卫所牵制,稍有战斗。滇军孙渡纵队先头部队由元谋沿红军去路追至禄劝的皎平渡口时,红军后卫第5军团已快渡江完毕,其余在寻甸渡口及原留置在贵州乌江北岸的红九军团,虽受到川军第6纵队郭勋祺部及第4纵队的追击,也已经宣威、会泽在巧家以南附近渡过金沙江。中央红军全部北渡,把追敌全部甩在金沙江以南,取得了战略转移的决定性胜利。9日,红军取道通安进击会理,红三军团与干部团兵临会理城下,继而发起激烈的围城战斗。中央红军其余部队趁机休整,待机而动。

国民党中央军各部队至此在滇境已无激烈战斗,沿途疲于奔命,而真正和红军作战的却是国民党政府地方民团。红军在滇过境时沿途各县县长遵蒋介石命令带领民团顽抗,被消灭的团丁达1000余人;县长被击毙的,有禄劝县长何泽周,武定县长周自得,会泽县长杨茂章,寻甸县长李荆石,富民县长郝煌。此外还有宣威县长陈其栋因临阵脱逃及一个督战不力的参议寻某被龙云抓回后枪决,一个"通共"绅士张秀升被龙云斩首。从地方团队来看,云南的地方反共势力比贵州是要凶恶得多。这也说明龙云统治云南比王家烈统治贵州的政权巩固得多。蒋介石终未敢乘红军入滇时机向龙云开刀,恐怕这也是主要原因之一。

9日这天,蒋介石并不知道中央红军已全部渡过金沙江,但他已经预感到情况不妙,因此在给龙云、薛岳的电报中开头即带有讽刺意味地说道:"8日部署甚妥,可惜时间稍迟。"

蒋介石对龙云、刘文辉等这些地方军阀,真是气得、骂得,就是舍弃不得,只能和言悦色相勉励:"务督促各部努力奋进,猛烈攻击共军之掩护部队,如占据阵地顽抗,则我可派一部监视之,主力绕出其后方,袭击其主力,切勿为其牵制,至要至要。如共军已渡河,则吴、周、李各部皆应迅即渡河。剿共之成功,端在此举,务饬各部努力为要。""吴、周、李"

即中央军嫡系吴奇伟、周浑元部和已被收买为嫡系的原湘军李抱冰部,蒋介石在龙云、刘文辉的互相推诿中还是想到了嫡系部队。

"电令李抱冰部向洪门渡进攻。除仍留黄人英第313团在树节渡口堵共军回窜外,主力应速进出普渡河西岸,会攻洪门渡及其以西渡河之共军,以求击共军半渡而歼灭之;如共军已渡河,则应迅速渡江,协同川军追击,勿稍延误。"蒋介石呆视着大地图上的洪门渡口,就是没有注意到皎平渡口。

已是10日拂晓,劳累了一天的蒋介石熄灯入睡,毛公馆楼上楼下的灯光也随之从一个个窗户孔中隐没于黎明前的里暗中。

"今天该安安稳稳睡个早觉了。"陈诚瞅了瞅蒋介石房间内已是漆黑一片,脱衣上床。自从来毛公馆后,他一直都是和衣躺下,睡觉也得睁着半只眼睛。

整个毛公馆都进入安睡状态,只有译电室内发出有节奏的电键声响。警士的皮靴踏在楼板上,也几乎轻得听不到声音。

汪日章突然从译电室内跑了出来,直奔晏道刚的房间。

"快醒醒。有急电!"

"什么急电?偏偏这个时候来了。"晏道刚边问着边已翻身下了床。

"龙云请求处分的急电。"

"请求处分?那着什么急!"晏道刚说着又要躺下,并问道,"请求什么处分,非得要报告委员长?"

"龙云报告,共军已经全部渡过金沙江。"

"全部渡过?"晏道刚一个骨碌从床上跳起来,"赶快报告委员长!"

睡梦中的蒋介石被突然叫醒,本来就窝火,一听中央红军全部渡过金沙江,更是火冒三丈:"龙云究竟怎么报告的,你快读!"

"晚11时接薛岳自富民电话称:我第3纵队本日已到达江边白马口,未与共军接触,江南岸似已无共军。但万耀煌师与周浑元纵队明晨方能到达指定之洪门、鲁车两渡,有无共军踪影,明晨始能明了。据此情形,现虽未接前敌确报,而共军已过江无疑。闻讯之后,五中如焚。初意满拟共军到江边,纵不能完全解决,亦必予痛惩,使溃不成军,藉以除国家之巨害,而报钧座之殊恩于万一。殊料得此结果,愧对袍泽。不问北岸之有无防堵，实我之调度无方，各部队追剿不力，尚何能尤人。唯有请钧座将职严行议处，以谢党国。谨此鞠诚上闻，伏祈鉴核。"

晏道刚读完龙云的请求处分电后呆立在一边，不敢出声。蒋介石也呆坐在了床沿前。宋美龄却装作什么也没听见，仍然蒙头大睡。

毛公馆楼上楼下眨眼间已是灯光通明。

蒋介石缓缓喘了一口气："传我的命令，电令第1、第2纵队和李抱冰第53师由薛岳亲率渡江，兼程向会理急进，留第8纵队搜剿南岸残余共军。一定要围歼朱、毛共军于金沙江以北，大渡河以南，雅砻江以东地区。电令川北王缵绪，封锁共军徐向前部于青川、平武、松潘、茂县、北川等县地区，四面包围。另以有力纵队向共军主力进攻。防止朱、毛共军与徐部会合。"

已是拂晓，众将领在蒋介石起床后也迅速来到门外，叽叽喳喳探询出了什么事。

"龙云的复电怎么回？"晏道刚问。

"不必了。"蒋介石说着走到门口，对聚集在门前的众将领说道，"共军已全部渡过金沙江。早饭后，全体人员跟我立即到昆明。"

"现在贵阳能使用的仅有1架飞机，坐不下这么多人。"晏道刚提醒道。

"那就全体军事人员与我同行，准备马上出发。"

慌慌张张的蒋介石没有吃上几口早饭，带着10多名专门负责军事参谋指挥的人员和侍从官飞往昆明。

临时接到通知的龙云跑得满头大汗，赶到机场迎接，他担心的并不是"处分"，那种奖惩把戏对身居省主席高职的人来说，已经不起什么作用，"奖"也好，"罚"也好，只要不罢官、枪毙，纸上的命令都是为了做给别人看的。龙云此时担心的倒是怕伺候不好蒋介石行营这么多人，吃和住可都是大问题啊！

龙云在把蒋介石接下飞机送进轿车后，又悄悄把晏道刚拉到一边，问道："是整个行辕都搬来，还是临时性的？"

"随委座此行随从人员不多，只有军事人员，没有党政人员。"

"好，好，那就住在都南酒店，怎么样？"龙云仍在时刻提防蒋介石，希望蒋一行人赶快离开昆明才好。

"住酒店恐怕不太安全,就住在五华山省府里面,你看怎么样?"晏道刚明白龙云的心思,不让住省府内,却偏提这个要求。

"那也好。"龙云十分不乐意地答应着,马上传令收拾五华山省府内的房子。

蒋介石是初次来昆明,虽是临时性地慌张而来,却是在五华山一住就是10多天。他来昆明的目的和所为,事后看来主要有两个:一是拉拢龙云,二是部署大渡河的会战。

坐镇昆明,屁股向南、脸向北的蒋介石对10余万国民党"追剿"大军发出命令:"我们这次一定要围歼朱、毛共军于金沙江以北、大渡河以南、雅砻江以东地区!"

"电令大渡河南北各军,大渡河是太平天国石达开大军覆灭之地,今共军入此汉彝杂处、一线中通、江河阻隔、地形险峻、给养困难的绝地,必步石军覆辙,希各军师长鼓励所部建立殊勋。"

蒋介石所制定的新的包围圈部署如下:刘文辉部以有力部队固守会理、西昌待援,主力在大渡河上游富林以西,沿大渡河北岸赶筑碉楼,严防红军北去。薛岳部以吴、周、李各纵队迅速渡过金沙江左岸,向围攻会理之红军夹攻,以解会理之围,即进至西昌筑碉,右与昭觉附近之郭勋祺部,左与盐边、盐源之滇军连成碉堡封锁线,严堵红军南去。另以孙渡纵队取捷径至盐边、盐源后,沿雅砻江西岸筑碉防守,并在永仁、元谋各县,金沙江右岸筑碉严防红军突向西南,左与刘文辉部切取联络。

金沙江岸边又是马嘶人鸣。在蒋介石的亲自指挥下,国民党军以李抱冰部为先头由巧家渡江驰援会理,周浑元部继续前进,前敌总部及吴奇伟部从元谋渡江继续追击,孙渡部滇军留在金沙江南岸沿江掩护。

在薛岳率部准备渡过金沙江时,蒋介石特令薛转告前线各军,应当深刻吸取黔北赤水河边的教训,行动要稳扎稳打,每到一地先做工事,修筑好碉堡,才能入营。

国民党军在渡金沙江时,由于江面宽700米以上,水流急,气候闷热,船少人多,各部队不听渡江指挥官的调度,各纵队官兵之间和各纵队与总部直辖官兵之间有的打起架来,弄得薛岳、吴奇伟、周浑元、李抱冰等互相埋怨,大发脾气。13日,国民党军主力开始渡江,蒋介石随即命令李抱冰火速率部驰援会理解刘文辉部之围。李纵队主力接令后，经松平关、河口、五里坡向会理行进。

安排完新的"围歼"计划，蒋介石又以为可坐收其功了，他开始策划来昆明的第二个行动，拉拢云南民心，继而收拾龙云，攫取滇政。在薛岳报告中央军开始渡江的这天，蒋介石来到省府大会堂作题为《望滇人负起民族复兴之责》的讲演。

昆明各大报纸在次日，全文刊登了蒋介石这篇在军事非常时期，却只字不提军事的讲演稿，连蒋侍从室的人看了报纸后也不知所云。

在蒋介石竭力收买云南民心时，此时真正为其"剿共"出力的是西康刘文辉军，刚刚成立的西康省是本月战事的热点所在——5月的征途，是凸现在红军二万五千里长征中的一段奇路。

西康是地方军阀刘文辉的地盘。刘文辉是川康边防总指挥兼第24军军长，有8个旅20团，总兵力两万余人，封建色彩比刘湘还浓厚。自1933年在军阀混战中被刘湘击败退守川康边割据以来，旅长以上高级军官刘元璋、刘元瑭、刘元琮等都是刘文辉的侄儿。但所辖地因防广兵单，异常分散。康定以西地区布置屯垦部队两个旅，雅安地区布置3个旅归刘文辉直辖，在西昌地区守金沙江沿线的部署有3个战斗力较强的旅，中央红军在大渡河两岸与此交手血战的就是这几个旅。

当中央红军进入刘文辉的防区时，刘部担任正面守备的抵抗力量应该说是相当强的。川康边防司令刘元璋率第24军3个旅守会理地区，除在通安及沿江被红军击溃1个团外，退守会理的兵力主要有刘元瑭旅3个团。刘元瑭不顾会理居民死活，下令焚毁城外房屋，在会理城进行顽抗达7天之久。

会理之战是血战，是鏖战，是险战。但在事后的国、共两党军事史上却是"淡而化之"一笔带过，使后人谈及长征，竟然不知还有一次作战双方都如此惨烈的激战，这是不应该的。

话说红军先头部队于9日到达会理城郊后，一时尚未形成包围。城中的川军时不到两个团，刘元瑭深知仅靠城中仅有的一个团是难以守城的，于是，急调所属的另外两个主力团入城坚守。他所采取的战术是守点不守面，为了顾全性命也只有拼命了。

刘元瑭本是个玩儿命出了名的川军军阀，在蒋介石的死令下更是发了疯似的卖命。此时该旅聂秋涵团奉命回守会理城已到城郊三元桥，刘元瑭亲自率兵两连，冲出北门，将聂团接入城内，聂本人腿部负伤。该团入城后，刚吃过午饭，忽闻西北门外景庄庙垭口枪声密集。刘元瑭判断，一定是本旅胡槐堂团归城，为红军所阻，又立刻亲率步兵两连和旅部手枪兵一连，前往接应。他把上衣脱光，只穿一条短裤，腰上拴着装钱用的红缎裹肚，手提马刀，赤膊上阵，叫步兵连全上刺刀，手枪连个个子弹上膛，指挥部队一鼓气冲过景庄庙垭口，把胡团大部接进城，就把城门关闭，堆上几层石条。对落伍和伤亡的士兵以及没有冲过垭口的由连长杨汉臣带领的后卫连则不予顾及。

第二天早晨杨汉臣只身在城下喊着要进城，刘元瑭担心红军趁机进攻，严令不准开城门。杨汉臣躲藏在城外，竟然能保全性命，直到红军离会理后，他才得以进城。

为稳定军心，刘元瑭在城中一方面加强舆论宣传，一方面大开杀戒，杀一儆百。

在聂团未进城之前，曾在一把伞作战被红军俘虏去的手枪第2连排长庞云带着10多名士兵回来了。庞云头部负伤，有的士兵也包扎着绷带。各连官兵都以好奇的心情，围着他们问长问短，才知道是红军释放了他们，绷带是红军医务人员包扎的。庞云等人感慨地说："红军不但不杀人，对我们还很客气。他们官兵服装一样，都在一起吃饭，营长、连长都不拿架子。如不告诉我们，根本就分不清哪个是官。"

恰好在这之前不久，不知是哪里传来一副对联，说的是：

红军中，官、兵、夫，起居饮食一样。
白军内，将、校、尉，阶级薪饷不同。

这副对联在川军中口耳相传，过去没人注意，现在川军官兵听庞云等人介绍亲眼所见，更引起了兴趣，于是转相传诵，当天也传到了刘元瑭的耳朵中。

"这还了得！大战之前，动摇军心，斩！"刘元瑭把这批被俘又放回来的人，全部喊到旅部，一齐用马刀戳死。

接着，刘元瑭继续清查这副对联是谁编写的，又陆续残杀了10多个人。后来东追西究，查到一个云游四方的道士身上，说他来历不明。刘元瑭便下令将其师徒二人一齐杀掉，那徒弟当时是一个只有11岁的小道童。

红军的攻城之战一天紧似一天，城中居民不顾刘元瑭的拦阻，纷纷准备出城外逃。刘元瑭开始担心民变，若是老百姓一走，那还守个什么城？他把会理县长兼本旅参谋长的张肇南找来，面授机宜。

于是，第二天，从县政府中传出一个稀奇古怪的谣言，街上人们也纷纷口耳相传，说什么："昨夜城墙上很多人看见关公全身披挂，手握关刀，坐在城墙上，身子有一丈多高。"很多人信以为真，认为近日的侥幸守城，是由于有关圣人护城，所以红军冲不上城墙。于是接连几天，都有人拿着香烛到关帝庙敬神。

聂、胡两团进城后，即和原有部队分担守城防务。刘元瑭留手枪营和聂团的第1营为预备队，所有部队全部上城墙分段防守，每一垛口两个兵。为了防止红军接近城垣，下令以浸透煤油的棉花团作为引火物，抛到城外居民房上，把城外民房挨次烧光。因为士兵伸出头往下探望时，往往被红军击中头部，便用松柴捆子浇满煤油，点燃后用斑竹弹出城去，有的弹在树枝上挂起，有的弹在民房废墟上或地面上，用以照明。守城的兵，则用城砖或铁板遮着头部，这样才减少了伤亡。为了防止红军用云梯攻城，刘元瑭还沿着城墙，一路安设照明灯，灯光火光照亮了半边天。他为了给自己壮胆，让城墙上成千成百的士兵日夜呼啸呐喊。

为扫清射界，刘元瑭派出1连人，用煤油泼在城中繁华的两条正街接近城垣的民房上，再用柴草浸煤油点燃，丢在房上。这两条街全是木结构的铺房，见火就燃。老百姓呼天抢地、扶老携幼向北关乱跑，惨不忍睹。时值半夜，浓烟弥漫，火光冲天，直到第二天下午仍在蔓延。如此扫清射界后，又在城墙的每个垛口堆了装满石灰的瓦罐子若干，如红军用云梯或钩索爬上城墙，立即投掷，使红军战士的眼睛被石灰刺伤，不能攀登。

刘元瑭旅部、团部的人员，不断上城墙巡视，严禁士兵交谈和耳语。为了防止兵变，刘元瑭装扮成士兵，混迹在行伍中巡视守城防务，遇有私议者，立刻引下城墙，予以杀害。

这时，国民党"追剿"军各部渡过江后，薛岳虽奉令驰援解会理之围，但他因在贵州迭次受了红军回击的教训，又有蒋介石采取稳扎稳打办法的密令，因此每到一地必先筑碉，碉不成即不敢进宿营地，于是迟迟而行，实为保存实力。

12日，中共中央政治局在会理城附近的铁厂举行扩大会议（史称会理会议）。会议讨论了渡江后的行动计划，并对林彪等怀疑中央指挥是否正确、反对机动作战的错误，进行了严肃的批评。中央决定在会理及其附近停留5天（15日止），争取在长期鏖战后获得必要的休息与补充，"以便继续夺取西昌而北上"，实现在川西与红四方面军会合之目的。

为吸引国民党军的注意力，掩护主力部队休整，红三军团和干部团奉命发起了攻打会理城的战斗。

一场红军长征路上少见的围城攻坚鏖战打响。

红军在攻城时，曾几度用爆破作业，进行强攻。川军团长聂秋涵向刘元瑭建议，每连在城墙下掘近两米深的土坑，用空坛子放下去，用以察听红军在城脚挖洞的声音和位置。一天晚间，刘元瑭果然在西北城角听到"咚咚"掘土的急促声音。

"就从这个发出声音的地方挖沟灌水！"刘元瑭命令道。

红军用步枪向西北角城墙垛口密射，刘元瑭判断红军有用火力掩护部队强攻意图。除派工兵挖沟潜水，浸湿土壤使红军爆破困难外，还集中兵力在西北角上防堵。

由于这段土墙已经浸湿，红军的爆破行动受到严重影响。半夜时分，忽闻爆炸巨响，西北城角坍崩，原来陡立的城墙倒塌下去成坡形，红军在城墙炸塌一个缺口后，奋不顾身地冲了上来。

川军守卫这段城墙的部队是吴鸣恩连。刘元瑭督率预备队1个营和民团地主武装急忙向缺口堵击，他在激战中面部受伤。

震耳欲聋的枪声，手榴弹的爆炸声，响成一片。刘元瑭提着马刀，满脸是血地在阵地督战。少数红军已冲上城墙，同地主武装马子龙的便衣队及刘元瑭身边的手枪兵展开肉搏，打在一块儿。红军的后续部队，因土湿泥陷，无法跃进。城墙上川军吴鸣恩连又投下手榴弹和石灰罐子，致使红军战士满头石灰，爬不上来。冲上城墙的少数红军战士，全部阵亡。

一场激烈战斗，拂晓时才渐渐停下来。

晨雾中，一片大战后的惨烈气氛。城墙缺口上下，双方阵亡大约700余人。刘元瑭旅上报军部的呈文说红军伤亡200余人。

天亮后，蒋介石急派空军第3队队长张有谷率飞机3架，在会理空中盘旋，投下联络信件，又向景庄庙红军阵地密集扫射，掩护刘部抢修城墙。刘元瑭在空军掩护下，仍督促部队拼命抢修塌下的缺口。

午后，蒋介石在薛岳的陪同下，乘飞机亲临会理上空视察。

激烈的战斗仍在进行着。会理城四周，到处都是硝烟烈火。

"看得出，战斗够激烈的。"薛岳望着脚下飞起的滚滚浓烟，说道。

闪光的枪刺，爆炸的火光，冲天的烟尘，一一映入蒋介石的眼帘。

战场上那种特有的钢铁味、硝烟味、焦土味、血腥味、腐草朽木味搅和在一起，腾腾卷入云霄。

"这战场上的空气就是新鲜，很有点甜丝丝的芬香味。"高空中的蒋介石兴奋起来，他又闻到了自1925年在广东东征战场上亲临前线，至今已久违了整10年的战地味。

云端上的蒋介石像是注射了兴奋剂，情不自禁地投下了他的亲笔信，对刘元瑭慰勉有加。

"犒赏刘元瑭全旅官兵钞票1万元，明天我们再来时空投下去。通令全国晋升刘元瑭旅长为陆军中将。"蒋介石宣布道。

次日，蒋介石果然又由昆明乘飞机到前线上空，利用通信袋向各部队指挥官投下手令，指示机宜，表示他亲临前线督战与官兵同甘共苦。

蒋介石的如此督战，是起了很大作用的。刘元瑭率部更加玩儿命。

事隔两天，刘元瑭守城部队在城东关空坛口上又听见红军挖城墙脚的声音，川军又照样掘坑灌水。14日夜间，会理东关城墙又被红军爆崩。但由于刘元瑭守城部队早有发觉，灌了不少的水，爆破裂痕不大。川军又因为有前日的经验，在城墙刚刚崩塌后，就用手榴弹和石灰罐向从洞口处涌上来的红军战士大量投掷，还把迫击炮弹加上钢盖，不上药包，不进炮筒，用手投掷。因川军防堵周密，只激战1小时，红军就放弃了攻击。

15日，红军中革军委为了执行在川西、川西北创建根据地的战略方针，决定撤会理之围，继续北进。

红三军团在两次爆破会理城墙后,受令放弃围城,只留下少数部队在城郊,以佯攻牵制刘部不敢出城,掩护主力部队北上。

会理城的攻守战经过了7天7夜。16日,红军达成围困会理取得休整的目的后,全部撤围。17日,红军在德昌以南击溃国民党川康边防军1个旅的拦阻,攻占德昌,歼敌一部。红军主力进抵礼州。

这时,红一军团经会理过西昌北上,根本没有图西昌的打算,而守西昌的川军刘元瑭却效法会理守城的"经验",也先扫清射界,把西昌城最繁华的西街纵火焚烧。殊不料红军竟绕过西昌,经礼州到泸沽,所过之处,秋毫无犯。对比之下,西康民众对红军遂由惧怕而逐渐产生好感,迅速传开去。

会理之战的硝烟飘落在大渡河两岸,刘元瑭连电昆明"报捷"。

蒋介石侍从室即刻临时发出电令,通告川、黔、滇各军,嘉奖川军刘元瑭守会理之功。两天后,蒋介石自昆明正式颁布对刘元瑭的嘉奖令,称:"朱、毛共军,自9日以来,窜围会理,我第24军刘元瑭旅,据城固守,部署周密,共军果不逞,乃昼伏夜动,挖掘地道。14、15两日夜,以火药轰炸城垣,毁坏3处,我刘旅长督队激战与短兵相接,伤亡枕籍。我官兵奋勇冲杀,前赴后继,刘旅长头部受伤,不稍却顾,卒将悍共击退,抢筑城墙,转危为安,保全城池。刘旅长元瑭指挥有方,受伤不退,尤堪矜式,着记大功一次,晋级中将。全旅官兵,忠勇奋发,拼命苦战,誓死同守,将共军击退,予共军重大损伤,诚足为剿共军之模范,着即传令嘉奖,并发该旅团长疗伤费及伤官兵抚恤费共1万元。着刘总指挥自乾,将此次特别出力官兵查报,由行营查核条例,从优叙奖,特电知照,即希通令一体知照。"

还是旁观者清,川军军长杨森见"嘉奖电"后即切中要害地说:"我川军刘文辉部在会理之战中受到重创,而坐受渔翁之利的是中央军。一纸嘉奖令换得让别人冲锋陷阵,这个生意划得来。"

"嘉奖令"发出又过了两天后,薛岳这才率领吴奇伟、周浑元、李抱冰各部到达会理。李抱冰等人每天和刘元瑭饮酒欢宴,不断称羡刘元瑭守城的功绩,能得到蒋委员长的格外奖誉,晋升官阶并通令全国,认为这是颇不易得的光荣。刘元瑭被吹捧得晕乎乎的,不知这又是蒋介石早有安排的收买之计，刘当即请求加入薛岳追击红军的行列，以图继续建立功绩，报效委座。他的请求很快就得到蒋介石的嘉许。

昆明五华山上的蒋介石又有些踌躇满志了。

"委座，据综合情报，朱、毛共军北去，北线徐向前部又有逐渐西移之势，职判断他们的战略企图是在川西北地区会合。"陈诚谨慎地向蒋介石进言。

本月上旬，红四方面军先后撤出彰明、中坝、青川、平武等地，向岷江地区西进。以第9、第30军主力攻占墩上、土门，击溃国民党军5个团的堵击，攻占茂县，接着占领威州、理番（今理县）和松潘以南的镇江关、片口等地，控制了以茂县、理番为中心的广大地区。张国焘在茂县宣布成立"中共西北特区委员会"，内设政治局常委会，后又建立了"中华苏维埃西北联邦政府"，自任主席，并发表了《中华苏维埃共和国西北联邦政府成立宣言》。

"必须坚决阻止朱、毛共军同徐向前共军的会合。北线，对于土门、千佛山方面应特别注意堵剿。"蒋介石在陈诚的提醒下，察觉到了中央红军和红四方面军两部近日行动的战略意图。他在第二次乘飞机督战会理城回来后的那天晚上，就给在土门"堵剿"红四方面军的邓锡侯发出急电，作出北线部署："现王缵绪部4旅既已到达茶坪一带，即由王部担任向大垭口进击。该部茶坪及其附近部队均应速向西移，担任千佛山、观音梁方面协同出击。并盼遵令赶赴绵竹指挥。"

五华山上的蒋介石向北极力远眺，不知哪片浮云下是大渡河。

中央红军的继续北上，震动了川西平原。大渡河成了全国关注的焦点。

《四川日报》以头条新闻报道："蒋委员长自昆明来电，任命杨森为大渡河守备指挥，并拨第21军、川康军一部约4旅，归其指挥调遣，藉以巩固雷、马、峨、屏防务，保障川南。蒋委员长原电中，并以清代活捉石达开之川督骆秉璋相勖勉。现杨森已遵命就职，亲赴大渡河积极设防，准备予共军以迎头痛击。"

成都快电传讯："蒋委员长电令刘文辉军长在1个月内，完成雅河、大渡河沿岸碉堡。任命第20军军长杨森为大渡河守备指挥，并拨第21、第24两军约4个旅，归杨指挥调遣，以巩固雷、马、屏、峨各县防务，以清代生擒石达开之川督骆秉璋相勖勉。杨森奉命后,即令所部一路向大渡河开拔前进,杨本人由叙永到屏山视察防务。……查康军原驻冕宁、越西之邓文富旅,驻西昌汉源之刘元琮旅,以及统率夷兵之许剑霜旅,均在宁远属与共军交战。"

红军的进展的确非常神速。20日,红军中革军委决定经冕宁过彝族区到大渡河,进入川西北地区,建立新的根据地。当晚,中央红军由礼州地区继续北进。次日,在礼州以北同红九军团会合。接着攻占泸沽、越西、冕宁。总参谋长刘伯承与彝族沽基家族首领小叶丹歃血为盟,帮助沽基家族成立了"中国红军彝民沽基支队"。红军模范地执行少数民族政策,得到彝族人民的拥护和爱戴,顺利通过彝族区。

坐镇昆明的蒋介石再一次坐不住"镇"了。21日,蒋介石由昆明慌忙飞返贵阳,准备结束在黔、滇两省的"追剿",把指挥部搬到四川。

毛公馆楼上,蒋介石和幕僚们最后一次在此作出对红军"追剿"行动的判断:"此时我军主要战略,第一在防止共军朱、徐两部会合,第二在防止残余共军向西逃窜。故现不必防徐部东回,而在防徐部南下。应急令第3、第5路军主力限期向邛崃、懋功、宝兴一带移动。而名山、芦山、天全、雅安一带应急派队布防,压制徐部南窜,并希在此地带聚歼徐、朱两部。据判断,朱、徐两部必谋在雅安附近会合。"

蒋介石在飞重庆前,迫不及待地就关于在川康地区"围剿"红军的战略方针给贺国光发出手令:"现在,我们既然知道攻击目标与方向所在,应即照此预备,不必零星分防,随共军转移,而须急谋立于主动地位。残余共军最后不能北窜,必向西窜。故泸定、康定、雅江之防备尤为紧要。如杨森部到达大渡河防地,则现驻清溪第5路之一旅最好仍守清溪,而使刘文辉、杨森两部有余力可以对康定布防。并切告刘文辉嘱其在康定、泸定积极布防,比雅安尤为重要。请电胡宗南切嘱其在后方各部,移至松潘、平武、江油、彰明一带,及平武至文县与南坪一带。而南坪与平武间尤应密切联系,控制总预备之主力在此地区。"

22日,蒋介石带领文臣武将全班人马由贵阳飞重庆。

毛公馆一度作为蒋军的总指挥部所在地,在热闹了整整60天后,恢复了往日的宁静,却给史学界留下了说不尽的躁动。

蒋介石又住进了重庆范庄。

侍从室人员正在向墙壁上悬挂对联，上联"从容乎疆场之上"已经挂好，正在挂下联"沉潜乎仁义之中"，蒋介石走了进来。

"不要挂了，我们很快就要离开这里。"蒋介石说着，向后一耸肩，侍从官赶快接过披风。

"前线有电报吗？"

"还没有到。我军过金沙江进击部队，因船只甚少，待至明日方得完全渡毕。好在每日空军与会理守城刘元瑭旅得以时时联络，而且守兵甚镇定从容，则稍缓时日无妨大局。"陈诚望了望正从墙壁上取下卷起的对联，看到"从容"那两个字，也就顺口说道。

"是啊，疆场之上必须镇定从容。我军如果都能像会理刘元瑭旅长那样从容不迫，剿共何以拖到今日？"蒋介石坐在沙发椅上，扼腕叹息。

"委座说得很对。会理之战的经验很值得我军认真总结，我马上通知薛岳对此战例加以整理。"

"先不说薛岳，你说说会理之战的经验主要是什么？"蒋介石突然点起陈诚的"将"来。

"我……我，恐怕说不好……还是墨三先说吧。"陈诚不料蒋介石让他对会理之战说出概括性的作战总结，见顾祝同正好走进来，便顺水推舟把问题推了出去。

"也好，你说说看。"蒋介石指着顾祝同说。

"会理之战的成功，我看主要在一个'守'字上，仅用1个旅守一座城……"顾祝同故意减慢讲话的速度，以便思考。其实，会理之战刚刚结束，谁也来不及思考这个问题，只不过顾祝同是沙场老将，遇事不惊，边思考边回答蒋介石提出的这个难题。他巧妙地把话题一转，说道，"这次战斗的经验很值得我们总结和推广运用，此后我军在大渡河以南对共军作战，应像守会理城那样，择要扼守，而尤以沿途各隘路设伏腰击，及广正面分兵游击，到处以少数部队四周截击，而各城镇之兵力部署则以能固守作长久防守即足，不须多留守兵，徒使共军得以到处活动。"

"对，还有伏兵之法。"呆立在一边的陈诚经顾祝同这么一说，不甘在蒋介石面前示弱，也赶紧插话，"伏兵之法，应择其在隘路之长径内，待其主力进入隘路之后，四面一齐出击，故不可只击其先头部队。当其先头进入我隘路伏阵之初，又应竭力隐蔽，不可使其搜索部队发觉。我军伏兵不妨离隘路两侧稍远，在10里以外地隐伏较善。"

顾祝同见陈诚说完，又说道："总之，围剿共军战术可说是侦探战、搜索战、游击战与伏兵战。如果侦探得力，消息灵通，搜索周到，游击活泼，广宽设伏，则未有不胜。而又在川西地势险要、道路崎岖、目标简单、粮食缺乏之地，更应用此以少胜众之小部队战术。但设伏之外，如果能择要扼守，迎头拦阻，勿使共军部队通过，则只要各地能守城三五日，以待追剿部队之夹击，则更易歼灭完尽。总之，会理之战的经验告诉我们，此次川西重要战术，应以据险扼守、迎头拦阻和分兵设伏在隘路之内节节腰击是为主要作战方式，而在城镇只配足能防御之兵力，而不须多兵。"

"总结得好，总结得好。"蒋介石听后连声赞叹，并说道，"我北线各路军也应如此，吸取会理之战的经验。查共军徐向前主力已向土门、茂县间急窜雅安或康定，企图与朱、毛会合。应电令我北川、土门间之邓锡侯、王缵绪、孙震各路，停止进攻，改取守势，确实筑碉，固守防线。"

"会理之战的经验还有重要一条，有坚固的城防工事，这也正是委座经常教导我们的：筑碉方能扼守。"陈诚讨好似地补充道。

"对，刘元瑭这一点做得很好，我在飞机上亲眼看到烟雾中的会理城如一团火中的铁板一块，固若金汤。"蒋介石极力夸张，并说道，"应严令各路军构筑碉堡扼守。如有不遵令或阳奉阴违而懒慢贻误者，及其所守地区而未如令构筑碉堡以致失陷者，一经查明，必惩治其当地负责主官与其最高长官以督教不勤，纵匪养寇之罪。"

"委座的总结提纲挈领，很正确，很全面，很实用，很……"陈诚恭维道，顾祝同也这么连声附和，把自己所总结并得到蒋介石默认的几条，赶快统统归在蒋介石的名下。

"薛岳现在到了什么地方？"蒋介石问陈诚。

"大约在冕宁以南。那一带是彝族区，汉族军队不易通过。"

"我军不易通过，共军还不是一样？这正是我军围歼共军于大渡河以南的绝好机会。"蒋介石又发现了一个"好机会"，"电令薛岳，自西昌以北，经越西与冕宁时，务应特别组织彝族宣传慰劳队，慰劳以布与酒最宜，及派得力人员组织，使之保护后方，为我军运输更好，但一面应严密防范，至少要使其勿为我患。前进时行军序列尤应特别研究，最好先挑选先锋队，用便衣别动队方法。"

陈诚见蒋介石一说就是一大堆，赶紧掏出笔记本记录。

"前一二日行程，挺进当在本队百里以外之区，用广正面，分途搜索、警戒。本队行进以一师或两师为单位，须照正式行军序列，必须派前、后、左、右侧卫，且每一个单位前后相隔须用 30 里之距离，但其间须派切实联络部队，及沿途警戒、掩护哨，并须构筑工事。无论大小部队行军，前进与宿营配备及途中联络警戒与搜索，皆必照《剿共手本》之原则规定进行，千万无忽，传令切戒。"

蒋介石的大渡河会战也进入紧锣密鼓实施中。然而，他的计划总是比毛泽东的行动慢几天，陈诚托着笔记本记录时，红军长征路上最具神奇色彩的一幕已展现在大渡河上。

大渡河畔安顺场，历史英雄人物石达开曾在此留下千古遗恨，而中国工农红军却在此创造出了惊天动地的伟业。

安顺场原名紫打地，紧靠大渡河南岸，位于南北对峙的高山脚下的河谷地带，大渡河水由西向东奔腾而过，不熟悉本地水性的船工是无法在此地摆渡的。72 年前（1863 年），也是 5 月，太平天国将领石达开率大军在此为滔滔河水所阻，重围中全军覆灭。

红军到来之前 10 天左右，国民党川军第 24 军第 5 旅第 7 团（团长余味儒）布防于安顺场的北岸安庆坝至大冲（距富林 20 公里）之间，团部设在安庆坝。为了把当地的地主武装组织起来，填补安顺场对岸右翼的防务空白，该团的袍哥队伍韩槐阶营被指定在此担任防务。川军进入河防时，蒋介石曾三令五申，命令部队收缴南岸渡河船只以及可作渡河的材料，全部集中到北岸；搜集南岸民间粮食，运往北岸，实行坚壁清野；扫清射界，如南岸居民房屋可资红军利用掩护其接近河岸者，悉加焚毁。

24 日，距富林约 40 公里的八牌对岸纳耳坝场镇被纵火焚烧。也就是在这天晚上，红一团以迅雷不及掩耳之势占领了安顺场，把正欲划往对岸的 1 只船夺到了手。红军总参谋长刘伯承立即派人到附近村庄，找船工帮助摆渡。安顺场的群众因长期受到川军刘文辉部队的欺压和剥削，对"刘家军"

非常反感,特别是这次要烧安顺场的街房,更使他们愤恨,一经红军动员,就自告奋勇来了20多名船工。

25日上午,嘹亮的军号声中,红一团集合在大渡河岸边,"强渡第一船"的17名勇士在连长熊尚林带领下驾船北驰。对岸川军见状,惊恐地向红军的渡船进行拦阻射击。红军的机枪、步枪也向对岸打去。炮弹一颗颗炸在川军的碉堡上,机枪像暴风雨般一阵阵卷向对岸,划船的老乡们一桨接一桨地拼命向前划,渡船随着汹涌的波浪一颠一颠地前进。

川军的步枪、机枪密集地射击渡船,渡船四周布满子弹击起的浪花。岸上所有人的注意力都集中在渡船上。突然,一发炮弹落在船边,掀起一个巨浪,打得小船剧烈地晃荡起来。南岸的人顿时都紧张起来。只见渡船随着巨浪起伏了几下,又平稳下来。紧张的气氛中,刘伯承、聂荣臻已顾不得隐蔽,走出工事,焦急地站在岸边,随着渡船的起伏,时而紧锁眉头,时而长舒一口气。司号员为了刘、聂的安全,停止了吹号。刘伯承命令继续吹号,总政组织部长肖华从司号员手中夺过军号,吹了起来。

渡船飞速向北岸前进。17名勇士冲过一个个巨浪,避过一阵阵弹雨,继续奋力北驰。子弹蹦跳在船的四周,有名战士被击中胳膊,他歪斜了一下,一切却似乎什么也没有发生。激流中,渡船突然撞礁。只见从船上跳下4名船工,他们站在滚滚的浪涛中,拼命用背顶着船。船上另外4名船工也尽力用竹篙撑着。经过一阵搏斗,渡船终于又前进了。渡船越来越靠近对岸。

突然,从对岸小村子里冲出一股川军,涌向渡口。不用说,川军是见没能将渡船阻击在水中,着急地冲出工事,企图把红军消灭在岸边。红一团团长杨得志从望远镜中看到这一紧急情况,连忙命令炮手:"给我轰!"又是两声巨响,赵章成射出的迫击炮弹,正中川军人群中。红军的重机枪也叫了起来,川军东倒西歪,剩下的四散奔逃。南岸的红军又是一阵延伸射击。河北岸的红军突击队在猛烈火力的掩护下,渐渐靠上岸,只有几米了,红军勇士们不顾川军疯狂的射击,站立起来,跳下渡船,向岸上飞一样奔去,冲上石阶,控制了渡口。

红军后续部队也上来了,一口气扫除了沿河20公里的川军,直到占领了美罗场侧翼的野猪岗山顶,才停止追击。

26日上午，毛泽东、周恩来、朱德随军委纵队到达安顺场。由于渡船太少，水流很急，架桥数次，都被冲垮。红军在岸边越聚越多，而尾追红军的国民党中央军薛岳部第53师已到达西昌北部，正向安顺场赶来。杨森的第20军和"川康边防军"的追击部队，离红军也只有几天路程。如果红军大部队仅在安顺场一船一船地摆渡，就会面临很大的危险。据此情况，中革军委作出了夹河而上迅速夺取泸定桥的部署，决定由红一师和陈赓、宋任穷率领的干部团为右纵队，在刘伯承、聂荣臻指挥下从安顺场渡过大渡河，沿北岸西进赶向泸定桥。

红军受令后，不顾沿途川军小股部队的骚扰，以赶路为第一大任务，向前飞奔。

此时军情也发生了新变化，红军在安顺场强渡大渡河成功，刘文辉见势不妙，担心泸定桥失守会被蒋介石治罪，立即于27日赶赴汉源督战，急令袁国瑞率领第4旅赴泸定桥增防。袁部到龙八铺（今泸定县兴隆乡），获悉红军正兵分两路夹河而上，遂令第38团（团长李全山）火速开往泸定桥，阻击红军左纵队从桥上过河；令第11团（团长杨开诚）沿大渡河东岸海子山、冷碛一带堵击沿江而上的红一师，令第10团（团长谢洪康）驻守于飞越岭东麓的头道桥到飞越岭山顶为总预备队；旅部驻龙八铺。毛泽东等得悉川军这一部署后，向红一军团发出电令，要求比原定部署提前一天，抢在川军的前面完成夺桥任务。

红四团接到提前一天夺取泸定桥的命令时，离限期已不足1个昼夜，而距泸定桥还有120公里，两天的路必须一天走完，还要突破川军的重重堵截，时间真是太紧了。但该团仍是战胜重重困难，按时到达了泸定桥西桥头。

泸定桥位于泸定城西，横跨在汹涌奔腾的大渡河上，建于清康熙四十四年（1705年），是四川和康藏地区来往的咽喉要道，也是中央红军北上的必经之地。此地之险要正如桥头石碑上的诗句所写："泸定桥边万重山，高峰入云千里长。"从桥上向下看，褐红色的流水像瀑布一样从上游山峡间倾泻下来，冲击着河底参差耸立的恶石，卷起丈多高的白色浪花。流水声震耳欲聋。在这样的河里，就是一条小鱼也休想停留片刻，徒涉、船渡都是完全不可能的。这桥既不是石桥，也不是木桥，而是一条铁索桥。桥身全长 101 米，宽 2 米多，从东岸到西岸扯了 13 根用粗铁环一个套一个连成的长铁索，每根有普通的饭碗粗。9 根铁索为底索，每根相距 30 多厘米，上铺木板，以通行人。两边各有 2 根铁索做扶手。桥面到水面有 10 余米高，人走到桥中时，桥身左右摆动，桥下奔涌的激流令人毛骨悚然。红四团政委杨成武在多年后的回忆中还惊叹道："就连我们这些逢山开路，遇水架桥，见关夺关的人，都不禁要倒吸一口凉气。"

当红军进到西桥头时，守桥的川军还未来得及拆完桥上的全部桥板。但川军李团周桂三营已在东桥头构筑了工事，并用重机枪、迫击炮不断向西桥头密集扫射。同时，位于柏秧林的川军李昭营，也用火力封锁红军从沙坝到桥头的通路。欲夺此桥，本来在原有桥面上横铺着木板的情况下就很艰难，现在靠近东岸的木板已被川军拆掉，西岸的木板看样子是还未来得及拆完，红军就赶到了，有的地方已经裂开了大缝，河面上只剩下这悬挂着的铁索，渡河愈加惊险。

铁索桥东端就是泸定城。这座城一半在东山上，一半贴着大渡河岸，城墙高近 10 米，西城门正堵住桥头，过桥后必须通过城门才能进城，别无他路。城里驻着两个团的川军，山坡上修筑了严密的工事。机枪集中在桥头附近，不断地向红军扫射，迫击炮弹也连珠般地飞过来。傲慢的川军凭着这样的天险，疯狂地向红军大声喊叫："你们飞过来吧！我们缴枪啦！"红军战士则大声回答："不要你们的枪，只要你们的桥！"

红四团决定从第 2 连中挑选 22 人，组成夺桥突击队。突击队都配备短枪、手榴弹、马刀，由连长廖大珠和指导员王海云负责。第 3 连由连长王友才率领担任第 2 梯队，紧跟在突击队之后铺桥板，以便后续部队冲过去。

在红四团沿大渡河西岸奔向泸定桥的同时，已在安顺场渡过大渡河的红二、红三团也奉命沿大渡河东岸北上，从敌人的后方直奔泸定桥，他们的任务是协同红四团顺利夺取泸定桥。安顺场渡口距离泸定桥有 150 多公里，而且都是崎岖的山路，当天下着大雨，红三团昼夜兼程地奔赴泸定桥。第二天中午，红三团在路上遇到国民党南援的一个团，经过激烈的战斗将其打垮，敌人仓皇退去，然而红军的意图被敌人发觉。上级担心敌人调遣更多的军队来泸定桥，为了节省时间，命令红三团一营为先锋营，以急行军的速度向泸定桥疾进，在敌人其他援军到达之前率先夺取泸定桥。

一营经过两天两夜急行军,早已是人困马乏。困倦的干部战士在泥泞的山路上边走边打盹儿,有时摔一跤才清醒过来。在这样的情况下,整个营仍然保持着高昂的斗志,迅速地向泸定城挺进。一营在距泸定桥四五里路的安乐坝与敌人一个营遭遇,敌人没有料到河岸的这头有红军的部队,所以行军懒散,警备松懈,结果被突然出现的一营打了个措手不及。一营营长从被俘敌兵口中得知,该营是敌江防第38团二营,进入泸定城的口令是"庐山",特别口令是"雅安"。

5月29日上午,红二、红三团赶到了泸定桥附近,立即向泸定桥东侧敌人第四旅残部和第38团两个营展开攻击。先锋营二连伪装成国民党援军,同江防团溃敌一起,混进了泸定城。二排长程章云用"雅安"特别口令,带领二排混进了东岸桥边,秘密夺取了敌人4个碉堡,解除了碉堡里敌人的武装,并摧毁了一些临时工事。

待泸定桥东西两岸的红军发起进攻时,敌江防旅长袁国瑞惊呼:"难道红军是长翅膀飞来的?"这些国民党老爷兵,怎么能够理解红军铁脚板的神功呢?敌人处于前后夹击的困境,东岸红军指战员趁敌人晕头转向之际,又一鼓作气夺取了桥边的两个暗堡,与敌人在桥头展开了小规模的混战。

下午黄昏晚饭时,两岸红军向守桥敌军发起了总攻。

由于红军的突然出现,敌人没来得及将铁索桥上的木板全部抽掉。敌人想炸桥不成,就改为烧桥。敌人将油泼在桥板上,霎时间,桥面烈火熊熊,一片火海,桥东10多米的桥板被烧毁。红三团一营指战员立即兵分两路,一路在桥头烈火中与纵火的顽敌拼刺刀,另一路在桥头灭火,并就近寻找木板、门板铺桥。就在这个时候,西岸红四团的22名勇士在廖大珠连长的带领下,迎着熊熊烈火冲到桥东来。22勇士和红三团在桥东头胜利会合。

时任国民党军第24军参谋长的张伯言等人在后来回忆泸定桥战斗时写道:"29日天明后,对岸桥头已发现红军,因之拆除桥板工作未能彻底进行。双方开始射击,打了一天,互有伤亡。李团伤亡约50人。红军时向守桥的饶连(第38团第二营连长饶杰)士兵喊话。晚饭后,枪声渐密,这时红军已大部到达。团长李全山召集两个营长研究对策,并在电话上向旅长袁国瑞请示怎么办,同时说明泸定桥很难防守……其时桥头红军用猛烈火力集中射击,饶连伤亡很大,李全山惊慌失措。大家认为既然龙八铺的情况不明,红军夹江而上,自己腹背受敌,决难久持,遂决定由周桂三营断后,李全山率领其余两营取捷径退往天全,当夜即出发。周桂三决定饶连的虎班长带一班人作为最后守桥部队,饶连断后并放火烧桥。这时红军已开始夺桥,周桂三仓皇撤出泸定向天全退却,为了掩护周营撤退,仍作顽强抵抗。经红军展开扫荡战,饶连伤亡更大,周营只剩下十几个人。"

5月30日早晨,夺取泸定桥的战斗全部结束,泸定桥东的小镇又恢复了往日的平静。肖锋和红六团张国华特派员、红一军团青年干事周冠南后来再谈两岸夺桥战况,感慨地说:红四团22名勇士不怕牺牲,从铁索桥上冲过来,建立了奇功。但如果没有红三团突进到东岸桥边,击退敌人,扑灭大火,红四团勇士也不可能通过铁索桥。红三团抢占桥东岸,使守桥敌军腹背受敌,慌忙撤退,对夺取泸定桥起到了关键作用。

红三、红四团夹江而上,合力夺取了泸定铁索桥,红军大部队从桥上迅速通过,为保证中央红军顺利北上建立了功勋。

与此同时,红军右纵队占领了龙八铺以后,由刘伯承、聂荣臻率领向泸定桥开来。晚10时,随红一师前进的刘伯承和聂荣臻进入泸定城。已经是下半夜2时过,刘伯承仍兴致勃勃地要杨成武带他和聂荣臻去看泸定桥。杨成武提着马灯,陪着刘、聂从桥东走向桥西。刘伯承对每根铁索甚至每个铁环都看得十分仔细,好像要把整座泸定桥印在自己的脑海里。他们从桥西再折回到桥中央,这时,刘伯承停住了脚步,他扶住桥栏,俯视大渡河急流,着力地在桥板上连跺3脚,感慨地说道:"泸定桥,泸定桥!我们为你用了多少精力,费了多少心血!现在我们胜利了!我们胜利了!"

随后,毛泽东等率中央红军大部队浩浩荡荡从泸定桥上越过天险大渡河。蒋介石南攻北堵的大渡河会战,及其要使红军成为"石达开第二"的梦想,尚未把人马调拢,就彻底破产。后人曾说:"红军在此夺取的不仅仅是光溜溜的13根铁索,而是夺取了整整一个时代。"统观红军长征全局,这话并不过分。

30日,红军继续北进,一部直趋天全、芦山,先头到达雅安飞仙关;一部取道金汤、丹巴,击败了川军第24军余松林、刘元璋等部的阻击。中共中央在泸定城召开政治局会议,决定红军经雪山继续北进。并派陈云去上海恢复白区中共党组织和同共产国际的联系。这时，红四方面军第30军政委李先念率该军第88师和红九军第25、第27师各一部，由岷江地区兼程西进，策应中央红军北上。两大主力红军的会师在即。

中央红军在大渡河两岸与川军鏖战之际，国民党中央军薛岳部还远在西昌一带。防堵在大渡河的川军刘文辉部在防线被突破后，却幻想红军过河的仅是佯动部队，而主力还在河南，也就迟迟不向上报告军情。因此，时在重庆的蒋介石并不知中央红军已经突破大渡河防线，仅是预测到河岸边将有一场大血战。

26日，蒋介石起床后开始收拾行装，准备本日由重庆飞到成都坐镇，亲自指挥策划了多日的大渡河会战。

侍从室的电台已经拆卸装箱，但蒋介石在临行前总感到有什么事没有处理好，坐在沙发椅上思虑着，就是不下达出发的口令。

门外，侍从室的全部人员提箱携包已经等候在院子中。四川省主席刘湘及重庆行营主任贺国光等人也涌在大门外，准备为蒋介石送行。

"拿笔墨来。"蒋介石沉思半天终于说出一句话来。

"我军由西昌前进时，各部应照剿共行军要领，须梯次交番前进。"蒋介石展纸开写，原来他仍在惦记着大渡河南岸薛岳的"追剿"部队，对自己的嫡系部队那真是如老母对游子，体贴入微，关怀备至。

"例如，第一日第1纵队先由西昌到礼州。次日仍暂驻原地筑碉，掩护其第2纵队第二日向泸沽前进。及至第2纵队到达泸沽时，则第三日令其暂驻泸沽筑碉，而掩护第1纵队或其他纵队向冕宁前进。及我冕宁部队到达目的地之日，再令驻礼州部队或泸沽部队向冕山与越西前进。但其在礼州与泸沽已筑之碉堡，仍须派后续或指定守备部队防守。而前进行动时之军队，切戒其对本身掩护、搜索、警戒之部署，勿稍违《剿共手本》之原则为要。我决本日飞成都。"

蒋介石自以为在重庆处理完该办理的事务后，这才下令乘飞机北来。

此时，成都的街头巷尾已经盛传大渡河岸边的战讯。

大渡河岸边的战讯，蒋介石渐渐通过各种渠道得到一些真实情况。气愤之中，他又不得不在暗中赶快做下一步的"追剿"计划，那就是力防中央红军与红四方面军的会师。

"胡宗南现在在什么地方？"蒋介石问。现为四川"剿共"军第3路军第2纵队司令兼第1师师长的胡宗南，是蒋介石在黄埔军校第一期学生中最为得意的门生。

"胡师长现在在松潘地区。"顾祝同回答。

"告诉胡师长，松潘、平武地区须特别堆积粮弹，而松潘尤为重要，并多运存迫击炮弹为要。但对于藏族粮稼，切不可强买。如其愿出卖更好，否则切劝其筑碉集积，并由我军派队代为协助筑碉与守护。总勿使其资为共军用，此最切要。不知现在松潘附近粮米还有多少，就地采办如何？最好须存2万人两月用之粮数。如就地能办，可先拨款。"

"报告，刘文辉的电报。"机要秘书汪日章递上电报夹。

"说什么？"

"朱、毛共军有一部偷渡大渡河。"

蒋介石接过电报。刘文辉的报告又有一番奇妙，他说道：

"朱、毛自窜入川境，即极力避与军队接触，中途伤亡，结果共军只剩残共军七八千人，真正红军不过四五千人。大渡河在战略上十分重要，故川康军早将渡口船只拖上北岸。唯河岸过长，本军不能遍防，故由第20军负守河全责。该军由东面调来，未及赶到，而共军于24日、25日，以一小部到安庆坝安顺场，事先共军曾与土人有勾结，故与晚间，以17人泅水，渡至北岸埋伏。吾军侦知共军将到，派两团人到安庆坝防守。该处渡口船只，事先因经吾军拖至岸上。但守该处之邓旅文富为本地人，故留船一只备用，乃被共军获得，更由小河中获得一只，乃用此两船抢渡。吾守军于共军半渡之时在北岸射击，以手榴弹炸沉一船，可阻其过渡，共军先渡17人，已绕出背后，向吾军射击，此时我军不知背后敌人究竟有多少，而河南岸共军共有4团之众。我军人少于共军，不得不撤退。共军所得船只不多，过河后，即尽力北窜，不与我军接触，似并非共军主力。"

顾祝同也接过电报看了看，不以为然地说道："小股共军偷渡，没有什么值得大惊小怪的。问题是赶紧寻找共军主力，一举歼灭之！"

此时是29日近中午，蒋介石仍然不清楚中央红军的主力所在，仅是判断有不足为道的少数红军在安庆坝偷渡过了大渡河。为此，他在收到刘文辉的报告后，即在午饭前通报薛岳，电称："共军一部虽于26日在安庆坝偷渡,然其数只两三百人。故其主力今在何处尚未发觉。当共军偷渡时,我刘文辉部守冕宁邓秀廷旅之一营长夷兵叛变,以为向导。幸今已击灭。我追击部队应先集中于泸沽与松林一带,然后派一纵队先进取冕宁构筑工事,但对于泸沽东侧之昭觉方面,亦应切实注意警戒,然后主力向登相营、越西前进。唯对登相营前进时,应特别注意共军部队之设伏,故严令各部广正面之搜索警戒,与前后各部队切实联系。切令各部对夷番应特别注意抚慰宣传。"

30日,驻守富林的川军王泽浚旅长向蒋介石报称:该部南岸大树堡附近,据当地老百姓说,红军已向安顺场方面进击。蒋介石就此综合各方面的报告,判断中央红军主力在沿大渡河右岸,西进泸定、康定。由此可见,蒋介石仍然没有得到大渡河战斗的确切消息,在如此判断下,他电令龙云、薛岳电:"据望照昨电以第1纵队进驻冕宁。其余主力从速急进,待到达越西后,再定第二期进展部署,并望6日前集中越西为要。"

这时,国民党军在陕甘地区接连分别遭到红军刘志丹、徐海东等部的打击,电报也纷纷传入川内,令蒋介石烦躁不安。

本月初,陕甘边红军第26军第3团及西北抗日义勇军同陕北红军第二十七军第84师在赤源县(今子长县)白庙岔会师后,成立了中共西北军委前敌总指挥部,刘志丹任总指挥。刘志丹率部在马家坪地区歼国民党军2个营又1个连,驻安定县城及驻延川永坪镇之国民党军逃跑,红军占领安定县城。接着,陕甘红军又在清涧无定河边张家圪台歼守敌一部,相继攻占延长县城,全歼守敌。红二十五军时在商县龙驹寨进行战备整训,宣布成立中共豫陕特委和豫陕游击师,鄂豫陕根据地初步建成。

"川中之事正火烧眉毛,西北的事放手让邵力子、王均、朱绍良他们去办吧。"蒋介石不耐烦地说完后,仍不放心地进行具体部署:"关于第3军的布防,令第7师全部集中甘肃定西县;第12师派1旅驻陇西与渭源两县,其余1旅进驻天水,由天水分派1团进驻西固县,并限6月20日以前各到达目的地布防完毕。勿误。"

"胡宗南师长有电报,没有什么事情,复电吗?"陈诚请示。

"没什么大事情,就不复了。"蒋介石说完,又说道,"告诉胡师长,应先构筑各道碉堡线,完成后再计进攻,此时不必急攻,而且由旧州、古城出击离目标太远，运输、给养皆不方便。将来以江油之上下游为根据地较宜。现时不如缓图。"

"结果是这个电报还得要复。"陈诚小声嘟囔道，走出房间，顾祝同正急匆匆地闯进来。

"大渡河岸边有新的情况。"顾祝同向蒋介石报告，"据刚收到的电报，残余共军前日，也就是29日午已到泸定桥与我守城刘文辉部激战中。大树堡之共军全向泸定退窜。杨森部正向安顺场上游推进中。"

"赶快派兵增援泸定桥。"陈诚喊叫。

"增援个屁！3天都过去了，造一座新桥的时间都有了。"蒋介石至此虽然还不明了中央红军已经占领泸定桥，全部渡过大渡河，但他预感到情况恐怕不妙。

"好吧，我知道了，你们出去吧。要静观朱、毛共军的新动向，他们现在究竟是在大渡河南，还是已经渡过了河？"

在陈诚和顾祝同退出后，蒋介石把光头挠了几遍，愁眉不展。他提笔给薛岳写了个手令："共军踪迹既明，我军前进不须如前日各电之持重，应令李抱冰纵队除酌留防守。冕宁城部队之外，其余直向康定急进。兄率其余各部经越西至大树堡候令。对于德昌、西昌不必留队防守，唯在越西须酌留一二团兵力候令再撤，切盼6月10日前能到达大树堡集中。"

蒋介石是事无巨细地什么都要管，结果一切却都处在忙乱中。当他伸手翻过本月最后一页日历时，心中涌起一阵无限的惆怅："31天，又过去了。贵阳，昆明，会理，重庆，成都，大渡河，唉！"

国民党军的大渡河会战计划，策动的总兵力多达10余万人，就此以蒋介石的再次大挠光头为结果，宣告失败。

当时就有人撰文评曰："自朱毛西窜，曾渡贡水、章水、来水、潇水、湘水、清江河、乌江河、赤水河、白层河、黄泥河、金沙江，然无有过大渡河之奇妙者。洪杨之役，翼王石达开西行至此，天有意绝洪杨之运于此。今朱毛至此，安全通过，此天有意保留朱毛残部，不欲根绝，必有好戏在后面。"

14. 中共常委握手抚边镇，国民党空军枉费弹药轰炸两河口

"大渡河边的情况怎么样了？"蒋介石坐在临时设在成都北校场内的指挥部办公室内，把目光聚焦向川西。

"共军于2日以一部由大渡河左岸泥头驿向富庄进攻，与我杨森部之两旅对峙中。富庄在这里，汉源西30里。"顾祝同指着地图介绍军情，"共军主力于4日晨向荥经西方30里之新庙场，也与我杨森部对战中。"

"据此，共军之目标必由泸定向雅安窜扰可以判定。而我军须注重于康定、泸定地区。"蒋介石作出判断，并指令，"除李抱冰纵队照前定目标如限进展外，第36军到达大树堡后，尚须暂留于大渡河南岸为要。第13师全部决留驻西昌、冕宁、越西、定相营、泸沽、德昌一带构筑碉堡，肃清零散共军，巩固后方。"

地图上，国民党中央军南有薛岳，北有胡宗南，如一只巨大的螃蟹伸出的两把螯钳，从大渡河岸边和松潘草地挤压向中间；而在南北两路大军的中间地带，又有杨森、刘文辉等川军部队从东面拦腰横击过来。

"胡师长那里有消息吗？"蒋介石总是把胡宗南时刻挂在心上。

"已发电报去催问。"晏道刚回答。

蒋介石对松潘地区的防务十分重视。一周前，他在致尚未抵达松潘的胡宗南的手令中就规定："松潘部队如向南肃清零散共军，须令其逐渐筑碉前进"，"无论正面与纵深，每3里必须构筑碉堡群一个，在第一群完成后，则掩护后续部队向前筑第二群……至少每个团每日须要构筑纵与横各10里之碉堡群"。

胡宗南本人在未到松潘之前，即秉承蒋介石之意，令其抵达松潘的部队与地方武装严守要隘，构筑碉堡。同时，派其第1师师部少校李参谋携

带大量礼品，代表胡宗南前往黑水、毛儿盖、包座、若尔盖、阿坝等地与藏族各头人联络，煽动藏族人民仇视红军，策划组织土兵阻击红军。

蒋介石到成都后，又在给胡宗南的信中，详细询问碉堡封锁线的构筑情况，并说："松潘之卡龙、两河口、黄胜关、三舍驿及水晶、木瓜墩之地皆甚为重要，非构筑3道封锁碉堡线，不足以阻共军北窜。如果共军向北窜，日后不外以上各点。务希特加巩固为要。"在这封信中，蒋介石还就"对于松潘西北夷民之宣慰组织与联络，究有实行生效否，果已做到何种程度"，表示"至念之至"。

行军中的胡宗南接蒋介石的催问电后，连忙回电报告所到位置。

4日，已是夜晚9时半，胡宗南的报告到了蒋介石的办公桌上。蒋介石放下手中的《曾（国藩）胡（林翼）治兵语录》，提笔给胡宗南写下手令："松潘部队既占归化，应速向叠溪节节进展。但一面进展须一面逐段筑碉，对于两侧尤应注意。故横线亦应扼要筑碉据守，勿受共军迂回抄袭。对于向松潘增加后续部队，最好陆续移增，决再增3团，共加6团为妥。如弟能前往亲自督剿更好。决自6日起派空军每日集中掩护我军向叠溪进展。希告进攻部队协同动作，以奏速效。"

蒋介石的这个手令在次日上午即空投到了胡宗南的手中。

"茂县、懋功一线的川军应给予胡宗南师以有力的配合。"顾祝同建议。

"我们可不直接干预，让贺国光去部署。第21军派得力部队与李家钰部协攻茂县或接替灌县、汶川防务，而使李部全力进攻茂县，并限本日调动部队。"

"我立即去通知参谋团和贺主任。"

"告诉他，新津经邛崃至芦山与崇庆经大邑至邛崃两区域，应特别注重赶紧修筑碉堡封锁线与督施坚壁清野之法，应多派得力人员前往各该区负责进行，而以大邑、崇庆、邛崃间之防务尤为重要，应请刘湘总司令特别注重。由苏码头、秦王寺经柏合寺、龙泉驿至赵家渡至风洞子，应修筑碉堡线，以与其间两河流相衔接。再催邓锡侯指挥部队兼程前进，如限集中。而懋功部队尤应严令本月10日前到达。如能限期办到，准予奖赏，否则必严加处分。"

"好，我这就去办。"顾祝同说完就转身向外走去。

"且慢,这件事还是由我亲自写个手令的好。你去吧。"蒋介石大概是考虑到协同川军的事,还是由自己处置为妥。

在此时以前,为了对付红四方面军在川陕边区所建立的根据地,蒋介石以刘湘为四川"剿共"总司令,将川军主力20余万人编为六路进行围攻,但迭经红军打击,伤亡很大,弄得川军焦头烂额。因此,蒋介石特派以贺国光为主任的参谋团入川,一面担任策划"剿共",一面督战,规定川军各路师长以上将领要定期向参谋团作军事报告,凡是向刘湘总部报告军情,一定要分报贺国光的参谋团一份,以加强控制。同时由参谋团派出军事督察专员,到川军各军、师随军行动,实行监军。蒋介石并派特务头子康泽率别动总队1000多人渗透到川康各地,组训民众,监视地方官吏,作为蒋的耳目。红四方面军放弃川陕边苏区向西突破嘉陵江、涪江,一路由广元经平武,一路由苍溪经剑门关、江油,一路由阆中、梓潼齐集北川,后又渡岷江入川西。蒋介石得悉川北红军渡过嘉陵江,便在月前将放走红四方面军徐向前部的"罪名"加在川军第29军田颂尧头上,将田撤职查办,杀鸡给猴子看,使川军将领有所恐惧。

"恩威并加才是。"陈布雷提醒蒋介石。

"怎么个并加法?"

"先召集大家见见面,多说些赏识的话。"

川军高级将领很快就赶到了成都市。5日,蒋介石口袋中装着陈布雷为他拟写的讲稿提纲,面见川军的这些各路诸侯。出席会议的有四川"剿共"军第1路军总指挥邓锡侯,第2路军总指挥孙震,第3路军总指挥李家钰,第4路军总指挥杨森,第5路军总指挥唐式遵,第6路军总指挥王缵绪,川康边防军总指挥刘文辉等人。川军总司令刘湘因在重庆临时处理急事而没有能赶来,委托资格较老的唐式遵主持会议。

两个小时中,蒋介石一共讲了9个问题。川军将领们在训话完毕后仍是心中各有一本账,回到了各自的驻地。但对会后晏道刚代表蒋介石私下各自塞给的"慰问费",在同去打开后一看数目之大,却大为动心。

蒋介石自认为安抚好了川军高级将领,即开始起用川军打头阵。7日,便向贺国光发出以川军为主力进攻北川的手令:"第2、第6路如能进攻北川,则令其即日挑选攻击部队与茂县同时攻击,但其攻击部队如何挑选,应由总部负责指定及规定其攻击部署。计划呈报总部候核。如不能办到，进攻恐无把握，则先抽调第6路10团以上精兵，集中什邡、彭县一带，候令调遣。一面派员督筑第2、第6路前方工事，以一星期为限。待至本月15日起，即将第6路防地移交第2路，或第6路酌留一部约两旅兵力协助第2路防守现阵地。而将第6路主力，限本月20日前集结于绵竹候调，此前方增强工事与防御地区之设备，应由参谋团派员会同总部派遣负责大员切实处理，不得随便为要。"

有的川军将领对蒋介石的这一套"借刀杀人"的计谋很是不满，责问为什么不让同在前线的薛岳、胡宗南打头阵。蒋介石自有一番理由，说："薛、胡两部处在南北两线，两边一挤，那不把共军给挤'飞'了。我的用兵之法是南北相堵，中间突破。难道还有比这更好的兵力部署？"

"这堵与突，动与静，恐怕是'静'的要在四川坐大，而'动'的要动得没有了，才算了事。"川军将领有意见也只能是发牢骚。

心中在盘算着吃尽川军主意的蒋介石又在做他继贵州、云南之后的"一箭双雕"之梦。

"昆明的善后事解决得很顺利。"飞了一次昆明返回成都的晏道刚向蒋介石汇报道。

"14万现大洋，他都收下了？"

"收下了。"

原来在蒋介石离开昆明时，将剩余的军费14万现大洋送给了龙云，龙云也以黄金制的大牌子镌刻"蒋委员长莅滇纪念"字样送给蒋介石。蒋介石还口头上答应将来成立"滇黔绥靖公署"统率两省军政时，由龙云主持。如此用重金和高位拉拢，蒋介石也就以为滇局已经姓"蒋"。这时，薛岳、胡宗南带领中央军嫡系部队全部进驻四川，控制了四川的局面，蒋介石多年来梦想统一西南的愿望，基本上得以实现。

"川军现在川西北能够调得动的团有多少？"蒋介石问陈诚。

"不到30个。"

"电令他们，通江、南江、巴中区域至少须增兵3个团，城口亦应派兵1个团，皆令其构筑碉堡守御。第23军开县之3团似可移防通、南、巴，而调现驻奉节、云阳之备两团，似可移驻开县与城口各1团。参谋团与总部组织查碉组，专负碉堡构筑之设计、监督与考核之类，并有勒令改正增补之权。对于前方与各地方碉堡的优劣与构成时期之缓速，应规定赏罚条例，由本委员长名义令行可。本月 30 日前须准备 25 团以上兵力控置于大邑、崇庆、新津、彭山一带。此时应由总部积极筹备抽调，以免临时仓皇。"

川军在蒋介石的如此部署调动下，很快与中央红军和红四方面军交战。也就是说，在这个阶段，川西和川西北红军的主要敌人就是川军。中央红军在攻占华林坪后，张闻天在干部大会上作渡河以后的形势与任务的报告，要求红军迅速突破川军的防堵，实现两个方面军的会合。在大渡河北岸，中革军委给红四团第 2 连连长廖大珠等 22 名突击队员授奖，表彰他们夺占泸定桥的功勋，并决定中央红军分左中右纵队向天全、芦山前进。红四方面军已经做好了迎接中央红军的准备，张国焘、陈昌浩、徐向前致电中共中央：已派李先念率一部进占懋功与中央联系，并汇报红四方面军的情况。中央红军占领天全后，中共中央、中革军委又指示中央红军迅速占领懋功、理番，不顾一切困难，取得与红四方面军的会合。8 日，中央红军占领芦山，接着翻越了第一座大雪山——夹金山，向懋功前进。红四方面军一部于此日攻占懋功，歼守川军两个营及地方武装近千人，继占达维镇。

红军两个方面军即将会师的消息传到成都，蒋介石连忙调整兵力部署，他已预料到两大主力红军会合后有北上甘南的可能。

"我考察地图与前史，实觉岷江南源西部之哈清桅即热玛冲附近，又两河口与黄胜关皆甚重要。而哈清桅尤非派兵固守不可。其次为松潘东北之三舍汛，以及其东之水晶栈、木瓜墩各地附近，亦非构筑 3 道碉堡封锁线不足以阻共军北窜。如果共军向北窜甘，必不外以上各点，务希特别巩固为要。又新道口经重华堰之东区至剑阁一段更为重要，非构成连缀碉堡 3 道线不可。如共军向东窜，则必由此段突围。"

呆视着川西北大草地地图的蒋介石把堵截的希望寄托在胡宗南身上。

"这个松潘地区我是越看越重要。"蒋介石对顾祝同说，"不知道胡宗南在这一地区的各路碉堡线究竟有否封锁成群，我甚担心中下级干部无经验，不知重轻，不负责任，随便草率从事，致坏大局。"

顾祝同也看到了松潘这一地区在战略上的重要地位，对胡宗南是否能够完成防堵任务，心中也没有底，由此不无担心地说道："古人所谓'一蚁溃堤'，全在主官警心惕励，处处顾到，时时严防。如果第一线碉堡确能封锁无弊，则再择其重要各点，续筑第二、第三道碉堡群，以逐渐扩充，延长为第二、第三道封锁线。总使共军进入我第一封锁线内既不能后退，也不能前进，完全歼灭于此3道封锁线之中。"

蒋介石明白顾祝同的话中有对胡宗南不相信的意思，也就说道："电告胡师长，如果筑碉线果能照此办理，日夜不懈，继续进行，则不怕残余共军很快消灭，而且我官兵亦不致费力，是所谓'平时多出汗，战时少出血'之要义。端在主将平时之勤劳督率，然后全体官兵亦能从而兴起感化，并同努力。切望他强勉而力行之。"

已是晚上近11时，想到松潘总感不放心的蒋介石又下床执笔给胡宗南写下手令："如果松潘粮食两难，则只用6团兵力前进亦可。待到镇坪前方之靖夷或平定关，即为第一期任务之完成，然后再依情势以定进止。唯弟须亲往巡视，务期各碉堡线十分巩固为要。松潘至镇坪与平定关、叠溪里程各若干？详复。"从此手令字里行间可看出，蒋介石对嫡系部队总是最为关切。

对薛岳所部，蒋介石也是百般爱护。在中央红军渡过大渡河近半个月后，薛岳各部才进抵大渡河岸边的雅安地区。由于长途跋涉，部队疲惫不堪，蒋介石闻言后立即通知薛部停止前进，暂不给予尾追红军的任务，也没有像在湖南、贵州、云南一样将各省地方军拨归薛岳指挥，而是为了把这支嫡系部队的军容搞整齐一些，兵力充实些，特留在雅安补充新兵及服装和弹药，逐渐恢复战斗力，作为川西的战略预备兵团。而暗地里，蒋介石是把薛岳部作为进一步全面图川的重要支柱加以保护和发展的。

在把薛岳部留在雅安地区后，蒋介石便把从南面追击中央红军的先头部队任务交给了川军杨森的第20军。

而老谋深算的杨森对蒋介石的那一套权术看得很透，担心与红军交战会拼光自己的家底。他根据自己曾经两次与红军打交道、吃败仗的经验，决定给自己留下一条后路，便想法与红军联系。红军总司令朱德与杨森在滇军中有旧交，朱德又当过杨森第20军的党代表，因此杨森觉得可以利用这一关系，即授意其第5旅旅长杨汉忠出面与朱德联系，提出"互不侵犯"

的要求。朱德复信表示同意。红军从杨森的防地顺利通过北上。12日，中央红军先头部队在达维东南与红四方面军先头部队实现会师。

蒋介石对杨森的部队在红军通过时朝天放枪的事有所耳闻，推测到杨森有"通共"嫌疑，但又没有抓着把柄，在正当用人之际，蒋介石只好旁敲侧击地让杨森感到此事做得并不隐秘。

心中有事的杨森觉察到了蒋介石的怀疑，他为了"避嫌"，便在雅安迎接薛岳时自我表白说："外人总认为朱德当年在我第20军工作过，怕第20军有赤化分子潜伏。其实我第20军反共不会落在友军之后。我确信全军上下是不会受朱德的影响的。"当时，杨森所表示的对蒋介石的忠实，绝对在刘文辉、刘湘等人之上。善于投机取巧的杨森为了取信于蒋介石，知道仅靠嘴巴还不能挽回蒋介石的信任，于是在本月中旬率该军主力并指挥第21军等部尾追红军进占芦山、宝兴，并占领灵关要隘，和红军后卫激战一昼夜。他就谎报战果，说红军被夏炯旅围攻于灵关无法逃走，战死及投江者3000余人。蒋介石为壮军心，以杨森的"灵关大捷"，传令各军嘉奖，并发了奖金。

蒋介石、杨森在此时心照不宣，互为利用"通令嘉奖"，倒也是相安无事，但在暗中又无不互相提防。

"娘希匹！哼，他杨森还想骗我！"蒋介石在给杨森发出"嘉奖"令的同时，又给胡宗南发出急电："我军到镇江关后，暂时停止前进，先增强松潘至镇江关一线之工事碉堡，而主力仍须集结于松潘城附近，勿误。"并限令贺国光："希遵照本委员长所规定各地应筑之碉堡线与碉堡群，以及民众坚壁清野之筹备与训练，限7月30日以前一律完成，听候行营派员检查。"

但蒋介石不愿听到的消息还是传进了成都市北校场：两大主力红军胜利会师在雪山脚下。

中央红军由中央苏区出发，经历了8省，到达川西北的懋功县。如果算里程，由兴国到遵义，是7150里。再加上从遵义出发到现在懋功的3225里，总共是10375里。刚好万里的长征路，前面的路还有一半多呢！

6月22日下午5时，抚边小镇村头。毛泽东伸出宽大的手，欢迎张国焘前来。当时给毛泽东送信的康先海等人，目睹了长征路上这极富戏剧性的一幕，记述说：毛、张二人见面后，先是对视无语，互相紧紧地握着、摇着对方的手,还是毛泽东先启口:"可惜啊!"

张国焘接着说:"我来接客,还难道犯罪不成?!"

"是吗?接客很好,但要有个家。没有家,把客放在何处?"毛泽东的话语中明显带刺。

毛泽东、张国焘两人一见面就唇枪舌剑。至此,旁观人才明白毛泽东是在说红四方面军不该全部撤出川陕根据地,在两人未见面前已有电报交涉。

人们哪里知道,也许这正是两军分裂的不良开端。

此时不足30户的抚边小镇,中共中央的重要领导人物几乎都在这里聚集了,可以说抚边小镇一夜之间成了中共的首府,中共中央政治局几位常委在这里相聚大握手。

张国焘是带1个骑兵警卫排从茂县赶来的,高大的马队、整齐的卫队衬托着傲气十足的张国焘,愈加显得张国焘的高傲。他下马后没有前行,而是站在原地,等着毛泽东、周恩来和朱德等人走上前来握手。

论年龄,这年,毛泽东42岁,张国焘38岁,两人仅相差4岁,但面色憔悴的毛泽东与丰满红润的张国焘相比,则显得要老得多,外表年龄至少也要相差10多岁。特别是毛泽东等人破旧的灰色军装露出被泥土染成灰色的棉絮,与张国焘那身笔挺的中山装形成很大的视觉反差。这种会合的场面真像是穷亲戚在会大富翁。

会见时,沉闷的天气好像在预示着两个方面军会合后要有段昏暗的风波历程。天空中的铅云越来越低,雨点越来越密,贴在墙壁上的标语在雨水中被打湿,有的开始脱落;用白色石灰水刷上墙壁的欢迎口号在骤雨的袭击下开始化作白水往下流。张国焘的晚到使他成为抚边小镇的"贵客",红一方面军的部队就在大雨滂沱中为张国焘举行了欢迎仪式。

毛泽东等人由于在雨中等候了一段时间,衣服已被打湿,特别是那软塌塌的帽檐经雨水一淋,不免显得有点滑稽。

神气十足的张国焘在警卫员的打护卫下,大摇大摆走上临时搭成的主席台。

欢迎仪式由聂荣臻主持,朱德和张国焘讲了话。

朱德在欢迎词中说:"两大主力红军的汇合,不仅是中国无产阶级的胜利,也是全世界无产阶级和一切劳苦群众的胜利!欢迎会师快乐的不只是我们自己,全中国的人民,全世界的被压迫者,都在庆祝欢呼。这是全中国人民革命的胜利,是党的列宁战略的胜利!"

在朱德讲话时,张国焘注意到在座的中央领导们的着装都非常破旧,毛泽东的军装上还打着补丁。这种十分寒酸的样子,显然并不全因为他们的军装在滴着雨水。

"他们怎么会是这样的呢?一副败军的模样。"张国焘心里嘀咕,他向台下故意望了望,好像是在清点人数,然后转身低声问周恩来,"你们现在有多少人?"

"你指的是在何地的?"周恩来的缜密思维总是要比别人多转个圈。

"当然不是问台下这些人的数量,我指的是一方面军,即中央红军现在还有多少?"

"四方面军呢?"周恩来从张国焘的眼神后面看出了问话的含义,也就故意绕着弯子不直接回答问题,并且机智地反问对方。

"10万。"张国焘所报的数字是夸大了的,红四方面军实有8万,比实有人数多说了25%。

"噢,会合后我们红军的力量就更加强大了。"倾盆大雨中,周恩来的声音比刚才更低,他好像是在静听朱德的讲话,实是想避开与张国焘再谈论红一方面军的实有人数问题。

然而,张国焘却不知趣地紧追不放,继续歪着头问周恩来:"我们10万,你们呢?中央红军现在有多少?"

周恩来看今天不回答这个问题是不行了,可究竟说个什么数字合适呢?中央红军在这时实有人数两万多,但对显然心存二意的张国焘不能以实相告。

张国焘的眼睛直视周恩来。周恩来从容地伸出3个手指头,扬了扬。

"3万?"张国焘的反问声。

周恩来点了点头。这个3万数字的夸大比例显然要比张国焘的还要大,比实有人数多说了近50%。就这样,周恩来在事后还感到说少了,应该公布一个让张国焘认为是开玩笑的天文数字,或者干脆什么都不说才好。因为张国焘之后在这个人数问题上向中央发了难。

张国焘和周恩来的耳语和手势引起了毛泽东的注意。

毛泽东扫视了一下张国焘，注意到这位张副主席的身体这些年来并没有多大变化，低声问坐在一边的红四方面军秘书长黄超："他的头部负过伤？"

"你是说张主席，没有啊！"黄超回答。在红四方面军中，大家习惯称呼张国焘的西北革命军事委员会主席的职务——"张主席"，而不称中华苏维埃共和国中央执行委员会副主席和人民委员会副主席职务——"张副主席"，这对毛泽东等人和中央红军广大指战员来说，听起来感觉有些别扭。

"对，我是问的你们的张主席。"毛泽东在这时把"张主席"3个字读得很重，继续问道，"他的右耳朵上怎么有这么大的伤疤？就是那个红圈圈。"

黄超听到毛泽东是说张国焘右耳轮上的那个酒杯大的红色印痕，笑着解释道："你是说那个红圈。这是张主席工作特别忙的标志。"

"会忙在耳朵上，让别人咬了耳朵？"

"张主席从鄂豫皖到川陕苏区，党政军民的大事都要管，辛辛苦苦为四方面军操劳。他每天一起床就打电话，有时一个电话要打几个小时，饭都顾不上吃。那话筒长年累月地压在耳朵上，能不压出一道沟沟嘛！"

毛泽东点了点头，表示理解，没有再言语。

站立在一边的军事顾问李德因为听不懂别人的窃窃私语，也直盯着张国焘的右耳朵，看样子他也在琢磨："张国焘的耳朵为什么会引起毛泽东的兴趣和注意呢？"

时年35岁的李德摸了摸自己挺拔的耳朵，除他高高的鼻子外，耳朵似乎与中国人的没有什么两样。李德莫名其妙地笑了笑，也就没再去观赏张国焘的耳朵。

台上的人在互相琢磨着其他人的心思，台下的指战员，都在认真听着朱总司令的讲话。朱德多次充分肯定了红四方面军从鄂豫皖根据地到川陕根据地屡挫强敌、发展壮大的英勇业绩。他的讲话热情而朴实，给红四方面军的指战员留下了深刻的印象。

张国焘在讲话中则十分强调红四方面军渡过嘉陵江是为了迎接中央红军，毛泽东却显然不愿意听这种"为了谁"的话。

"渡江怎么能与坚持川陕革命根据地对立起来呢?"毛泽东不满意的声音很小,只有身边的几个人能听到。张国焘可能是没有觉察,他继续口若悬河地讲话:

"渡过嘉陵江,支援第一方面军顺利进入四川地区,我们认为这是首要任务。第一方面军是全国红军的主干,中共中央和许多重要干部也都随一方面军行动,所以我们大家都习惯称一方面军是中央红军。中央机关自西征以来,一直处在艰苦挣扎之中,如果我们不能及时赴援,可能就会招致中国革命的无比损失,也会使我们负疚良深。就因这种大义所在,我们不惜放弃可以保卫的川北苏区,蹈险犯难,以为应援。"

毛泽东摇了摇头,把他长发上的雨水向一边甩了甩,没有言语。

本来中央有指示,是要红四方面军主力西渡嘉陵江,策应红一方面军北上。但是张国焘却实行了大搬家政策。所以说,嘉陵江之役,实际上标志着红四方面军总退却的开始。而转战数省的中央红军历经艰难困苦,很想到了川北后,能有个歇息休整的地方,也就是毛泽东所说的最好能有个"家"接客,可是这一切都随着张国焘的大搬家化为泡影,这不能不使毛泽东等人感到很失望。

张国焘的讲话自然流露出傲慢的语调,并故意重复他在几天前给中央的电报中的意见,话语中明显含有与中央北上方针不一致的意向,他说:"这里有广大的藏、回弱小民族,有着优越的地势,我们具有创造川康新局面、大局面的更好条件。"

"哼,还是那个老毛病!"博古嗤之以鼻,低声对张闻天说道,"看来我们与他的分歧点还大着哩!"

欢迎会很快就散了,毛泽东的气却并未消,也许他意识到更大的风雨还在后头。总是善解人意的周恩来走上前来与毛泽东闲谈:"这雨看来一时半会还不会停。"

"风雨斜,昼夜行军脚未歇,何惧敌人围追堵截……"毛泽东的话似在吟诗,又似在回答周恩来的话,也似在表示一种决心。突然一列马队飞驰而过,溅起的泥水飞上了街道两旁正行走中的人们的身上,周恩来等人也不例外。毛泽东抖了抖被马蹄溅在衣服上的污泥,仍在思考他刚才说过的话或是新诗"何惧敌人围追堵截……"但被张国焘的马队打断了思路,他再也没有能续出下篇来。

"这些马真好,一匹匹都长得膘肥体壮!"有位警卫员情不自禁地赞扬。

"别羡慕那些马!有什么好羡慕的?!"毛泽东是斥责的口气。他发火了!

毛泽东的心情在翻越雪山后一度很不好,本来这主要是因为他的警卫班长胡昌保在6月4日行军途中,遭到国民党军飞机的轰炸而牺牲。当时毛泽东就十分悲痛,亲手把自己的毛毯盖在了胡班长的遗体上。现在,他有时有事时仍习惯地喊"小胡",当另一个警卫员出现在他的面前时,他方才醒悟胡班长已经长眠在身后的长征路上。

毛泽东陷入沉思,他对张国焘并不陌生。张国焘,字恺荫,化名国焘、涛、特、凯音、天师等,出生于江西省萍乡县一个官僚地主家庭。毛泽东在北京大学图书馆当助理员时,张国焘是北大的学生。在北京大学,毛泽东和张国焘可说是同时受到了俄国十月革命的影响,以及李大钊、陈独秀等人的进步思想的开导,随后都参与了筹建共产主义小组,一并出席了仅有13人参加的中共第一次全国代表大会,张国焘被选为中央组织主任兼中国劳动组合书记部主任,从事领导职工运动的工作。1922年初,张国焘赴苏联参加共产国际远东各国共产党及民族革命团体第一次代表大会。同年6月在中共第二次全国代表大会上被选为中央委员。后因为反对党的国共合作方针,不同意共产党员和产业工人加入国民党的决定,故在中共第三次代表大会上,中央委员落选。

1924年春,中共派张国焘出席中国国民党第一次代表大会,被选为国民党中央候补委员。这年5月,张国焘在北京被捕,写了自首书后获释。后来,在中共第四、五、六次代表大会上,他连续被选为中央委员。在六届一中全会上,当选为政治局委员。不久,他任中共驻共产国际的代表,留苏学习。1931年回国后,任中共鄂豫皖中央分局书记,旋任中华苏维埃共和国中央执行委员会副主席。鄂豫皖苏区反国民党第四次"围剿"失利后,在入川途中,张国焘任西北军事委员会主席。

这位中共创始人之一的张国焘,由于资历较老,因此在这抚边小镇一时有点"众星捧月"的良好感觉。毛泽东把镇上最好的房子让给张国焘住宿,这是一所镇北端的店铺,柜台内是张国焘的办公处,柜台外则住着张国焘的随从人员。毛泽东与妻子贺子珍则住在镇南端一所简陋的房子内。

晚上，毛泽东邀请张国焘聚餐。

张国焘对毛泽东的盛情却感到有些别扭，他对博古嘟囔道："这老毛真的成了大当家的了？"

博古明白张国焘话中之意，没有言语。

张国焘以同情的口吻继续对博古说："我看有人把你的错误看得太重了，权无论如何不该交！"

"国焘同志，你这是说的什么话！"博古在大是大非问题上还是很讲原则的，说道，"作为党的总书记，我不可能没有错误。解除我总书记的职务，不是哪个人定的。既然组织上已经定了，我就应当服从和执行。"

张国焘连连摇着头，表示不可理解，摇头叹息道："现在这个大当家的啊，我看他当不好这个家！"

抚边红一、红四方面军会师欢迎会后，毛泽东等中央领导人感到党内潜伏着严重的分裂思想倾向，于是一面继续向北行军，一面决定立即召开一次政治局会议，就红军战略方向问题进行认真讨论和统一思想，会议地点拟定在抚边镇以北27公里的两河口。

两河口，一个很有点巧合性的地名。它的得名，肯定是来自于小镇旁的两条小河，一条是汇北面大雪山梦笔山上流下的雪水而成河的梦笔河，一条是汇东面大雪山虹桥山上流下的雪水而成河的虹桥河。这两条奔流而下的溪水交汇处，形成了一个三角形的绿洲，两河口小镇就坐落在这盛开着野花的绿洲上。红一方面军和红四方面军主力部队的会合地点，就在这双溪并流的两河口。

饱含着太阳之光的雪水汇集到两河口后，在1935年阳光最充足的时令，同时清亮地映照出中国一代叱咤风云历史人物的音容笑貌与愁肠百结。

红军到来时正值繁花似锦的季节，星星点点的小花为两个方面军的会合献上了全年的美丽。兴高采烈的红军将士们庆贺两个方面军的会师，盼望着会合后红军的前程似锦，就如这绿洲身上遍地盛开的繁花；红军的力量将更加强大，就如这绿洲头上两水并一河的巨流。

6月24日、25日，中共中央领导和两个方面军的领导陆续到达两河口。

两河口的名字很响,可一走进镇子,却觉得它实在小得可怜。这是张国焘来到后的第一印象。他望着仅有三五家店铺的小街,数落着镇子中的房屋,这里充其量不过 30 户人家。全镇最显眼的是位于街中段的那座关帝庙,毛泽东就暂时住宿在那里。周恩来和朱德住宿在左侧山坡上的观音阁内。

张国焘在两河口街上走了一遭,他愈加觉得中央红军是有其名而无其实。经过万里之行的中央红军指战员,所穿军衣的确多是褴褛,很不整齐。在张国焘眼里,中央红军显然不如红四方面军有战斗力。这时的红四方面军,总数有 8 万多人,张国焘即把这个数字当作成了他闹独立的资本。由此,张国焘的野心开始萌动。

连日来不停思索的张国焘决心已定,他要把两河口会议作为他向中央发难的踏板。

两个方面军汇合后,第一方面军中也确实有人从不良动机和个人利益出发,歪曲事实,把遵义会议和红一方面军的情况,偷偷地告诉了张国焘:"张副主席,你是知道的,原来的中央领导,第一位是王明,王明去苏联后就是博古,第三位是张闻天,第四位是王稼祥。他老毛是排不上号的,可现在中央的一切好像就是他说了算,周恩来和朱德也支持老毛。这一切都是从遵义开的那个会后开始的……"

张国焘睁大眼睛,对毛泽东在遵义会议上的每一句话都感到新奇:"这个老毛怎么就会这样轻而易举地把博古赶下台了呢?博古和张闻天简直是软蛋两个!"

从这时起,张国焘的野心开始剧增,他就此认为中央红军内部不团结,有机可乘。

可看得出,张国焘最初的攻击目标还不是毛泽东,而是博古、张闻天等人。张国焘和博古两人一见面,就互相就领导人之间的称呼问题发生了口角。张国焘由于受中国传统教育的熏陶,称呼毛泽东只称其别号"润之",称呼朱德则为"玉阶",有时还要在别号之下再加上个"兄"字,或者"老兄"。这在莫斯科吃过洋面包的博古听来却有些不顺耳,往往是正在讨论问题时,张国焘一个别号或某某老兄的称呼,就会引得博古撇开正题,大发一通"革命道理",质问道:"我说张国焘同志,想不到你这样喜欢称兄道弟，这是与中共布尔什维克的意识极不相称的，这是国民党军阀的习惯作风！"

张国焘则反唇相讥，轻蔑地说："我说博古老弟，你怎么说起话来，满口这个同志那个同志，什么毛同志、张同志的，真是莫斯科气味的充分流露。"

博古的话中仍带有以中央领导自居的口气，说道："中央在军队中改正了官长与士兵间的阶级观念，而代之以同志的亲切关系。如军师团长改称指挥员，伙夫马夫改称炊事员、饲养员等，而四方面军却仍援用军阀时代的老名称。我说国焘同志，难道援用这些旧的名称，不会保留旧的军阀观念吗？"

张国焘则反驳道："沿用旧名称，不一定就是保留旧观念，如果你去详细考察一下四方面军的内情，就会发现官兵之间是充满了同志友爱的。我们决不能因为四方面军仍援用旧有军队的名称，就认为它保留有旧传统。何况我们并没有接到中央有关这方面的改革的命令。如果我们自己根据新概念制定一些名称，那可能与中央制定的有些出入。那么，今日我们在这里相会，你作为总政治部主任，便会以为四方面军妄立名目，近于要造反了。"

"我没有说你们要造反，我只是说四方面军中有军阀作风。四方面军中的指挥员对战士的管理，仍采用打骂手段，这就是军阀统治的象征。我就亲眼看见过四方面军的一个连长，高声呵斥他连队的一名战士。这就说明在四方面军官兵之间缺乏同志间的友爱，指挥员对战士缺乏说服教育的精神，所实行的自然是军阀统治。"

"博古！你这是对四方面军的污蔑，我表示坚决抗议！"张国焘怒气冲冲，"你以为布尔什维克只你博古一家，四方面军就不是布尔什维克了？我告诉你，博古，四方面军虽然不在中共中央身边作战，但并不缺少布尔什维克的气味，更不是军阀！相反，我看你博古还不如国民党军阀，我可以举一个例子来证明这一点：杨虎城部的一位代表，从汉中翻过巴山到通江来，经过我们在巴山的前哨连，目击前面的哨兵穿的是狐皮或羊皮大衣，而连长和排长则只穿棉袄棉裤，他认为这是红军与军阀军队最大的不同之点。"

张国焘继续说道:"四方面军的官兵,彼此充满友爱和民主的精神,各连官兵不仅生活打成一片,而且一般士兵对于连内生活常常开会讨论。他们的意见,往往有决定性的作用。官长爱护士兵已经蔚然成风;优待新兵,救助伤病员等,都做得无微不至。当然,我也承认四方面军中仍有打骂现象,但这是个别的,不是普遍现象,更不能因此就认为是军阀式的统治。红四方面军的打骂事件,在鄂豫皖时很少发生,到川北后有些增加,这与新兵太多和强迫戒烟等事有关。同样,红一方面军中也有打骂现象,但我决不会因此就说红一方面军就是军阀统治。"

面红耳赤的博古又把问题扯到战略方向的问题上。两人又是一场谁也说服不了谁的大争论。

博古拍着桌子指着张国焘质问道:"在两军会师之前,6月16日,18日,中央和军委两次致电给你,告知党中央关于建立川陕甘革命根据地的意见,你看到没有?"

"我不太清楚。反正我有意见。"

"好吧,我在这里再向你重复一遍。中央认为两个方面军会合后应以嘉陵江与岷江上游中间地区为目标,争取建立根据地。如不成,则应北出平武,到陕甘南部地区去创造根据地,切不可向川西发展。因为以懋功为中心的地区,纵横千余里,均为深山穷谷,人口稀少,给养困难,大渡河两岸直至峨眉山,情形略同。至于西康,情形更差。出川西地区,均为下策。中央还指出实施这个计划的关键,当前是要将茂县、北川、威州控制在我们手中。但你张国焘就是不听,非要放弃川北的茂县、北川等地,率领第四方面军大部队向川西懋功一线转移。这是为什么?"

"为什么?因为我有意见。我没有兴趣和你吵,你博古也当不了什么家,被人家赶下台,在此谈何勇?"

"你,张国焘,你……你……你这是侮辱我的人格,好吧,我不与你谈了,咱们会上见!"博古气冲冲地转身走了。

6月26日,中共中央在两河口正式召开政治局扩大会议,以求达到统一思想,明确两军会合后战略方针的目的。参加会议的有毛泽东、张闻天、周恩来、朱德、博古、张国焘、王稼祥、邓发、刘少奇、凯丰,以及刘伯承、林彪、聂荣臻、彭德怀、林伯渠、李富春等人。陈昌浩和徐向前因还在茂县、北川一带,路途较远,来不及赶来参加会议。

在会上,相继发言的是张国焘、彭德怀、林彪、博古、毛泽东、王稼祥、邓发、刘伯承、聂荣臻、凯丰、刘少奇、张闻天、朱德等。总的说来,与会人员一致的意见是赶快离开这个吃糌粑的地方,暂时避开战争,到一个能休养生息的地方建立起新的根据地。但是,对究竟到什么地方,却存在着严重的争议,这就是以毛泽东为首的北进派和以张国焘为首的南下派之争。

会上,周恩来作目前战略方针的报告。他分析了两军会合后的形势,指出:懋功、松潘、理番地区的经济条件和群众条件都不利于红军主力在这里建立根据地,部队向东、向南和向西北都不可能得到发展,应该北上到川陕甘建立根据地,以实现"背靠西北,面向西南"的发展战略。并建议两个方面军要统一指挥,把兵权集中于军委。

毛泽东接着发言说:"我同意恩来同志代表中共中央和中央军委所作的关于战略方针、战略行动和战略指挥问题的报告。我认为,红军要用全力到新的地区发展根据地。在川陕甘建立根据地,可以把创造苏区放在更加巩固的基础上,这是向前的方针。我们的战争性质,不是决战防御,不是跑,而是进攻。根据地是依靠进攻发展起来的。我军必须高度机动,集中兵力,把主力集中在主攻方面,要迅速打退敌人,我的意见是今天决定,明天就行动。这里人口稀少,天冷衣食困难,应力争在6月底突破,占领甘南,建立根据地。"

有人干咳了一声,毛泽东环视了一眼,是张国焘。就在座的中共党员资历讲,张国焘是个"老"字号。今天在座的只有他和毛泽东出席过中共在上海建党的第一次全国代表大会,所以,张国焘已经摆出了发难的劲头。

毛泽东继续讲道:"是这样。我们今天决定,明天即须行动。这里的条件太坏,后退不利,应力争在这个月底突破,经松潘到决定地区去。关于统一指挥问题,责成常委、军委解决。"

朱德发言强调说:"要迅速打出松潘,进占甘南,我主张两个方面军要统一指挥,一致行动去打击敌人。要从政治上保障战争的胜利。"

张国焘开始发言了,他故意压住调子,瞟了一眼博古,慢条斯理地讲,也很有理论性。他的发言主要是评论和否定了红军在西北活动可能要实行的两个方案。

毛泽东等人对张国焘的这个发言已经流露出不高兴的神情,张国焘本人也察觉出来,但张国焘仍然大讲特讲他的西进计划。

但是,会议上很少有人发言同意张国焘的意见,大多数表示同意北上的方针。

会议最后确定了建立川陕甘革命根据地的主张,对张国焘的错误主张进行了批评。最后通过了《关于一、四方面军会合后战略方针的决定》,这个决定以参加会议代表的绝对多数赞成而压倒少数反对获得会议通过。

两河口会议结束后的第二天,张国焘忽然请客吃饭,客人是聂荣臻和彭德怀。饭桌上,话题一直就是东拉西扯。张国焘关心似的说:"你们很疲劳。走了这么远,干劲很大。"

聂荣臻和彭德怀的心中都在嘀咕:张国焘今天的请客肯定还有重要的话在后头。他们很少开口谈中央,尽量多吃菜。可张国焘从始至终并没有提出什么要求。

最后,张国焘决定分别拨1个团给聂荣臻和彭德怀补充部队。实际上,是相当于两个营的兵力,共有1000人左右。

饭后,聂荣臻和彭德怀走出张国焘的住处。聂荣臻问彭德怀:"他为什么请我们吃饭?"

彭德怀没有直接回答聂荣臻的问话,而是反问道:"拨兵给你,你还不要?"

"要,我当然要……"聂荣臻说,再往下的话他却没有说,此刻他的脑袋里充满了疑问,问号在大脑里四处打转转。

彭德怀乐呵呵的,走了。

聂荣臻低着头,思考着。

张国焘的言行引起了毛泽东等人的不安。为了做好团结工作,朱德代表党中央在两河口诚恳地与张国焘作了一次彻夜长谈。

朱德提醒张国焘,说道:"我说国焘同志啊,蒋介石虽然派来10万人攻打我们,可是我们也有大约10万兵力。第四方面军经过长期休整,兵强马壮,我建议还是按照中央的会议精神,就由四方面军去占领松潘地区,夺取战略要点,借以打开北进的道路。"

"这……这……恐怕难以做到。敌军在这一带修筑了坚固的防御工事，势力明显比我们大，打不得，打不得！"张国焘一口拒绝了朱德的建议。

蒋介石对中共内部的内争在这时还丝毫不知，仅是感到两大主力红军会师后的凌厉攻势令他吃惊。加之川军将领的狡猾和诡诈，明显高于其他省军阀，也令蒋介石感到在川境"剿共"的艰难。因此，他自"追剿"中央红军近9个月来，还是第一次由衷发出了"剿共前途良堪浩叹"的哀叹。

在给刘文辉的电报中，蒋介石是第一次对刘用比较严厉的口气训责："据报天全、芦山失守，名山、雅安告急。我军节节败退，全无抵抗能力，以致士气沮丧，纪律荡然。剿共前途良堪浩叹。应严饬各高级将领负责坚守名、雅，倘再有疏失，决以军法从事，并须设法打通名、雅交通。无论如何，邛崃、名山、雅安、荥经、汉源、泸定、康定之线非固守不可，且非出击不足以振士气而灭共军气焰。"

在军阀混战中崛起的刘文辉毕竟是官场中斗智的老手，谁都想不出他在接到蒋介石的训责电令后会采取如此巧妙的办法应付过去。

"老蒋批评我们剿共不力，我们接电后总得有个回音，谁有良谋对策？"刘文辉问他身边的谋士。

"轻描淡写地检讨一回就行了，措词上可不热不冰。"常在刘文辉身边出谋划策的旅长张伯言说出自己的看法。

"还不到作检讨的时候，现在就检讨，到时候就没话可说了。"刘文辉有他自己的考虑，坚持眼下能不向蒋介石作检讨就不作。

"那只有用'障眼法'，转移他的视线。"张伯言的意思是用另外一件事遮盖当前挨批评的事。

"什么事才能引起老蒋的注意呢？"刘文辉在思考。

"最能吸引他注意力的事，就是他当前最想达到的目的。这很明显，日本人在华北折腾得乌烟瘴气，他都不管。他现在最关心的就是能把共产党一网打尽。可这篇文章并不好做。"张伯言分析道。

"前天有报告说，大渡河边激战后发现有具尸体，据说很像毛泽东，是不是有这么回事？"刘文辉的心思是转得够快的。

"没有听说呀！打扫战场的报告我看过，后来也没有听人说起过这事。肯定说我们部队没有这回事。"张伯言一时还没有理会出刘文辉本是无中生有的计谋。

"那可能就是地方土司的蛮兵所为，反正我是听到过这个传闻。你再去核实一下，就给老蒋报告这个消息。我们不图奖赏，只盼能消灾就行。"刘文辉把"功劳"推给了土司蛮兵，只是为了让蒋介石空欢喜一场。

张伯言到此完全明白了刘文辉"指鹿为马"的用谋手段。

刘文辉的报告很快发出，只字没有提接受蒋介石批评的话，却报告了一个令蒋介石怦然心跳的消息："共军首领毛泽东，在大渡河方面被当地土司蛮兵击毙。"

"好消息！好消息！"蒋介石欢呼道，"传令嘉奖！"

陈布雷也惊喜地接过电报，但脸上并没有蒋介石的激动之情，他平静地说道："嘉奖谁？嘉奖刘文辉，还是嘉奖土司蛮兵？"

"谁击毙的就应该嘉奖谁。"蒋介石拧着脖子说。

"土司蛮兵，无名无姓。刘文辉这次不争功，却推功，我看这事蹊跷。"

"发电报，让刘文辉把毛泽东的尸体赶快运到成都来，验明正身。别人不认识毛泽东，我还是认得出的。"蒋介石仍然很激动。

"我看等把电报发过去，刘文辉很可能会报告尸体已经被大渡河水冲走了。"陈布雷看问题还是比较明晰的。

"那你说该怎么办？"

"这事先放一放再说，不出1个月事情自然明。毛泽东若真的如刘文辉所言，就不会再有情报报告毛泽东还会活动在川西北。"陈布雷的主意应该说还是不错的。

"也好。"处在兴奋中的蒋介石答应道。

这事也就这样按下不再提，只是当时成都的报纸记者们闻此讯后，为抓新闻，竟也弄了个"头条"发布出来，满城的风言随之刮起，但一阵风后也就被别的新闻所代替了。仅过几天，毛泽东仍然率领红军活动在川西北的消息从各种渠道传到成都市，"击毙"之事也就被人淡忘了。蒋介石也在忙于新的军事部署，哪还有时间反过身追根问底。暗中窃喜的只有刘文辉，他是"稳扎稳打"地达到了预计目的。

等冷静下来的蒋介石再回味刘文辉的电报时，虽感到了其中的问题，却无从追究刘文辉的责任。恰在这时，胡宗南报告部队军官损失情况。此时的蒋介石真是有感而发，专门就训练对付红军指挥员之射手给胡宗南复电："刘营长、李连长阵亡，悲哀之至！吴营长伤势如何？甚念。共军部队每连均有专射我官长之射击手。务令我上下各官长竭力注意，并不可挂肩带。凡官长服装须与士兵一律，以减少目标。又我军各团、营、连皆应考选射击手，每连至少要备5人至10人，亦为专射共军军官而设，并由各师、旅、团长对于射击手认真考选与奖励。不论平、战两时，各团每月必有射击比赛一次。希照此意通令，严令实施！"

21日上午，四川"剿共"军紧急军事会议在成都召开，蒋介石亲临会议并有训令。

成都军事会议的主要内容很快变成电令，传到国民党军各部队中。国民党军从南、北、东几个方向对川西的红军发起新一轮的进攻，国民党地方武装也在蒋介石的训令下对北进中的红军进行骚扰。

24日，贺国光综合各方情况，向蒋介石报告红一、红四方面军会师的情况。令蒋介石感兴趣的是，贺国光报告了红军高层领导和军事顾问李德等内部矛盾的情况，称："据被俘共军第5军团参谋长张子成供称：共军之军事全由俄人华夫主持。离赣窜川，亦系华夫主张。根据理由有三：迫于委座之三分军事，七分政治；因川军意旨不一，且外军不能入川，自易活动；联合徐部共军。及至天全，朱、毛以华夫之理想失败，开会将华夫免职。最近乃主张以川西北为根据地，如发展困艰，则窜西康。我孙震部之曾起戎旅，由旋粘河后抄袭，21日进展至北川三四里处之高地与共军对峙中。"

贺国光报告中所说的华夫，即共产国际派到中国共产党内的军事顾问奥托·布劳恩，系德国人，化名华夫，又名李德。其实，早在遵义会议时，他就已经大权旁落。而那个张子成，据查，红五军团中历任参谋长都没有一个叫张子成的人，也没有参谋长被俘过。在红五军团的师、团参谋长中，也没有叫张子成的人。不知这是被俘之人谎报了一个姓名和职务，还是贺国光效法刘文辉的无中生有"障眼之法"。但蒋介石对此报告却是很感满意，他认为："由此可见，共军失去了天时、地利，又失去了人和，内部存在有裂痕。而共军若要跨过这条裂痕，那要比过10条湘江、大渡河还要艰难。共军的灭亡已是指日可待。"

放下贺国光的电报，蒋介石立即给薛岳、胡宗南、杨森、刘文辉等人发急电，通报"华夫被罢免"的情况，并就关于预防红军东进陕南给邵力子、杨虎城发出急电："朱、毛共军只残剩 4000 人，上周已窜入懋功、理番与徐部共军合股，近已逐渐东移。将来残余共军北窜，若不由松潘直窜陇南，则必仍回昭化、广元或南江、通江、巴中，窥窜汉中东西地区。务望及时将汉水流域之两岸各县各乡组织民众，办理保甲，构筑碉堡，多派军政干员分区前往实施坚壁清野之法，而以汉中至安康一段之各县为尤要。以共军窜此方向的可能最大，务请严密布置。"

蒋介石已经是忙得几天没有空闲到房间外散步，或去武担山"照石镜"了。

1935 年的北较场军校内，房子不少，但都是平房，大多数房子破旧不堪，是 40 多年前晚清编练新军时的四川陆军学堂的教室。蒋介石在成都的临时指挥部曾一度设在市中心的盐市口中央银行楼上，但因为那个地方地处闹市，不安全；蒋在川西的"剿共"旷日持久，随行人员逐渐增多，在中央银行院子内也就住宿不下了。因此，全部迁入北较场黄埔军校成都分校内，占了两排学员的宿舍，蒋介石的房间是军校教员临时腾出的两间宿舍。6 月底的成都，吃顿饭已是大汗淋漓。这人一多，房子一挤，天气越来越热，更由于军事上的失利，蒋介石的心情是更加烦躁不安，他动不动就要骂人。

晏道刚奉令派出调查人员专门对川康边的筑碉情况进行摸底，结果是和报告上所言完全两样，报告所言"碉堡成群，固若金汤"的地方，竟然是一锹新土不曾见，连个人影都看不到。一片荒原上，只有野草摇曳。

"报告委员长，去川康边调查的人员回来了，情况不太好。"晏道刚小心翼翼地说。

"怎么个不好法？如实讲。"蒋介石在大热天，仍然保持严整的军容，在室内除没有戴帽子外，一身戎装，风纪扣仍紧紧卡在脖子上。桌子上的电风扇因停电，4 片扇叶静止在那里。

"实际情况是，他们并未按照前令规定筑碉，故共军得以迅速北窜。"

"这个刘文辉和杨森，我早看出他们阳奉阴违。我撤了他们的职！"蒋介石把手中的一把折扇"啪"一声摔在地上，引得宋美龄赶忙从隔壁房间探过个头来,见只有晏道刚在时,又缩了回去。

"川军的情况不同于外省,处理方式应当有别。"晏道刚的话说得很得体。

"传我的令,查最近规定沿大金川、大渡河线,从丹巴起至泸定南经安顺场、富林至乐山北,由丹巴延至崇化、绥靖止,及由康定经泸定、汉源、荥经至雅安,与雅安经芦山至天全至宝兴各碉线,均归该总指挥刘文辉负责。除大金川线应照指定各部负责构筑,尤以丹巴为重要,其余即由军队会同民间构筑,限7月30日以前一律完成。"蒋介石的额头上渗出汗水,他顺手抹了一把汗。宋美龄恰是时候地给蒋介石递上一方湿毛巾。

蒋介石擦了一把脸,继续说道:"自经此次规定以后,各部务须饬属切实遵行,并由总指挥部分派专员巡查,与所有各负责部队、负责专员及地段划分等等,应先电告,随后绘图详报。如有阳奉阴违者,一经查出,定按军法从事。希各部主官认真办理为要。"

"来电了。"宋美龄的声音从隔壁传来,她说着走到蒋介石的办公桌前,打开了电风扇。

"到卓克基、两河口的侦探人员有消息报告吗?"蒋介石向电风扇前伸了伸脖子,但仍没有打开风纪扣。

"还没有综合报告。仅从土民中探知,共军在两河口镇戒备森严,据判断很可能是他们在开重要会议。"晏道刚弯腰捡起折扇,放在桌子上,并向电风扇前靠了靠。

"组织一次突袭,直取两河口,怎么样?"蒋介石的眼睛中闪出凶光。

"派哪支部队?兵力少了,虎口拔牙,肯定不行;兵力多了,又很可能达不到目的。薛岳、胡宗南的部队离此地太远,力所不逮;川军近在共军一侧,却用不上。"

"这是一个千载难逢的机会,不能放过!不管困难有多大,也要去执行,就由你去组织。"蒋介石固执己见。

"主要是军队的调动难度很大。"晏道刚的声音很小。

"天下事只在人力作为,到山穷水尽之时,自有路走,只要切实去办。"蒋介石背诵的是《曾胡治兵语录》中的话。

"这样做好不好,既然出动军队有困难,我们就从空中攻击。"晏道刚提出了一个既能推托责任,又能让蒋介石接受的意见。

"飞机轰炸,好,马上就执行,把两河口炸平。"蒋介石自跟随中央红军长征以来,不知多少次发出"擒贼先擒王"的叫喊,出了许多赏金,现在他又把希望寄托在了飞机的轰炸上。

飞机的确很快就起飞了,炸弹也投向了两河口,飞行员也看到了地面上腾起的爆炸烟雾;而中共中央的重要会议也的确在两河口召开。但是,蒋介石终又没有收到毛泽东等中共要人们被飞机投弹所炸中的消息,中共和红军的历史上也从没有这一记载。

问题出在哪里呢?原来是炸弹扔在了村名为两河口,却不是中共中央召开会议的两河口。徒步到过川西的人都知道,"两河口"这个地名,在大雪山下太多了。融化了的冰山雪水从各个方向流向谷地平坝,先是两条细流汇聚一溪,接着又是两条小溪汇流一河,如此"两条"、"两条"的汇流,才最终成为大河、大江。实际上,天下的大河、大江,也莫不是如此由无数个"两条"汇聚出的。正因为如此,川西的大雪山下就有许多的"两河口"村名和地名,以致后来研究"长征史"而未到过此地重走长征路的人,也误把本不是中共中央召开重要会议的"两河口"标在了教科书上。

由此看来,蒋介石的"轰炸"目的终未达到,也许是天意。当晏道刚战战兢兢地向蒋介石汇报大概是情报不准,中共中央没有在两河口开会时,蒋介石这次却没有发火,是安慰晏道刚也是为自己解脱,背诵了一段胡林翼的"语录":"古今战阵之事,其成事皆天也,其败事皆人也。兵事怕不得许多,算到五六分,便须放胆放手。本无万全之策也。"

其实,中共中央政治局会议的确于26日在懋功以北的两河口举行,所讨论的主题就是战略方针大问题。中共中央政治局作出《关于红一、红四方面军会合后战略方针的决定》。决定指出红军的战略方针是集中主力向北进攻,在运动中大量消灭敌人,首先取得甘肃南部,以创造川陕甘苏区。在战役上必须首先集中主力消灭与打击胡宗南军,夺取松潘与控制松潘以北地区,使主力能够胜利地向甘南前进。决定还严肃指出,必须坚决反对避免战争、退却逃跑以及保守偷安、停止不动的倾向。

29日，中共中央政治局仍在两河口召开常委会议，研究政治形势问题。参加会议的有毛泽东、张闻天、周恩来、博古，以及张国焘、王稼祥。会议议程：一、关于目前局势问题；二、关于组织问题。博古代表中央作了关于日本帝国主义侵华的形势报告。会议决定要进一步揭露日本帝国主义的侵华罪行。会议通过张国焘为中革军委副主席，徐向前、陈昌浩为中革军委委员。

会后，中共中央派李富春、刘伯承、林伯渠、李维汉等组成中央慰问团，到红四方面军驻地进行慰问，并传达两河口会议精神。中革军委根据两河口会议精神，发布《松潘战役计划》。计划规定在岷江东岸大石桥地区和懋功地区各留一个支队，牵制东、南两面之敌，掩护后方工作，主力集中于箭步塘、壤口、芦花地区，分左中右3路向松潘及其西北地区开进，消灭松潘地区的胡宗南部，并控制松潘以北道路，以利红军向北开进，胜利进入甘南。30日，毛泽东等人离开两河口，翻越第二座大雪山之后，于次日到达卓克基。

也就是说，中共中央重要领导人在两河口开会长达6天之久。这宝贵的6天时间，对中共中央，对蒋介石，都有许多重要的事情要做。历史已表明，中共中央的两河口会议已经镌刻在中国史册上，而同在忙碌中的蒋介石是竹篮子打水——一场空。

怨天尤人之后，蒋介石仍在尽自己最大的努力"剿共"，他诵读着《曾胡治兵语录》中的话："天下事只在人力作为，到山穷水尽之时，自有路走，只要切实去办。"开始致力于从北面防堵两大主力红军北上入甘肃、青海，把国民党地方军阀青海骑兵配置川康边境，电令国民党甘肃省政府主席兼绥靖主任、"剿匪军"第3路军总司令朱绍良："青海骑兵务多配置于川康边境。如入邻境，须令官兵严守纪律。则以后邻省官、民对我青军不仅欢迎，而且爱护备至。共军虽狡，即无所施其伎俩矣。"

电令发出，蒋介石仍感到不放心，又亲自写下一手令给朱绍良，千叮万嘱："临潭与夏河及旧洮州三处之防务，最为重要，应与青海马麟主席等，切实商定，使责有所归。如其兵力不足，则以其现驻该地之部队集结一地，而以其他之两地由中央军派队接防。军事为生死关头，切勿稍有客气与彼此之分。一待共军剿灭,仍可归还其防地,切勿因此贻误全局。希以此意与马主席开诚切商为要。该三地骑兵能否运用?如能用骑兵,则以中央军之步兵防守城池,而以青军之骑兵在其附近为活动进剿之兵更好。"

"西面的南街、道孚至甘孜碉堡线也应该加强。"顾祝同建议。

"南街地居要冲,着刘文辉总指挥立饬余松林旅长再加派一团,驰往修碉,严行防守。"蒋介石命令道,"道孚、炉霍、甘孜,上、中、下俄洛两线碉堡极为重要。着刘总指挥各派得力有纪律部队前往筑碉,施行坚壁清野工作,并指派负责长官督促进行,限本月底前一律完成具报。随即绘图具报。"

"胡宗南的部队现在进展如何?"蒋介石转而问道。

"胡师长率纵队司令部抵达松潘县城后,已调补充旅第1团的1营驻守毛儿盖,第2团3营驻守上包座,游击第2支队驻守阿西茸,李铁军第1旅大部驻守松潘县城,一部位三舍驿,廖昂补充旅大部位于县城以西之螺蛳岭、羊角塘等地,杨步飞第61师在柏木桥、漳腊、黄胜关一线筑碉,丁德隆独立旅扼守小姓沟、牦牛沟一线,李文第2旅确保镇江关、金瓶岩等地。"

"他们有什么困难吗?"蒋介石关心地问。

"据部队反映最大的问题是粮食运输不上去,补给甚难。一个旅在先头作战,就要有1个旅在后面作输送队搬运军粮。士兵厌战跳崖自杀者迭有所闻,战场苦境不堪言状。"顾祝同说的是实情。

"这怎么能行?一定要设法解决。"蒋介石沉思一会儿后说道,"电令各区部队,每部应令其抽出半数士兵运输粮食,并由其沿途分段衔接运输。凡预备队更可多抽士兵担任运输,士兵轮流分派,以均劳逸。如能组织得法,当不致困难。一定要严督力行,解决好兵员的配备。"

"胡师长刚来一个报告,据阿坝土官杨俊扎西说,在阿坝上下包座以北,尽是荒无人烟的沼泽草地,就是鸟儿也飞不过去,保证可以堵住共军。胡师长转报请委座放心,挡住红军去路大有把握。"

"这很好,地障而阻,胜过10万兵。复电嘉奖胡师长。"蒋介石说。

30日,是星期日,6月的最后一天,也是本年度上半年的最后一天。

有记日记习惯并作总结的蒋介石，又坐到了日历前，回顾 1935 年上半年追击红军的经过情形，他真是不胜感慨，长吁短叹，有喜也有忧：喜的是攫取得川、滇、黔地方政权；忧的是"剿共"军事接连失败，一天不如一天。他在日记中写道："共军未得完全歼灭，恐遗后患。是乃智虑学识不精之过"，"然川、滇、黔因此得以统一，完全入于中央范围之中，国家地位与民族基础，皆能因此巩固。"

蒋介石带着满腹惆怅，在成都步入下半年。

15. 惩抚刘文辉，转战毛儿盖，令人称奇的言说"二万里长征"

仲夏的成都，炎热气浪比往年早半个月窜入竹林相掩的北校场。

蒋介石推开桌面上一堆关于日军在华北屯兵滋事的电报，望了望大地图，目光由成都平原扫向正西，停留在川西北。他擦着汗水，破口大骂："娘希匹，这个刘文辉，坏了我的剿共大事！"

晏道刚把呼呼飞转的电风扇向蒋介石身边移近一些，几张零乱的电报纸被风吹落在地。蒋介石端坐在椅子上，丝毫没有动。

"不给他们点厉害瞧瞧，看来不行！"蒋介石用手指敲打着桌面，思考着，但他知道刘文辉失守大渡河防线还够不上枪毙的罪，在红军后面担负追击任务的中央军薛岳所率吴奇伟、周浑元等部也有不可推卸的责任，再说下一步还要依靠这些四川军阀追堵红军，于是他本着"困死共军，统一川军"的既定战略方针，决定给予第24军军长刘文辉记大过处分。

"你把侦探队对刘文辉防区的调查情况再讲一遍。"蒋介石对晏道刚说。

"查朱、毛共军未赴金沙江以前，曾经迭电刘文辉总指挥派兵布防金沙江上游，分段筑碉防守。迄至窃渡之后，又经迭电布防西昌、越西、冕宁等地及大渡河北岸沿线，均须逐段切实筑碉。应据先后电复——遵办，各在案。后查，实际全未遵行。"

"这个混蛋，误了我的剿共大事。还有其他证据吗？"

"证据很多，条条确凿。即以猛虎冈搜获共军讲话材料内云，共军各军，在两天内能行300里，还要作战，可为铁证。否则碉堡阻滞，行动绝不能如此神速。"晏道刚把遵蒋介石密令派出去的侦探队的报告翻出来，并找到了红军的一份油印小报。

"似此上下欺瞒，贻误戎机，殊堪痛恨。虽以前未经严申赏罚，但既经有令指示，自应竭力奉行。"大热天里，蒋介石也是气得全身打哆嗦，他喊叫道："汪秘书，发报！"

机要秘书汪日章应声而来。

蒋介石口述电报："刘总指挥文辉笃信部属，不加督察，实难辞咎。依照国军法定之规则，着记大过一次，以为督饬不力者戒。以下负责长官应由该总指挥查明严处具报。兹将确实规定：此后军队不论大小行动，不拘前线后方，停止亦不问久暂，无论何时何地，一遇停止，应即赶筑碉堡，时间稍长尤应逐渐加固。违者定将该地高级长官以纵匪论罪。该军长官应以督察不力处罚。言出法随，决不稍宽。希饬属一体遵照为要。"

汪日章和晏道刚退了出去，蒋介石又埋头于一大堆的文电中。陈诚手拿电报急匆匆进入蒋介石的办公室："委座，张振汉司令被共军俘虏！"

"哪个张司令？在哪里被俘？"蒋介石从一大堆文电中抬起头来，惊讶地问。

"湘西。纵队司令兼第41师师长张振汉。"陈诚回答，他说的是半个月前国民党军与红二、红六军团在咸丰县忠堡地区的作战情况。红军在这次战斗中歼国民党军第41师师部及1个旅又1个营，俘纵队司令兼师长张振汉以下2000余人。

"被俘是军人的耻辱，我给他的中正剑呢？！"蒋介石猛地站起，把桌子上的文电扫落地上。

陈诚连忙弯腰捡拾文电纸张。

"不成功便成仁。现在此人在哪里？"

"电报是刚收到的。张司令现在很可能在贺龙的手中。"

"一定要设法营救。否则——"蒋介石没有说出下句，举起的手停在半空中。陈诚点了点头，他明白蒋介石的这个动作肯定是"活的、死的都要弄回来"。

陈诚立即去布置"营救"张振汉，包括对红二、红六军团的大规模"围剿"，或派出小分队奇袭，但都没有达到目的。结果是，张振汉在中共统战政策的感召下，随红军走完了万里长征路，到了延安，后为新中国的建立做了许多工作。

国民党军纵队司令的被俘，对到处督战"围剿"红军的蒋介石是一个很大的讽刺，他气得火冒三丈，恨不得把自己分成几半到各地去督战。

蒋介石手中湘西方面的电报还没有放下，西北方面的电报又接连飞到成都。

陕甘红军在攻占延长的声威下，又占延川和安塞县政府所在地兴隆寨，继占安塞县李家塌。至此，基本上打通了陕甘边、陕北两根据地的联系。然后，红军第42师和第84师攻占靖边县城，全歼守敌1个营。靖边解放后，驻保安国民党军1个营弃城逃跑，保安遂被红军占领。红二十五军也以一部在根据地坚持斗争，主力由郧西县二天门出发，北上商县、雒南地区，毙伤国民党军团长以下200余人，包围商南县城，攻占富水关，进而占领青山街，俘国民党军170多人。又远程奔袭河南省淅川县荆紫关，缴获大批物资。接着，经湖北省郧西县南化塘、陕西省商南县赵家川等地向西挺进，在陕西省山阳县姚家湾击退国民党军阻拦，回到根据地边沿黑山街。

"不说陕甘，重点说说陕南的徐海东究竟是怎么回事。"蒋介石指着晏道刚的鼻子问，他一直认为徐海东部不容低估。

"据派出的侦探队报告，共军徐海东部利用陕南政治黑暗，民团派别正多，且割据独立不受任何人管辖诸弊端，已把蔡川、庾家河、峦庄东区一带，和袁家沟口、牛耳川、米粮川、碾子河、黄土砭西区一带完全赤化，并在以上两区派得力人员将地方政治组织完成。最近，除庾家河之中共组织不及西区健全，我们谍报人员尚可接近外，其余均不能进入。"

"这是怎么搞的？一定要设法破坏鄂豫陕共区！给杨虎城、邵力子发个电报，希立即设法极力破坏共产党组织，并办理保甲，清查户口，健全我方组织，使共军无从潜入为要。"

仅有1个军兵力的红二十五军显然牵扯了蒋介石的许多精力。

近日，徐海东率部在陕西省山阳县袁家沟口全歼陕军警1旅，毙伤国民党军300余人，俘旅长以下1400余人。然后北出终南山，威逼西安，打破了国民党军对鄂豫陕苏区的第二次"围剿"。中共鄂豫陕省委在长安县沣峪口召开会议，决定率红二十五军西征北上，与陕甘红军会合，"首先争取陕甘革命根据地的巩固，集中更大的力量去消灭敌人，直接有力地配合主力红军，迎接党中央"。会议还决定将中共鄂陕边、豫陕边两特委合并，组成中共鄂豫陕特委，领导地方武装，继续坚持鄂豫陕地区的武装斗争。16日，中共鄂豫陕省委率红二十五军从沣峪口出发，经户县、周至县境，沿秦岭北麓西进，先后在周至县店子头和马召镇，击退陕军尾追，由辛口子向南折入秦岭山中，到达留坝县的江口镇。月底，从江口镇出发，经庙台子、留凤关等地向西北挺进。

蒋介石得讯后，对国民党陕军是又骂又吼，但他终是无分身之术，在近时还不能去西北督导"剿共"。

陕北、陕南红军遥相呼应，根据地日益巩固和扩大。中共西北工委、陕甘红军和陕北省苏维埃政府等领导机关进驻延川永坪镇后，又领导陕甘红军打破国民党军第二次"围剿"，本月共计歼国民党正规军4个营又4个连约2200余人，民团、地主武装3000余人，解放了安定、延长、延川、安塞、靖边、保安6座县城，使陕甘与陕北两根据地连成一片。

"不知是为什么，这越折腾，赤焰越处处翻腾。还是不要管这南与北，赶快集中精力把共军的首脑机关和主力剿灭为上策。"陈布雷不知什么时候走进了蒋介石的办公室，他总是能在蒋介石抓耳挠腮的时候，及时出些让蒋感到称心的主意。

"布雷张口就有妙计，说出我们听听。"晏道刚与陈布雷同在蒋介石身边效力，说话也很随便。

"妙计没有，古法倒多得是。今天所言主要是说番区作战，利用土司。"

"说一说。"蒋介石坐到椅子上。

"清代骆秉璋昔日在川之所以能剿除太平军，全在运用土司编练土兵。其要诀在厚赂土司假做向导，诱太平军入险，聚而歼之。而其在大渡河俘获石达开者，亦在授意土司诈降迎石，愿做向导，然后包围就逮也。"

"这个主意很好，给在番区作战的朱绍良、王均、胡宗南发个电报，告诉他们，希望运用土司夷民为要。"

蒋介石是"病急乱投药"，有方就用，甚至是不顾朝令夕改。如在3日，蒋介石手令杨森由大硗碛向懋功进攻，并尽量抽调后方部队到前方，采用步步为营、筑碉前进，多用别动队方式出奇制胜，同时还令各路军同时进攻，以牵制红军。手令刚派飞机空投出，蒋介石却又用电报命令杨森："碉堡线未固以前，切勿再进。"

前线的杨森是先收到来自电台的电报,接着收到空投的手令。他拿着这两个内容完全相反的命令,哭笑不得:"看这个样,我得执行完这先进攻的命令后,再执行'切勿再进'的命令。"当然,杨森并不糊涂,他执行的是所署时间最近的一个命令,按兵不动,这也正是他求之不得的。

运动中的杨森部队还没有完全停下来,5日早晨,飞机又空投下了蒋介石的手令。

"委座也够辛苦的,不吃早饭就提笔练字。这回大概又是让我们进攻了。"杨森还没有起床,他揉着眼睛歪头看了看参谋长手中蒋介石的手令:"嚙!还写了不少,一定是昨天晚上就开始写了。"

"你读给我听听。"杨森边穿衣下床边说。

"10日以前兄部应竭尽全力筑成大硗碛经盐井坪至宝兴一线,以及其附近左、右纵横各碉堡线,并尽量存积粮稼。每碉内至少须积5日之盐、米、柴、水,以备残余共军之反攻与逆袭。总使各碉堡群守兵皆能独立作战。围剿共军要诀,万一被共军围攻时,只有决心死守之一法。如一动摇或思突围,则必为共军沿途截击,决无幸生之理。此次我军占领大硗碛,乃战略上已得胜利,如慎重出之,则懋功不患不克。只要稳进稳打,则时日之迟早无关紧要。以我军全线而论,则弱点尚在兄路以兵力最少,故恐共军来攻我弱点,不得不防。望兄将强有力之部队皆加入于宝兴以北地区,而宝兴、盐井坪、大硗碛各据点皆须构筑坚强之碉堡群,并有各个独立作战之准备。如果前方兵力不足,则第2纵队周浑元所部现驻名山、雅安、天全一带,令筑由泸定经天全、名山一线之碉堡。如兄欲使用,可以随时归兄指挥,并希随时与之联系与指示为要。"

"共军大概向北走得也够远的了。好吧,我们也走,命令部队翻雪山向懋功进发!"杨森把军刀一挎,向外走去,边走还嘟囔道,"过一会儿说不定又来电报呢,就盼那个'碉堡线未固以前,切勿再进'。"

杨森命令部队迅速行军,急爬海拔3000多米高的夹金山,强调要到山顶才能休息。以致士兵急着往上爬,接近山顶空气稀薄处,呼吸不及,死亡甚多,仅就第3混成旅第9团就倒毙105人。杨森亲率其手枪团在第4混成旅高德周部后跟进。爬到夹金山山顶鞍部休息时,官兵初见盛夏间还是白雪皑皑的山景,哗然大叫,一个士兵开枪射击乘机逃跑的民夫,震动了空气，引起雪崩，刹那间风暴席卷而来。大家卧倒在地上，抓着树根抵御风暴。这时有个民夫说："翻此神山要特别肃静，否则天神震怒，其风不可挡。只有事先向小石庙中的王母娘娘通报，方可保平安无事。"此话传到杨森耳朵中，他大怒，立刻将雪山上小石庙内所供的王母娘娘小石像抓起投向山沟。杨森这个迁怒动作一时传遍全军，成为后来四川军阀怪罪杨森连累整个川军吃败仗的重要理由之一。

翻过夹金山向懋功进逼的川军先头部队是杨森的第9团。时红一方面军后卫部队正退出懋功，在北门外铁索桥北端掩护并撤除桥上的木板。两军交战射击，互有伤亡，红军立即向北撤去。杨森率部到了懋功后，恰是时机地想起了蒋介石有"碉堡线未固以前，切勿再进"的话，他的脑袋飞快地转了个弯，命令自己的侄儿、第3混成旅旅长杨汉域任第20军前敌总指挥，督率懋功前线部队，并私下对侄儿说："等共军走远点儿再定进退。先筑碉，后再向崇化、抚边前进。"

由此"碉堡线未固"，一些川军部队竟也以此为借口，拖延"再进"。

蒋介石察觉到了这个问题，对陈布雷说："记得云南龙云好像对筑碉'围剿'有不同意见，他是怎么说的？"

"有这么回事。那时是在赤水河边，他说筑碉劳民伤财，共军跳过碉堡线，全部碉堡就形同虚设。这话有一定道理，但此一时，彼一时也。川西北撒大网，不得不筑碉堡。"

"这么说筑碉还是利多弊少。"蒋介石心烦意乱，汗水湿透了衣领，但他仍正襟危坐。

"重庆的气候更热，这里比长江边好多了。"晏道刚擦着额头上的汗说，"近日，四川省府就由重庆迁到成都来了。刘湘一来，事情也许会好办些。"

"但川军总以此为借口，拖延进剿的速度。"蒋介石对川军是恨得咬牙切齿，却又不能弃之不用，长叹道，"困死共军，统一川军。双管齐下，是何等的难！"

"就在他们乡土上作战，不怕他们不出力。共军一旦触犯了他们的利益，他们就会跳起来拼命的，会理之战不是如此嘛！假如说，共军来攻击成都，那么，不用我们去操心，川军就会奋而抗击，沃血城下的。所以说，现在的川军能挡住一面，围住共军，不让其外逸，我们就算达到了目的。

最后决战还要看薛岳和胡宗南的。由此看来，碉线之法虽有缺点，但这是上策。"

蒋介石被陈布雷的这番话又说得晕乎乎的，仍奉"碉堡线"为神灵，大讲他的"碉堡经验"。当日，他特别给胡宗南写一手令，就是筑完第一碉堡线后，再筑第二道碉堡线，令称："平武经水晶堡至木瓜墩一段碉堡线，数目太少，应加筑第二道碉堡线。又后方各碉堡线，平武通碧口与文县，以及碧口至昭化之各碉堡线，尤为重要，应严令限期完成，勿误！"

"南线也不容忽视，特别是由川军担任防守的双流至康定封锁线，应严防共军回窜。"顾祝同沉稳中有进言。

"为了防止互相推诿，各段守备部队应分工把关，责任分明。"晏道刚从侦探队那里了解这一地区川军钩心斗角、阳奉阴违的所为，特别提出这一建议。

"这事就由墨三负责做一分工。"蒋介石吩咐顾祝同。

顾祝同提笔在桌子上的地图上拉了几条弧线："这样好不好，双流至新津（含）归第21军守备；新津至名山（均不含）归第45军；名山至雅安（不含）归第21军；雅安至泸定（不含）归第24军；泸定至康定（均含）归第53师。"

蒋介石点头认可："就这样分工，电令各段守备部队，分别配派军队，督同民团，负责守备，当转饬各部遵照。"

在陈布雷等人的参与下，蒋介石特别总结"筑碉经验"7条："碉堡系围剿共军与自卫的唯一武器；构筑碉堡所耗费的损失小，不筑碉堡受共军蹂躏的损失大；筑碉堡线，纵横密布，可以封锁共军，防共军蔓延；构筑碉堡群，集中粮食，可以坚壁清野；筑碉堡守备，守备要严密；军民要全体动员，构筑碉堡；碉堡守兵，要不分昼夜，轮流外出游击，使共军不敢接近。"

这7条"经验"当即被蒋介石颁发为"筑碉标语"，发向"剿共"前线，并严训各指挥官"遵令各部，广为宣传"。

蒋介石特别给川北的唐式遵发出手令，限期完成广元、昭化之间的碉堡封锁线，称："广元、昭化、剑阁、梓潼之连接碉堡线，非限期完成不可，尤以广元与昭化为最重要，务希亲往严督。如该两处须津贴其材料费用，准由兄开支报销，并先行垫支，从速完成。"

几天内，蒋介石所颁发的"筑碉标语"刷上了墙头碉楼，成了川西北的一大"景观"。到本月上旬，川西北除蒋嫡系胡宗南部占据平武、松潘外，岷江沿岸各要点几乎都被川军所占据。

说也凑巧，两大主力红军在近段时间内果然失去了前几个月一日进百余里的速度，回旋于雪山草地间，难以有新的进展。

"怎么样，共军被我们的碉堡战术'粘'住在了川西北。"陈布雷为自己的"良策"而沾沾自喜。

"是否还有其他原因？这事好像有点不同寻常。川西北贫瘠之地，产粮有限，仅共军就有七八万，很难在此生存，更谈不上什么发展。"蒋介石也感到奇怪，他考虑问题的角度与陈布雷有所不同。

事情确实有些缘故，问题出在红军的内部，并非是蒋介石的"碉堡线"起到了神效。

这时，夹金山之北的红军在中共两河口会议后，本应两军合力，并敌一向，开拓新的根据地。但是，由于红四方面军主要领导人张国焘闹分裂，没有形成一个拳头，刚有所恢复元气的红军又面临困境。因此，毛泽东等率领的红军就被这来自内部的矛盾滞留在了雪山草地之间，欲北上而不能。

本月初，红一方面军接连翻越长板山、打古山、施罗岗等大雪山，进至黑水地区。就在这时，张国焘策动中共川陕省委向中央提出改组总司令部与中革军委，并提出改组名单；又在杂谷脑召集红四方面军高级干部开会，非法"审查"中央路线，挑拨红一、红四方面军的关系。他致电中共中央，提出"我军宜速决统一组织的指挥问题"，公开伸手向中共中央要权。到红四方面军的中央慰问团也发现了新的情况，致电中共中央，反映张国焘等要求充实红军总司令部，增加军委常委的意见，并认为"此事重大，望先考虑"。两大主力红军处于因内部矛盾重重难以举步的羁绊中，于是，在这环境十分险恶的地区，红军与围追堵截的国民党军展开了各种斗争。

中共中央连续召开会议，红军部队被迫缓进，但广大红军指战员一刻也没有停止军事、政治行动。为了扩大红军的影响，达到"赤化"全川，建立新的根据地的目的，红军指战员在作战的同时，最广泛的行动就是展开政治宣传攻势。

红军指战员深入到老百姓之中，利用讲演、唱歌、写标语等多种方式，宣传中共和红军的政策。在森林地带，由于山石多为参天大树所遮盖，为扩大宣传效果，红军因地制宜创造了"树标"，即选择路旁的大树，在树干上用刀剥下一块树皮，再将标语口号刻写在树干上。这样既显而易见，又可经久不脱落。这种"树标"在松潘县的毛儿盖、茂县的松坪沟和黑水的小黑水地区最为多见。有的"树标"在上述地区，半个多世纪后仍然可见。在牧区草地，红军则使用小石块在草地上镶嵌成标语。在靠近国民党统治区一带，凡属河道较宽、水流量较大的地方，如汶川等地，红军还用木板写上标语、文告，投入岷江中，使木板顺流漂下，向国民党统治区扩大宣传影响，直流到坐镇成都指挥"剿共"的蒋介石脚下。

有些标语还真的出现在成都城下江水中，蒋介石怒呼："清澈的岷江要变成赤水河了！"

川西北岷江的源头上，红军仍频频把蒋介石不愿听到和看到的战报送到成都。

"共军的宣传攻势很巧妙，也很有攻心作用。有些地方，我们自愧不如。"陈布雷的声音很平稳，但在蒋介石听来却很有刺激性。

"这天气越来越热，这北校场的房子不通风，又潮湿难忍，换个地方住，如何？"蒋介石对晏道刚说，他与陈布雷谈的完全是两回事，使正讲在兴头上的陈布雷猛然一怔。

但摸透蒋介石脾气的陈布雷没有言语，他知道蒋介石又在施展什么计策，很快就会表露出来。

晏道刚问："向何处搬？成都哪里还有合适的地方？"

"玉沙街，怎么样？"蒋介石兜的圈子渐露真相。"玉沙"两字一出口，陈布雷马上明白蒋的意图仍是在对川军"攻心"。

"委座是说玉沙街刘文辉的公馆？"晏道刚猜测性地反问。

"对，刘主席近时不在成都住，我们暂时借用一段时间，等把川西北共军剿灭后，我们就走。"蒋介石兜的圈子越来越小，但晏道刚仍然没有考虑到蒋的真实图谋。

"什么时候搬过去？"晏道刚问。

"当然是越快越好。你以侍从室的名义给他发个电报，就说是借房子，让他赶快从雅安回来。"

刘文辉在接到晏道刚的电报后，立即赶回来为蒋介石腾房子。等回到成都，他明白了蒋介石的真实用意，借房子是实，但更深一层的用意是笼络感情，收买人心。原来蒋介石在宣布了给刘文辉的处分后，仍然对川西北南线的"剿共"军事放心不下，他在陈布雷的暗示下意识到了要对川军"攻心"，因此，决定把刘文辉暗中召来成都，进行安抚。

刘文辉对蒋介石能住到自己的家中，设成都行辕于玉沙街，确实也感到是一种难得的殊荣，吩咐家人很快就为蒋介石和侍从室人员腾出了最好的房间。蒋介石和宋美龄住进了原来是刘文辉的寝室。就在这个寝室中，蒋介石与刘文辉进行了"促膝交谈"。刘文辉对这种被人打了一个耳光后又问疼不疼的笼络做法，虽然明白其中奥妙，但在听了蒋介石的安慰之后，心中果然也舒坦了许多，刚刚产生的反蒋情绪很快消解，并表示倾全力以功补过，报效蒋委员长的关怀和体恤。

对这种笼络方法的奏效，蒋介石感到很满意，他决定对"剿共"部队也要采取一些安抚方法进行战前鼓动，特别是嫡系部队。

"通知薛岳部队的师以上指挥官，到我这里来开会。"蒋介石对顾祝同吩咐说。

"副师长来不来?"顾祝同问。

"来! 各师师长……团长、营长，连长以上军官统统都来!"蒋介石决定把这次军事会议扩大到最基层军官，他决心倾全力打好川西北一仗。

"这么多人……"顾祝同有些迷惑，以为自己听错了。

"连长以上军官统统都来。薛岳第2路'追剿'军的弟兄们很辛苦，跟着我从江西追到现在，转战赣湘黔滇川康，现在又要进入陕甘。我要亲自慰劳他们。"蒋介石大发感慨，并说，"各军师的少校以上官佐，由美龄代我犒赏慰劳金。"

薛岳部队的连以上军官很快由川西乘车来到成都市，接受训话。

蒋介石在召见嫡系部队的连以上军官训话之前，先接见了师长以上军官，并召开会议，讨论新的决策。参加者有薛岳、吴奇伟、周浑元、欧震、梁华盛、谢溥福、萧致平、赵锡光、万耀煌、周化南、余华声等人。

"我军长途追剿,从中枢到边陲,从东南到西南,从西南到西北,迢迢万里,沿途追击、截击、堵击共军的行动。我军军行所至,中央德威远播,诚为我国历史上的空前壮举。"蒋介石在师以上指挥官会议上,试图竭力提高嫡系部队的士气和威信,说了许多对薛岳第2路"追剿军"的赞美之词。

这次会议上,蒋介石还主要讲了对当前红军情况的估计和判断。他认为红一方面军和红四方面军汇合之后,迭经多次追堵围攻,目下兵力最多不会超过五六万人,其中病残当在五分之一以上,而分据千余里山岳地区,东扼岷江,西迄丹巴,北至松潘、叠溪,南至懋功,处处布防,处处薄弱。目下四川各路修碉围困封锁,红军所占领区域日渐缩小。区内又多是游牧为生的藏民,宗教迷信浓厚,不事耕种,粮食只有玉米、高粱、青稞,加之气候奇寒,雪山草地成为天然地障,粮荒严重,病兵很多,每人准备行军干粮无法筹措。因此,红军在此地生根极为不易,困守殊难。

由此,蒋介石判断红军在下雪前必然转移,但向东向西向南均不可能,最大可能是向北,这与红军所说的打通"国际路线"也有很大关系。所以,蒋介石认为把在雅安地区休整完毕的薛岳部队调上来,有十分的必要,薛岳各部必须立即调整部署,作好堵截准备。

"今天我在这里所说的,明天对连以上军官训话时就不再重复了。希望大家记住我的话,我现在是把你们当做'镇山之宝'使用的,好钢用在了刀刃上。望各位身效疆场,不辜负我的一片苦心。须知不苦撑,不咬牙,终无安枕之日。"蒋介石在师以上军官会议的最后说道。

11日,蒋介石在成都北校场内大操场上对薛岳部的第90师、第92师、第99师、第96师和第295旅等部连以上军官作题为《中央军追剿共军之意义及其经过之成绩》的训话,大谈"剿共壮举",以励将士效命。他的这篇讲演在后来看却也有令人惊讶之处,那就是"二万余里"、"长征"等词的使用。

蒋介石讲道:"我国有史以来,军队长征,未有徒步二万余里者,有之自第2路军始,其转战赣湘黔滇川康陕甘8省。综合程途,将达三万里,所过如乌江、金沙江、大渡河、大炮山、冷碛各地,荒凉险阻,多为前人所未经。诸将士在薛总指挥、吴(奇伟)、孙(渡)、周(浑元)、李(抱冰)各纵队司令官领导之下,忠勇奋发,或者壮烈牺牲,或者裹剑再进,或者不避危难,争为先锋,扑灭赤焰,取得无上光荣,诚不愧为三民主义之军队。"

台下那些20多岁的国民党军连长火气正盛,为今天能见到蒋委员长而激动不已,再经过蒋介石这一番专讲本路军成绩的鼓动后,更是热血沸腾,大呼效忠口号,似有立刻踏平川西北之势。

"本委员长怜恤伤亡之余,深表嘉慰,须知此次剿共,绝不是内战,是为国家民族争生存,是援救10余省被蹂躏的战斗,是发扬真正救国的三民主义,使命非常重大,望各位仍加努力,达成任务,根绝赤祸,切勿功亏一篑,致遗隐患。各位万不可以为剿共成功,便可自逸,须时时刻刻自警,准备好身手,以担当将来比剿共更大的任务。本委员长对此寄予厚望。"

蒋介石的这段讲话很有煽动性,台下又是一片鼓掌声。

台上,多天不见笑容的蒋介石咧了咧嘴,现出一丝微笑。

以上所引文字出自于史籍和当时的报纸。令人称奇的是蒋介石这段讲演于1935年7月11日的文字中,有"二万余里"、"长征"的表述,并说到薛岳所部"转战赣湘黔滇川康陕甘8省,综合程途,将达三万里",这话真是有些耐人寻味。

"长征"一词并不是现代人发明的。查古籍得知,中国古代使用"长征"一词的地方很多,在唐朝就有,如李白《战城南》诗中的"万里长征战,三军尽衰老";王昌龄《出塞》诗中的"秦时明月汉时关,万里长征人未还";郭震《塞上》诗中的"久戍人将老,长征马不肥"等。

到了现代,人们说"长征",公认的是指红军的长征。那么,中共方面称1935年前后的这次重大军事行动为"长征"最早又是在何时呢?历史证明,这有一个过程。1934年10月,中央红军被迫进行战略大转移,中共中央和中革军委确定的战略方针是到湘西与红二、红六军团会合,"创立新的苏维埃根据地"。因此,当时只把这次战略转移称为"突围行动"、"长途行军"。遵义会议前后,仍然把中央红军的战略转移称为"突围行动"或者是"西征"。1935年5月,朱德总司令在凉山彝族区发布的《中国工农红军布告》中首次使用"万里长征"词组,全句是:"红军万里长征,所向势如破竹。"9月12日,也就是在蒋介石在成都召集吴奇伟纵队连以上军官训话整两个月后,中共中央在俄界为解决张国焘的右倾分裂主义问题,召开政治局扩大会议，会议所作出的《关于张国焘同志错误的决定》文件中，第一次把中央红军的战略转移称为"二万余里的长征"。这个决定当时只传达到中央委员，所以，"长征"这个词并没有得到广泛使用。9月22日，毛泽东在哈达铺关帝庙召开的团以上干部会议上，才公开提出"二万多里长征"这个概念，而"二万五千里长征"这个完整的词组则是10月19日毛泽东在到达陕北吴起镇的当天，与红军部分指战员谈话时所讲的。12月27日，毛泽东在瓦窑堡会议上又对"长征"作了精辟的论述，从此，"长征"一词才成为中国工农红军战略大转移的专用名词。

由此看来，20世纪30年代第一个"论说二万里长征"的反而是蒋介石，这不无带有绝妙的滑稽意味。然而，有史籍文字在，白纸黑字，写下的是历史，过去的就是历史，这颗长征史里的"怪味豆"个中情趣，只有读者去细心品味了。

言归正传，仍说蒋介石与毛泽东对阵在雪山草地间，川西北战幕刚刚开启。毛泽东在继指挥大渡河之战后，又指挥红军进行了翻越大雪山后规模较大的毛儿盖地区战斗。

从本月上旬起，红军进军松潘的战斗将胡宗南所部防线压缩向松潘县城，这使蒋介石和胡宗南十分震惊。蒋介石在收到胡宗南的报告后，得知红军先头部队已抵毛儿盖，便立即组织幕僚对红军的意图作了进一步的分析和判断，认为："松潘多山岭高原，地瘠民贫，给养困难，共军决不麋聚久留，若向西北逃窜青海，必须通过软泥无人的草地，势不可能；伺机向东北或向南绕窜，为共军之出路，其东北窜则必由漳腊经南坪向文县碧口而趋陕甘，与共军徐海东部会合，其移动飘忽，声东击西者，盖欲避免包围而遂其东北窜之企图。"

毛儿盖是该地土官属下18寨地域的总称，方圆1000多平方公里。月初，蒋介石指挥国民党军10多个团在空军的配合下赶到这一地区进行防堵。胡宗南在蒋介石的严令下，特别命令第1师西北补充旅加强营营长李日基带队抢占毛儿盖，驻军于索花寺内，并向南面数里的夏藏派出1个班，在营部前面的山头上部署了1个班担任警戒，又向寺院西面山顶派出1个排，其余3个连的主力部队部署在寺后山头上和寺院东南角上的一座独立寺庙内。胡宗南向李日基营下达的战斗命令是7个字：搜索，警戒，打游击。

红军在攻松潘的行动失利后，位于松潘以西的毛儿盖地区便成为绕攻松潘、北出甘南的必经之地。中革军委命令，红一军团主力配属红三十军担任北进毛儿盖的前卫，尽快夺取毛儿盖，打开北上通途。

红军先头部队由沙窝经阿基等地于本月9日下午抵近毛儿盖，与国民党守军接火，迅速拔除了李日基营设在外围的3个警戒哨据点，并逐渐形成对国民党军的包围。夜间，红军向寺后山上国民党军阵地发起攻击。由于国民党军占据有利地形，并有事先构筑的阵地为依托，而红军的武器装备则较弱，因此，红军在之后连续5天中发起的多次进攻都未能奏效。

红军逐渐缩小包围圈，一次次发动新的更加猛烈的攻势。李日基只好命令所部全部退缩到索花寺内固守，并连电胡宗南，请求增援。红军从四面八方团团围住了国民党军李日基营，但因缺少重武器，步枪子弹也有限，难以向寺内发起强有力的攻击，只好以喊话宣传等政治攻势辅助军事进攻，并在暗中向寺内挖地道，但被李日基部察觉。一场血战肉搏后，红军的地道行动没能取得成功。

李日基频频急电胡宗南求援。14日，红军击毙国民党军把守寺庙大门的副营长吴剑平和第1连连长郭全喜，李日基及其部属军心大振。15日夜，浓云遮月，李日基在接到胡宗南的准许撤退命令后，借助暗夜率全营600余人由寺庙东北方向突围，直奔松潘方向。红军发觉后一路追打过去，俘100余人。16日下午，红一军团侦察连、第2师第4团和红三十军第268团两个连将李日基营包围于腊子山以西25公里处。战斗不到两个小时，已成惊弓之鸟的国民党军士兵纷纷举枪投降。李日基抱头缩成一团，从山上一直滚到山下，却得以溜走。

毛儿盖一战，红军击毙国民党军副营长以下官兵20余人，俘虏400余人，缴获步枪200余支，轻机枪16挺，重机枪4挺，无线电台1部及其他军用物资。

在毛儿盖战斗的同时，红四军一部也由小姓沟以南向北发动猛烈攻击，当面之国民党军是胡宗南部的丁德隆独立旅。红军进占牦牛沟右岸一线，迫使丁旅退守牦牛沟左岸阵地。岷江东岸红军也由镇坪向北进攻，首先与占据金瓶岩的国民党军李文第2旅的第6团接火。国民党军驻守镇江关的第4、第5两个团奉命增援，双方展开激战。战斗中，红军击毙国民党军第4团团长李友梅及2名营长，国民党军全线溃退。红军乘胜追击，在北定关再击溃国民党军李铁军第1旅第2团，该团团长杨杰带伤而逃。

毛儿盖的消息传到成都，蒋介石呆视电文半天，没有吐出一个字。

"委员长，这些电文积压几天了，处理一下吧。"晏道刚乞求一样对蒋介石说。

蒋介石拖过一堆电报纸，眉头马上就皱成一团。

原来是川西北的战局正风起云涌时，华北的日军虽然没有动武，却又使出新的花招，决定从经济上对东北、华北实行进一步的侵略。月初，日关东军司令部、"满铁"、东拓、伪满财政部和实业部等在长春召开联席会议，议定联合对华北实行经济侵略，内容包括：设立强大投资公司，发展华北工商业，开发矿业；立中日合办之各事业公司，在华北首设矿产业、交通业、贸易、棉花栽培等公司；发展山东矿业公司为煤矿公司之母体；全力发展察、晋及其他未开发地区之交通；以山东之棉花栽培为基础，将来发展到日本用棉"自给"。

"满铁"副总裁与关东军司令官南次郎等在长春会商开发华北经济问题，决定：由关东军积极调查华北经济情况；"满铁"对关东军计划之经济工作予以帮助；在天津设机关统制调查工作，根据调查结果速订具体方案。几天后，南次郎就与伪满外交部大臣张燕卿签订《关于设置日满经济联合委员会的协定》。接着，关东军司令部召集各特务机关长、武官、参谋会议，决定建立中日"满"经济合作机关，调查华北经济，开发矿业棉业等，并决定今后每月在长春、东京等地召开一次驻华武官会议，根据形势变化，研究对华方策。

蒋介石翻了一半电报纸就不想再看下去了，因为他的兴趣根本不在这里。

"委员长，还有这一件，您答应过要签字的。"晏道刚从下面抽上来一本书一样的文件，这就是出卖河北主权的《何梅协定》。

近月，日本借口中国方面援助东北义勇军并入滦东"非武装区"活动，破坏了《塘沽协定》，向国民政府提出对华北统治权的无理要求，并调动日军入关，以武力相要挟。日本华北驻屯军司令梅津美治郎的代表华北驻屯军参谋长酒井和驻华使馆武官高桥，向北平军分会代理委员长何应钦提出了取缔全国一切反日团体及活动等无理要求。何应钦根据蒋介石和国民党中政会主席、行政院长汪精卫的指示，约见高桥，表示全面承诺。日方将单方面拟定的文件交给何应钦盖印章，双方就此文件展开交涉。本月8日，何应钦经蒋介石、汪精卫批准，复函梅津，表示"均承诺之"。根据此协定，日本控制了河北省大部主权。

"签了就签了吧。忍耐一下，等把共军剿灭后，再跟日本人算总账。"蒋介石把何应钦的电文推向一边，又把川西北的地图铺在了桌面上。

蒋介石丢下东北、华北而不顾，仍把精力用在川西北。

这一时期，国民党空军遵照蒋介石的命令，为配合胡宗南部的地面作战，每天都出动飞机对红军所在地区进行侦察和轰炸。有时在同一时间，同一区域，就有6架飞机一同扫射和狂轰滥炸。17日，国民党空军第3队副队长朱嘉鸿和队员郭诗东驾驶的第303号飞机，飞至黑水石碉楼上空进行侦察时，红军战士一齐举枪射击，打中飞机尾部。朱、郭两人企图驾驶受伤的飞机逃跑未遂，被迫降落在别竹河坝，当即被红军俘获。不久，国民党空军第6队队长王伯岳、队员谢集泰驾驶第601号飞机在腊子山、羊角塘一带进行低空侦察，为了避开红军密集的弹雨，于慌乱中撞在千流水山坡上，王、谢两人当即毙命。

飞机被击落的消息传到成都，蒋介石手捏电报骂娘："你们这些白痴，怎么会把王、谢两个人安排在同一架飞机上呢？这次好了，王、谢真的成了堂前燕，飞入寻常百姓家了。"周围的人直到这时才明白蒋介石原来是联想起了唐代诗人刘禹锡的《乌衣巷》诗。

时在沙窝的毛泽东得知王、谢毙命的战报后，也在吟诵《乌衣巷》："朱雀桥边野草花，乌衣巷口夕阳斜。旧时王谢堂前燕，飞入寻常百姓家。"他的欣喜心情与蒋介石截然不同。

红军在毛儿盖战斗中的胜利，使蒋介石感到胡宗南部队在这一地区势单力薄，急忙重新调整部署，把在成都刚受训完的吴奇伟纵队拉上第一线，接替胡宗南部从江油至平武一带防务，13日下令："着该路第1纵队向江油推进，并陆续接替江油以北至平武一带胡宗南防务，希遵办，随时具报。"次日，又命令欧震第90师和周化南第295旅速到平武、青川、江油一带接替胡宗南部之防务，务于20日或21日接防完毕。并手令胡宗南："共军徐向前部主力有向北移动模样，应严密布置，以待其来攻而聚歼之。"

接着，蒋介石又命令薛部周浑元纵队于本月底以前赶到绵阳；命令吴奇伟纵队一部于月底进驻文县，建筑碉堡，扼要固守；胡宗南纵队归薛岳指挥，集中松潘、漳腊、黄胜关，并以一部进入上包座和下包座担任封锁。

为了切实阻止红军北上，蒋介石还从豫皖边调国民党第3军王均部入甘肃，在夏河两岸的和政、临洮、渭源、武山、天水之线构筑第2道封锁线；从江西调动第37军毛炳文部到甘肃静宁、会宁、华家岭、隆德地区构筑第三道封锁线。

国民党军按照蒋介石的部署紧急调动。薛岳率其总部及吴奇伟纵队抵达江油等地，接替了胡宗南纵队陈沛第60师的防务。下旬，薛部欧震师和周化南旅进至松潘东部之木瓜墩、施家堡至平武之线设防。胡宗南部伍诚仁第59师、第2师钟松补充旅、陈沛第60师、王耀武补充旅等部也相继赶到松潘、南坪，并投入作战。胡宗南部曾一度松动的防线因此得以巩固。

为此，中共中央和中革军委根据新的情况，在毛儿盖召开会议，鉴于胡宗南部已先机占领松潘，后续部队也云集而至，其兵力很快集中在松潘附近，筑碉自固，构成了新的堡垒封锁线。毛儿盖附近又全是藏民，对红军不了解，特别是粮食困难等大问题，虽有缓和，但未解决，难以保障战略行动的需要，甚至严重威胁部队的生存，使红军不得不抽调相当多的人力、物力和时间去筹集粮食。因此，毛泽东判断道：攻打松潘，已失去先机之利益。决定放弃松潘战役第一步计划，松潘只作为钳制方向。

19日，中革军委制定了《松潘战役第二步计划》，将红一、红四方面军所有部队分成5个纵队和1个支队。其具体编成是：以第1军第1、第2师和第30军第88、第89师为第1纵队，林彪为司令员，聂荣臻为政治委员；第31军4个团和第4军第11师，第9军第25师各两个团为第2纵队，王树声为司令员兼政治委员；第3军4个团和第30军第90师两个团，第4军3个团为第3纵队，彭德怀为司令员，杨尚昆为政治委员；第9军5个团和第5军、第32军等部编为第4纵队，倪志亮为司令员，周纯全为政治委员；第31军第91师3个团和第33军编为第5纵队，詹才芳为司令员兼政治委员；第4军4个团为右支队，许世友为司令员，王建安为政治委员。

此后，红军曾以多路突击的办法袭击松潘，但均因国民党军以优势兵力并凭借险要地形和精良装备据守碉堡，红军的正面进攻和迂回行动都未能奏效。因此，到了本月下旬，红军攻势减弱，实际上已经停止了松潘战役的执行。红军东、南两防线逐渐收缩，主力开始北调和西移，在西起腊子山、羊角塘，经包座、牦牛沟，东到镇坪、白羊一线，与国民党军胡宗南等部形成对峙。这时，川军各主力部队在蒋介石威逼下，也从四面八方包围过来：李家钰部进占威州；王缵绪部占领茂县；刘文辉部占领崇化；杨森部进占懋功。

这一时期，川西北的红军所遇到的最大问题是张国焘的闹分裂。红四方面军政治委员陈昌浩致电中共中央，建议由张国焘任军委主席，并要求给军委"独断决行"的权力。中共中央不得不召开政治局常委会研究组织问题，出席会议的有毛泽东、张闻天、周恩来、朱德、博古，以及张国焘、王稼祥、邓发、凯丰、徐向前。会议决定张国焘任红军总政治委员，陈昌浩任中革军委常委，原红军总政委周恩来调中共中央常委会工作，博古任总政治部主任。

同时，中华苏维埃共和国中央政府发布命令：任命中革军委主席朱德兼任中国工农红军总司令，任命张国焘为总政治委员。21日，中革军委作出关于红一、红四方面军部队番号及干部任免的决定。决定以红四方面军总指挥部为红军前敌总指挥部，任命徐向前兼总指挥，陈昌浩兼政治委员，叶剑英任参谋长；并决定将红一方面军第1、第3、第5、第9军团番号依次改为第1、第3、第5、第32军，红四方面军第4、第9、第30、第31、第33军各军番号不变，重新任命了各军军长、政委、参谋长。

为有利于加强红一、红四方面军的团结和协作，中共中央政治局在芦花召开会议，出席会议的有毛泽东、张闻天、周恩来、朱德、博古、张国焘、王稼祥、邓发、凯丰，以及刘伯承、李富春、徐向前、陈昌浩等13人。张国焘向中央政治局报告了红四方面军的工作情况。会议审查了红四方面军从鄂豫皖到川陕苏区的历史，肯定了成绩，总结了经验教训，批评了张国焘的错误。

从本月中旬到下旬，红军在西到南的弧形战线上与国民党军激战不停，多呈拉锯状态。时驻军在松潘的胡宗南接连收到蒋介石的电报，可胡宗南并无捷报可发，而红军攻打松潘的枪声却听得越来越近，急得胡宗南在城中直跳脚。为了鼓舞士气，能向蒋介石有个好的汇报，胡宗南把指挥部搬到了城南的塔子山上，并增调部队拼命向南反扑。

这时，红军攻击部队由于张国焘的拖延，难以形成合力，失去了战机，战局已出现不利于红军的变化，担负追击任务的国民党军薛岳部和川军迅速压来，胡宗南部已集中到地形非常险要的松潘一带，修筑了坚固的工事，基本完成了堡垒线的构筑，控制住经松潘北去的大道，取以逸待劳之势，红军的攻击显然难以取胜，原来制定的松潘战役计划已难以实施。

红军就此失去了一次歼敌的机会。后来在1943年国共合作期间，胡宗南在重庆谈到松潘作战时的情况时还心有余悸地说："当时我们人很少。我的司令部设在城里的一座庭院里。我记得我曾想过如果红军包围了松潘，要是我被抓住，该怎么办，我想起了我在黄埔军校时的老师周恩来，他会关照我的。"

结果呢？是胡宗南毕竟没有去求周恩来，他应该感谢张国焘的故意拖延时间。由此，毛泽东、朱德等决定放弃攻打松潘的部署，以红军主力西指阿坝，北进夏河地区，争取在洮河流域消灭阻敌，进入甘南。到下月初，中央军委再制定《夏洮战役计划》，初步拟定将红一、红四方面军混合组成左、右路军北上。

红军的北进已成公开的秘密，毛泽东这样部署，蒋介石也这样拦阻。国民党中央军虎视眈眈，包围圈越来越小。在"收网"之际，蒋介石不再相信川军，也不愿让川军抢去头功。

"再勒紧一些！"成都刘公馆中的蒋介石似乎攥到了收网的网绳，接连几天向雪山草地间发出命令。

17日，蒋介石给胡宗南下达手令："共军必向松潘、樟腊以西地区再转东北，经南坪至文县或西固之可能性最大。应如何堵截设伏与袭击之各种手段，希将我屡次手书详加研究，切实布置运用，不失机宜为要。松潘各部既撤回集结，则兵力有余，足资固守。至补1旅与第60师等，似可令其直达南坪、文县一带布防，分段扼要兜剿。"

18日，蒋介石给薛岳发出电令："现已令第41军抽队接替江油至平武（不含）该路防务，限28日接防完毕。着该路先一部向西延接由平武经水晶堡至木瓜墩碉线，并加强工事，主力控制平武。"

19日，蒋介石就吴奇伟部进驻文县给薛岳发出电令："共军主力现有围攻松潘企图。希令吴奇伟纵队以5团兵力星夜驰赴平武、阔达堡、青川一带接防，以其余4团至5团，速向文县前进，限本月末集中文县后，以其中2团或3团驻文县附近，以其中之两团赶驻文县以西之柴门关与会龙汛两处各隘路口，赶筑碉堡，扼要固守。第36军及第13师约本月末可集中绵阳附近。"

为了进一步围困红军，蒋介石除规定藏民区坚壁清野之外，还规定两项禁令："前线军民有偷运粮食到共区者处死刑，藏民有参加共军及供乌拉者以通敌罪论处。"

"困死共军，统一川军。"蒋介石举着双拳咆哮。在他看来，"聚歼"红军主力于川西北，很可能就在此一举了。因此，他一边在川西北"拉网"，一边却又在做收拾川军的准备，在川西北军事将"告捷"之际，先给川康军阀一个下马威。

"惩抚要有度、有时，又该是敲打一下的时候了。话一定要说得严厉，以极果断之态度，不提名地点出，往日的欺上瞒下，军法不容，难再姑息。"陈布雷的主意总比别人多思考几层。

20日，蒋介石特召来听训之邓锡侯、刘文辉、孙震、王缵绪、廖震等各路总指挥，"痛加训斥"，省主席刘湘陪坐在一边，同样受训。

"本人自入川以来，对各种情形，均已深悉，现有立须纠正之数事，望切实奉行，不得再有失误。本人讲话已非一次，以往均偏重于劝，劝之已多，此后将偏重于管。你们平素太缺乏责任心，专说自己的长处，攻击人家的短处。此后不准再有如此行为。"

川军将领们都一本正经地端坐着，谁也猜不透他们此刻在想什么。

"军人最重服从，四川的军人太少服从性，团长可以不听旅长的命令，甚至可以倒旅长的戈。给你们任务，很少能做到，这样怎么能算军队？刘总司令是政府委任的责任长官，他要不好，只有我来管；你们对他的命令，是不应不切实服从的。违犯上级的命令，就是违犯军法。我所指示的，都是应该立即去做的事情。国法军法不容许的，也是我不能容许的！"

蒋介石的训话用词很少这样严厉，但众将领们一个个却都好像没有事一样，低头听讲，抬头微笑。混迹于乱世的这些军阀头子们，哪一个不都是从战场上的枪林弹雨、官场上的大江大海中闯荡过来的，"好汉不吃眼前亏"，"识时务者为俊杰"，是他们处理一切事务的座右铭。

"哼，有你们哭的时候。"坐在蒋介石一边的陈诚见众多川军将领们一副无所谓的样子，在心中叨叨。

蒋介石对川军的"杀手锏"果然厉害，那就是裁减军阀们视为命根子的军队。

"查川省各军缩编，业于上个月30日，密电分饬四川剿共军司令及各总指挥，限于7月15日以前，一律缩编三分之一，为最低限额在案。兹特暂行规定：7月份上半月应拨饷款半数办法如次：一、各军7月份经费，暂照原额三分之一，拨款一百二十八万八千元，由该公署转发各军。……"

这一下，川军将领们一个个脸色顿时突变："手段果然辣得很，断了军饷还怎么养军？"

会场上静得可以听到川军将领们不均匀的喘息声。

"大军未动，粮草先行。"蒋介石的语气有所缓和，看样子他还是有事有求于这些川康"地头蛇"，说道，"现在我军即将向共军发起最后的全线进攻，你们都是本地的父母官，除督促部队在这次作战中立功树勋外，还有一事需办，那就是民夫的征募。行营起草了一个组织铁肩队的办法6条，让辞修读一遍，如果大家同意，就算通过，马上颁布出去，令其遵照。"

陈诚读道："四川各县援照赣省之例，招募少壮丁夫，组织铁肩队，短期间，一次共募两万八千人；招募夫役县份，分为3期举行。第一区，定为绵竹、绵阳……各县按月负责续募100名，源源补充；每县一次募夫800名，分别解送指定地点，交由本行营负责机关接收改编，募足100名，即编为一队，向指定地点解送；各县征集丁夫，以年龄在18岁以上，40岁以下，身体强健，没有暗疾，且能挑负60斤，日行60里为合格标准；铁肩队之夫，每名给工饷工洋10元，由公家发给军服一套，军毯一床，及扁担绳索等；队夫服务期，限自编队工作之日起，暂定为6个月，限满自行退役，由各县另行征募替补。如愿自行服务者，听之。"

众将领的目光扫向刘湘。刘湘则把头埋得低低的，不出一言。

没有人提不同意见，组织"铁肩队"的办法就算通过。倒霉的只有老百姓，从此日起，拉丁抓夫也就成了"天经地义"的事，地方乡团拿着这张告示，狐假虎威，鱼肉百姓。

古人有云："宁为太平犬，不为乱世民"。离乱之岁月，一切皆失常态。

川省本来就错综复杂的政情、社情，经蒋介石这么一搅和，更是扑朔迷离了。

打发走川军将领，蒋介石又急忙策划川西北的军事。

"叶塘以下既受共军瞰制，为何不积极清剿进占筑碉？"灯光下，蒋介石就筑报碉南进问题写下手令，责问胡宗南。

蒋介石对嫡系部队是千叮万嘱："松潘部队如向南肃清零散共军，须令其逐段筑碉前进，不可长驱直入，并严防徐部共军主力向松潘移动。故搜索警戒之正面须广，而前进掩护之配备更须切实讲求，不可草次从事。无论正面与纵深，每隔3里必须构筑碉堡群1个。但第一群完成，则掩护后续部队向前筑第二群。但不可一日只进3里，筑1个碉堡群，至少每1个团每日须要构筑纵与横各10里之碉堡群。此全在其师、旅、团、营长事前设计与组织分配工作之得当。"

"委座，休息吧。明天我们还要上峨眉山。"陈诚关心地对仍伏身写手令的蒋介石说。

"传我的命令，凡现到川北之各部队，应照剿共手本原则，逐次筑碉向南前进，缩小防区，使得连成一片。好，我马上就休息。"蒋介石伸了伸手脚，满意地离开了办公桌。

蒋介石对红军所采用的"困死政策"布置就绪之后，自认为红军此次插翅难飞，就着手加重"统一川军"，特派陈诚在四川创办峨眉山军官训练团，蒋介石兼团长，陈诚和四川省主席刘湘任副团长，轮训武官营长以上和文官县长、中学校长以上人员。训练内容主要是打破四川军阀割据观念，接受所谓"拥护领袖、复兴民族、忠党爱国"和"先安内而后攘外，要安内必先剿共"的思想。

峨眉山上的蒋介石仍在举目眺望着川西北的水草地。

16. 国共两党内部同一个月中都闹分裂，红军过草地后激战包座

川西北水草地南沿的形势对红军来说是越来越严峻。在国民党大军云集的情况下，张国焘却不识时务，把红四方面军看作是闹分裂的资本，自恃人多枪多，向中共中央和毛泽东等人不断发难，使红军滞留在雪山草地之间，欲进不能。

毛儿盖战斗结束后，徐向前、陈昌浩率主力部队从芦花出发，向北行进。

"会师了，大家应该和和气气商量好下一步的行动计划，不应该争争吵吵。"徐向前说。

"张主席说，现在是革命低潮时期，我们红军应该把苏维埃的旗子卷起来，南下到川康边暂避一时。可中央许多人不这样认为，分歧也就难免，但我真诚希望他们能很快统一意见，否则，我们夹在中间难受。"陈昌浩也表示不理解。

"这样闹下去，只有蒋介石高兴。"

"水到临时慢开沟。看看中央有什么指示吧。"陈昌浩的态度没有明显的倾向性。

徐向前和陈昌浩此时是同意中央北上创建川陕甘革命根据地的计划方针的，因此一路上想的和谈的都是如何消灭国民党军和北上的问题，自然也谈到了希望中央不再发生分歧，张国焘和毛泽东不要再如此"斗心眼"。

就在这川西北，毛泽东既要与蒋介石斗，又要与张国焘斗，斗得天昏地暗时，川西北外面的世界正在发生巨变。

战暇中抽闲，眼睛始终盯在川西北地图上的蒋介石、毛泽东和张国焘，忽如家庭中兄弟之间打架，在互相扭胳膊抵头相斗时，透过对方的肩膀突

然看到正有强盗闯入家中行窃。本来力气小的一方很想抽出手来，把强盗打出家门，可力气大的一方就是死死揪住对方不放，想把即将摔倒在地的对方彻底打翻，再回过头来追打强盗。

在如此激烈的争斗中，川西盆地边沿上的众人透过剑门险关、岷山雪峰，看到了川外世界。

华北形势发生急剧变化的消息源源不断传到川西北。日本特务4人潜入察哈尔省境内偷绘地图，在张北县被中国驻军扣留。日军反向国民党政府提出抗议，并以武力相威胁。国民党政府派察哈尔省民政厅长秦德纯和日军代表土肥原谈判，达成《秦土协定》。但得寸进尺的日军又向国民党政府提出在华北的统治权，并限期答复。在蒋介石的指使下，国民党政府北平军分会代理委员长何应钦同日本华北驻屯军司令官梅津美治郎秘密谈判，全部接受了日方的无理要求。按照这两个协定，中国在河北和察哈尔的主权大部沦入日本侵略者手中。狂妄的日军占领丰台，炮击北平，并令汉奸组织所谓"华北国"、"正义自卫军"。红军指战员得此消息，无不惊叹："华北偌大山河已沦为日本殖民地！"

8月1日，是中国工农红军的诞生日。8年前，中国共产党领导的起义武装在南昌城头打响了武装反抗蒋介石国民党反动派的第一枪。这打响第一枪的周恩来、朱德、刘伯承等人，8年后正在川西北高原，他们在为红军的战略方向问题与张国焘争论得面红耳赤，为中国的苏维埃运动寻找新的根据地。

就在这时，远方的第三共产国际领导人斯大林却悄悄地放弃了"中国苏维埃运动"的提法，继而提出了取而代之的新口号：中国抗日民族统一战线。共产国际在莫斯科举行第七次代表大会，主席季米特洛夫在他的政治报告中，强调指出殖民地应建立反帝的民族统一战线，特别是中国要建立抗日的民族统一战线。

时驻共产国际的中共中央代表王明等人，选取了中国工农红军建军日，代表中华苏维埃共和国中央政府、中国共产党中央委员会发表了《为抗日救国告全体同胞书》，这即是著名的《八一宣言》。宣言指出："我国家，我民族，已处在千钧一发的生死关头。抗日则生，不抗日则死；抗日救国，已成为每个同胞的神圣天职！"号召全国人民团结一致，集中人力、物力、财力,为抗日救国的神圣事业而奋斗。同时,提出组织国防政府和抗日联军的主张,呼吁停止内战,一致抗日。

此时的毛泽东为红四军军长改了一个名字,把"许士友"中的"士"字改为"世",说道:"这个字一改,你就成为世界之友了!我们的红军战士,不但要事事处处想到中国,还要放眼世界哟!"许世友乐意地接收了这个名字。但是,毛泽东眼下的紧迫任务还不是"胸怀全球",而是赶快想办法如何摆脱这川西北困境,走到一个能建立苏维埃根据地的地方去。

中共中央在毛儿盖附近召开会议,确定红军下一步的行动部署,出席会议的有朱德、毛泽东、张闻天、博古、王稼祥、张国焘、刘伯承、陈昌浩、徐向前、叶剑英等人。毛泽东和红军总司令部作出攻占阿坝,进军夏河流域的指示,要求对松潘国民党军实行牵制,将原第4、第5纵队合编为第2纵队,由倪志亮任司令员,周纯全任政治委员,詹才芳任副司令员,部队向梭磨、卓克基、马尔康转移。会议并采纳了张国焘提出的分左、右两路军行动的意见。

3日,红军总部拟定了《夏(河)洮(河)战役计划》,计划指出:"我松潘战役由于预先估计不周,反阻碍及粮食困难,颇失时机。现特改为攻占阿坝,迅速北进夏河流域,突击敌包围线之右侧背,向东压迫敌人。以期于洮河流域消灭遭遇之蒋敌主力,形成在甘南广大区域发展之局势,为这一新的战役目标。"并对各部队的任务作了具体区分,规定了新的无线电通讯密码。

红军全军改为执行夏洮战役计划,即北上甘肃南部,在夏河、洮河流域建立新的根据地。为此,红一、红四方面军分别向毛儿盖和卓克基两地逐渐集中,组织左、右两路军。右路军由徐向前和陈昌浩指挥,由红一方面军的第1、第3军团(这时改称为第1军和第3军),红四方面军的第4、第30军和军委纵队一部、新成立的红军大学组成,毛泽东与中共中央、中革军委随右路军行动。左路军由朱德总司令指挥,实际上是由刚升任红军总政委的张国焘指挥,由红四方面军的第9、第31、第33军,红一方面军的第5、第9军团及军委的一部组成。右路军以班佑为目标,左路军以阿坝为目标,然后在巴西会合。

8月4日至6日,中共中央政治局在毛儿盖附近的沙窝召开会议,参加会议的有毛泽东、张闻天、周恩来、朱德、博古、张国焘、邓发、凯丰，以及刘伯承、徐向前、陈昌浩、傅钟等共12人。会议有两项议程，一是讨论红一、红四方面军会合后的形势和任务，二是关于组织问题。

会议经过讨论，通过了《中央关于红一、红四方面军会合后的政治形势与任务的决议》。决议重申了两河口会议决定的战略方针，强调指出创造川陕甘苏区根据地，是放在红一、红四方面军面前的历史任务。决议强调要加强党对军队的绝对领导，提高党中央在红军中的威信，维护两个方面军的团结。号召红军指战员坚决同一切反对中央路线的右倾机会主义作斗争，警惕分裂主义倾向，实际上是不指名地批评了张国焘日益严重的闹分裂言行。关于组织问题，政治局提出增补徐向前、陈昌浩、周纯全为中央委员；何畏、李先念、傅钟为候补中央委员；陈昌浩、周纯全为政治局委员。会议还决定：恢复红一方面军总部，由周恩来任红一方面军司令员兼政治委员；陈昌浩任中国工农红军总政治部主任，周纯全任总政治部副主任。

在此时，川西北的中共中央领导人和红军将领所考虑的首要问题是赶快跳出脚下的这片"死地"。

抗日的问题，中国国民党政府更没有提上议事日程，他们在忙着"安内"。5日，忙于在川西北"剿共"的蒋介石，除亲拟手令指挥"围剿"大草地以南的红军外，还限令福建国民党军在3个月内肃清边区"残余共军"。而狂妄的华北日军见有机可乘，随之又提出了许多无理的苛刻要求。焦头烂额的蒋介石决定忙完一头再说另一头，他也记不清在日军所提出的条件上画了多少押，仍把主要精力放在好像唾手可得的"剿共"上，他认为毛泽东就擒在即。7日，驻日大使蒋作宾自成都携带蒋介石对日本的交涉提案回到南京。提案主要内容有：东北问题暂置不问；中日在平等基础之上废除一切不平等条约；平等互惠促进中日经济提携，在此基础上缔结军事协定。由此可见，蒋介石仍继续置民族利益于不顾，已是糊涂至极。

蒋介石没有时间到北平处理中日争端，却有时间到峨眉山修身养性，他在宋美龄等人的陪同下，住宿在峨眉山脚下新成立的国民党军军官训练团驻地。

这段时间，川西北草地之间的红军因为张国焘闹分裂、内部意见难统一等原因，没有大的军事行动，蒋介石就等着"拉网"大功告成了。但在这一时期也有使蒋介石感到最头痛的"剿共"事，那就是活动在陕南的红二十五军，该军出乎国民党守军意料，突然占领宝鸡、汉中公路要地双石铺（今陕西省凤县县治），歼国民党军一部，俘少将参议1人。接着，攻占甘肃两当县城，再占天水县城北关，缴获大批军用物资。后又北渡渭河，占领秦安县城，威逼静宁县城，开始切断西（安）兰（州）公路，进至回民聚居的兴隆镇。

8月6日深夜，峨眉山脚下国民党军官训练团驻地。

陈诚走进了蒋介石的办公室，轻声报告道："委座，据报，陕西留坝防军两连及双石铺民团与共军作战失利，现徐海东共军大部正向双石铺进窜中。是知该共军在威胁我军，已极明晰。"

"电告孙蔚如，在甘南、凤县地区把徐海东围堵住。"

"部队如何配置？"陈诚清楚蒋介石对红二十五军一向非常重视，不敢自己轻易拿主意。

"按应付现时情况及依据原定防堵计划规定处置。"蒋介石把一张西北地区的地图铺在了桌子上。

"主要是朱绍良、杨虎城、于学忠、何柱国各部的协同。"陈诚指着地图上标明的4个箭头。

"令朱绍良总司令督部巩固天水经徽县至略阳之碉堡线及派队扼守天水以东在甘境渭河沿岸各要点，防共军向西与向北窜。杨虎城副司令督饬陕南各部按次左移，巩固略阳、大安驿、沔县、褒城至南郑之碉堡线，并督饬各追击部队兼程急进，防共军向南或回窜。于学忠总司令应派一部向凤县、徽县方向，轻装疾进，截堵在宁羌地区，大部仍照原定计划，务必向天水、徽县、略阳碉堡线猛进，增加工事；主力置于天水。何柱国军长督部到达西安后，即向凤县方向寻找共军截击。守备部队限本月14日前布置严密，再组织追击截堵。各部逐日到达位置，必须随时电告我。"

蒋介石揉了揉涨红的眼睛，走入寝室。松涛飞泉声中，这一夜，他一直睡到了大天亮。直到训练班的学员们吹哨子吃早饭，他才穿衣下床，又奔向办公桌。

桌子上除了几份报纸外，还有几本杂志，最上面的一本是南开大学经济研究所刚编辑出版的《经济周刊》，一张纸条夹在中间，纸端上写有一行字："请委座参阅李庆麟《全国应速起预防灾荒》一文，民心不可不顾。"是陈布雷的笔迹。

蒋介石缓缓打开刊物，翻到陈布雷所指的那篇文章。陈布雷已经用朱笔在重要的文字一侧作了标记。该文的统计资料表明：去年夏，长江一带大旱，为1858年以来所未有，全国受旱灾地区有：江苏、浙江、安徽、江西、湖南、湖北、河南、河北、山东、山西、陕西11省635个县，其中以江苏、安徽、浙江受灾最重，受灾面积32951.3万市亩，约占11省耕地总面积的47%，灾民9200余万人。加上甘肃、四川、贵州、福建等省，去年旱灾损失至少在18亿元以上。

"旱灾有这么严重？"蒋介石倒吸了一口冷气，翻页继续向下看。

文章一览表中，又列出了去年受水灾地区的统计资料，水灾区有湖北、湖南、河北、河南、四川、山西、青海、陕西、江西、福建、贵州、察哈尔、绥远、甘肃14省283县，受灾面积约4700余亩，受灾损失仅河南等9省不完全统计，即达4700余万元，若加房屋牲畜等冲毁损失，至少有1亿元之多。加上蝗灾8省69县，雪灾12省89县，全国受灾面积达三分之二，受灾农民达1亿以上，损失达20亿元以上。文章要求国民政府迅速行动起来赈灾济灾，预防灾荒。

"旱灾，水灾，蝗灾，雪灾，风灾……"蒋介石拍打着刊物的封面，陷入沉思。

一页小纸片从刊物中飘落在地，蒋介石捡起来一看，是陈布雷写的："国民有一半人以上自去年到现在已近1年处在饥寒交迫中，未料今年夏以来灾情更大，长江、黄河沿线遭受特大水灾，粮食仍是颗粒不收，沿线各省损失惨重，纷纷要求国民政府予以救济。"

"达令，吃早饭吧。你最喜欢吃的溪口腐黄瓜运来了。"宋美龄在隔壁催促。

蒋介石没有回声。机要秘书汪日章走了进来，他手中拿着一张电报纸。

"胡宗南师长的？"蒋介石急切地问。

汪日章爬坡登石阶刚进房间，还没喘过气来。

"是薛岳的？"蒋介石又问，他关心的是军事。

"都不是。是南京来的，行政院通过救灾办法3项。"汪日章把电报递到蒋介石手上。陈布雷喘着气也进到房间来。

两周前，国民政府行政院在接到全国各地报灾急情后，派出中央常务委员会委员长许世英视察沿江水灾省份。许世英所到之地，果然见往日千里良田或成水道，或变荒野，饿殍遍地，民不聊生。行政院根据许世英的报告初步拟出了一个救灾办法：工赈以中央统筹办理为原则；农赈就中央救济金项下动支；急赈以中央补助、地方办理为原则；防疫由中央指拨4万元，交卫生署办理；减免灾区田赋，由财政部核办。近日，行政院正式通过了3项救灾办法：拟办各项工程，尽量容纳灾民以工代赈；由赈委会依法动支本年度救灾准备金，照各省受灾情况支配拨发；通令受灾各省查明灾情，纳减田赋。

"正值'剿共'非常时期，要严防民变。"陈布雷担忧地说。

蒋介石也直觉到了这个问题的严重性："通电受灾各省办理水灾善后，提倡征工，振兴农业，鼓励垦牧，调节消费，振兴工业，开发矿产，流畅货运，调整金融。切记赈灾不误'剿共'。"

"是不是回南京一次，安排一下再回来？"陈布雷向蒋介石建议。

"没有这个必要，由他们去处理吧。"蒋介石除"剿共"外，根本没有把其他大事放在心上。

"牛奶都凉透了，有事吃了饭再说。"宋美龄又在隔壁喊蒋介石去吃腐黄瓜。

陈布雷见桌子上的《经济周刊》已被翻动，也就不再说什么，回去吃他的早饭。

蒋介石不再提赈灾的事，近日，他在部署好川西北和陕南的"围剿"计划后，准备带着宋美龄游览身边的峨眉山，登金顶看佛光、日出、云海三大奇观，到九老洞、洪椿坪赏佳景，逗猴群。

"遨游峨眉之胜景，可由数条路线登临顶峰。"当地县长介绍旅游路线说："一是从报国寺右行，过伏虎寺、雷音寺，穿龙江栈道，赏'洪椿晓雨'，看'九老仙府'，越钻天坡，到洗象池，攀凌云梯直登金顶，全程127华里；二是从报国寺左行，过铁索桥，经五险岗，听'双桥清音'，迎'白水秋风'，取道观心坡，登临初喜亭，举步金顶，全程88华里；三是——"

"你就简单地说怎么走，什么路线为最佳？"宋美龄听得不耐烦，说道。

"走最近的路线吧。"蒋介石说，从他的话中可以听出，他的游览兴致在这时并不高。

上山的轿夫也找好了，明天就上金顶。

"不去了，以后再说。"次日早晨，蒋介石对正着意打扮的宋美龄说。原来是紧急的军情迫使蒋介石不得不放弃游览峨眉山的计划。红二十五军的攻势并没有因国民党军的堵截而减弱，反而有了更大的进展。

陈诚向蒋介石报告道："委座，朱绍良的电报，说徐海东共军已窜至天水附近之十里铺、马跑泉一带。我唐淮源师武山之 1 个团到达天水，陇西唐部之 1 个团向甘谷县前进中。"

蒋介石急步走到地图前："平凉一带至为可虑，拟电令毛秉文军轻装步兵提前运输至西安后，兼程到平凉。希即遵办具报。"

"是。"

"徐海东共军竟如入无人之境！我们的部队都到哪儿去了？"蒋介石是越看地图越感到别扭，他急电杨虎城，严厉查问，"赵寿山、张鸿远各部现追至何处？未闻与共军接触过一次，追击行动过于迟缓，希督饬与共军接触，不分省界，跟踪追击，并将逐日到达地点及追剿情形具报。"

杨虎城接电后，原文照转蒋介石的电令给赵寿山等人，却没有给蒋介石复电，他知道蒋介石肯定很快又会来电令，能拖延时间的就先拖延。

红二十五军在这时的迅猛攻势完全在蒋介石的意料之外，该军继攻占隆德县城，歼国民党守军 1 个营大部后，连日翻越六盘山，沿西兰公路东进，相继占领瓦亭、三关口、嵩店，逼近平凉城，在莲铺歼国民党军 1 个多营。又在泾川县四坡村附近再歼国民党军第 35 师第 208 团 1000 余人。但军政委吴焕先在战斗中牺牲。不久，红二十五军由平凉县城以东的四十里铺渡过泾河，继向东北转进。

蒋介石这两天的全部精力都用在了部署对红二十五军的堵截上，他把一张陕西地图从桌子上移到床上，又从床上挪到桌子上，分析道："据判断，徐海东共军突窜原因在于策应朱、毛共军。我军应采用内线作战要领，先以优势兵力迅速解决徐海东共军，再以全力回击朱、毛共军。"

"委座的判断很正确，先以优势兵力迅速解决徐海东共军，再行以全力回击朱、毛共军。我军应迅速消灭徐海东共军于天水、成县以东和渭河以南地区。"陈诚也伏在地图上，一副很认真的样子。

"分兵是战场大忌。如此用重兵对付共军一个军，不仅牵扯陕军向南截堵朱、毛共军，还势必动用薛岳的主力部队，这样做很划不来。应该集中兵力先解决川西北的共军首脑机关为要。"顾祝同见蒋介石把手指点在薛岳部队的箭头上，又猛然向北指去，担心如此部署会误了"剿共"大事。

"朱、毛共军已成网中鸟，釜中鱼，不必再有顾虑。"陈诚对顾祝同的话很不以为然。

"徐海东部，不容忽视，这话我早就说过。我总有个感觉，该部虽然只有一个军，但危害性绝不亚于川西北的10个军，若不尽快剿灭，以后势必成巨患。我们可以先把朱、毛共军围困在川西北，等把徐海东部收拾完后再回过头来回击朱、毛共军。现在就着令陕军各部于天水、成县、略阳以东，渭水以南地区，将徐海东部聚而歼灭之！"蒋介石的嗓门很大，有力的手指把地图都戳了一个窟窿。

顾祝同干张了张嘴，没有说出话来。

"解决徐海东共军的办法仍是四面合围。"蒋介石指点着已经洞穿的地图下令，"薛岳部除留万耀煌师任宁羌、广元、昭化、碧口，及一部任平武、木瓜墩一带原防，并酌留部队运粮外，余悉数开集文县，予徐海东部共军以痛击，待解决该共军后，再行调回。王均部除留一部协同于学忠、鲁大昌、邓宝珊等部，仍任原定碉堡守备，防共军流窜外，调集有力部队协同寻找共军夹击。杨虎城部追击部队，不分省界，向共军穷追，不灭不止。于学忠部以一部改任天水沿岸各要点，其大部协同各部任天水、成县、略阳碉线之守备。守备部队统由朱绍良总司令处之。以上统归朱绍良负责统一指挥。希遵具报。"

陈诚得意地向顾祝同瞟了一眼，那意思分明是："怎么样？委座还是采纳了我的意见。"

忧虑的顾祝同没有注意到这一切，仍向蒋介石进言道："川西北军事万万不能因分兵而功亏一篑，对川军毕竟不能寄希望太大。"

"不必担心，我们在时间上完全可以来得及。朱、毛共军现已到了山穷水尽的地步，他们是天时、地利、人和，三者皆缺。据谍报，共产党中央已是内讧四起,我看只要将他们围在那个地方,不用我们出兵,他们也会四分五裂,而后自灭。"蒋介石对顾祝同说,他似乎已经稳操胜券。

从表面上看,蒋介石的话似乎很有道理,川西北的中共中央和红军内部的分裂倾向的确已经到了非常严重的地步。

中国的1935年,就国共两党内部团结来讲,完全可以盖棺定论说是一个"分裂之年",酷热的8月是一个"分裂之月"。毛泽东就曾说过这段时间是他历史上所遇到的"最黑暗"的时期,张国焘的闹分裂几乎断送了共产党和红军;而嘲笑别人的蒋介石却不曾想到,就在他说这番话的时候,国民党政府内部的分裂也已经闹到了"全体辞职"的悬崖。

燥热的夏季,南京国民党政府内部也正在大闹分裂。

蒋介石的独裁政策和对日本人的纵容行径引起了国民党内部的不满,首先借机"分庭抗礼"的是行政院院长汪精卫,他以养病为由离开南京飞往青岛,随即电请辞职,让副院长孔祥熙代理行政院务。汪精卫还自青岛致电国民党中常会、国民政府,请辞行政院院长及外交部长职。紧接着,9日至13日,侨务委员长陈树人、实业部长陈公博、铁道部长顾孟余、教育部长王世杰、外交次长唐有壬、行政院秘书长褚民谊等也先后请求辞职,表示与汪精卫"同进退"。

这时,湘、鄂、赣、皖4省水患再掀恶浪,灾民达1400多万人,受灾区10万平方公里,淹毙10余万人。在四川忙得团团转的蒋介石在委任卫立煌为闽赣浙皖边区的"剿共总指挥"后,14日,不得不把川省诸事交给顾祝同、陈诚等人,嘱以机密,然后匆忙飞离"剿共"第一线,由成都飞到九江庐山,然后转南京,敦劝行政院院长汪精卫复职。

国民党中常会派蔡元培等人赴青岛慰留汪精卫。蒋介石到南京后,国民党中常会也议决劝留汪精卫。17日,蒋介石又派张群携亲笔函飞青岛,促请汪精卫早日返京,主持政务。汪精卫这才扭扭捏捏地表示可以返回南京。

蒋介石在处理这一大堆事务的同时,始终没有忘记"剿共"大愿,于15日责令国民党中常会通过了《严惩共党反复案》,规定:凡"自首"、"自新"共党复而加入者,一律枪决,或处无期徒刑。

在促请汪精卫返京议政达成初步协议,和向各省发出《严惩共党反复案》的文电后，蒋介石这才组织行政院研究赈灾情况。

"就拿100万吧，国库也紧张，现在有钱要用在刀刃上。"蒋介石所思考的政治、经济重点是"剿共"。

在汪精卫不在南京的情况下，蒋介石的话是没有人再去辩驳的，全国的赈灾数目就决定为100万元。18日，行政院确定各省的分配数额为：湖北省30万元，山东省25万元，湖南省10万元，河南、江西省各6万元，安徽省3万元，河北、福建省各2万元，陕西、甘肃、贵州、山西省各1.5万元，绥远、察哈尔、宁夏各1万元。另各省防疫费1万元。如此数以亿计的灾民，100万元的赈灾，真可谓是杯水车薪。为此，蒋介石还鼓动南京政府大张旗鼓地宣传了几天。

19日，汪精卫自青岛飞上海，而没有直接到南京，他的虚荣心很重，对记者声称："中央虽来电挽留，惟本人辞意坚决，刻已再电中央请辞，设若中央准予辞职，本人当立即入京服务于中常会。"21日，蒋介石在南京力劝汪精卫复职，汪精卫也就顺水推舟表示同意。22日，国民党中常会讨论汪辞职事，蒋介石、汪精卫均出席。下午1小时过，褚民谊以汪精卫答应复任事通知行政院各部会。3时，行政院补开例会，陈公博、陈绍宽、王世杰、何应钦、陈树人、黄慕松等人也均表示取消辞职，出席会议。23日，汪精卫通电复职，宣称本日完假，回院视事。

南京政府汪精卫等人"罢职"的一场分裂闹剧就此莫名其妙地收场。

蒋介石在稍微安顿了汪精卫的复职事后，心中挂念着川西北的"剿共"事，在汪精卫宣布复职的当日，即乘意大利首相墨索里尼所赠送的"荫伏亚"号飞机，又飞回成都，指挥追剿红军。

在川的国民党高级将领和川军首领纷纷到机场迎接。

顾祝同和陈诚一见蒋介石的面，避开川军首领所报告的第一件事却不是"剿共"，而是"川省裁兵竣事"。

"好，好！又办成了一件大事。"蒋介石把攫取川政看得非常重。

蒋介石为整理川政，"督剿"红军并部署中央军入川，到成都后，即令川军裁兵。四川各个军原有300个团，军费每月达数百万。蒋介石裁兵令下达后，各军即开始裁员。上月初，蒋又令各军裁减三分之一。川军共裁兵70余团，刘湘原有200个团，裁去60个团；邓锡侯留27个团；孙震留

23个团；杨森留15个团；罗泽洲留6个团；李家钰留9个团；刘文辉留8个团。本书上节曾述，蒋介石又规定从7月16日起不论是否裁竣，一律照原军费减发三分之一，唯"剿共"军费1080万元照旧。故在本月初，蒋介石为控制川军，又令军事委员会委员长行营驻川参谋团成立点验委员会，点验川军。定日到达点验地点，15日开始，分9组进行，并规定此后每3个月点验一次，以防增员。到蒋介石由南京返回成都时，川军裁兵在陈诚等人的监督下基本完成。蒋介石电令刘湘并川军各路总指挥，凡编余可用官兵，凭证明听候甄别改编，其余一律遣散，劝令归家生产，不准逗留麇集，以维持社会治安。蒋介石通过裁兵，达到了削减川军，加强中央军嫡系部队在川势力的目的。

在蒋介石于半空中飞来飞去时，毛泽东、朱德率领中共中央机关和红军总部在沙窝会议后到达毛儿盖地区，准备从此方向突破蒋介石国民党军的堵截线。

8月15日，中共中央电示朱德、张国焘，指出"红一、红四方面军主力均宜走右路，左路阿坝只出支队，掩护后方前进"（史称此电为"中央致朱、张第一电"）。红军总部率领左路军由卓克基出发，经查理寺向阿坝开进。其先头部队，于20日到达阿坝地区。右路军先遣队18日从毛乐尔盖地区出发过草地，向班佑开进。

草地南面的边沿上，中共中央政治局在毛儿盖召开会议，出席会议的有毛泽东、张闻天、博古、王稼祥、陈昌浩、邓发、凯丰，以及徐向前、李富春、林彪、聂荣臻、李先念。毛泽东作了关于夏洮战役行动问题的报告。会议先后发言的有陈昌浩、王稼祥、凯丰、林彪、博古、徐向前、张闻天等人。会议通过了由毛泽东起草的决议，即《关于目前战略方针之补充决定》。

毛泽东在会上对军情作了比较具体的分析判断，他说："依据目前敌情的变化，证明松潘胡敌主力早已集结松潘及其附近地区，堡垒线已相当完成。目前杨森、刘文辉、胡宗南等敌，已进一步认定我红一、红四方面军在小姓沟、黑水流域未动原因，将有改道突击甘、青的企图，故杨森、刘文辉等敌趁机进占懋功、绥靖；邓锡侯敌企图由耿达桥北进；李铁军等敌在进占茂州、威州之后企图钳制我军行动；而胡宗南敌则集结松潘，并布防黄胜关、漳腊、南坪之线，待机出击，并加紧筑垒备战，另抽支队活动在阿西茸、包座、热当坝地域，利用土司番兵，防我北进；孙慰如敌之一部，似有移向西固模样；鲁大昌等敌似在岷县、临潭一带，薛岳之敌则北调至文县、平武之线，似将替出胡敌向岷县、临洮、西宁转移，企图先我控制洮河、夏河流域，以达成其紧缩和困饿我军于现在地区之目的；同时，陕甘敌人及奉军也正在调动集中，准备阻我北进。"

从这段讲话中可以看出，毛泽东在这时并不知道北面还有一个红二十五军，对国民党中央军薛岳部北调至文县、平武之线的企图，初步判断为"似将替出胡敌向岷县、临洮、西宁转移，企图先我控制洮河、夏河流域，以达成其紧缩和困饿我军于现在地区之目的"。这也真是天意，薛岳主力的北调，正为红军主力的北上让开了一个缺口，减薄了川甘边界国民党军的防守兵力。

毛儿盖会议后，毛泽东率中共中央和红军右路军踏入茫茫草地。经过五六天艰难困苦的行军，到达若尔盖的班佑、巴西地区。

艰苦的草地行军成为红军长征史上的一个壮举。

红军右路军终于胜利走出了草地。但是，由于张国焘的拖延，使红军耽误了行程，而国民党军队却争取了时间，逐渐从南、北、东3个方向包围了上来。尾追而来的川军已经占领抚边，蒋介石的嫡系周浑元纵队已集结在雅安，胡宗南的4个师已经到达松潘、漳腊、包座一线布防，在紧临草地之北的巴西附近高山上筑起碉堡群。进到漳腊的是国民党原福建军阀张贞指挥过的第49师，这是红一军团在中央根据地的宿敌，前几天，刚被红三十军消灭掉两个整团。

8月24日，中共中央致电朱德、张国焘，传达毛儿盖会议精神，指出中央"令右路军全力迅速夺取哈达铺"，"左路军迅速出墨洼、班佑，出洮河左岸，然后并力东进"（史称此电为"中央致朱、张第二电"）。这时，红军右路军先头部队红三十军一部进抵班佑以南之贡巴龙山一线，击溃了班佑土官泽旺扎西指挥的若尔盖12部落1000余兵丁的阻击，并乘胜占领了班佑。次日，红军又击溃由求吉寺前到班佑侦察的国民党军康庄团第4连，歼其一部。红军迅速向前扩展阵地并控制各要点，于26日再击溃国民党军第2游击支队张莱孝部和部分士兵，进占巴西，继占上藏寺、牙弄寨等地。

28日,红军再击溃张莱孝支队及康团第 5 连,占领阿西茸,并将逃敌包围在卓藏寺及寺庙北面的高地之碉堡内。

红军在草地上的军事行动,蒋介石在这时仅仅是知道一个大概,他还很乐观,在察觉到红一、红四方面军很可能由此北进而入甘南、青东后,即立即给朱绍良发出电令:"川北理番已克,则四川各县皆已收复,共军已无重要踞地,在川必不能久立,预料不久必向甘南、青东偷窜,务转甘、青、宁各师、旅、团长,加紧准备,并严密检阅坚壁清野之法。如有失陷县城及重要市镇者,唯各该防地军民主官是问,照纵容共军论罪。切切!"

胡宗南得知红军已经越过他一直认为"鸟都飞不过"的草地的消息,是在接到张莱孝的电报后,这才知道班佑附近战况。他大吃一惊:"什么?共军已北出草地,占领班佑。矛头很明显指向甘南和我们的侧后!"到这时,他才真正明白红军的意图,于是急忙派兵加强包座兵力,急令其驻漳腊的伍诚仁第 49 师星夜北上增援包座,企图会同包座守军的补充第 2 团,在包座和阿西茸一线堵击红军北上。

"各部将士要竭力堵截,防共军北窜!"胡宗南一面向各部队下达命令,一面将草地紧急军情向蒋介石报告。

成都之南峨眉山脚下,在此休养的蒋介石只等松潘大草地上有好消息报来,不料军情恰与自己的愿望相反。27 日晚,他亲拟电报,严令胡宗南:"我军应积极分路进击,待与各处番兵前后夹击。共军当饥疲之余,如我军能犯难急进,必可以一当十,收效无比。并再明令悬赏,以鼓励之。希勿瞻顾,过惜兵力,失此千载难得之机。"

胡宗南接电后,也为蒋介石所言"千载难得之机"所激动,连忙再急令李铁军第 1 旅向包座增援。

包座位于松潘和漳腊以北,在班佑和巴西东南 50 多公里处,是通往甘南的必经之地,地理位置十分重要。这里群山环抱,原始森林密布,水流湍急。多为森林覆盖的两岸高山,组成一道道从两侧护守包座的天然屏障。国民党军胡宗南纵队进驻松潘后,松甘故道便成了其主要粮道。胡宗南命令一部在求吉寺设立兵站,负责积存由甘肃转运来的军粮。包座正扼其大道要冲,如今此地是红军进入甘南的重要通道,而国民党军已先于红军占领了这里。

国民党军在这一地区的兵力部署基本情况是：包座附近守军主要是胡宗南部廖昂补充旅第2团，团长康庄率该团团部及第1营、第2营（缺第5连）驻求吉寺；康团第3营驻上包座喇嘛庙大戒寺内；该团第5连驻阿西茸；张莱孝第2游击支队约200余人驻守巴西，纠合包座7房和若尔盖12部落番兵在附近巡逻。胡宗南并派出大量援兵，伍诚仁第49师正向包座疾进中。

形势很显然，红军能否迅速占领包座，打开北进通道，是摆在右路军面前的紧急任务。红军若不抓住时机，抢在胡宗南的增援部队到达之前强占包座，开辟前进道路，那就无法出师甘南，而有被迫退回草地的危险。因此，包座之战已是满弓之箭，动则必发；国民党军第49师是势在必歼，不可避战。

与此同时，国民党军第49师代师长伍诚仁也发出了关于向上包座展开攻击的命令。

"共军徐向前所部之第30军，人枪约4000余，刻已占领上、下包座及其西北一带高山，与我固守大戒寺之补充旅康庄团第3营残部对峙中。其后续部队，闻已陆续到达。徐部共军主力似在下包座附近各寨。我补充旅康团第3营残部，仍固守上包座四周碉堡，与共军对峙中。师以攻占上包座及歼灭该共军之目的，部署如下：第291团应确守现阵地，选择据点，构筑工事，以掩护师主力展开，并确保通上包座之木桥。第294团应派出步兵1个营，占领包座河左岸高地，对当面之共军严密警戒。该营即归第291团汤建威团长指挥。该团主力应乘夜袭取上包座及大戒寺。奏功后，即就原阵地增筑坚强工事，对西北诸峰之共军严密配置警戒。"30日晚，伍诚仁攻击包座的命令下达到所部各团。

包座河谷顿时硝烟翻滚，烈焰升腾，战斗刚刚拉开帷幕。红军英勇出击，奋力杀敌，不断采取小集团冲锋扑向敌阵，发扬近战特长，与国民党军肉搏在一起。

俯视整个战场，到处是人影在无规则地晃动，如蚁穴出水，似蜂窝被捅。红军尤以第90师第268团打得最为艰苦。

国民党军为了打通联系，疯狂地向红军第268团反扑，而第268团像一把钢刀一样插在国民党军中间，两面对阵，连续打垮了国民党军数次冲击,战斗异常激烈。

红三十军政委李先念高兴地对着话筒向第90师汪乃贵师长说:"我看到了。打得好,打得勇猛顽强,你们扑上去不多久,我就看到包座河两岸森林的上空烟雾弥漫,黄土遮日,只听得枪声、喊杀声,看不到人。我军有这种作风,就无敌不克。"李先念政委的这段话后来写入他的回忆录中,真实地描述了当时战斗的激烈程度和红军指战员英勇顽强的精神。

战斗在激烈地进行着。从总的地势上看,红军是居高临下的,但国民党军是纵深配置,并占据着许多小山头。尤其漫山遍野都是大桦树和灌木丛,国民党军在森林中运动兵力,红军却看不到。红军冲到哪里,哪里的国民党军就利用树林、山包或河坎作掩护,拼命地守卫和反击。

"把大炮调上去!"李先念命令,他所说的大炮是红三十军仅有的3门迫击炮,平时一直当做宝贝,舍不得用。过草地都没有舍得扔掉一颗炮弹,现在果然派上了用场。

3门迫击炮调了上来,仅有的10多发炮弹轰击向国民党军集中的地方。

炮声隆隆中,红军战士们群情高涨,呼喊着冲进国民党军群,用手榴弹和大刀片与国民党军近战在一起。

战斗进入白热化状态,红军的所有火力齐发。但因是在原始森林作战,红军的火力发挥不出去,射出的子弹怎么会在树林中拐弯?步枪又无刺刀。所用的马尾手榴弹不同于木柄手榴弹,这种手榴弹为了便于制造,是在形如一个铁西瓜的尾部用麻绳或棕绳拴作马尾巴状,以便用手攥住甩出去。若在开阔地,这种手榴弹要比同等重量的木柄手榴弹扔得远。但在丛林中作战就有麻烦了,甩出后常常挂在树上,掉不下来,失去作用。红军战士们只好靠一把大刀与国民党军厮杀,每前进一步都要付出血的代价。一个山头常常要经过几次争夺,国民党军抢占了,红军就再把它夺回来。

国民党军见红军的马尾手榴弹挂在树上,起不到杀伤作用,胆子也大起来,他们也挥着大刀片"嗷嗷"叫喊着扑了上来。前边的倒下了,后边的又冲上来,双方展开血肉横飞的肉搏战。有的红军战士在牺牲后,一只胳膊被打断了,另一只手里还紧紧握着大刀,此景此情,令人豪情顿生,无限感慨。他们是刚刚走出草地,肚子里吃的仅是野菜、草根和树皮,贡献出的却是宝贵的鲜血和生命!

战斗打到最后，也是最艰苦的阶段，红军各师、团掌握的所有预备队及机关和军的通信连、警卫连、保卫排等都投入了战斗。军部的机关干部、宣传队员以及有的炊事员和饲养员，也都拿起武器加入战斗。师、团指挥员都在第一线。最后出击时，军的几位领导人也都提着驳壳枪参加战斗。

战斗激烈地进行了7个多小时。红军终于把截成3段的国民党军一段段啃掉。国民党军第291、第289团，受创最重。第291团3个营全部被歼，少校团副郑国贤、第1营营长殷继德、第2营营长汤国良、第3营营长李泽仁全部被击毙，仅团长汤建威只身逃脱。第289团除团长余程万带伤涉河而逃外，全团被歼，大部被俘。

国民党军第49师代师长伍诚仁胳膊被打断，逃跑未成被红军俘虏。战士们押着他来见红八十八师政委郑维山。这个原来神气十足的国民党师长，现在却吊着个受伤的胳膊，垂头丧气地站在那里，自报姓名："我就是伍诚仁。听说贵军有优待政策，还望贵军宽大处理。"

郑维山抓起电话筒向程世才报告："军长吗，报告你一个好消息，抓到了敌师长！"

"活的吗？"

"活的，保证一根毛也不少。噢，只是胳膊受了点伤。"郑维山回答，站立在一边的伍诚仁脸色却越来越难看，他的眼珠骨碌骨碌地向四周瞧着。

"好啊！快派人把他押到军部来。"程世才高兴异常，迅速将这一消息报告了徐向前和毛泽东。

但是，毛泽东终究没有见到这位被俘的国民党师长。在押解路上，由于天黑又下着大雨，伍诚仁乘着战场混乱跳河而侥幸逃生。后来在红军的战绩和有的史书中，记载为伍诚仁逃跑后落水而死，这是不准确的。

国民党军战斗部队被全歼后，在后面跟进的辎重部队企图逃跑。负责截尾的红军第269团1个营一阵猛追，缴获了700多条牦牛和1000多只羊，以及许多粮食和弹药。由于红军指战员的体力消耗很大，追不甚远，国民党军残部200余人乘浓雾向松潘方向脱逃。

围歼国民党第49师的战斗即将结束时，李先念命令留着作预备队的第269团主力迅速回返大戒寺，协同第264团消灭包座国民党守军。到半夜2时过，又歼灭了两个多连的国民党军，攻占了大戒寺的北山，并从西南面攻入寺内。国民党守军终于抵挡不住，他们放火烧寺内的粮库，该团长带着400余人趁着大雾从东南方向逃往南坪。这时，红军再无多余的兵力，只得任凭这些国民党军从手下逃脱。

红军攻入寺院后，歼灭残余国民党军1个多连，并迅速将火扑灭。很多战士跳上冒着烟的粮垛，惊喜地高叫："啊！粮食，这是粮食！"纷纷抓起烧焦的麦粒，大口地吞嚼咽下。

指挥员喊叫着："快，先去追击敌——"他的后半截命令却没有说出口，就咽了回去。战士们真是太饿了，他们是在忍着饥饿同国民党军厮拼而取得如今胜利的呀！

粮垛上，战士们将和着泪水的焦煳的麦粒吞食进肚子。

守在大戒寺后东北高山上的国民党军残部，还约有200余人。红军打到这时也再无力组织新的进攻，为了减少不必要的伤亡，于是，将这座山头紧紧围住，展开政治攻势。

红旗在大戒寺上空高高飘扬。山头上的国民党军见大势已去，只好全部下山缴械。

31日晚10时，红军胜利占领包座。

就在红三十军主力围歼国民党军第49师的同时，29日黄昏，红四军主力在包座以北22公里处的求吉寺也与国民党守军展开激战。

求吉寺战斗是包座之战的一部分，但这北线战斗打的要比南线包座战斗更艰难一些。

国民党军在求吉寺中驻有1个团的兵力，团长康庄是在7天前率领本团主力进驻寺院的，在这里已经进行了充分的准备，囤积了大量的粮食和物资，凭借坚固的院墙为工事，坚决顽抗。

由于国民党军凭险固守，红军最初的攻击没有奏效，伤亡不小。军长许世友带领军部的参谋人员爬到最前沿，观察敌情，组织进攻。

"把主攻任务交给我们师吧！"几个师长争着抢任务。

"咱们刚走过草地，部队的同志们现在可都是肚皮贴着脊梁骨。"军政委王建安说。

"我们师斗志旺盛，再有两天不吃饭照样拿下求吉寺。"几位师长都是当仁不让要任务。

"不要把牛皮吹破了！部队的实际情况难道我还不知道？王友均，你们师上！"许世友考虑到第10师在过草地时减员少，与政委王建安商量后决定把这一艰巨的任务交给该师师长王友均，由他率领部队去完成。

年方24岁的王师长拳头在耳边一挥，算是表示了决心，提着驳壳枪闪入夜幕中。

"这个王师长，说不定又要过他的大刀片瘾。"王建安政委又高兴又有些不放心。

"我就是喜欢这样的指挥员。"许世友为有王友均这样的虎将而自豪。

在红四方面军中，大家都知道王友均以作战勇敢闻名。他在任团长时，常率部队夜袭敌营。有次他带领手枪队30多人绕过敌人的多道岗哨，涉江河，攀悬崖，突袭敌团部，砍死敌团长后又安全返回。两个月前他在任副师长时在冲锋陷阵中负伤，现在才刚刚痊愈归队。

抢到任务的王友均非常兴奋，他的这种兴奋很快传染到该师第28团、第30团、第34团和第36团各团团长的脸上。众指挥员的驳壳枪同时指向了求吉寺："发起冲锋！"

红十师突然向求吉寺国民党守军发起猛烈进攻。

面黄肌瘦的红军指战员仍然个个生龙活虎，勇猛冲击，喊杀声震天，很快拿下了外围的几个要点，突入寺院。

但是，红军战士毕竟体力消耗太大，用力砍出去的大刀片，出手后已没有了往常吃饱饭后的那种寒光闪闪的凌厉。

双方扭打在一起。

"打！用机枪扫射！"国民党军团长康庄命令。

"他们的人和我们的人抱在一起，怎么打？"国民党军重机枪射手着急地问。

"一同打，这个时候还分什么你我？快用火力封锁住大门口！"康团长抓过一挺轻机枪，首先扫射起来。

顿时，弹雨如注，泼向院子中间。

沉闷的机枪扫射声中，院子中厮打在一起的国民党军士兵和红军战士一同倒地。

冲进院子的红军被迫退回来，接着又组织起再一次的冲锋。

数天前，红军指战员在草地上经受了无数难以想象的艰难困苦；现在，他们这种不怕疲劳、不畏牺牲、拖不垮、打不败的战斗作风和百折不挠、勇往直前的精神惊天地，泣鬼神。

经过草地恶劣环境磨难的红军指战员在顽强战斗着，双方进入对峙状态。

红军数次进攻均未奏效，只好将国民党军围困在寺庙里。

国民党军趁红军攻势受挫的间隙，迅速组织起敢死队，"嗷嗷"叫着反扑出来。

寺院前，眨眼间倒下了20多名红军战士。

王友钧师长哪能见得这种阵势，他已经打红了眼，突然大声命令道："警卫员，过来。跪下！"

不知所措的警卫员发着呆连忙跪在师长面前。

"转过脸去，面向敌人跪下！"王友均端起刚从另一个战士手中拿下的机枪，架在了警卫员的肩上。

"嗒嗒！嗒嗒！嗒嗒嗒！"警卫员肩头上的机枪吼声与王师长的叫声混杂在一起，弹雨泼向国民党军阵地。

又一批红军指战员在王师长的机枪掩护下冲了上去。

王师长的机枪继续向寺中猛烈射击，他指挥并掩护部队发起新的攻击。

"大刀队，跟我上！"王友均"嗖"的一声从背后拔出大刀片，跃入国民党军阵地。几个团长也高举着大刀一路砍杀出去。

一脸汗水的许世友在后面用拳头砸着地面，直到看清王友均的大刀队在短兵相接的肉搏中向前推进了10余米，才拍着胸脯"哈哈"大笑："这才是我们红四军部队！过瘾，过瘾，还是大刀片过瘾！"

许世友若不是有王政委的劝阻，他肯定早挥动着大刀冲在了最前面。

求吉寺的喊杀声一浪高过一浪，在啸叫两个多小时后如大海退潮，渐渐声衰音息。280多名国民党军官兵成了红军的刀下鬼，残部向西北方向逃窜。

寺院恢复了原有的宁静，寺庙建筑上单调的风铃声在这时显得很响。

许世友是一路狂跑进入寺院的，他高呼着："王师长，王友均！你在哪里？"

几个团长围着一个满身鲜血的人，失声大哭。

"啊，王友均！"许世友一头栽倒在地上，双拳捶地，悲痛欲绝。

一钩晚月在寒风中极力发出不多的银光，大地一片苍凉。

"再过半个月就是中秋节了。"王建安政委的声音随夜风飘荡，一丝丝飘远了。

王友均的遗体安葬在求吉寺附近的山上，战士们含着热泪采来鲜花堆放在墓前。

经过激战，至午夜，求吉寺国民党守军全部被红军歼灭。

至此，包座之战以红军的胜利宣告结束。红军歼灭国民党军第49师等部，毙、伤、俘师长伍诚仁以下5000余人，其中俘800余人，缴获步枪1500余支，轻、重机枪70余挺，电台1部及大批弹药、粮食、牛羊和其他军用物资。

庆祝胜利的欢呼声中，红军将士围着刚缴获的电台，在收听胡宗南急切的呼叫声："伍兄，你现在到了哪里？请回答，请回答！一定要坚持住，李旅已经出发增援包座。"

电台周围，传出红军指战员们的一片欢笑声。

奉命增援包座的国民党军李铁军旅，在越过浪架岭后，得知伍诚仁师大败，到了这时哪还顾得上胡宗南的严令督战，吓得急忙缩回松潘。

胡宗南的巴掌重重地打在李铁军的脸上，怒吼道："你……你见死不救，还有脸回来。我枪毙了你！"

气急败坏的胡宗南骂着叫着，但他并没有把指向李铁军的手枪打响。他知道蒋介石在得知包座惨败的消息后，也不会轻饶了他胡宗南，而枪毙了李铁军会更加加重他的罪责，损兵后再折将，会严重动摇军心，妨碍下一步的"围剿"计划，他只好把手枪又插入枪套中。李铁军筛糠一样抖动着双腿，赶快离开胡宗南的身边，退了下去。

这时，蒋介石接连来电询问包座之战的进展情况，他已经等得很不耐烦，找来了一大堆当年石达开由大渡河押解成都后被囚禁的档案资料，盘算着怎样审讯毛泽东，他甚至洋洋得意地对身边谋士说："这毛泽东可要比石达开有文化得多，杀之可惜呀！"

就在蒋介石安排刑场专等把毛泽东押解到成都时，胡宗南发来急电：

"包座失陷，伍师溃败。"并报告了代师长伍诚仁、团长汤建威、余程万由阵中逃脱的大致经过，但没有再敢报告李铁军旅的增援情况。

"一群混蛋！打的什么仗？"暴跳如雷的蒋介石把电报纸撕得粉碎，"枪毙！这个伍诚仁，成他娘的个什么仁！他没有成功，也没有成仁，把1个师的部队都丢了，还跑回来干什么？把这几个逃兵通通枪毙！"

胡宗南接电后，手都在打哆嗦。他知道若是枪毙了师长一级的指挥官，他这个纵队司令官轻则也要挨处分，重则会依军法处置判刑。急忙回电为伍诚仁等人求情，说伍在战斗中如何顽强拼杀受伤，而后又心忠党国，效命领袖，被俘后仍设法逃脱，无功劳也有伤痛流血之苦劳，功过折合，请能免于一死。伍诚仁在成都的一些官绅好友，也纷纷通过各种关系向蒋介石身边的人以重金贿赂说情。

稍微消了一点儿气的蒋介石瘫坐在椅子上，听完众人的求情，方才松了口，眯缝着眼睛说道："念及伍诚仁奋战受伤苦劳，誓不与共军为伍，免其一死，但免死也免职，革去军中一切职务，从民发落；团长余程万奋战受伤后能摆脱共军追获，给以留职查看处分；团长汤建威无伤而逃，置全团将士于不顾，给以6年徒刑处罚。"

"免死免职，免死免职！"绳捆索绑的伍诚仁接到蒋介石"圣旨"后，感激涕零，跪倒在地，向着成都方向大拜。

始终没有解绳索的汤建威则连夜被押送成都大牢。

"将共军围困于川西北草地的作战又这样不得完成！我军的原因究竟何在？"蒋介石又是百思不得其解。

众幕僚们面面相觑，半天没有人敢吭声。

还是陈布雷为了避免冷场，免惹蒋介石大发火，先说道："立政治于养成，于教。教养不修，则民生之道穷，而国基日益动摇。狡猾者乘间以起，揭竿斩木，驱饥民为盗贼。汉之张角，唐之黄巢，明之李自成、张献忠，皆以乱民糜烂神州。然皆不旋踵而灭。历观五千年之世宇，流寇之祸，未有烈于共军者，共军以阶级斗争相号召，藉第三国际为应援，建立其所谓苏维埃政府，严密组织，张皇主义，窃据江右一隅，唆使徒党毒痈海内，竭全国之军力、财力，五次围剿不克聚歼于赣江以南，豕突狼奔，粤湘桂黔川滇康甘陕皆被蹂躏。"

陈布雷说了一大堆的话，却与蒋介石的所问联系不紧。其实，这也本是陈布雷的一种讲话策略，蒋介石也明白陈布雷的良苦用心。

晏道刚见陈布雷开了一个头，也就大着胆子说道："我看这与川军的互相不配合有很大关系，如其尾追部队余松林部进占金汤、丹巴地区后，就不支援杨森军的前进。余松林旅在丹巴和刘元璋旅，结果都先垮了下来，影响了我中央军的作战。"

顾祝同一直没有发言，静坐在那里听别人如何说。

陈诚见蒋介石的火气经陈布雷、晏道刚的摆谈后有所缓和，也发言，他也把责任推到了川军身上，说："我闻知，在'追剿'共军时，川军人人争学刘文辉对共军作战的16字方针，对共军确有一种畏惧心理。"

"哪16字方针？"蒋介石关切地问。

"只守不攻，尚稳不迫，确保实力，避开野战。"

"这个混蛋！朱、毛共军有一个什么'敌进我退'16字方针，他刘文辉也给我们来这一套。将刘文辉押解成都与汤建威一同军法从事！"蒋介石的火气又上来了。

"委座，这恐不妥。四川有句俗话，叫做'狗屎，堆在那里不臭，挑起来臭'。这事还是暂时放下为上策。"陈布雷看了陈诚一眼，他说这句俗话的意思显然是一语双关，是在说刘文辉，也是在责怪陈诚。

"告诉刘文辉，将余松林、刘元璋两人押解法办！"蒋介石还是决定严办川军首领，以威慑其余。

第五章

山水呼啸两万五　伟业奠基大西北

　　行路难，莫过于高山，遥途；恶水，险渡。

　　世人公认：最难走并走过的还要算是英雄史诗般的"两万五"。

　　然而，过来人却说：世上最难走的险道，那要属人与人之间的心路。

　　"远征难"，再蹈"心路险"；群山呼啸中，人生沉的沉，浮的浮。

　　谁英雄？走万里长征，万里长的历史航道上缓行过一列汗湿脚印的纤夫。

　　是好汉？到万里长城，万里长的历史胶带上速摄下影视大片恢宏的一幕。

17. 红军合后又分，毛泽东深夜脱险，率队单独北上

包座之战的硝烟混杂着牛羊粪味在草地上四处弥漫。

红军右路军在毛泽东、徐向前指挥下，经过几天几夜激战，红十师师长王友钧等指战员壮烈牺牲，终于攻占包座，打开了北上通道。但徐向前未料到，通道虽打开，却难成行，严重的党内斗争又爆发了。

张国焘本来就对中央北进方针心怀不满，因此在左路军出阿坝不远的噶曲河畔，以一场大雨为借口拒渡噶曲河，强调气候、地理、粮食等困难条件，私令部队返回阿坝，改变了左路军的北进方针。

9月1日，徐向前、陈昌浩、毛泽东联名致电朱德、张国焘，指出目前的敌情、我情和地理情况，极有利于红军按原定计划向甘南发展，催促左路军迅速北上班佑，向右路军靠拢，电报言恳词切，说："右路军须以主力向前推进，以不突出西固、岷州为度。第一步以1、3两军控制罗达地区，4军、30军主力控制白骨寺地区，其一部控制包座。这样控制了两条平行东向路，并随时可与胡宗南5个旅有把握的作战，决不会被敌截断，更不是从间隙偷出封锁线。候左路到达，即以一支队向南坪方向，又一支向文县方向佯攻胁敌，集中主力从武都、西固、岷县间打出，必能争取伟大胜利。"

电报发出，张国焘一天都无动静。

朱德急了，拿着电报催促张国焘，说："你看这电报上写得清楚，右路军已经控制了两条平行东向路，并随时可与胡宗南5个旅进行有把握的作战，决不会被敌截断，更不是从间隙偷出封锁线。我们快点向班佑行动吧。"

无动于衷的张国焘摇了摇头，没有吱声。他知道朱德着急也没有用，左路军的军事指挥权实际控制在他张国焘手中，他不发话，谁也调不动。电台也在他的控制下，朱德是连电报也发不出去。

9月2日，中共中央政治局在班佑之西北5公里的若尔盖召开会议，着重讨论了红一方面军的工作方针问题。参加会议的有毛泽东、张闻天、博古、王稼祥、陈昌浩、邓发、刘少奇，以及彭德怀、李富春、徐向前、杨尚昆、李卓然、傅钟等。

毛泽东对红一方面军的休整问题作了报告，说："现在红一方面军需要相当的时间休息，很重要的任务是整理部队。战略方针已确定向东，向汉人聚居区发展，给养条件是可以改善的，休息时间除作战任务外是可以争取的。红一方面军整理的方针，要从头做起，军长、师长要亲自给排以上干部上课，并学习红四方面军的优良制度。要重新进行三大纪律八项注意的教育，与群众建立良好的关系，须知道加强群众纪律与扩大红军是成正比的。为进行整理，红一方面军的司令部、政治部应重新建立起来，立即开展工作。"

会议决定由张闻天起草给红一方面军的指示信，并责成军委总政治部监督执行。

此时最让毛泽东不放心的还是左路军，他拿着张国焘由噶曲河畔发来的电报，反复看了几遍，几乎都能背诵上来："上游侦察70里，亦不能徒涉和架桥，各部粮只能吃3天，25师两天，电台已绝粮。茫茫草地，前进不能，坐待自毙，无向导，结果痛苦如此，决于明晨分3天全部赶回阿坝。如此，已影响整个战局。上次毛儿盖绝粮，部队受大损；这次又强向班佑进，结果如此。再北进，不但时机已失，恐亦多阻碍。拟乘势诱敌北进，右路军即乘胜回击松潘敌，左路备粮后亦向松潘进。时机迫切，须即决即行。"

"难道真是人不留人天留人？这场雨下得可不是个时候啊！"毛泽东着急地说，"我看问题还是'北上'与'南进'之争哟，又要开斗了！"

中央政治局的常委们这时到了一起，说得最多的也是这左、右两路军会合的事。

如此"北进"和"南下"之争，再次成为牵动全局部署和影响红军命运、前途的斗争焦点。

从若尔盖再向东北行30公里，毛泽东等人到达巴西，中央政治局的常委们决定在这里等候张国焘率领左路军前来会合。从巴西再向东北行30余公里就已经走出四川省界,进入甘肃了。

巴西在草地的北边沿,在川西北是个很有名的地方。红军从这里经过时,其实这里只不过是一个仅有120多座房屋的小村镇,但对刚走出草地的人来说,巴西就是人间天堂。也许值得夸耀的是,这里像样的建筑是那座大喇嘛庙,它虽然比不上卓克基的官寨金碧辉煌,但在本地却也是最宏伟的建筑物。

过了草地,走过了死亡地带,粮食比较充足,大家的心情有所缓和。毛泽东等中央领导人心系左路军,操的心自然要比基层干部和战士们多得多。

这几天,等待在巴西的党中央几乎天天在开会,谋求妥善解决矛盾的办法。

博古急得团团转,大骂张国焘不是个东西:"他这个人,我早就看出来了,一贯没有大局观念,是机会主义,投机分子!我说他南下是麻雀钻阴沟,他就受不了,觉得刺耳。可如果路线错了,那是要掉脑袋的啊!"

张闻天的话比较温和,劝解道:"博古同志,你的话是过了点儿,也不怪国焘同志会发那么大的火。"

"就让他发火去吧!情况明摆着嘛,西康地区总共才有20万人口,又是半农半牧的藏民地区。我们红军10多万人到了那里,吃饭都是大问题。敌人很快就围上来了,马上就会形成封锁圈。我看说他张国焘是麻雀钻阴沟,还算是说得宽松了。我还应该骂他是泡菜坛子里的泥鳅,到那时钻都没有地方钻!"

毛泽东摆了摆手,说道:"大家都别磨牙齿了。我们这一个多月的会,都开成了马拉松会,都磨破了嘴皮子,可国焘同志就是不听,仍然坚持他的南下计划,这也难怪博古同志着急。眼下敌人越来越向毛儿盖进逼,我们的给养成了大问题,再也不能在这里待下去。我们要抓紧时间做国焘同志的工作,要有一点儿牛皮糖的韧劲,尽最大的耐心团结同志。可多打一点儿迂回战术,通过昌浩和向前同志疏通国焘同志的思想。"

实际上在这时徐向前和陈昌浩对于张国焘这种进军方向上的突然变化,也甚感焦虑。

"既然北进是沙窝会议政治局讨论决定的方针,现在右路军占领包座后又打开了北进的通道,无论如何,都不应变更原决定。"陈昌浩与徐向前商量道。

"是啊,目前箭已在弦,非进不可。主力合而后分,兵家大忌,还是劝他们上来。"徐向前对陈昌浩说。

陈昌浩不无顾虑地说:"从组织上讲,前敌总指挥部是接受红军总部指挥的。如果总部和中央的意见不统一,下面执行起来就很为难。所以,我们应准备抽出1个团出来背粮食,带向导,前去接应左路军。同时,发电陈述意见,劝说国焘同志执行中央的决定。"

中央上层的争论和矛盾到了巴西时期已经处于总爆发前夜。

毛泽东等人开始担心起两支红军部队之间的武装冲突。

愤愤不平的博古以史喻今:"大渡河畔刚刚避免了做太平天国石达开第二,草地上突然又有张国焘要做第二个太平天国的杨秀清。"

整整80个年头前,鼎盛时期的太平天国出现了震惊全国的天京(今南京)内讧事变。也是在这么一个流萤四飞的处暑季节,8月22日,掌握太平军兵权的东王杨秀清逼迫天王洪秀全封其为"万岁"。9月初,北王韦昌辉率部秘密从江西回天京,捕杀了杨秀清及其家眷,解除其部属武装,又进行大屠杀4万多人,天京一片混乱。韦昌辉欲杀闻变回京的翼王石达开,石达开缒城出逃安庆。月余后石达开自安庆渡江进京讨伐韦昌辉,杀韦昌辉及同党于天京。半年后,石达开因未受到重用,负气率众离京出走,方有了兵困大渡河的悲壮一幕。

80年后的川西北,历史似乎又要重演太平天国农民起义军兄弟之间互相残杀的一幕。

从近百年前农民起义军中吸取历史经验教训的毛泽东收回思路,说道:"杨秀清的逼封万岁,导致了韦昌辉的大屠杀和石达开的出走,致使太平天国几乎顷刻亡国。今日之红军遇上的这个杨秀清,更要凶狠得多。我顾虑的是出个杨秀清不要紧,实际上也已经出了,不可避免了,现在只求的是但愿不要出现天京的韦昌辉第二和石达开第二。"

空气中的火药味到了这时已经很浓。

9月8日,徐向前和陈昌浩共同署名发出急电给朱德、张国焘,向红军总部请示:"胡不开岷,目前突击南、岷时间甚易。总的行动究竟如何?1

军是否速占罗达？3军是否跟进？敌人是否快打？飞示，再延实令人痛心！""我们意以不分散主力为原则，左路速来北进为上策，右路南进为下策。如能乘敌向北调时取松潘、南坪仍为上策。请即明电中央商议，我们决执行。"

当晚，中央通知徐向前和陈昌浩到周恩来住处开会。

会议一致通过致左路军领导人电报，以"周恩来、张闻天、博古、徐向前、陈昌浩、毛泽东、王稼祥"的前后署名顺序发出，这就是长征路上著名的"巴西电报"。

与此同时，即9月8日22时，张国焘以朱、张红军总部的名义来电，命令徐向前和陈昌浩率右路军南下："1、3军暂停向罗达进，右路即准备南下，立即设法解决南下的具体问题，右路皮衣已备否，即复。"由此可见，张国焘的南下决心已定，并作出部署。

朱德在接到党中央的电报后，力主左路军应该执行中央北上的命令，坚决表示不同意南下计划，严肃地申明："如果你非要坚持南下的意见，请你在给中央的电报中不要署我和伯承同志的名字，我们是坚决反对南下的！"

于是，张国焘在9月9日致电徐向前和陈昌浩并转中央的电报中只好单独用个人的名义，仍坚持他的南下主张，声言："南下又为真正进攻，决不会做瓮中之鳖。"。

当天，党中央即回电张国焘："陈谈右路军南下的命令，中央认为是完全不适宜的。""中央认为：北上方针绝对不应改变，左路军应速即北上，在东出不利时，可以西渡黄河占领甘、青、宁、新地区，再行向东发展。"

这样，北进与南下之争终于酿成为牵动全局和影响红军命运、前途的大事件。

右路军在这时刚刚全部走出草地，负责殿后的彭德怀出了草地后连气还没有喘过来，突然闻说又要返回草地，不禁愕然，这消息是真还是假呢？可万分着急的彭德怀又与中央和红一军团联系不上。早在芦花时，张国焘已开始为其野心的实现做准备，军委参谋部将各军团互通情报的密电码本收缴了，连红一、三军团与军委毛泽东等人的通报密电码本也收缴了。从此后，各军团之间不能互相联系，只能与前敌总指挥部通报。红三军团与中央隔绝了，与红一军团也隔绝了。

这次过草地北进，红三军团走在右路军的最后面，最前面是红一军团，中间是红四方面军的第30、第4和前敌总指挥部。当时彭德怀凭直觉就预感到张国焘有野心，而中央似乎没有察觉。毛泽东、张闻天随前敌总指挥部一处住，先一两天到达包座。红三军团后一两天才到达阿西、巴西，离前敌总指挥部不到10公里。

走出草地完成殿后任务的彭德怀赶到巴西后，立即到前敌总指挥部和毛泽东住处，其实彭德怀只是为了到毛泽东住处去，才去前总的。这时周恩来、王稼祥因养病都留住在稍靠南一点儿的红三军团部。

"我们最好与前总保持一点儿距离，万一出了事也好有个防备。"彭德怀建议。当天，毛泽东等人离开巴西，到达以北七八公里的瓦弄。

彭德怀性情比较急躁，但也粗中有细。他向毛泽东建议采取必要的预防措施，把原红一方面军部队分开行军，以免被张国焘一网打尽。毛泽东采纳了彭德怀的意见，命令红一军团比红三军团先行，相隔两天路程。两个军团一个开路，一个殿后，警惕地向北移动。

毛泽东等人在巴西住了近一周时间，等待左路军。此时的彭德怀多了个心眼儿，他每天都去前总"受领任务"，实为探听消息。他从不多言语，而暗中又秘密调红十一团隐蔽在毛泽东住处不远，行军中跟随党中央机关一并前进，以防万一。这事甚至连毛泽东本人也不知晓。

彭德怀在前敌总指挥部参谋长叶剑英处，得知红一军团已经前出到甘南俄界地区，但因找不到向导，问不到路，又没有地图，只好停在川甘交界处，等待上级的指示。这时，红三军团原政委杨尚昆已调任红军总政治部副主任，现任红三军团政委是李富春。彭德怀与李富春商定后在红三军团部又安装了电台，另编密电码本，但对外只说是为了与红一军团联络，实际是为了防止突然事变。

彭德怀心中明白，如果此时再把红一、三军团分裂开，那么，两个军团就很可能在情况紧急时被人各个击破。在编好密电码本后，他立即派出可靠的朝鲜族、中共党员武亭带着指北针寻找红一军团的行踪，千叮万嘱务必把电台密码本亲手送给林彪和聂荣臻。

武亭连夜赶路，9日，机智地把密电码本送到了林彪处，就在这天，事情发作了。

彭德怀像往常一样，上午闲逛一样来到前总，与陈昌浩等人天南海北聊了一通，大家仍是关心部队的行动，谈论北进。彭德怀没有觉察到有什么异常，但他凭直觉总预感今天不同寻常。

午饭后，彭德怀又晃晃悠悠来到前总司令部"闲谈"，令他吃惊的是陈昌浩完全改变了腔调，说："我看在阿坝地区建立根据地，要比川陕革命根据地的通南巴还要好。"

彭德怀心中直嘀咕："阿坝基本上是一个游牧区，陈昌浩却非要说它比农业区还好，这能使谁相信呢？当前，全国的政治形势需要的是红军立即北上抗日，可这些内容，陈昌浩一句也不谈。这里面肯定有问题。"

陈昌浩继续谈论他的"阿坝根据地"。彭德怀再也没有吭声，只是听了一会儿。

"这无疑是张国焘又来了电报，改变了行动方针。"彭德怀猜测道。他感到事情重大，借故退出前总司令部，立即赶到毛泽东住处告知此事。

彭德怀着急地问毛泽东："我们3军团坚持北进，拥护中央。可他们拥护张国焘的南进方针。红一军团已走了两天，红四方面军如果解散我们3军团怎么办？为了避免出现红军打红军的不幸事，我们在这种被迫情况下，可不可以扣压人质？"

"你说什么？什么人质？"毛泽东问。

"为了防止红军内部出现自相残杀的不幸局面，我们可否先抓他们几个人质？"彭德怀重复自己的建议，他认为这个建议有其可行性。

毛泽东沉思了一会儿，他显然听懂了彭德怀的意思，但坚决地回答："万万不可！"

"这……那怎么办？"彭德怀很着急。

"抓人质，抓谁？抓小了，不顶用；抓大了，怎么善其后？再说在姓张的心目中还没有一个可值得他怜惜的人，像曾中生那样的人，姓张的都可以任意罢职，据说早就失去了自由。我看在这件事上千万不能轻举妄动，误了大事。骑马看书，走着瞧吧！"毛泽东在反复权衡后，拒绝了彭德怀关于抓人质的建议。

接着，彭德怀又向毛泽东请示："如果四方面军要缴我们3军团的枪，我们该怎么办?"这时,红四方面军有两个军与红三军团行动在一起,红三军团在兵力上明显处于劣势。

"不排除这个可能,要有思想准备。"毛泽东推测道,但他没有明确指示该怎么办。

彭德怀感到很为难,说道:"如果他们强制我们3军团南进,那么1军团也同样不能单独北进。因为中央不能北进,1军团单独北进也起不了作用。而我们一同南进后,张国焘就可能仗着优势兵力,采用阴谋手段,将中央搞掉。这个问题,在亦念时黄超与我的谈话中就流露了出来。"

"他还说了些什么?"毛泽东急切地问。

"他说,党中央实际上的主事人是你而不是张闻天。张闻天虽然是总书记,但他们并没有把他放在眼里。"

"他们会如此看?"

"黄超就是这么说的。以前,张国焘与中央的矛盾没有这么暴露,我从来没敢说过。"彭德怀向毛泽东解释。

"这些问题当然不是一个不满30岁的黄超所能思考的,肯定是先从老奸巨猾的张国焘口里吐露出来的。"毛泽东推测,并说道,"不管怎样,我们不能采取扣押人质的办法,你这个意见是不对的。从此刻起,你绝对不能再向任何第三者讲此话。"

"是,主席。现在我们处境危急,只是向你说出,供考虑,以便求得一个脱身之计。"

毛泽东决定先争取主动,亲自到陈昌浩和徐向前的司令部做最后一次劝解,商谈行动方针。

"我再说一遍,我认为张国焘同志的南下是一条死路,我真难明白,他为什么会如此固执?"毛泽东激动得声音都有些颤抖,"我们先不问政治前途如何,单是经济问题就很难解决。这里地处川、康、青海边界的少数民族地区,没有工业,物资贫乏,老百姓过的是游牧生活,连自己的口粮都顾不过来。红军几万人又靠谁养活?就是全军都搞军垦,我们垦哪里呀?这里的自然环境不足以维持我们吃饭填饱肚子,又何况人烟稀少,语言不通,又怎么能够扎下根来?在这种狼狈不堪的处境下大喊革命,取得苏维埃运动的成功,这不是在自我嘲弄吗?难道不觉得可悲吗?我看仅此一条,机会主义的帽子戴在他张国焘的头上，就是再合适不过了！"

然而，陈昌浩对毛泽东的劝解是一句话也听不进去，毛泽东感到很失望。

陈昌浩最后才告诉毛泽东，说："张总政委刚刚又来了一份电报，他要我们立刻南进。你的意见呢？"

到了这时，毛泽东明白再劝解也没用，必须当机立断，做另外的应急打算，即顺水推舟似的说道："那好吧，既然要南进嘛，中央书记处要开一个会。周恩来、王稼祥同志病在3军团部，我和张闻天、博古去3军团司令部找周、王开会吧。"

陈昌浩点了点头，他万万没有想到这是毛泽东的脱身之计。

这天晚饭后，毛泽东又来找到徐向前，站在院子中间，问道："向前同志，你的意见怎么样？"

毛泽东实际上是想看看徐向前的态度。

徐向前回答说："两军既然已经会合，就不宜再分开，四方面军如分成两半恐怕不好。"

毛泽东听徐向前说了这后半句后，就明白徐向前的话中意思是不准备离开红四方面军，也就什么话都不再说，起身告辞而去。

巴西的夜空黑如墨，毛泽东深一脚浅一脚回到住处，进门后说道："这天可是真够黑暗的啊！"

张闻天、博古等人正焦急地等着毛泽东，见毛泽东回来后，急忙围上来询问结果。

"中央红军应该迅速脱离这个地区，北上甘南，这样一来可尽早打开抗日局面，二来也给张国焘看看，不要让他以为我们离开他什么都不行。我们在这里不走，反而助长了张国焘的狂妄自大之心，他自恃实力雄厚，处处要挟我们。中央红军如果迟迟不离开，他肯定认为我们必有求于他，我们这么一走也正好对他是个提醒。"

"对，我们再不能这样无休止地争论下去了，白白延误时间，也解决不了问题。红军只好被迫暂时分兵，我们率一部分迅速北上，等到了陕甘打开局面，用军事、政治形势更能促使张国焘放弃错误路线。"

很快，几个人一致认为，继续说服、等待张国焘率部北上，不仅没有可能，而且会招致严重后果，于是决定采取果断措施，率领红一方面军迅速脱离险境，单独北上。

就在这时，电话铃声急促地响起来，是陈昌浩来的电话。

毛泽东紧张地接过话筒，整个房间的人都屏息静听。

陈昌浩报告毛泽东，说："张总政委刚才又来电催促，他们过不了河，只有南进。"

毛泽东若无其事地静听陈昌浩讲完理由，然后似乎是很认真地说："我不是讲了嘛！既然要南进，中央书记处还要开个会。周恩来、王稼祥同志都病在了3军团部，看来我和张闻天、博古同志只有去3军团司令部，将就周恩来和王稼祥同志开会。"

陈昌浩仍没有察觉这是毛泽东的"金蝉脱壳"计策，对毛泽东的话没有表示疑义。

漆黑的夜空，静悄悄的，在掩护着毛泽东人生历史上的一次重大"逃跑"行动。

冷月皎，流萤高。

阿西夜色正浓。8年前的9月9日，毛泽东发动和领导了湘赣边界的秋收起义，进军井冈山，开创了中国工农红军第一块根据地。这个双"9"日，对毛泽东来说应该是个值得纪念的日子。然而，这长征路上的9月9日，却令毛泽东心碎肠断，他昼夜未眠，调动起浑身的智慧和勇气，决斗张国焘。

在今夜此时，营帐中不知有多少人睡而不眠，梦断推窗，窃听鼓角。

彭德怀与叶剑英商量道："当一次'大偷'如何？毛主席指示的。"

"偷什么？"

"地图，西北各省的地图。我们从南方来，没有这些玩意儿，睁眼瞎打仗可不行。"

"好，我想办法偷出来。"

"你和二局在明天拂晓前一定要到达我的司令部，一同北进，晚了，我就不能等了。"

"一言为定。"叶剑英又潜回前敌总指挥部。

毛泽东脱险来到彭德怀的军团司令部，立刻用红三军团刚编制的密码发电报给林彪和聂荣臻：原行动方针可能有变，红一军团暂停执行原定方案，部队立即停止前进。

"这是怎么搞的，刚出草地就接到如此不明确的命令。"林彪嘟囔着。他和聂荣臻都不知道中央出了什么事，只好在原地待命。

就在同一时刻，红三军团驻地阿西，毛泽东、张闻天、周恩来、博古、王稼祥5人也在召开紧急会议，他们的会议更是十万火急！

众人一个个神情紧张，急速商议办法，抽出心丝觅良策——怎样稳住陈昌浩，斗赢张国焘，看谁有高招？

眉头皱成一团的毛泽东面前布满了他刚抽完的烟头，他焦急地望着刚刚进屋的王稼祥、周恩来等人。这5人在此时的心情都是同样的焦虑，5个脑袋在今天晚上的灯光下，必须碰撞出一朵新的五角星智慧之花。

大家互相对视少顷，毛泽东通报说："现在局势很紧急，张国焘很可能要对我们下手！"

"又发生了什么情况？"衣服还没穿整齐的王稼祥急忙问道。

"尽管我们在巴西一带等待着阿坝附近的左路军按原定计划前来会合，但张国焘不仅不来，反而打电报命令陈昌浩带领右路军，包括原一方面军的红一、红三军团全部南下，背弃中央已定的北上的决定。居心够险恶！这份电报刚发到右路军司令部，参谋长叶剑英得到后，急忙报告我。"毛泽东说出了事情的缘由。

房间外，彭德怀警惕地守卫在院子中，他对警卫连长说道："今夜卫兵放哨由我亲自带班。"房间内，毛泽东、张闻天、周恩来、博古、王稼祥仍在紧急磋商对策。

"鉴于张国焘公然对抗中央的北进方针，劝说无效，命令也无效。现在，我们又得知张国焘背着中央电令右路军南下，企图分裂和危害中央。在如此紧急的情况下，为贯彻北上方针，避免红军内部可能发生的冲突，我建议中央和红三军团应该连夜开拔，向俄界集中。"毛泽东说出了自己的主张。

博古情绪激动，连声说道："这个张国焘，不仅不服从中央的命令，还企图危害中央。"

"他目中已经根本没有这个中央了，还提什么中央，我们的当务之急是赶快离开这个是非之地。"张闻天说。

毛泽东等人很快统一了率领红一、红三军团和军委纵队先行北上的认识。

这时，红一军团已进到俄界，巴西只有红三军团少数部队。红三军团的电台发电至红一军团后，为了说明情况，毛泽东、彭德怀立刻又派专人亲自送信到红一军团，讲明张国焘闹分裂和中央的危险处境。同时火速命令红三军团主力及军委纵队、红军大学在阿西集合，继续北上。先到俄界，会合红一军团，临时组织北上先遣支队，继续向甘南地区前进。同时仍命令右路军其他部队和左路军等随先遣队北上。

大的行动方针确定后，下一步的工作就是如何保证这一行动在极其秘密的情况下顺利实施，眼下之急还是如何瞒过陈昌浩等人。

为了掩护即将实施的北上秘密行动，毛泽东为叶剑英出谋划策："你可这样对他们说，如果部队要回头再过草地，需要准备更多的粮食。红三军团准备动员整个部队明日天一亮就去地里割青稞。"

阿西的紧急会议最后决定，为了安全起见，中央机关在红三军团部队的掩护下，必须在今晚拂晓前脱离此地，急速北进俄界。

午夜刚过，毛泽东就上路了，对他来说，此日是极其漫长的一天。后来，毛泽东说，这段时间是他一生中最黑暗的时刻。这一天，对中国共产党和红军来说同样是生命攸关的关键时刻：1921年建党，1927年建军，成千上万先烈的流血牺牲和努力很可能就因为长征途中的这一内部分裂而付诸东流，事业夭折。

黎明前的毛泽东紧紧盯着东方的启明星，他真恨不得把黑夜拉长，让中央红军借夜幕脱离险境。

天亮之前，红军千万不要自相残杀啊！夜幕下有多少红军将士在默默祈祷。

跋山涉水九千九，没有一条是直路；长征一个九月九，草地之夜难举步。

总政治部副主任杨尚昆暗中做好了离开前敌总指挥部的准备，但令他放心不下的是他的妻子李伯钊到红三十军教战士们唱歌去了。焦急万分的杨尚昆写了一张便条，但为了防止泄露机密，便条上只说让李伯钊速回中央，其余什么也不便明讲，这张便条立刻派警卫员送了出去。结果是李伯钊收到便条，但未能摆脱陈昌浩的扣留。在这非常时期，还有不少战友、弟兄、父子和情人被这突然的变化分割开来。

刚刚接任中央秘书长职务的刘英，这时正与张闻天谈恋爱。她在这天晚上也在睡梦中被人紧急呼醒，张闻天在时刻关照着她。刘英看到中央领导人个个都是神情异样，不知发生了什么事。张闻天深情地望了她一眼，那意思是说你跟上我们走就行了，什么也不必问和说。

毛泽东等人的密谋没有泄漏任何风声，一切都在紧张地顺利进行中。临行前，张闻天和博古找到叶剑英，说："你要赶快离开这危险之地！最好现在就跟我们一同走。"

"你们先走吧。我现在还不能和你们一同走。"叶剑英说。

"为什么？这里已经成了极其危险的是非之地！"博古说。

"如果我一走，恐怕大家都走不了。况且军委直属队还在前敌总指挥部，我一走，整个直属队就带不出来了。我要等军委直属队走后才能走。你们先走，我之后会跟来的。"叶剑英向张闻天等人握手告别，回到前敌总指挥部所在地。

送走毛泽东等人，叶剑英的心情反而平静如初。他来到作战科，看到屋中没别人，便悄悄问参谋吕继熙："有甘肃、陕西等西北各省的地图吗？"

"在包座战斗中只缴获了一张完整的十万分之一的甘肃全图，没有陕西省图。"

"好，你把这份甘肃省图给我。"叶剑英接过这份前敌总指挥分部中唯一的一份甘肃全图，藏匿起来。

然后，叶剑英来到自己和陈昌浩、徐向前同住的喇嘛庙小经堂内，对徐向前说："总指挥，总政委来电要南下，我们应当积极准备。我看首先是粮食准备。先发个通知给各个直属队，让他们自己找个地方打粮食去。限10天之内把粮食准备好。"

"好！"徐向前表示同意。

叶剑英立即写了个通知："各伙食单位：今天晚上2时出发，自己找地方去打粮。"

陈昌浩接过叶剑英的"打粮"通知，也表示同意，并说："这很好嘛！

应该先准备粮食。徐总指挥的意见呢？"

"徐总指挥表示同意。"

"对的，过草地要尽量多准备些粮食。其他部队也应尽早做准备。"陈昌浩的思维集中在走回头路上，他没有怀疑毛泽东、彭德怀、叶剑英的真实行动计划。

叶剑英快步走出房间。这时，背后有人立即提醒陈昌浩，说："对他们还得多一份警惕才好，我总感到他们不会这么轻而易举地就范。"

陈昌浩则很不以为然："这有什么担心的？他们只有那么一点儿人，谅他们也不敢自己离去。几千人算得了什么？"

叶剑英离开陈昌浩的住处后，迅速召集各直属队的负责人开会，参加会议的有李维汉、杨尚昆、李克农、萧向荣等七八个人。

"我不得不在此告诉大家，当前的情况很严重。实际情况并不是通知上所说的打粮，而是张国焘要闹大的分裂，弄不好会出现毛泽东同志所说的那种太平天国'天京内讧'事件。现在党中央正准备走，今天晚上两点钟我们要也走，追上中央。"

大家都屏息静听叶剑英的讲话。

"现在大家对一下手表。早一分晚一分都不行，整整两点钟动身。我再次要求大家一定要严格保密，按规定时间行动。"叶剑英伸出手腕，报点对时："现在是10时56分。"

大家在会后静静地各自回到原来的住处，心中却在焦急地等待着动身时刻的到来，不时装作无意的样子，把右手腕从眼前滑过，瞅着手表上秒针慢腾腾地移动。

天色渐渐变白。毛泽东等人摆脱危境，正行进在北上的途中。9月9日一夜的折腾，可说是毛泽东长征途中最为紧张的一夜。他脚不沾地，嘴不停地讲，忙得几乎整个身体都像一只急速旋转的陀螺，汗水湿透了他那破旧的军装。

"叶剑英怎么还没有来？"毛泽东过几分钟就要问一遍。

"没有消息。老彭在后面负责接应，怎么也没有消息？"周恩来回头向后张望。

在毛泽东的后面两三公里处的岔路口上，彭德怀作为党中央的殿后大将,紧锁的双眉显示着他今日肩上的担子很重很重。他那特有的"彭德怀式嘴角"向上翘着,这时已经翘得两边不平衡,显露出他内心的焦虑。

"天亮了,怎么还不见叶参座到?是不是出了什么问题?"博古猜测道。

朦胧晨雾中,有几个身影向这边奔来。

叶剑英、杨尚昆,还有第二局局长曾希圣等人终于摆脱困境,来到红三军团司令部。彭德怀、博古、张闻天等人伸出手庆祝与他们的会合。

脱险后的重逢,大家倍感亲切。

"你们开小差跑出来了!"彭德怀既紧张又兴奋地说。

"不!不是开小差,而是开大差,是执行中央的北上方针。"叶剑英幽默地说。

"参座,别说了,这里还是险境。你还不快走!"博古拉了叶剑英一把,催促道。

彭德怀在30年后的自述中还按捺不住高兴的心情,叙述道:"陈昌浩布置的监视,全被叶摆脱了,幸甚!"

凌晨,叶剑英、杨尚昆等人赶上了红三军团的主力部队,毛泽东、周恩来、王稼祥也正在焦急等待呢!

"地图!"叶剑英把用生命换来的甘肃全图送到毛泽东手中。

"这地图可是个宝贝!"毛泽东紧紧握着叶剑英的手,晃动着说,"你们可出来了,好!好!我们真为你们担心。走,出发!"

在北上途中的马背上,毛泽东受政治局委托起草了《中共中央为执行北上方针告同志书》,他以激动的心情写道:"南下的出路在哪里?南下是草地、雪山、老林;南下人口稀少,粮食缺乏;南下是少数民族的地区,红军只有减员,没有补充;敌人在那里的堡垒线已经完成,我们无法突破。南下不能到四川去,南下只能到西藏、西康;南下只能挨冻受饿,白白地牺牲生命,对革命没有一点儿利益,对于红军南下是没有出路的,南下是绝路。"

数天后,张国焘得此《告同志书》则很不以为然地说:"笑话!南下是绝路?我就不信。我张国焘走南闯北大半生,革命根据地说建在哪里就建在哪里,还从来没有走过绝路!我看毛泽东他走的才是一条绝路。"

18. 徐向前危急关头一言重千钧:"哪有红军打红军的道理?!"

9月10日拂晓,徐向前、陈昌浩得知红一、红三军团单独北进的消息。啾啾虫鸣中,不远处传来阵阵嘈杂声。

夜幕还没有完全从大地上拉开。徐向前睁开双眼准备起床,他盘算着:"今天应该向张国焘继续申明南下的弊端,求得一个两全之策才好。"

忽然,红军大学政委何畏坐着担架进了院子,他是在懋功战斗中负的伤,过草地后伤口复发,腿瘸得厉害。他下了担架,拄着拐杖,手中拿着毛泽东、周恩来亲笔署名要红军大学立即向北出发的命令,走进房间,向陈昌浩报告说:"政委,中央他们单独向北跑了!把我们红军大学的人也带走了!"

"中央?"

院外传来急促的跑步声:"总指挥,叶剑英跑了,指挥部的军用地图也不见了!"

"什么?谁跑了,值得这样大惊小怪?"陈昌浩一只脚在床上,一只脚刚刚落地,急忙询问到底出了什么事。

徐向前闻言,折身起床下地。

陈昌浩望了望叶剑英整齐的床铺,一切都和平常没有两样,只是床上的确不见了叶剑英。

"他昨晚上说今天出去打粮,可能去检查部队了。"徐向前解释说。

"不是,那完全是借口,他们真的逃跑了,把指挥部的那张挂在墙上的甘肃地图也带走了。李特已经骑马去追,现在不知追上没有。"

陈昌浩趿拉着鞋,一边扣着衣扣一边站立起来。何畏等人仍在喋喋不休地说着他们的新发现。

电话中传来急促的声音："他们利用我们四方面军经过重大牺牲所打开的北进道路，悄悄溜走了。1、3两军团原担任的对敌警戒任务，未作交代，就撤走了，使四方面军的一些阵地完全暴露，极易受敌攻击。"

房间内出现了短暂的寂静，大家都感到吃惊。

紧促的电话铃声，猛然间像是炸雷轰鸣而响，陈昌浩抓过话筒："对，我是陈政委。"

话筒里的声音全屋都能听得到："中央红军已经连夜出走，还放了警戒哨！"

"前边部队打来的电话。出了件怪事，一方面军开拔了！"陈昌浩面向坐在床沿上的徐向前说道。

这时，几个军长也跑进来，他们肯定还不明白发生了什么事情，看到有的部队行动，他们还以为整个右路军都要出发，所以一进门就问："总指挥和政委起床都这么早，是不是有命令让现在就开拔？我们的前卫部队——"

陈昌浩正在火头上，冲着几个军长说："向哪里开拔？我们没有下开拔的命令！简直都乱套了！你，你，还有你，赶紧叫他们回来！"

几个军长退了出去。

这时，一些不清楚究竟发生了什么事的红四方面军的干部，纷纷打电话请示徐向前，有人还表决心："只要用1个团就可以把他们追回，给1个班就可以追几个戴眼镜的下来。"

有人问："他们走了，还对我们警戒，这分明是对我们采取敌视态度嘛！我们拦截不拦截，打不打？"

一直愣在床沿上的徐向前在这时脑袋似乎是被谁猛击了一下，有点发怔，好长时间说不出话来。他心中在剧烈翻滚着："这是怎么一回事呀？他们走也不告诉我们一声，真是一点儿思想准备都没有！"

陈昌浩坐在电话机旁，接着一个又一个的电话，并命令部队进入战斗状态，准备去追。

红四军军长许世友奉命来到前敌总指挥部受命，等候在门外。陈昌浩准备让许世友带领该军的第28团去追回中央，对红一、红三军团进行拦截。

陈昌浩按着电话筒，对徐向前说："怎么办？下追击命令吧！"在军事指挥上，陈昌浩还是要听徐向前的。

半天无语的徐向前一按床沿，忽地站立起来，斩钉截铁地说："岂有此理，哪有红军打红军的道理？！"

陈昌浩一愣。徐向前像一头咆哮的狮子在怒吼："哪有红军打红军的道理？！要听指挥，无论如何不能打！"

在千钧一发之际，徐向前的这几句话可以说对中国革命起了关键性作用。

陈昌浩见徐向前突然间发这么大的火，愣怔了一下，又坐回到电话机旁。

红军内部在军政主官分工上有一条规则，权衡大事的最后决定权，不是在军事指挥员的手中，而是在政治委员的手中。也就是说，对北进的中央机关和红一方面军是否追，是否打，眼下还要看作为政委的陈昌浩的最后意见。

徐向前扫视了陈昌浩一眼，陈昌浩正在盯着徐向前。两个人的目光刚好对视，都显得非常冷峻。这时，如果陈昌浩感情用事，对着话筒说出那么几个对方希望听到的汉字，一场红军内部的内讧就在眼前。

陈昌浩对着话筒的嘴张了张，又停住了。他面容上的每块肌肉都在运动，骤然间又不动了，他深深地从胸中提了口气，用力吞咽下去的是一团唾液。

"对，都是红军，怎么能一家人打起来，让蒋介石看笑话？事态不能再恶化！"陈昌浩对徐向前的决定表示同意，他对着话筒命令道："叫他们听指挥，无论如何不能打！"

有人接着说："既然不能动武器，那就用喊的办法，喊他们回来。"

有些人便站到高地上，按照张国焘的口径向着北方大声喊道："北上死路一条！南下吃大米！"

"追，要追他们回来！"几个团长刚听说这一消息，都跑进前敌总指挥部吵嚷，"打，打！"

"打什么？鬼东西！"徐向前开始骂人了。往常他在着急时，骂人最多的话就是这个"鬼东西"。

有个团长一时愣在那里，张口结舌地说："打……打……小脑壳……"他的声音越来越小，因为他看到徐向前的脸色越来越难看，都快扭曲得变了形。

"谁再敢说打，我就枪毙了他！"徐向前的火气冲上来，他把手枪"啪"的一声甩在木桌上，"绝不能用对待敌人的办法，去对待我们自己的同志！"

陈昌浩呆坐在那里，无可奈何地说道："既然这样，就分道扬镳吧，他们走他们的，我们走我们的。真没想到会弄成这个样子。"

整个房间站满了人，却没有一个人敢说话。

身为红军总政治部主任兼红四方面军政委的陈昌浩在这时显然是站在张国焘一边的。他写了一封给红一、红三军团领导人并转全体人员的信，明令林彪、彭德怀和红军指战员要认清"敌我"，反对逃跑的中央。

许世友的第28团在徐向前等人的阻挡下没有派出，但陈昌浩还是又派出两个骑兵连去追中央，进行劝说。

"把这封致红一军、红三军的信分别交给林彪和彭德怀。一定要追上叶剑英，如果追不回来就打死他！他竟敢当大偷，偷我们的地图。"陈昌浩说。

信送出后，陈昌浩立即召集前敌总指挥部和红四方面军在本地的高级干部开会。

会说开就开，因为许多干部早就围在指挥部周围，探听消息和听候指示。

陈昌浩在会上通报情况，说："毛、张、周中央不经过总部组织路线，他们私自带一方面军部队及直属机关，昨晚开去投敌了。可恨有这几个人作恶，分散了革命力量，只能有益于敌人。中央在毛、张、周逃跑路线上，已经把一方面军几十万健儿葬送。但同志们不要惊慌，我们有张总政委在。张总政委在红军中久经战斗，现在，他要求我们立即率队返回阿坝。"

这天上午，前敌总指挥部像炸了锅，乱哄哄的。徐向前心情极坏，躺在床板上，蒙上头，不想说一句话，忍不住偷偷哭了一场。接连几天，徐向前彻夜难眠。

前敌总指挥部一片嘈杂和混乱，陈昌浩似乎有些稳不住阵脚，他很希望徐向前在这个时候能站出来帮他说话，可徐向前一直是愁眉苦脸，他在得知毛泽东等人北去并捎话回来后，更是一言不发。

各位军、师长和政委已经对中央深夜出走北上的事了解了一二，到了这时，都表示听从总部的指挥。

陈昌浩的态度到了这时是力主"听张总政委的"，坚持南下。

徐向前坐在床沿上，讲了自己此刻的矛盾心理，他对中央关于再次劝说张国焘北进的意见表示同意，但对南下问题没有明确表态，也表示对毛泽东等人的悄悄离开突然北上非常不理解。

"总指挥是南进还是北进？"几个师长问。

徐向前左思右想，感到很为难，他在这时怎么也舍不得把左、右两路军分开，把红四方面军分成两半，这支部队从小到大，他花了很多心血，不容易啊！

"总指挥的具体意见呢？"陈昌浩直接问。

徐向前焦急地对着自己的影子暗自叫苦："是跟中央走还是跟着部队南下呢？走嘛，自己只能带上个警卫员，骑着马去追中央。因为陈昌浩在这时的威信不低于自己，他能说会写，打仗勇敢，又是政治委员。他不点头，我一个人是带不动队伍的，最多只能悄悄带走几个人。"

徐向前想来想去，最后定下决心："还是和部队在一起，走着看吧。"

总指挥和政委的态度在这时即是前敌总指挥部的命令，众师长、军长和政委都表示与左路军会合，不随中央北上。

前敌总指挥部就此下达了返身向南的命令。徐向前到了这时心中仍是憋着一肚子气，他想起了昨晚毛泽东站在院子中对他所讲的话，原来毛泽东已经做好了潜出的准备，并在暗中试探自己的态度，这说明毛泽东对自己还是信任的。可惜的是，自己的脑袋没有转过弯来，拒绝了毛泽东的好意。现在反而被逼上梁山，只有南下。

"就这样，我执行了张国焘的南下命令，犯了终生抱愧的错误。"这是徐向前在他后来的回忆录中所作的忏悔。

窗外，雨飘飘，路迢迢，马萧萧。

上层领导之间的斗争，使处于最基层的红军战士们感到迷惑不解。有战士在日记中写道："近几天来，不知怎么回事，有些情况反常，师里的领导同志显得忙乱不宁，可又不像个打仗的样子，更令人诧异的是把带不走的枪支全部拿去烧掉了。我心想，这些枪支是多少同志用生命换来的，怎么能一把火烧掉呢？难道没有别的保存办法了吗？"

师级干部参加前敌指挥部召开的紧急会议后，又把团、营干部召集来，传达前敌总指挥部的会议精神，其内容主要是重复陈昌浩的话，有的有所发挥，说道："北上抗日现在是去不得了，我们前进的道路和桥梁已被右倾机会主义破坏……你们回去后，马上召开全团党、团员大会，要向大家讲清楚右倾机会主义的危害性。"

留在巴西附近的红军部队在这几天真是人心浮动，什么议论都有，战士们根本不知道出了什么事，都在互相猜测。

几天后，大家终于从党、团员大会上听到和证实了上级发生重大事件的消息。

在全团党、团员大会上，各团政委奉命统一口径，只讲 3 个问题："一是通报情况：中央在 9 月 9 日晚上向北逃跑了。毛、周、张的路线是右倾机会主义，是逃跑主义，他们把我们前进的道路和桥梁都给破坏了，我们再要北上，还要走半个月的水草地，那我们都会死在草地上。二是张国焘主席来电讲，为了革命，为了活命，生存下去，我们不能再北上，而要南下。我们宁可向南走一千，也决不能向北走一天！陈政委指示，我们在包座之战中伤亡很大，说什么也不能再向北走。三是我们要打回老家去，我们四川人要打回四川，回四川吃大米去！革命不能不要家，而且要保卫家乡。"

半信半疑的红军基层干部战士，顿时被这突如其来的政治大风暴所震惊，对又要过草地感到恐惧。他们都备尝第一次过草地的艰辛，现在心中极不情愿再过第二次草地。对师、团领导所讲的政治路线问题，战士们似乎考虑得并不多，那离他们太远，他们在这时考虑的最迫切的是如何不再挨饿和少走些冤枉路。

"怎么又回草地走啊？"

有些人不满地说："愿走的走吧！我们不想走了。留在这里跟那些土匪拼到底，死了也是光荣的，反正人总是要死的嘛！我们不怪党，不怪同志们。"

但是，"南下吃大米"的口号也很具有吸引力，更有军队严密的组织纪律约束，停留在巴西的红军毕竟是没过几天就南下了。

部队到了这时已经变得不好带，干部的思想都乱了套，何况战士们的思想。当然，也有头脑清醒者。红三十军政委李先念及时了解到部队的思想动态，在巴西召集了排以上干部会议。他在讲了当前的形势后，针对部队中的思想情况进行教育。

巴西一夜之间突然失去中央的红军部队，也犹如失去了主心骨，人心躁动，但由于有徐向前、李先念等这些高中级指挥员的极力防止事态的进一步扩大，波动的部队情绪得到及时而有力的缓解和稳定。

9月中旬，在分裂公开化的形势下，前敌总指挥部率领红四方面军部队再次步入草地，走回毛儿盖。

道路两旁出现了政治宣传员连夜拟制的许多标语口号：
"革命为了保家乡！"
"打回四川吃大米！"
"宁可向南走一千，也不向北走一天！"

一首"即景"歌也应急诞生，并迅速强制性地在部队中教唱："红军南下行，要打成都城，继续前进攻敌人，首先赤化四川省。消灭敌人的残兵，创造川陕根据地，革命胜利才有保证。反对右倾机会主义的逃跑，我们有了新的中央来领导。"

这标语，这歌声，的确诱惑了不少四川籍战士。他们由面向北斗，转而脸朝太阳，这该是他们戎马生涯中所做的最大一次"向后转"队列动作。

阿西一夜之间发生的事，意味着红一、红四方面军的分裂已经不可避免。毛泽东的深夜仓促出走，说明张国焘也是逼人太甚了。张国焘闻言，仅撇下一句话："木已成舟，就由他们去吧！"

毛泽东等人是于9月11日到达俄界的，顺利与红一军团会合。俄界，位于川甘两省交界处，是一个很小的村庄，即现今的甘肃省迭部县达拉乡高吉村。一身汗水的彭德怀对前来迎接的左权说道："老左，你知道我现在的感觉是什么？我看到你们真是比亲人还亲。昨天那一阵子大折腾哟，我是真正体会到了阶级友爱高于一切友情。张国焘的牛肉和银洋，见他妈的鬼去吧！"

"老彭，话不要说得太绝对了，友情还是要的。张国焘同志的思想也许会转过弯来的。"毛泽东说。

看来刚刚脱险的毛泽东仍盼望能说服张国焘一同北上。因此，他在抵达俄界后，一下马鞍，即以中央名义再次致电张国焘，指令立刻"率左路军向班佑、巴西开进，不得违误。"

但张国焘无视中央对他的一再争取，仍坚持南下，并撇开中央，电致红一、三军（即红一、三军团）领导人，劝诱林彪和彭德怀等人也一同南下，声称："1、3军单独东出，将成无止境的逃跑"、"不拖死也会冻死"，"将来真悔之无及"，要红一、三军团"速归"，"南下首先赤化四川"。

张国焘亲自拟定好电文后，拿给朱德签阅。朱德一看电文，气得把这份电报扔在地上，断然拒绝在电报上签字。

"你不签，我也照样发。"张国焘仍是把这份电报发给了林彪和彭德怀。林彪和彭德怀接电后，立即将这份电报送给了毛泽东。

毛泽东半天没说上话来，他的心情沉重到了极点，似无意似有意地说道："难道真的不可挽回了？我们的团结工作没有做好。张国焘的错误是严重的，红军如此大分裂是个悲剧。"

对于两军合后又分的原因，张国焘在后来的回忆录中曾经这样解释："民国二十四年（1935年）夏毛泽东领导之一方面军与本人所领导之四方面军在川西会合时，当时曾发生不同意见，毛泽东等估计长征是胜利，主张应北出陕西，形成川陕甘根据地，重建所谓中华苏维埃共和国中央政府。本人彼时估计长征是失败，一省数省首先胜利前途早成过去，吾人应在川西和西康地区域或甘肃西北部之甘凉肃一带，首先求得与中央军休战，再图举国一致抗日方针之实现，因为两种主张未能一致，遂至形成中共之分裂。"

张国焘的自我解释没有提及他的"逼宫"要权，这当然是不能自圆其说的。如果像他所说仅是一种政见不同，即使吵得昏天昏地，毛泽东也是不会如临大敌，被逼得深夜出走的，历史对此早有公论。

毛泽东与张国焘自夹金山下抚边小镇的握手拥抱，到了这大草地中便彻底决裂。两个人背道而驰，毛泽东向北，张国焘向南，但他们红色的旗帜下仍各自聚集着同歌"英特纳雄耐尔（International）就一定要实现"的人们。

毛泽东率领红一方面军主力北上了。两主力红军就这样在会合整整3个月后分离。朱德的心情非常沉重，他本想冲出张国焘所设置的监视网，回到中共中央，但他又考虑到这里还有由8万指战员组成的红四方面军，还有编在左路军中原红一方面军的第5、第9军团和其他人，不能把他们丢给张国焘不管。这样，朱德只剩下一个选择："留下来，跟着这支队伍，哪怕遇到再多的艰难曲折，也要把他们最终带回中央的正确路线上来。"

朱德拿着毛泽东等人发的电报多次找到张国焘，要求严格按照组织程序执行，但张国焘就是置之不理，有时甚至笑而不答，把朱德气得直打哆嗦也没有用。

毛泽东于俄界对张国焘的再次劝说犹如草地之雨落入泥潭，最终连个泡也未起。

"这个张国焘同志，他要造反了！"毛泽东气愤异常。

当晚，毛泽东在俄界召集会议，讨论与张国焘斗争的问题。大家的心情都不好，会议开到深夜也没有个结果。

"那就再等他一个晚上，明天上午张国焘同志再不给回电，那就说明他是造反造定了。"毛泽东打着哈欠说，他太疲劳了。

次日，毛泽东黎明就醒了，他再也睡不着，心中有事，怎么能躺得下？他接连问了五六次，电台都说没有张国焘的电报来。马上就到中午了，仍不见张国焘有音信。

"这个张国焘真的要造反了！我们不能再等他的什么电报，若再来电肯定就不会是什么好消息。我们开会，马上开会，开会！"毛泽东把桌子擂得震天响。

11时过，中共中央政治局会议继续在俄界进行，到会的政治局成员有毛泽东、张闻天、博古、王稼祥、凯丰、刘少奇、邓发。此外，参加会议的还有蔡树藩、叶剑英、林伯渠、杨尚昆、李维汉、李德，还有红一军团的林彪、聂荣臻、朱瑞、罗瑞卿，红三军团的彭德怀、李富春、袁国平、纯青，共21人。

"我们现在开会，张国焘至今没有回答中央的问题，我们不能等他觉悟后再行动，我们要干我们自己赶快必须做的事。"毛泽东说。他在会上首先作了关于与张国焘的争论及目前行动方针的报告，谴责了张国焘反对中央北上方针的错误,指出:"我再一次断定,南下是没有出路的。如不迅速北上,部队会大部被消灭,中央不能把红一、红三军团带去走这条绝路,不能变更北上方针。不管张国焘等人如何阻挠破坏,中央坚持过去的方针,即继续向北的基本方针。"

毛泽东继续他的讲话:"我们要赶快离开这个是非之地。从当前的敌我形势出发,我们的行动方针应有所变化,应首先打到甘东北或陕北,以游击战争来打通国际联系,靠近苏联,在陕甘广大地区求得发展。"

"对张国焘怎么办?我们不能容忍他这样肆意破坏党的团结,应该马上展开斗争!"彭德怀见毛泽东一直没有提张国焘的问题,直接插话提问。

谈到对张国焘的错误性质和处理办法,毛泽东说:"张国焘的错误发展下去,可能成为军阀主义,或者反对中央,叛变革命。同张国焘的斗争,是两条路线的斗争,应采取党内斗争的方法处理。中央的具体意见,下面请张闻天同志向大家说明和讨论。"

与会者互相窃窃私语,多数认为中央对张国焘的处理应该重一些。

张闻天的发言是有准备的,但他今天的情绪很不稳定,对张国焘的"造反"极为愤慨,他开口即说道:"对张国焘这一事件,我认为应当广为向部队解释。这是两条路线的斗争:一条是中央的路线;一条是右倾的军阀主义,这就是张国焘主义。他们从退出通南巴起,已形成了反对中央的路线。他们对敌人是惧怕的。在红军建设上,张国焘不要党的领导,把红四方面军变成了他个人统治的军队。对干部的培养,更是要拥护他个人。无论在哪一方面,张国焘都充分表现了军阀主义倾向,这是很明显的。这个问题,应使干部全部了解。而且要了解张国焘的下一步行动必然是组织第二党。当然,问题的转化有没有其他可能呢?也可能有。我们还有朱总司令、红五军、红三十二军在那里,还有广大的好的干部。经过我们的工作,还是有争取他的可能的,我们应尽量争取后一种可能。"

毛泽东见有人在议论关于"争取"的话题,便插话说道:"对张国焘的错误路线,中央为什么不能马上开展斗争?因为过去中央站在布尔什维克的路线上,如同对红一方面军一样看待张国焘,后来才知道他有严重的错误,我们就用许多办法来争取他。大家都知道用了许多方式,又是派代表,又是谈判,又是让步等等,但终于还是分裂。中央争取他的这些步骤是失败了，但中央是采取了许多正确的办法的。就是现在，只要还有一线可能，我们还要争取他。到最后，做组织结论是必要的，但这只是在完全没有可能争取的时候。"

张闻天又继续讲道："我们目前的战略方针是改变了，因为红一、红四方面军分开，我们的力量削弱了，所以中央的战略方针不能不有所变更。目前队伍的编制要缩小，德怀同志的提议，我是同意的。同时要注意干部的保存。现在要指定一些同志负责改编队伍，到麻牙即行改编。现在，我们应该通过对许多问题的解释，使我们的干部更加团结，坚信我们是唯一正确的。一些同志觉得我们更加团结了，这是很对的。"

"对张国焘的处理，我主张还是要开除他的党籍，这样才能说服部队。"性格刚强的彭德怀一直要求对张国焘实行严格的组织纪律制裁。

"不行，至少说现在不行。尽管张国焘所犯的错误已经构成可以开除他党籍的条件，但这还有一个时机问题。"毛泽东表示意见说，"我们应该看到，这还不是他个人的问题，应看到和红四方面军广大指战员。我们现在就开除他的党籍，他还是统率几万军队，还蒙蔽着几万军队，那我们以后就不好与红四方面军的同志见面了。"

"还是主席看得远，考虑得全面。"彭德怀表示同意毛泽东的意见。

毛泽东这一不开除张国焘的党籍的做法，无疑是非常正确的，高人一筹的。后来在张国焘另立中央时，又有人提出要开除他的党籍，毛泽东仍坚持不同意。如果当时开除了张国焘的党籍，以后争取红四方面军过草地，就会困难得多。就不会有以后红二、红四方面军的会合，更不会有红一、红二、红四方面军在陕北的大会合。毛泽东在俄界会议上的做法，可说是中国共产党在党内路线斗争中原则性和灵活性结合的典范。

俄界会议上尽管有许多人提出要开除张国焘的党籍，但最终因为毛泽东的劝说没有成为决议。会议只是根据毛泽东的报告，通过了《关于张国焘同志的错误的决定》，揭露了张国焘分裂党和红军的严重错误，号召红四方面军广大指战员团结在党中央周围，与张国焘的错误作坚决斗争。

"这个《决定》只传达到中央委员，不要向全军传达。"毛泽东交代说："我们这样做主要还是为了挽救和团结张国焘同志，给其改正错误的机会。"

会议同时作出一个重大决定，北上的红军到了这时已经不好再用原来的部队番号，决定将红一、红三军团和军委纵队改编为中国工农红军陕甘支队，彭德怀任司令员，毛泽东任政治委员，并由毛泽东、周恩来、王稼祥、彭德怀、林彪组成负责军事指挥的5人团，作为全军的最高领导核心；成立了以李德为主任，叶剑英、蔡树藩、李维汉为委员的编制委员会，主持部队的整顿编制工作；会议还决定召开营以上干部会议，说明战略方针和迅速行动的必要性。

9月14日，党中央再次致电张国焘，明确说明："中央率1、3军团北上，只是为着实现中央自己的战略方针，并企图以自己的艰苦斗争，为左路军及右路之30军、4军开辟道路，以便利于他们的北上。"

俄界会议后，刚刚改编的陕甘支队继续出发北进。

15日，毛泽东率领陕甘支队第1纵队到达黑拉。电告彭德怀：第1纵队明日向车眼前进，要求第2纵队及军委纵队明日到达黑拉附近宿营，向北挺进。

就在同一天，张国焘不顾中央的命令，在阿坝发布《大举南进政治保障计划》，公开了其分裂红军的活动，继而上升到分裂党的严重地步。他在召开的"党的活动分子"大会上，公开了他与中央分裂的问题，高喊"反对毛、周、张、博逃跑主义"的口号，挑拨两个方面军的矛盾，以致使他在台上讲，台下的红一方面军留在这里的干部战士遭到围攻和辱骂。时在红军总部担任无线电总队政委的伍云甫在这天的日记中写道："参加总支召集的活动分子会议，总政委报告一、四方面军兄弟团结问题，并解决贺诚捆侦察科政指问题，黄超喊打，会场秩序不好。"

草地的9月，一个多云多雨多冰雹的季节，毛泽东与张国焘最终没有能再握手言和。

红一、红四方面军两路军一个向南一个向北，分道扬镳。就在这时，向北的道路还行进着一列红军的队伍，这就是红二十五军的单独长征。中央红军的长征历经艰险，备受挫折，而与此同时的红二十五军的突围长征却比较顺利，当然，这其中是有些奥妙和传奇色彩的。

红二十五军，原属红四方面军建制。1932年秋，红四方面军主力向西转移川陕甘边区后，中共鄂豫皖省委将留在苏区的部队重新组建为红二十五军，吴焕先任军长，辖第74、第75两个师，约7000人。从1932年到

1934年夏季，红二十五军粉碎了国民党军的多次"围剿"，但自身也损失很大，根据地锐减。中共中央曾先后发出训令，指示红二十五军"在情况严重不能继续在指定地区活动时"，可进行战略转移，去建立新的苏区。

11月11日，中共鄂豫皖省委在河南省光山县花山寨召开常委会议，讨论红二十五军实施战略转移问题。会议决定红二十五军在行动中以"中国工农红军北上抗日第二先遣队"的名义，立即从国民党军"围剿"圈中的缝隙里向西转移；红二十五军由程子华任军长，吴焕先任政治委员，徐海东任副军长；留省委委员高敬亭领导一部分武装组建红二十八军，继续坚持鄂豫皖边区的武装斗争。11月16日，红二十五军由河南省罗山县何家冲西进，进入鄂豫边区之桐柏山区。国民党军出动了30多个团的兵力，企图围歼红二十五军于西进途中。红二十五军的长征开始。

11月26日，红二十五军准备越过许（昌）南（阳）公路，进入伏牛山区。这一天，气温骤降，风雪交加，能见度很低。战士们衣服单薄，忍受饥寒，在寒风中连续急行军，已很疲劳。下午1时，部队在方城县独树镇附近通过公路时，突然遭到国民党军1个旅和1个骑兵团的堵截。红军仓促迎战，与敌人接火时许多战士的手指都冻硬了，一时拉不开枪栓，以致被迫后撤。敌人乘势猛扑，并从两翼实施包围，情况非常危急。在此关键时刻，吴焕先政委带交通队两个班赶了上来，他大声呼喊："同志们，现在是生死存亡的关头，决不能后撤，就地卧倒坚决顶住敌人！"战士们听到吴政委的声音，马上稳定下来，就地卧倒在泥雪中，利用地形地物，顽强阻击敌人。这时，吴政委从交通队员身上抽出一把大刀，喊道："共产党员，共青团员们，跟我来！"他手举大刀，冲在最前面，带领交通队两个班，像猛虎一样冲了上去，与敌人展开肉搏。部队也都跟着冲上前去。徐海东带领后卫部队也及时赶到，立即投入战斗，终于打退了敌人进攻，使部队转危为安。红军以不足3000人的兵力挫败了优势国民党军步骑兵的合击。独树镇战斗，是红二十五军战略转移中的关键性一仗。

红二十五军这支焕发着蓬勃朝气的队伍，在吴焕先等人的率领下，在长征路上打了许多恶仗、硬仗。这支部队有一个显著的特点，就是在年龄结构上年纪普遍很轻。从军的领导到每个战士，平均都比别的红军部队年轻几岁。这年，军长程子华29岁，军政委吴焕先27岁，年龄稍大的副军长徐海东,也才34岁。团、营干部多是20岁多一点儿,有的还不到20岁。连队干部战士的年龄更小一些,年逾18岁的战士就是"老兵"。军首长直接领导下的军部交通队,都是不到18岁的小伙子,个个雄姿英发,朝气蓬勃,每人1把大刀,1支冲锋枪,1支盒子枪,佩着红缨穗带,神气得很。以青少年居多的红二十五军,还有为数不少的十二、十三岁的少年儿童,甚至个别还只是8岁的小孩子。他们跟着自己的父兄,在红军长征的"摇篮"里长大成人。

红二十五军的年轻将士们唱着激动人心的青年战士之歌,于12月8日经陕西省雒南县铁锁关进入陕西东南部,开始创建鄂豫陕根据地的斗争。从1935年2月到4月,红二十五军粉碎了国民党军的两次"围剿",先后进行了文公岭、华阳镇、雒南县城、荆紫关、袁家沟等战斗。7月中旬,红二十五军在得到红一、红四方面军会师并继续北上的消息后,决定到陕甘苏区会合红二十六军。然后一路北进。

8月,红二十五军连克甘肃省两当、秦安、德隆等县城。在泾川县四坡村战斗中,军政委吴焕先壮烈牺牲。部队继续北上,在合水县板桥镇遭敌骑兵袭击,损失200余人。此后,红二十五军沿陕甘边境人烟稀少的山区继续北进,于9月7日到达陕北苏区的保安县豹子川。中共鄂豫陕省委在此召开会议,决定徐海东任军长,程子华任军政治委员、代理省委书记。9日,红二十五军进至永宁山与陕甘党组织取得联系,15日到达延川县永坪镇,和西北红军胜利会师。至此,红二十五军历时10个月,途经鄂豫陕甘4省,转战近万里的长征胜利结束。

吴焕先、程子华、徐海东率领红二十五军从国民党军的围剿空隙中顺利突围,保存了力量,成为红军长征史上的一个奇迹。

19. 毛泽东六盘山握长缨"缚苍龙",蒋介石紧跟踪由西南飞大西北

草地边沿张国焘的分裂活动,并没有拖住毛泽东所率北上红军的后腿。俄界中共中央政治局扩大会议后,红军继续北上,9月17日,夺占天险腊子口,从而打开了北上甘南的门户。次日,红军乘胜占领哈达铺。

在哈达铺,接连几天,毛泽东和张闻天等人传看搜集到的国民党地方政府所出版发行的报纸。这些意存敌意而又夸大国民党军战果的报道,在此时却成了毛泽东和他的战友们所谈论的最开心的话题。从这些报纸上,毛泽东等人得知陕北有刘志丹的红军和尚有相当大一片根据地,高兴异常,遂决定党中央率陕甘支队到陕北去,同当地红军一起,巩固和扩大陕甘苏区。

长征从此不再是不知目的地的大退却,红军终于把长征转换为胜利。

9月22日,毛泽东召集红一、红三军团和中央军委纵队的团以上干部,在哈达铺一座关帝庙中开会。笑容满面的毛泽东今天看来有很多话要讲,他的情绪也很快感染了与会的全体红军将士。

"同志们呐!我告诉你们一个好消息,我们就要到陕北根据地了!感谢国民党的报纸,为我们提供了陕北红军的比较详细的消息,那里不但有刘志丹的红军,还有徐海东的红军,还有根据地。我们要抗日,首先要到陕北去。"

全场欢呼雷动,经久不息。

"拥护中央北上抗日的正确路线!"

"到陕甘根据地去!"

口号声震天,响彻哈达铺。

毛泽东继续讲话,说:"我们要北上,张国焘要南下,张国焘说我们是

机会主义。究竟哪个是机会主义？事实会证明一切。目前，日本帝国主义侵略中国，我们就是要北上抗日。首先要到陕北去，与刘志丹的红军会合。我们的路线是正确的，现在我们北上先遣队的人数是少一点儿，但是目标也就小一些，不显眼，不张扬，空隙中容易过日子。大家用不着悲观，要振奋精神，继续北上。我们现在比1929年初红四军下井冈山时的人数还多哩！在俄界时我们拟定改编陕甘支队，现在我代表中央正式宣布改编，由彭德怀同志任司令员，我兼政委。"

台下又是一片举枪如林的欢呼声。

新编成的陕甘支队，下辖3个纵队，林彪任支队副司令员兼第1纵队司令员，聂荣臻任第1纵队政委，下属第1、2、4、5、13大队，也即是5个团。第2纵队司令员由彭雪枫担任，政委由李富春担任。第3纵队即中央军委纵队，由叶剑英任司令员，邓发任政委。全支队共有7000人。

"大家一定要振奋精神，继续北上。我们从现地到刘志丹同志创建的陕北根据地只不过700里了。"毛泽东动员说，"经过两万多里长征，久经战斗、不畏艰苦的红军指战员们，你们一定能以自己英勇、顽强、灵活的战略战术，和以往的战斗经验，来战胜一切困难，到达陕北根据地！"

毛泽东在这次讲话中公开使用了"长征"一词，这在过去是没有过的。几天前的俄界会议所颁发的中央文件，因为是机密文件，其中虽然首次提出"长征"一词，但并没有向下传达。因此，自从毛泽东这次讲话后，"长征"这一新名词从1935年9月中下旬开始，由中央红军还未完成的长征路上传向全中国，传遍全世界。从战略大转移开始就坚持记笔记的红军指挥员萧锋，在以前的日记中从来没使用过"长征"这个词，但在听了毛泽东的这次讲话后，在第二天的日记中即使用了这一新的名词。从此后，"长征"一词便被广泛使用和宣传，出现在常用语言和词典中。

在红军离开哈达铺的这天早晨，毛泽东来到红军大学学员队，科长周士第把30多名中高级干部集合起来，请毛泽东讲话。

"好，好，集合。我说两句。"毛泽东今天的精神很好，他讲道，"草地从此结束，我们的脚已跨入甘南，快要迈进陕北的地界了，但今后仍会遇到许多困难。来，听我的口令，前排的同志，向后——转！你们自己都互相看看。"

大家互相望了望，都感到好笑，不知毛泽东是何用意。

"同志们，你们说人死了还能活吗？"毛泽东突然提出了这么一个问题。

"当然不能活了。"

"你们看一看，我们的人比过草地前是多了还是少了？"毛泽东继续问。

"现在只剩几千人，当然是少了。"

"你们再看看，大家是瘦了还是胖了？"毛泽东接着又问。

"爬雪山过草地，条件那么艰苦，吃的都没有，当然是都跑瘦了，饿瘪了。"

"你们的回答都是对的。人死了是不能再活的，那我们活着的人，身上的担子就更重了。但是，我今天要告诉大家的是，我们人少了，今后肯定会多起来；我们都瘦了，今后肯定会胖起来。好了，我的讲话完了。出发！"

队伍上了路，大家的思路也在向前漫延着，反复回味着毛泽东这意味深长的讲话——人会胖起来，人肯定会多起来。

哈达铺一过，红军前锋侦察警戒部队一直前伸到甘南重镇岷州。

岷州之北的大河滩，毛泽东吃着这里回民烙的大烧饼赞不绝口："呵，脸盆这么大，真香！蒋介石可没有这个口福哟。"

在大烧饼飘香的袅袅炊烟中，红军踏上了陇东高原。

9月23日，毛泽东率陕甘支队到达岷县闾井，他向纵队司令部侦察科布置了查清从礼州附近祁山堡、马坞之间通往会宁、静宁沿途情况及左、右两翼敌情的任务，要求当晚12时前报告侦察情况。从此，毛泽东每日亲自布置调查行军路线及敌情的任务。

毛泽东的体力从出腊子口后逐渐恢复，脸上有了红润的光泽。红军陕甘支队从武山县城一侧而过，然后渡渭河，于27日到达通渭县榜罗镇。28日，中共中央政治局在榜罗镇召开会议，会议根据在哈达铺了解到的陕甘根据地的情况，改变了俄界会议关于接近苏联建立根据地的决定，确定把中共中央和陕甘支队的落脚点放在陕北，在陕北巩固和扩大苏区。

时蒋介石在得知红军一部北出岷山后，急调国民党军胡宗南部和西北军、东北军主力在西兰公路和平凉至宁夏的公路上布置封锁线。

毛泽东在榜罗镇召开连以上干部会议，作了当前形势和任务的报告，号召全支队一定要突破长征路上的最后关口——固原、平凉封锁线，跨过六盘山，与陕北的红军实现会合。

9月底，红军陕甘支队第4大队占领了陇西。紧接着第1大队急袭通渭城，占领了这座时有1万余人口的中等城镇，消灭鲁大昌部和保安团300多人。红军在这里休整，恢复体力，然后向陕甘边界进击。

再说蒋介石在峨眉山办学加避暑两个月，回到成都玉沙街刘文辉公馆。红军陕甘支队势如破竹地向北挺进，使在成都指挥"剿匪"作战的蒋介石大吃一惊，直到有情报报告说毛泽东就在北上的红军队伍中，蒋介石这才恍然大悟："原来如此，我猜想这挡不住的小股赤匪中就一定会有毛泽东，换个人是没有这个能耐冲破我的重兵之围的。"

蒋介石的办公室内撤下了西南地区的作战地图，而挂上了西北地区的作战地图。蒋介石、张学良、顾祝同、陈诚等人聚集在一起，开始策划西北的"剿共"军事。

"毛泽东现在到了哪里？"蒋介石问。

"据侦察，在界石铺。"张学良回答。

蒋介石闻言，心中直犯嘀咕，又问道："哪两个字？"

"界限的界，石头——"张学良突然觉得这地名一说出口有些别扭，怎么这地名和蒋委员长同名，又连忙解释说，"这个地方属甘肃省静宁县，大概是静宁与会宁的分界地点，所以才这么称呼。"

"分界地点？怎么……"蒋介石皱着眉头，他听了这个地名后觉得很不舒服。

"蒋介石"这个名字，据说来历很多，其中有种说法，说他是封建帝制的"界石"。从蒋介石之后，中国最高统治者不再称皇帝。蒋介石立志要在中国的历史上树起一块标志性"界碑石"，取消皇权制就以他为界碑，统一的中国不再出皇帝。中国的历史发展也果然如其名。统一中国称帝制的袁世凯有83天的皇帝梦，不管时间长短，这个袁大头总是当了皇帝，他是中国历史上最后一个称帝的人。孙中山是中华民国创始人，但他没有统一中国，"革命尚未成功，同志仍须努力"成了他的最后遗言。清室后裔溥仪在伪满洲国称过皇帝，但他那个皇帝如同乡村密林中占山为王的"山大王"称皇帝，在性质上没有什么两样。他们在国际上都代表不了中国。只有到抗战胜利后，蒋介石果然成了统一的中国的元首，尽管时间不长，但他毕竟成了一块结束中国封建帝制的"界石"。

所以说，蒋介石听到毛泽东占领了界石铺后，心中自然感到别别扭扭的。

"把毛泽东撵出那个地方再打，不要让他的血玷污了那块地方。"蒋介石对毛泽东竟然踏脚在与他名字谐音相同的地方感到愤慨和不能容忍。

此时，在界石铺的毛泽东也察觉到了这个地名怎么会与"蒋委员长"同名，他笑着在街石上连跺三脚，说："我们踏上了蒋介石的脊梁骨，再用劲一蹾，他就要趴下了。"

彭德怀等人都笑了，也在街石上跺跺脚，跨步而过。

3日，毛泽东和彭德怀在界石铺两次致电林彪、聂荣臻、彭雪枫等，布置各纵队近日工作。隔日，红军各纵队从界石铺出发，兵分两路向20多公里外六盘山西侧的兴隆镇（今宁夏回族自治区西吉县）一带前进。

这天晚上，毛泽东住宿在单家集清真寺北侧一位姓海的回民院子中。次日拂晓，即离开这里，率部朝东北固原方向继续进军，准备翻越六盘山。

六盘山西麓的军事行动，引起了蒋介石的极度不安，尤其是当他听说毛泽东竟然在与他谐音相同的"界石铺"驻兵时，真是火冒三丈，在派出重兵出动"围剿"后，又命令飞机从空中先进行轰炸。国民党空军立即行动，时红军已经离开界石铺向北进军。国民党空军的炸弹就从界石铺炸起，紧追毛泽东而来。

就在毛泽东离开单家集5个小时后，国民党空军轰炸机飞临单家集上空投弹，毛泽东住过的房屋和清真寺附近泥土飞扬。清真寺北厢房掉下了一颗重磅炸弹，半个多世纪后的墙壁上还清楚地可见有20多处弹痕。

稳坐大殿中安然不动的阿訇口中念念有词："天下没有神，可这毛泽东真是神人！"

行进在途中的毛泽东见头顶上数架国民党军轰炸机飞过，也猜测到了它们的为所欲为，惦念起了刚刚离开的单家集："愿真主保佑他们！"

"主席也相信真主？"警卫员听到毛泽东口中念叨，好奇地问。

"相信，我所信仰的真主，也像那清真寺中的老人，长着长胡子，而且是个大胡子。"毛泽东用右手摸了摸自己的下巴颏，做了个捋长胡子状，又笑着点破话题,"此人也是你们的真主,红军的真主,他是大胡子马克思!"

"马克思! 呵,那胡子可是大得没人比的了。"

"我们都没有亲眼见过真主的面,但真主在我们心中。"毛泽东说着,迈步向前走去。

为了不惊动驻扎在隆德县城的国民党军,红军向东北绕过隆德县境。经新店子、什字路、杨家磨、黄河湾等地,于6日晚到达固原县张易堡一带宿营,在这里同样受到了回民群众的热烈欢迎和亲切接待。

与此同时,成都的蒋介石正紧追毛泽东而来。

要离开西南了,蒋介石似乎有许多事情要做。他把这一段时间常跟在自己身边的两员大将都赋予重任:特派顾祝同为军事委员会四川行营主任,行营在蒋离开成都后移往重庆,下编制3厅、8大处、2会、1室;设委员长行辕于宜昌,以参谋长陈诚,主持剿共军事。

在安排好人事问题后,蒋介石主持召开坐镇西南"剿共"的最后一次军事会议。出席会议的不到10个人。除受命继续在南方负责"剿共"的陈诚、顾祝同外,还有张学良、薛岳、杨永泰、晏道刚、刘湘、胡宗南等人。这个所谓的军事会议,实际上是蒋介石临行前的一个工作安排性质的会议,没有什么实质内容。

"共军内部分裂。毛泽东已带红一、红三两军团北窜入甘。而徐向前、朱德两股会合,希图先窜康北,再转康南与西昌、会理一带,冀图苟延残喘。对于徐向前、朱德合股,图窜西康,势所必至,此即残余共军之末路。只要我军殚精竭虑,必有歼灭成功之道。委员长对此有周密的安排。近日,委员长将飞西北巡视,下面我们请委员长训话。"顾祝同的军情介绍很简单,他把更多的时间留给了蒋介石。

"近来从峨眉山到成都,我一直都在思考一个问题,共军之所以不能一鼓剿绝,为何也?"蒋介石的声音较之往常,低得多,"我以为原因很多,撮其大要,约有四端。"

众将领竖耳细听蒋介石自峨眉深山所悟之"道":"共军之位置恒临危绝,而能因此鞭策其众,集中全力,冲破一点,与古兵法'陷之死地而后生,置之亡地而后存'之义暗合。我反之,此其一也;共军能统一指挥,尽量使用兵力。我因部队仓促结集,将士之间,非所素习,或利于游击,而适当正面；或是长于守御，而驱之野战；长短互易，巧钝俱困，以致指挥进止，常有不能彻底之处，此其二也；共军能共认目标，协同动作。我因所处地位环境，各有不同，用志既纷，行动遂难彻底一致，共军乃利用弱点，此剿彼窜，此其三也；共军能不齐辎重，就地因粮，日夜兼程，骤如风雨。我则军行有程，宿营预定，粮草弹药，劳役繁乱，追剿恒苦不及，居守虑为所乘，此其四也。共军有此四利，故得遂其狡计，殆人事之未备，不能尽委之气数也。"

蒋介石讲完这段话，停顿了足有10多秒钟。会议桌上一片寂静，大家都被蒋介石所说"共军有此四利"而得"气数"的话而惊讶，而反思，最后都低下了头。

"你们高级将领，个个都应明晰敌情、民情、地形，要将在江西剿共时一些怕共军的心理完全改变。江西的共军是真厉害，现在一切的情况都不利于他，这种饥疲不堪的残余共军可说丝毫的力量也没有。我们以如此多的兵力，一切的人民都可为我们所用，一切的物资都可由我们掌握，一切的交通都可由我们控制。共军现在已陷于我们重围之中，我们如果还不能将共军消灭，那还能做人吗?!"蒋介石说着说着就要骂娘，但他看了看一个个低垂的头，还是把一肚子火气压了下去。

"有些道理我们当高级将领的人，要时常向部下讲明，更要随时教他们关于战略战术的原则和方法，再叫他们实地演习。如此，他们当然胆大气壮，勇敢有为了，一切新的战略战术，都可以充分运用，奏效成功。这种训练部下转变心理，振作士气的功夫，便是作高级将领的人第一件重大的责任和本领，希望大家要做到!"

众将领见蒋介石就快结束今天的训话，才都渐渐抬起头来。

"我该说的话很多，过去也都说过了……"看来蒋介石今天的讲话就准备这么多，他的心思已经飞向了西北。

顾祝同把一张拟定好了的关于"围剿"南下红军的兵力部署递到蒋介石面前。

"对西窜残余共军之处置，我军各部的行动部署应如下。"蒋介石扫视了一下在座的为数不多的人，声调又降低了一些，"杨森军主力应限期占领卓克基，须跟追至大金川以西地区至西康区内绰斯甲一带停止候令；邓锡侯军先占领阿坝候令；刘文辉军除留少数部队约两团于雅安附近维持后方交通外，其余全部移驻康北道孚、炉霍、怀柔、甘孜一带堵剿。对于理塘与巴塘，须增兵各两团防守堵截，勿使共军向南窜；李抱冰部专防泸定、康定与雅江一线。其驻丹巴部队应由刘文辉部派队接防为要；第21军应抽调15团以上兵进驻雅安附近；李家钰驻岷江部队应定期移驻西昌各县。限本月底由王缵绪师派队接其岷江防地，20日接防完毕。限李部于11月底集中西昌为要。"

刘湘伸长脖子向墙壁上的地图看着，他没有寻找到他要找的川康边界线，方发现悬挂的已经不是西南地区的作战地图，而是一幅西北地区的作战地图。

"此时我只望各位努力立业，以为党国建造边陲千秋之功。况此歼剿残余共军，应利乘便，是天与各位成功立业之机，希勉之。对于康北如何堵截与如何坚壁清野，与民合作，则全在各位之精筹严督。而歼灭残余共军之道亦全在乎我军民合作与坚壁清野二语之中，望力行之。今天所讲的话，大概就止于此。话虽不多，只要大家能照着切实做到，我相信一定可以在近期剿灭共军，完成大家当前的责任。"蒋介石的讲话草草收了场。

7日上午，刘公馆内一片忙碌，侍从室的人员在主任晏道刚的部署下，开始装箱启运所携带的物品。蒋介石今天就要启程去西安。

"谢绝一切送行和拜访！"蒋介石对晏道刚说完，上了楼。

楼下闹哄哄的，机要室的人员在小心翼翼地把电台向大卡车上装，而楼上却静悄悄的。

在临离开成都前，对西南军事有些放心不下的蒋介石在分别给昨天没有到会的贺国光、杨森、李抱冰、刘文辉等人写手令。

心情别样的蒋介石吃完早饭后不久就开始坐在那里写手令，一直写到午饭后，还没有写完。

蒋介石首先想到具体负责指挥川康边"剿共"军事的贺国光。在手令中，蒋介石一一点到了时在川康边作战的国民党军各路指挥官的名字，并限令他们在规定时间内完成指定作战任务，具体内容大休上与蒋介石在昨天军事会议上所讲相同。

给贺国光写完手令，蒋介石又给杨森写道："我定本日飞陕、甘巡视，望兄部克日占领卓克基,并派最有力部队跟追至绰斯甲停止候命为要。……"

下午2时过,蒋介石和宋美龄走下了楼,在卫士的簇拥下上了轿车,直奔机场。随后,刘湘等人的小轿车也紧跟而来。

在机场上,蒋介石与送行人员一一握手告别,刘湘向蒋说着什么。

舷梯上,蒋介石面向送行的国民党军将领们挥手话别:"凡从事于剿共战役者,功在国家,无大小门类之分,只因战况而分别称为追剿、抚剿、协剿、兜剿、痛剿、防剿、堵剿、邀剿、截剿、迎剿……不论如何剿,总之,希望大家协力共剿!剿!剿!剿!"

蒋介石转入机舱内,飞机腾空,由蓉飞陕。

天上的在向北飞,地上的也在向北走,甘南的红军正在紧张地征战中。

毛泽东的体力从出腊子口后逐渐恢复,脸上有了红润的光泽。红军陕甘支队从武山县城一侧而过,然后渡渭河,到达通渭县榜罗镇。中共中央政治局在榜罗镇召开会议,会议根据在哈达铺了解到的陕甘根据地的情况,改变了俄界会议关于接近苏联建立根据地的决定,确定把中共中央和陕甘支队的落脚点放在陕北,在陕北巩固和扩大苏区。毛泽东在榜罗镇召开连以上干部会议,作了当前形势和任务的报告,号召全支队一定要突破长征路上的最后关口——固原、平凉封锁线,跨过六盘山,与陕北的红军实现会合。

红军陕甘支队第4大队占领了陇西后,紧接着第1大队急袭通渭城,占领了这座时有1万余人口的中等城镇,消灭鲁大昌部和保安团300多人。红军在这里休整,恢复体力,然后向陕甘边界进击。北上的红军陕甘支队右路纵队在静宁以西击溃国民党军一部,缴获汽车10余辆,控制了西(安)兰(州)公路东西10余里。过界石铺后,在隆德县的单家集又击溃国民党军1个营,并在六盘山主峰的青石嘴消灭国民党军骑兵两个连,继向环县与庆阳间前进。

时南下的红四方面军发起了绥(靖)崇(化)丹(巴)懋(功)战役,主力分两个纵队,沿大金川两岸南进,抢占绥靖、丹巴、崇化、懋功;以第33军及第27师1个团驻守马塘、梦笔山地区,掩护后方。

也就在蒋介石准备由蓉飞陕的那天在成都刘公馆写手令时,清晨,毛泽东率陕甘支队胜利到达长征路上的最后一座山——六盘山。

六盘山原名鹿盘山，峰高傲视西北高原，山长雄跨甘肃、宁夏，位居于今宁夏南部隆德与固原两县交界处。陡峭的耸岩危峰，愈显山势挺拔雄伟，真不负"关中项背、河陇咽喉"之称。古诗即有云："峰高太华三千丈，雄踞秦关两百重"。依山体凿建的穿山公路盘旋蜿蜒而上，弯弯曲曲缠绕在山间，上下数来共有六盘，此山由此而改名"六盘山"，当地人却渐渐把它的本名"鹿盘山"给忘记了。

当红军北进到六盘山下时，国民党第37军第24师李英部也紧追到这里；据守在山东麓的国民党东北军骑兵第7师门炳岳部挡住了红军前进的道路。蒋介石发出命令："就此有利时机，全歼毛泽东红军于六盘山区。"

大批的国民党军从附近蜂拥而来。

毛泽东推测到蒋介石国民党军的企图。在离开张易堡后，径直向东，迎着太阳，飞奔六盘山而来。

毛泽东等中共中央领导人在当地群众的带路下，不走公路，而是走小路沿小水沟上山，从六盘山主峰之一的牛头山北侧过山，直插海拔2900多米的顶峰。

"这样可以节省时间，但并不省劲哟。走，上！"毛泽东走在最前面，向山顶爬去。

山路越来越陡峭，青灰色的石头突兀于羊肠小道旁。毛泽东抓着茅草奋力向上攀登，边喘着粗气还边讲："你们看，这座山是南北竖着的。我们从江西出发以来走过的其他山多是西北、东南走向横着。"

警卫员们扳着手指头说起了长征途中经过的大岭大山：大庾岭，骑田岭，都庞岭，萌渚岭，越城岭，苗岭；大娄山，乌蒙山，大雪山，夹金山，虹桥山，梦笔山，长坂山，仓德山，打古山，岷山……

毛泽东也在扳着手指头，算计着什么。

警卫员们从计算走过的山，又掰着手指头算起了跨过的大江大河：漳水，湘江，乌江，赤水，北盘江，金沙江，大渡河，黑河，白龙江，渭河……

"屈指行程二万。"毛泽东自言自语。

"前面还有山岭和江河呢！"

"不远了，我们就快要到新家了。"毛泽东说道，"这座六盘山可不简单呢！它雄踞大西北，是兰州和西安的门户。这里离祁连山不远，是兵家要地，古代在这里打过很多仗。"

攀上主峰，毛泽东停下脚步，坐在一块大青石上，招呼着警卫员等人："休息一会儿吧，这里真是一个好地方！"

仲秋时节的六盘山，金风送爽，天宇澄澈。如海的碧空中，只有几抹纤云点缀，愈显天高迢迢无极。奋力攀登的红军队伍蜿蜒于山道上，猎猎秋风中，火红的战旗呼啦啦招展。

"嗬！好一幅大军远征画图——秋高飞大雁，峰高卷旄头。"毛泽东站立起来，饱览六盘风光，挥手指点这万里江山。向北极目处，长城隐隐约约可见，盘绕在万重山间。

诗兴勃发的毛泽东，在这戎马倥偬中，展望前景，抒怀高歌，一首《清平乐·六盘山》就在这极目远望中哼成：

天高云淡，望断南飞雁。不到长城非好汉，屈指行程二万。

六盘山上高峰，红旗漫卷西风。今日长缨在手，何时缚住苍龙？

"好诗，好诗！"彭德怀高兴地赞美道，"北上抗日缚苍龙，很有气派！"

"'苍龙'在这里不是指日本人，而是指蒋介石。我们当前的主要精力对付的是蒋介石，还不是日本人。"毛泽东坦诚地说。

翻过六盘山峰巅后，毛泽东在下山的山腰一间小茅屋里，致电彭雪枫、李富春、叶剑英、邓发，命令："明日须以急行军通过镇原、固原大道，并注意向镇原、固原前进之敌35师部。白杨城如有敌时，须从其西端绕道向环县前进。"

中央红军胜利结束长征在即。

20. 彭德怀横刀立马吴起镇，中央红军长征胜利到达陕北

毛泽东在六盘山握长缨欲缚"苍龙"蒋介石，蒋介石也从峨眉山赶到了整一年前拜祭周陵求霸业的大西北，要与毛泽东决一雌雄。

蒋介石一到西安，他派出去的心腹就把各种情报传了回来。几天前，红十五军团在甘泉县劳山地区设伏，歼国民党军第110师大部，俘2000余人，缴获战马300余匹和大批军用物资，击毙师长何立中，给东北军以沉重打击。

"咿，这陕甘要全部赤化了！"蒋介石倒吸一口冷气。

"共军的意图已很明显，他们要把陕甘变为第二个江西赤化区，毛泽东就奔这里来了。"晏道刚说。

"我早就说过，对共军徐海东部绝不能掉以轻心，如不尽早肃清必成巨患，现在不幸被我言中！"蒋介石气呼呼的。

"现在痛剿还来得及，以免共军把这里当做落脚点。"

"必须尽快消灭共军第15军团于富县、洛川地区！"蒋介石敲打着地图。

张学良根据蒋介石的指令，急忙作出部署："第67军在肤施、甘泉、富县、羊泉一带地区筑碉，肃清附近共军，置重点于富县，维持肤施、富县间交通。杨虎城总司令所部，以一部在延长、甘谷驿警戒，以主力在宜川、洛川之线筑碉，置重点于洛川，防共军南窜；另以有力之部队在韩城、秦关镇、中部、正宁之线筑碉，肃清附近共军，巩固后方安全。第101师师长兼正太护路军司令孙楚所部及井岳秀、高桂滋各师，速肃清附近共军，待主力军向东迁回时，即协同各友军将刘、徐各股共军聚而歼之。各部队布防及清剿情形，随时具报为要。"

"刘、徐,这个'刘'就是陕甘本地的共军?"蒋介石有些疑惑地问道。

"这个'刘'就是刘志丹,传闻他与林彪是黄埔同期同学。"张学良答。

"刘志丹?是不是黄埔军校第四期毕业后到西北的那个?"

"正是他,原名刘景桂,在黄埔军校时就参加了共产党组织。"晏道刚在一边说。

"志丹,这个名字改得一听就是赤化分子。这也是我的学生?没有教育好啊!"蒋介石感到非常惋惜。

蒋介石清晰地记忆起那个在军校时就才华出众的刘景桂,他很赏识这个三秦大地来的学生。刘志丹毕业后,随军北伐,到武汉后被派往西北冯玉祥部队作宣传工作。发北上旅费时,一般人员每人发300元,唯有刘志丹的路费,蒋介石给了他700元。

因此,当蒋介石得知刘志丹就是刘景桂时,那真是火冒三丈:"发通缉令,抓住他!"

国民党军"西北剿总"在蒋介石的指令下,立即颁发悬赏布告,张贴向村头路口。上书:"刘志丹,生擒者奖2万元,献首级者奖1万元,证明击毙者奖600元;高岗,生擒者奖5000元,献首级者奖3000元,证明击毙者奖400元;贺晋年,生擒者奖3000元,献首级者奖2000元,证明击毙者奖200元;谢子长,生擒者奖5000元,献首级者奖3000元,证明击毙者奖400元。"

在蒋介石的亲自指挥下,国民党军又奔波于陕甘高原之上。张学良的东北军共有5个军20余个师,约30万人,也陆续到达陕甘宁边区。从兵力对比上看,国民党军与当时陕甘边区的红军是10与1之比,国民党军在数量上占绝对优势。

蒋介石做好了在陕甘地区对红军发起大"围剿"的准备。

但是,就在蒋介石磨刀霍霍准备先"剿灭"红十五军团"拔根"后,再回头夹击毛泽东所率领的北上红军时,中国的大局势发生了变化,那就是早已上升为主要矛盾的民族矛盾,已发展到使连坚持"攘外必先安内"卖国政策的蒋介石都感到无法忍耐的地步。

伪满建立后,日本帝国主义为控制文化宣传事业,实行高度的垄断,并令伪满强制推行。这个月,为推行"一个国家一个通讯社"的殖民政策,伪满建立"弘极协会",把报道、言论、经营三者统一起来,实行所谓"官制统治"。后又把东北的 27 家报社合并为《康德新闻》、《满洲日日新闻》、《满洲新闻》三大新闻社,从而垄断了东北的报纸出刊和发行。

最令蒋介石感到不可容忍的是日本正紧锣密鼓策动华北五省联合自治,这也就是说,华北五省要从南京政府的管辖中脱离出去,实际上这也是蒋介石自己种下的祸根。

近月,日本帝国主义强迫南京国民政府与其签订了《秦土协定》和《何梅协定》,攫取了河北、察哈尔两省的大部控制权,并压迫国民党军队撤离两省。随着国民党军队的撤离,日本军队大批涌入关内。接着日军又积极策划河北、山东、山西、察哈尔、绥远五省"自治"。天津日驻屯军司令多田骏召集日记者聚餐,即席散发《日本对华之基础观念》小册子,宣称:为彻底扫清华北反满抗日分子,实现华北经济独立,防止"赤化",必须脱离南京政府,确立华北政治新结构,实行华北五省联合自治。在蒋介石鼓动刘湘发"祝捷通电"时,日本内阁会议正式通过了《鼓励华北自主案》。

华北的消息报到西安,张学良首先拍案而起:"日本鬼子欺人太甚,占我东北三省,现在又要我华北五省,绝不能再这样下去了!"

张学良手持发自北平的电报来找蒋介石。蒋正伏在西北作战地图上策划新的"围剿"计划。

"委座,华北——"

"又是华北,不提华北,先说西北!"蒋介石是一听"东北"、"华北"几个字就感到头痛,他关心的是"剿共"。

张学良鼓了鼓勇气,仍然决定还是要把话说完:"委座,刚收北平急电报告,《何梅协定》与《秦土协定》签订以后,日军对我政府的谦让并不满足,现在他们又企图变冀、鲁、晋、绥、察华北五省为'第二个满洲国',成立'华北国'。"

"什么,'华北国'?华北五省要分裂出去?"蒋介石从地图上直起身来。

"日本的企图是这样,他们开始策动亲日派汉奸在华北公然发动所谓'五省自治运动',企图不费一枪一弹达到吞并我华北的目的。"

"这怎么行?!"蒋介石闻言后急得直跳脚。

"我看委座还是赶快到华北去处理这事,绝不能让国家的土地再分裂出去。否则,我们就是中华民族的千古罪人!"张学良说到抗日,家仇国难直向心头上涌,他已是义愤填膺。

"这西北的'剿共'军事也正是在关键时刻,这可怎么办才好?"在蒋介石的心里,"剿共"重于"反日",还且不言"抗日"。

"这里的事情有我呢,委座放心去吧。"张学良尽力促成蒋介石赶快去华北。

"好吧,我去去就回转来。西北的'剿共'要抓紧在近月彻底完成!"蒋介石意识到华北的事情也非同小可,一下子分出去5个省,这已危及到他的根本统治。

时局发展到这时,蒋介石已不能像在红军长征中那样亲自指挥对红军作战,只是从战略上作全盘指示。他害怕日本人在北方另搞出一个政府来和自己对立,自然不能置之不理,因此他只好暂时放弃亲自指挥对红军作战,而去处理华北的事情。

11日,蒋介石由陕飞开封,电召在天津的第29军军长宋哲元到开封见他,但宋哲元却不想去见蒋介石。因为,第29军是在中央军和第51军根据《何梅协定》撤离后而进驻河北、控制平津的。这时日军正在拉拢宋哲元,宋还举棋不定,所以只派了一个秘书去开封见蒋介石。蒋介石为了安抚宋哲元,在几个月前就将功高荣显的"青天白日勋章"授予宋哲元及其部下秦德纯、冯治安、张自忠、刘汝明等主要将领,并任命宋哲元为平津卫戍司令。但此时的宋哲元却显然别有心思。宋哲元的秘书到了开封后,向蒋介石转达宋的意思说:"宋军长的一切行动,都是以中央的旨意为旨意,以保国卫民为自己的责任。"蒋介石交给宋哲元的秘书一封信,在其中只好以美言相拉,称:"宋军长是一个忠实同志,爱国家,爱民族,希望好好训练队伍,保持长城抗战的荣誉,今后中央一定要重用。"

蒋介石想面见宋哲元而不成后,又飞到太原去安抚阎锡山,其目的一是劝说阎锡山不要参与"华北自治运动",二是希望阎到南京出席即将召开的国民党六中全会与五全大会。蒋介石这次北上除了想安定华北的紧张局势之外,还有拉冯玉祥、阎锡山等反蒋派出席国民党代表大会的目的。14日,蒋介石由太原飞回南京,与汪精卫、林森等人磋商华北等问题。

蒋介石的北行，仍然是到处张扬他的"攘外必先安内，抗日必先剿共"的政治、军事主张，来去都匆匆。他实在是没有把主要精力放在解决华北问题上，却又本末倒置，不敢向日军提出交涉，反而以拉拢阎锡山、冯玉祥、宋哲元等地方势力派为能事。日本人见状，更加肆无忌惮，13日，日关东军召开大连会议，具体策划华北五省自治的阴谋。几天后，日本特务在河北香河指使汉奸武装和流氓举行暴动，强占县城，成立"县政临时维持会"，发表所谓"自治宣言"。不久，日本特务在天津收买一批流氓、毒贩向天津当局举行所谓"请愿"，要求"自治"。日本特务机关又唆使汉奸殷汝耕在河北通县成立"冀东防共自治委员会"。与此同时，日本奉天特务机关长土肥原贤二到保定、太原、济南等地活动，企图策动阎锡山、韩复榘、孙传芳、吴佩孚响应华北五省自治运动，威胁平津卫戍司令宋哲元，迫其书面宣布"华北自治"。蒋介石国民党政府对此却采取妥协敷衍的政策，宣布撤销北平军分会，设立冀察政务委员会，使华北危机达到顶点。

民族矛盾到了如此紧张的地步，蒋介石却视而不见，他挂念的仍是"剿共"军事。18日中午，时在南京的蒋介石发出关于在川康边日隆关、达维一线筑碉防守的电令："杨森军应死守懋功、宝兴、芦山、天全之线。邓锡侯军日隆、耿达线之3团，及后方准备进剿之6团，就中以6团控置日隆关、达维间，策应抚边、懋功。其余3团，沿姑娘塘、牛头山、邓生、日隆关之线，扼要筑碉防守。原在邱地、虹桥之李树华、杨宗礼两旅，可即撤回后方整理。原令范绍曾部接替，现停止派遣。范部守理番、关口至邱地及姑娘塘之线。"

这时，川军第24军两个旅布防于大金川沿岸绥靖至丹巴一线，其主力位于金汤、雅安、汉源、西昌、懋功一带；第20军4个旅又1个团布防于小金川沿岸懋功、抚边一线，一部位于天全、芦山、宝兴地区；第45军主力位于邛崃、大邑、水磨沟一带，1个团进至抚边以东的日隆关等地。另外，第21、第23、第44军和中央军薛岳部主力，部署于成都以北的岷江和嘉陵江之间地区。

川康边的红军在南下后，正发起绥崇丹懋战役。红四方面军右纵队第9军第25师在绥靖西北强渡观音菩萨河受阻，遂以左纵队第4军由绥靖以北强渡大金川。红四方面军渡河成功后，沿大金川西岸南下，攻克绥靖，击溃守敌第24军刘文辉部两个团，继续向南发展，再克丹巴县城，国民党守军狼狈不堪向南撤退。红军左纵队之第30军渡过党坝河，占领崇化，国民党守军南窜；红军左纵队之第27师对绥靖以东之两河口国民党守军第20军杨森部第7旅发起攻击，将其全部击溃，继克抚边，又袭占达维，击溃杨森部第4旅。20日，第30军一部攻克懋功，杨森部两个旅向夹金山以南逃窜，红军第27师在达维以西主动截击，俘获甚多。接着，第27师迅速向东发展，连克日隆关、巴郎关、火烧坪等地。至此，绥崇丹懋战役胜利结束，红四方面军攻克绥靖、崇化、丹巴、懋功等地，击溃川军第20、第24军共6个旅，歼其3000余人。

接着，红四方面军又发起天（全）芦（山）名（山）雅（安）邛（崃）大（邑）战役，所部分成左中右3个纵队，以第4、第32军为右纵队，由丹巴经金汤攻取天全，并以一部向汉源、荥经活动；以第30军及第31军第93师、第9军第25师为中纵队，第一步夺占宝兴、芦山，尔后向名山、雅安及其东北地区进攻；以第9军第27师为左纵队，主力向东扩展，威胁灌县、大邑之国民党军，并以1个纵队留守抚边、懋功、达维地区。另以第5军为右支队，巩固丹巴地区；以第33军为左支队，驻守马塘、两河口，相机威胁理番，攻占威州。

红军的胜利是一个接着一个。这个月，最大的胜利要算是中央红军长征的胜利结束。

10月18日，陕北高原，中共中央政治局在保安县与定边县交界的铁边城召开常委会议，讨论陕甘支队入陕作战方针、与陕甘红军会师和巩固扩大陕甘苏区等问题。

"我们马上就要进入陕北根据地了，明天到达吴起镇。"毛泽东说。

会场上热闹非凡。周恩来招呼大家："请注意听主席继续讲话。好消息还在后头呢！"

"入陕作战方针主要在西边打蒋。我们需要了解陕甘红军及苏区情况，我们可以与他们联系见面，确定我们的方针。"毛泽东说道，"到保安，如无特别敌情，把保安变为苏区。现决定在保安暂停，如敌情许可，可把部队放在吴起镇、靖边，派负责人到苏区去。过去敌人对我们是追击，现在改为'围剿'，我们要打破这一'围剿'。要扩大红军，整顿部队，提高干部素质和部队战斗力，以适应革命形势的需要。"

人逢喜事精神爽，当就要进入陕北根据地的消息迅速在中央红军部队传开时，一个个衣衫褴褛的指战员容光焕发，喜泪长流。

激动人心的时刻终于到来了，很快，中央红军踏入了陕北的厚土。当指战员们看到墙壁上"中国共产党万岁！"的大标语时，许多人扑到墙上放声大哭。从离开江西中央革命根据地以来，他们几乎没有再见过这样熟悉的大标语。

一首"信天游"把大家的心思引向更远处："山羊绵羊五花羊，哥哥随了共产党……"

牧羊人见到这些头顶红五星、衣衫破烂的军人，关心地问道："同志，你们这是从哪哒来呀？"这时，许多南方籍的红军战士虽然还不明白"哪哒"是什么意思，但那一声甜甜的"同志"，足以使大家的眼睛再次湿润了。

"真是到家了！"

"我们到家了！"

10月19日，毛泽东率领红军大队进入陕北名城吴起镇。

中央红军一进吴起镇，就看到一间窑洞的门口挂着"区苏维埃政府"的牌子。许多人激动地热泪横流，跑上去紧紧拥抱这块木牌，欢呼着："苏维埃啊苏维埃！你这久违了的亲切名字，有多少战友在白皑皑的雪山上，在苍莽莽的草地里，喊着你的名字死去！"

"我们终于到达陕北根据地了！"

大鼻子李德骑着他的察哈尔矮种马随红军进入吴起镇，他是唯一一个走完长征全程的西方人。他这个不了解中国人民，不熟悉中国的历史、地理和传统，甚至连中国50多个民族中任何一种民族语言都不懂的外国人，却欲在中国这场巨大的革命风暴中扮演出谋划策的角色，但他无疑是不称职的，结果是迢迢长征路终把他筛落到了一个观察员的位置。4年后，他在莫斯科的电召下，回到苏联。

长征以来，红军指战员们做梦都想找一个落脚点，现在总算有了一个安身之地。各部队开始把伤兵安置在后方，长征以来的这个大问题现在迎刃而解。

毛泽东、周恩来等到达宿营地的下午，天气晴朗，他们走上街头，当看到镇中墙壁上写有"打土豪，分田地！"的标语口号时，非常高兴。

"这里什么时候住过红军？"毛泽东问当地的一位老百姓。

"8月份。"

"刚过去一个多月呀！那我们离他们不远了。"毛泽东兴奋异常，转身对周恩来说道，"恩来，后面的敌人，不能让它再跟着我们了。把蒋介石的追兵一直带进陕北苏区，这不好。那样对我们就不利了，我们会时时处于被动，这不行！我们要拒'客'于门前，把这条尾巴斩断在陕北根据地之外。"

"把敌人带进陕北根据地，确实不好。"周恩来应声作答。

"把它打退！"站立在一边的聂荣臻说。

"对，要想办法打它一下。"林彪表示了打的决心。

"荣臻同志先到前面去看看情况，看看我们能打赢的把握究竟有多大，视情况再决定我们采取何种打法。"毛泽东当即作准备部署。

这时，宁夏二马（马鸿逵、马鸿宾）和国民党军毛炳文的骑兵又跟了上来，紧追在红军的后边不放。林彪形容说："我放个屁，他们都能马上闻到。"一些行军掉队的红军战士惨遭敌骑兵的杀害。红军第1纵队节节抗击着敌骑兵的进攻，掩护大部队的北进。

因此，毛泽东断然决定要打一大仗，首先把尾随的敌骑兵打掉。

决心下定，毛泽东开始考虑用将，他由此想起往常打大仗之前与之并肩战斗的朱德。可朱德是一时来不了吴起镇的，于是，毛泽东想起了彭德怀，立刻发电报要求彭德怀迅速赶到吴起镇商讨作战计划，第2、第3纵队交第3纵队纵队长叶剑英和政委邓发统一指挥。

傍晚时分，聂荣臻一身尘土地回来了，急忙向毛泽东汇报，说："我看我们完全可以出击。敌人的骑兵也就是两千人，别看他们在马上气势汹汹，真正打起来，就不行了。他们一定要下马和我们作战，还要招呼马匹，战斗力就会下降。"

"准备打，老彭明天早晨就到这里，我们再商量一下。"毛泽东说。

次日下午，毛泽东、周恩来、彭德怀、林彪、聂荣臻、左权等人站立在吴起镇庙台上，向红军陕甘支队指战员下达作战命令。毛泽东亲自作战斗动员报告。

彭德怀的话最少，简单明了的如一句口号，他说："我什么也不多说了。任务就是打击追敌，不把敌人带进根据地！"

"打击追敌，不把敌人带进根据地！"响亮的口号传遍会场内外。

"那好，我们明天早晨就出击！"毛泽东下达命令。

10月21日，红军陕甘支队在司令员彭德怀的指挥下，第2纵队在左翼，第1纵队在正面，向正迂回吴起镇的国民党军第35师骑兵团的2000多骑兵出击。

情况正如聂荣臻估计的那样，气势汹汹的国民党骑兵遇上红军的排枪，冲在前面的"扑通、扑通"迎头落地，后面的骑兵哪还敢再在马背上骑着，赶紧下马提枪作战。这一手提枪，一手牵马的攻击行动，显然很难协调。没几个回合，国民党骑兵就伤亡惨重。

"上马向前冲，不要下马！"国民党军骑兵团长在后面督战。

马刀闪耀，尘土飞扬，又一个波次的骑兵冲击如狂风骤起，席卷而来。

"打！"红军阵地上的所有火力一起开火。几秒钟前的一片马嘶人叫，刹那间变为阵地前的一片人仰马翻。

两军交火的距离太近了，骑兵的速度不同于步兵，没有落马的国民党军骑兵眨眼间就飞马进入红军的战壕。这样的紧急情况虽然不多，但红军也为此付出了很大的代价，第2大队大队长李英华等40多人在战斗中牺牲。

彭德怀亲临前线指挥。他沉静地命令各部队采用刺猬的御敌战术，注意形成"球形"阵地，而不能用"线式"阵法对付骑兵。彭德怀的这一招很灵，冲杀而来的国民党军骑兵一碰上红军的如此阵法，没有跑上几个来回，就被四面飞来的弹雨所击中。

仅用半天时间，尾追红军的国民党军骑兵2000余人全部被打垮，中央红军取得了长征中粉碎国民党军围追堵截最后一仗的胜利。

毛泽东得到吴起镇大捷的报告后，非常高兴，连连说道："好哇！我们的彭大将军，又立了一大功！"他信手铺开纸张，即兴写下《给彭德怀同志》六言诗一首：

"山高路远坑深，大军纵横驰奔。谁敢横刀立马？唯我彭大将军！"

"过奖了,过奖了。"彭德怀收到毛泽东的赠诗后却感到很不自然,他把最后4个字改成"英勇红军",又退还给毛泽东。

毛泽东不胜欣喜:"如此改诗,更显大将风度。英勇红军必无敌于天下!"

吴起镇战斗的胜利,中央红军缓解了整天被国民党军追击的危机,中共中央得以有时间坐下来认真地研究在陕北立住脚的大问题。10月22日,中共中央政治局会议在吴起镇召开,毛泽东作关于目前行动方针的报告并作结论。他在报告中指出:"现在我们的任务是保卫和扩大陕北苏区,以陕北苏区领导全国革命。陕、甘、晋3省是发展的主要区域,我们现在以吴起镇为中心,第一阶段向西,以后向南,在黄河结冰后可向东发展。结束一年长途行军,开始新的有后方的运动战。我认为,提高战斗力,扩大红军,解决物资,这3大问题,是目前部队的中心工作。"

吴起镇会议,批准了榜罗镇会议的战略决策,宣告中央红军长征胜利结束。为此,毛泽东一定预感到长征在中国革命中的重要作用和无法取代的历史地位,他在近日多次召开和出席各种会议,对伟大的长征进行初步总结。

10月25日,毛泽东出席陕甘支队在吴起镇召开的团以上干部会议,庄严宣布:"中央红军现在已经胜利到达目的地。一年来的奋斗能取得如此成绩,并获得粉碎敌人新的'围剿'的各项条件,这主要是由于党的正确领导。目前,革命形势已发展到拂晓,红军将如日东升,蓬勃发展。我们当前的任务是进行军事、政治教育,争取群众,扩大红军,改善生活,充实被服。"

团干部会议后两天,毛泽东又在吴起镇召开中央政治局常委会议,指出:"长征到此结束了,部队严重减员。但是,我们的队伍虽小,可它是将来发展的基础。我们目前的主要作战方向在南边,要先将国民党第57军军长董英斌的两个师消灭。红二十五、红二十六军在甘泉、富县集中配合作战,如能再对国民党第17路军总指挥杨虎城、第38军军长孙蔚如部由南城开渭水的一路继续给以打击,能打两个胜仗,即可打破敌人的'围剿'。我们一定要在严冬前打破敌人的'围剿'。"这次会议还确定了常委分工:毛泽东负责军事工作,博古负责苏维埃工作,周恩来负责中央组织局和后方工作。

10月29日，以毛泽东为政治委员、彭德怀为司令员的中国工农红军陕甘支队发布《告红二十五、二十六军全体指战员书》，指出：陕甘支队经过二万余里的长征，与红二十五军和红二十六军会合，这是中国苏维埃运动的一个伟大胜利，是西北革命运动大开展的号炮，它将为开展西北苏维埃运动大局面、赤化全中国打下巩固的基础。

次日，毛泽东和彭德怀率领陕甘支队离开吴起镇，向下寺湾前进。

毛泽东率领陕甘支队于11月2日进抵甘泉县下寺湾地区。3日，中共中央政治局在下寺湾召开常委会。会议听取了中共陕甘晋省委、西北军委领导人关于陕北苏区、陕北红军及其作战情况的汇报。此前，毛泽东得知陕北肃反扩大化和红十五军团副军团长兼参谋长刘志丹等大批党、政、军领导人被关押的情况，当即下令停止杀人，停止逮捕，停止审查，一切听候中央解决。不久，中共中央派代表去瓦窑堡帮助陕甘晋省委纠正错误，将刘志丹等大批干部释放出狱，予以平反，恢复工作。

毛泽东、周恩来、彭德怀以西北革命军事委员会主席、副主席的名义发布通令，宣布：奉中华苏维埃中央政府命令，兹委任毛泽东、周恩来、彭德怀、王稼祥、聂洪钧、林彪、徐海东、程之华、郭洪涛9人为西北革命军事委员会委员，以毛泽东为主席，周恩来、彭德怀为副主席。

西北革命军事委员会成立后，发布第1号命令，宣布恢复红一方面军番号，彭德怀为司令员，毛泽东为政治委员；林彪为第1军团军团长，聂荣臻为政治委员；徐海东为第15军团军团长，程子华为政治委员。

红一方面军番号的恢复，标志着中央红军的力量又开始由波谷向波峰回升，这使毛泽东感到无比欣慰。

在即将取得长征最后胜利的时刻，毛泽东站立在中国最大山脉昆仑山脉北侧，面对日本帝国主义加紧侵略中国、国民党南京政府卖国妥协及帝国主义列强蓄意加紧发动世界大战的国际国内风云变幻的形势，心情激荡，一首《念奴娇·昆仑》词在他的胸中酝酿而成。

朔风中，马背上的毛泽东对着莽莽昆仑昂首吟唱：

横空出世，莽昆仑，阅尽人间春色。飞起玉龙三百万，搅得周天寒彻。夏日消融，江河横溢，人或为鱼鳖。千秋功罪，谁人曾与评说？

而今我谓昆仑：不要这高，不要这多雪。安得倚天抽宝剑，把汝裁为三截？一截遗欧，一截赠美，一截还东国。太平世界，环球同此凉热。

此时此刻，"倚天抽宝剑"的毛泽东回首万里长征路，感慨万千。

11月5日，中央红军到达甘泉以南的象鼻子湾，思绪澎湃的毛泽东立住马头，通知随行部队，他有话不得不讲。

以无比气概"谓昆仑"的毛泽东，立马挥手"说长征"：

"从江西瑞金算起，我们中央红军走了一年多的时间。我们每人开动两只脚，走了二万五千里，这是从来没有过的长征。现在，我们完成了伟大的远征。这是历史上从来没有过的呀！是一次真正的前所未有的长征。"

莽原劲风鼓起猎猎战旗，浩荡群山列阵入红军的队伍肃然静听。毛泽东的讲话声震环宇：

"自从盘古开天地，三皇五帝到如今，只有我们红军才有这个气魄，才有这个决心。敌人总是想消灭我们，可我们并没有被消灭。现在，长征以我们的胜利和敌人的失败而告结束。长征苦是苦，可作用大。长征是宣言书，它向全世界宣布红军是英雄好汉，蒋介石反动派是没有用的；长征是宣传队，它向11个省的广大老百姓宣传了共产党、苏维埃和工农红军的解放道路；长征又是播种机，红军在11个省播下了革命的种子，将来一定会开花，结果！长征将永载史册！"

毛泽东在这次讲话中，第一次使用了"二万五千里长征"这个词汇。

热烈的鼓掌声如潮涌浪啸，几次把毛泽东的话打断。

毛泽东挥动着他那有力的大手，继续讲道："我们中央红军从江西出发时，是8万人，现在只剩下1万人。我们红军的人数比以前是少了一些，但是留下来的是革命的精华，都是经过严峻锻炼和考验的。留下来的同志不仅要以一当十，而且要以一当百、当千。今后，我们要和陕北红军、陕北人民团结一致，要作团结的模范，共同完成中国革命的伟大使命，开创中国革命的新局面！"

"长征万岁！长征万万岁！"举枪如林的红军指战员高呼胜利口号，他们每个人都为走过万里长征路而自豪。

他们值得骄傲和自豪，请看这么一组统计数据吧！从瑞金算起，英勇的红军指战员——总共走了368天；

征途全长1.36万公里，即2.72万华里，这即是史称的"二万五千里长征"；

在数十万国民党军的围追堵截下，几乎每天就有1次遭遇战；

有15天整天都在打大战、恶战；

有235天在行军；

有18天是在夜间行军；

仅有44天是在休息；

平均走182公里才休息一次；

日平均行军37公里。

共翻越老山界、五岭、夹金山、六盘山等18座大山，其中5座终年积雪；

渡过了湘江、乌江、金沙江、大渡河等24条河流；

突破了10道国民党军及地方军阀的封锁线；

占领过62座城市；

通过了6个少数民族地区；

走过了赣、闽、粤、湘、桂、黔、滇、川、康、甘、陕等11个省区。

中央红军长征以陕北为终点，到此即将胜利结束。

中央红军到达吴起镇的消息于20日传到了南京，蒋介石为之震惊，他连电责问张学良，并重新制定"围剿"红军于陕北地区的部署。

"查毛泽东、彭德怀共军经我各追剿部队连日痛剿，已属势蹙力疲，经黑城岔附近向东北逃窜，冀与刘志丹、徐海东共军合股，图最后之挣扎。为期围剿该股共军，遂一网打尽之计，决向黄河西岸地区压迫，合围而聚歼之。"蒋介石的心仍是比天高。

张学良根据蒋介石的指令，立即对部队作新的调整："第7军以主力控置于宜川、洛川附近地区，以一部推进延川、甘谷驿之线，左与第67军切取联络，防共军南窜。第38军以主力控置于中部、宜君一带，以一部协力第67军肃清甘泉、富县附近共军。第67军（第117师归其指挥）以一部保持肤施要点，其余兵力在肤、富道上城镇择要分驻筑碉，维持交通；另以一部在羊泉镇、黑水寺间，与第57军联络，防共军南窜，保持重点于富县附近，联络第38军之一部，共歼附近共军。第57军欠第117师（第109师归其指挥）推进于黑水寺、合水、庆阳、阜城之线，保持重点于右翼。第35师在阜城、曲子镇、环县之线，保持重点于环县……"

中央红军与陕北红军会师的消息迅速传遍全国，在国民党朝野上下引起巨大震动。跟着蒋介石征战长征路的侍从室人员一个个也灰心丧气，避开蒋介石而大发牢骚："共军陷入绝境，本不能逃出长江、横江、赤水、乌江之范围。在此天然封锁线内，他们来回窜逃，进退维谷。善用兵者，正好利用川滇黔3省之生力军夹击于前，以湘赣粤桂各军堵拒于后。共军未渡河，阻其先锋，共军既渡河，断其归路，籍地形之天险，以机炮之威力，寄人民以耳目，鼓将士之雄心，各路夹攻，齐头并进，举世之患，一鼓荡平。然而，我国军屡失其可乘之机，纵而不剿，徘徊歧路，瞻顾不前，坐待共军势力长大。"

无可奈何的蒋介石于困境中突然想起了他的故乡祖屋，他一直迷信他家祖坟的风水，既然能保佑他成为万人之上的"国主"，也能佑助他心想事成。

蒋介石于20日由南京飞到奉化溪口后，在祭祖的同时，仍把注意力放在西北地区。

"共军穷蹙北犯，希图掠夺甘州、凉州，打通国际路线。"晏道刚报告。

"传我的命令，我各军效命堵剿，自可消灭。"蒋介石又把电报发向西北，"惟愚意数事，期防患于未然。青海南部防务决定固守，不可使越黄河一步。否则窜至甘、凉遗祸益深。现马步芳任防该区，防阔兵单，实多可虑。"

"要确实封锁陕北共军所占区！"蒋介石吼叫道，"通令西、南两路及宁夏接壤之定边县、安边镇、靖边县、盐池同时施行，严密封锁，期收实效。各部要切实封锁共军区域，断绝其物质资源，期收聚歼之效为要。"

蒋介石所盼望的陕北"报捷"电报迟迟没有传到溪口，却传来张学良的告急电：红十五军团进攻甘泉县榆林桥，全歼东北军第107师第619团等部，俘团长高福元以下1800余人，再次打击了东北军的气焰。

张学良报告道："徐海东、刘志丹共军约两千，25日、26日两日与我第107师富县以北榆林桥守兵4营激战甚烈。我军刻固守杨家湾、何家湾之线。甘泉仍被共军大部包围。肤施、甘泉、富县交通完全被共军遮断。"

蒋介石收到张学良的这个电报是在28日，他当即复电张学良，制定"围剿"红十五军团的部署："国军先以有力之部队扫清富县、甘泉一带之共军，恢复交通，尔后再大举围剿而聚歼之。兹部署如下：第57军董英斌代军长指挥第111、第109、第106师速向富县推进，以主力向北清剿，打通肤、富间交通线；以一部在太白镇、黑水寺、羊泉镇之线，扼要筑碉，防共军南窜。骑兵军（欠第4、第10师），第108师归其指挥，在太白镇、合水、庆阳之线筑碉防守；主力控置于西峰镇附近。但太白镇、合水、庆阳，须各派必要之兵力驻守，并修筑太白镇、庆阳间道路，左翼与第37军联络，右翼切与第57军取联络。……"

给张学良发完电报，蒋介石在溪口再也住不下去了，当天他飞回南京。在忙于部署"剿共"军事的同时，他也在做国民党五全大会召开的准备。

看来，蒋介石每逢紧要时刻必回溪口，期图从养育他的那片故土上求得幸运和力量，然而，这次回家乡的结果是他仍不走好运。

30日，是蒋介石49岁的生日，他没有能在溪口故乡度过家人为他准备好了的寿诞。

又是月末，习惯于记日记的蒋介石，面对白纸，很长时间下不得笔。

"重庆行营参谋团今日结束……"蒋介石刚写出这一行字，已是泪流满面。他把这页泪湿的纸撕了下去。他是在做日记，也是在做月记，也是在做自跟踪追击中央红军以来的"长征岁月"的总结，他能总结些什么出来呢？

"重庆行营参谋团于本日结束……"蒋介石又接着写下去。一把辛酸泪，又往肚中流，他终没有能写下去。

幕僚中却有人代记，曰："参谋团本日结束矣，其入川唯一之最大功劳，一在拘捕侯之担；二在搜寻田颂尧；三在缩编四川军。三项目的，均已办到。四川省内有重庆行营，四川邻近有宜昌行辕，西北又有剿共总部，其形势异常严重，大有山雨欲来风满楼之势，其结果天晴云散，共军窜之一空，并不闻中央有何惩罚。然则四川将既有行营矣，而宜昌何必再设行辕；武昌既有行营矣，宜昌又何必再设行辕，一废一兴，需时旷日；庸才误国，莫此为甚。纲纪废弛，是是非非，待诸日后分说。"

　　蒋介石的行踪到此，使人们不仅回顾起，去年此月，蒋介石由南京而武汉、西安、开封、北平、太原、武汉、庐山、南昌、溪口、南京，在走了一大圈后，开始了他败战长征路的"远足"；接着便是再由南京而溪口、庐山、武汉、重庆、贵阳、昆明、成都、西安、开封、太原、溪口、南京，又画了一个大圈。这两个有着许多重合点的奇妙"怪圈"，细细想来，可真是耐人寻味，如前后两次的溪口之行、西安之行等。是蒋介石所信奉的上帝的有意安排吗，还是其他？但这两个"圈"的结果，显然不是个100分的答案。历史老翁给读者留下了广阔的想象空间，眨眼工夫，他却趁人不在意，悄然离去了。

第六章

三军铁流大会师　一代江山入画图

故乡和专业是人之根，疆土和民众是国之根。

如何艰难，也不要游离了根，伤了根，没有了根。蒋介石、张国焘错矣！

毛泽东把这"根的艺术"发挥到了极致，把大撤退成功转变为战略大进军。

三十六计"走为上"，把根扎在抗日前线，也就扎在了民心间。

九月九之夜"走中走"，终于走出了一个根据地，走出了一个天新地新，走出了"贵于坚持，勇于牺牲，乐于吃苦，重于求实，善于团结"的惊世长征精神。

21. 张国焘卓木碉成立"第二中央",南下红军与川军大战百丈关

毛泽东率领的红一方面军主力,把雪山草地交还给了大自然,把铁索桥、腊子口印刷进史册。但其他方面军的长征还在艰难地进行中。

草原秋深,昏沉沉的天幕已经挂上了冬的令符。黄昏,残月如锈钩斜在天边。午夜,初雪如乱絮飘落遍地。原红一方面军留在红四方面军中一同南下的将士们的心情在这时甚为复杂,他们想念北上的红一方面军的战友,也挂念留在南方坚持游击战争的同志。秋风雪夜中,他们忆往事,三叹五息。

当然,在这时也有欢乐者,最活跃的当属张国焘。为了师出有名,9月中旬,他发布了《大举南进政治保障计划》。在这个《计划》中,张国焘对军事形势的分析颇为乐观,毛泽东费了九牛二虎之力好不容易摆脱的蒋介石追击红军的数十万大军,在张国焘的作战图上成了"川敌残部"。现在,毛泽东远走高飞了,而他张国焘却是迎头赶了上去。毛泽东的北进在张国焘的《计划》中,被冠以"右倾机会主义的逃跑路线",而自己的南下则是"进攻路线"。

张国焘的如此政治宣传,不能不说是非常巧妙的一招。因为对红军士兵思想状况非常熟悉的张国焘,蛊惑性地使用了"进攻"这两个字眼,因其在这时有着魔术般的法力。那些来自鄂豫皖和川陕根据地的原来生活在社会最底层的农民子弟,对蒋介石统治集团是有着不共戴天血海深仇的。因此,"进攻"的口号对他们具有磁铁般的吸引力。当他们一听说南下要与蒋介石作战时,浑身的热血都在沸腾。张国焘正是利用了红军中这种普遍心理,有呼有应,裹挟着千军万马杀向成都平原。

南下的道路两旁,一路刷满了"反对"和"打倒"的标语,尤以"打

倒毛泽东"的标语居多。毛泽东、周恩来、张闻天、博古的头像成了漫画的主题，并且严重丑化，若不是一边有文字说明，根本不知道这漫画上的人是毛、周、张、博。

在南下的红军中，红四方面军的部队人数显著多于原红一方面军的人数，张国焘得意地对心腹交代说："要注意同化战士！"他要把这些浩浩荡荡的队伍通通变作自己争夺权势的资本。

张国焘看着向南进发的部队，心中又在琢磨如何剪除异己，首先应找借口把为数不多的原红一方面军中的干部"清除"出去。他私下鼓动部队内部打架，从而找缝隙撤除原红一方面军的干部。朱德察觉了张国焘的阴谋，劝告说："我对下边有人打架是坚决反对的。我们现在关键的问题是如何坚持下去，下面再打架，我们就活不下去了。"

"有什么活不下去的？"张国焘表示不以为然。

"难道你看不出来？现在的红军到了什么时候？我们先不说革命的话，你要不要命？我说我们大家当前的最主要问题是保命！再这样自己内部瞎折腾，红军的刀枪染上自己兄弟的鲜血，我说高兴的只有蒋介石！"朱德的话带有很大的威慑力。

张国焘没有再争辩，不知是他被朱德的话镇住了，还是在思考着别的问题。他的脑袋在来回摆动，思想在急速旋动。

是呀，世事都如高山流水，顺畅时急流直下，遇阻时也要跌跌撞撞，苦寻那个法定的结局。雨水也好，泉水也罢，只要上了山，就再也收不住脚步，想止无术，欲罢不能。天下事都在流动中，万种物都在变化里。地球以它那"坐地日行八万里"的高速在运动，带动着球体上那些愿意动或不愿意动的所有生灵和没有思想的岩石、水流。

当太阳运转到地球上有文明史记载的公元1935年秋季，在地球东经102度01分、北纬32度整的刻度上，发生了一件很让后人思索的事。此地有3个大石磡，在地貌上是个明显的标志。离石磡不远，有一个白赊寺院，具体地说，这里是中国四川省理番县足木脚（又称卓木磡，或足木足）附近的白赊寨。就在这个地方，张国焘在重复那个"高山流水"的试验，他"上了山"，已经欲罢不能。一不做，二不休，他南下决心已定，撞上南墙也不回头。

"卓木碉，这个名字很好，很吉祥！我们就是要做一只革命的大啄木鸟，把红军中的蛀虫从革命事业这棵大树中啄出来。我们在这里开个会吧。"张国焘以地名论事，决定在这个地名有着特别象征意义的地方，完成他人生事业中的辉煌一跳。

10月5日，白赊喇嘛寺庙中，张国焘主持召开高级干部会议，公然宣布另立中共中央，打出了分裂主义的旗帜。这次会议，史称"卓木碉会议"。实际上，这次会议如果以地命名，叫作"白赊会议"更恰当些，只是因为张国焘为了避"白色"的谐音，他要做一只"革命的大啄木鸟"，把这次会议地点附近的另一个地名记录入会议决议，称作卓木碉会议。所以，后来的史书对这次重要会议也就如此因袭相称。

至此，张国焘的分裂主义在卓木碉会议上达到了登峰造极的地步，他就此完成了他的反党三部曲：两河口会议后的伸手要权——毛儿盖会议前后的分庭抗礼——卓木碉会议的自立中央。

但是，张国焘的"组阁"很不顺当。由于朱德在党和红军中有着巨大的威望，也只有这位总司令，才能在红四方面军中与张国焘这位总政委平起平坐，据理力争。所以，当张国焘的"第二中央"挂出招牌时，心中无不存有几分胆怯。他多次掂量着朱德在党和红军中的分量，知道没有朱德的支持，他所私自成立的"中央"和"军委"都只能是镜中楼阁。

朱德在会下也专门主动与张国焘作了一次长谈，倾心相告："我说国焘同志，你这个'中央'不是中央，你要服从党中央的领导，不能另起炉灶，闹独立性。"

张国焘却执迷不悟，反而劝说朱德："总司令，你最好能出个面，帮我做一些新的中央的工作。毛泽东他们应该承认我们这个中央是合法的，是全党的唯一领导。"

朱德的态度非常坚决："这绝对办不到！国焘同志，再听我一次劝，事情不要做得太绝了，留下一点儿转圜余地，对党对红军对你自己绝对有百利而无一害。我说别的话如果你没有记住，那么，请你记住今天我说的这一句话：给自己留下一点儿转圜余地。"

张国焘被朱德宽宏的人格力量所震慑，久久没有说出一句话来。朱德的"转圜余地"这句话，张国焘果然铭记住了，这使他在以后的言行中不能不有所收敛。近 40 年后，他还把这句话写进自己的回忆录中。

朱德、刘伯承等人在会上会下坚决表示反对另立"第二中央"，这对张国焘起了很大的制约作用，他虽然私自宣布成立了"第二中央"，但却一直没有敢对外公开宣布。他等待着时机，决定在南下有了轰动的战绩后再揭"龙虎榜"。

朱德和刘伯承等人只好在私下里商议对策，策划对付张国焘的办法。

怀着矛盾的心理，朱德不得不随着南下的红军行动了。徐向前在后来的回忆中，对朱德在南下途中的这种复杂心情有较为详细的描述，他说："朱德总司令虽然不同意张国焘的分裂主义行为，但认为既然已经南下，就应打开局面，找块立脚生存的地方。那么多红军，没有地盘，没有饭吃，无异于不战而自毙。同时，他又坚信，只要大家是革命的，最后总会走到一起。因而，在军事行动方面，积极行使总司令的职权，及时了解敌情，研究作战部署，定下决心。"

南下的红军行动后，朱德积极协助总部制定各种作战计划。10 月 7 日，红军总部发布了《绥（靖）崇（化）丹（巴）懋（功）战役计划》，命令红军一部牵制马塘、梦笔山一带之敌人，以掩护主力采取秘密迅疾战术，分别由观音铁桥及党坝沿大小金川两岸夹河并进，配合夺取绥靖、崇化，然后夺取丹巴、懋功，以此作为南下出天全、芦山、邛崃、大邑的依托。

10 月 8 日，红军分左右两路纵队，沿大小金川沿岸急进。

大小金川地区，地形复杂，不便大部队展开，利守难攻。在这里，红军所面对的敌人主要是四川地方军阀部队近 7 个旅的兵力。它们分别是：川军刘文辉部的两个旅防守在大金川沿岸的绥靖、崇化、丹巴一线，川军杨森部的 4 个旅另 1 个团防守在大金川以东小金川沿岸的懋功、抚边、达维一线，川军邓锡侯部的 1 个团防守在达维以东的日隆关、巴郎山等地。

红军按照原计划发起战役后，右纵队首先发起抢占观音铁桥渡河的战斗，但抢渡受阻，延迟了出动时间。10 月 11 日，左纵队红四军部队从党坝地区抢渡大金川，第 30 军的 3 个师和第 9 军的第 27 师随即投入战斗。左纵队抢渡成功后，沿河急进绥靖、丹巴、抚边、懋功、达维、日隆关、巴郎山等地。激战至 20 日，红军共击溃川军杨森部、刘文辉部、邓锡侯部 5 个旅另 2 个团，毙俘敌 3000 余人。此战，红军由于右纵队渡河受阻，并在左纵队激战时未能给予有效支援，延迟10多天过河，仅靠左纵队奋战，未能集中两个纵队的兵力，致使战斗打成了击溃战，未能达成预定战役效果。

南下的红军第一仗虽然以小胜推进了兵锋，但也明显暴露了协同上的问题，说到底，红军中不同的政治观点反映到战术协作上必然会带有"分裂"倾向，由此也注定了张国焘的南下在作战上不可能获取大胜。张国焘为此大发了一顿火，但这时也只好在最后以息事宁人而了事。

经过如此几次战斗后，原来喊破嗓子要南下的张国焘，到了这时却对南下渐渐感到没有办法，打不开局面，没有出路，变得消极起来。因此，他一直嚷嚷着要避开敌军锋芒，向西躲到道孚一带去，对主动地进攻敌人不再感兴趣。

"怎么能这个样呢？部队还没有全面展开，就忽左忽右。"朱德生气地说，他来到前敌总指挥部，与徐向前等一起指挥作战。

六盘山之南，大草地之南，就在毛泽东率部胜利到达吴起镇内、彭大将军横刀立马吴起镇外的中间一天，10月20日，南下的红军总部发布了《天芦名雅邛大战役计划》，总的战役方针是以主力夺取天全、芦花、名山、雅安、邛崃、大邑一带为根据地，彻底消灭国民党川军杨森、刘文辉部，击败刘湘、邓锡侯部的增援。

南下红军分3路纵队进击：以第4军、第32军组成右纵队，由丹巴经金汤攻取天全，并以一部向汉源、荥经方向警戒；以第30军、第31军之第93师、第9军之第25师组成中纵队，进占宝兴、芦山后，向名山、雅安地区出击；以第9军之第27师为左纵队，东进威胁灌县、大邑之敌，并以一部负责巩固抚边、懋功、达维地区。除此之外，以第5军团为右支队，巩固丹巴地区；以第33军为左支队，驻守马塘、两河口地区，相机威胁理县，并占领威州。

朱德早在大革命时期，就与川军打过交道，对军阀部队的作战特点，了如指掌。在战役发起前和战役进行中，他仔细地研究敌情、地形和战况，总结经验，作出战略上的指导，对各级指挥员说："川军向来欺软怕硬，惯打滑头仗，我们不打则已，要打就抓住打，狠狠地打。各级指挥员要讲究战术，发挥运动战的特长，以快以巧制敌，用小的代价去换取大的胜利。"

10月24日，红军迅速翻过夹金山，发起凌厉的攻势。仅用半个月的时间，即攻克宝兴、金汤、天全等地，占领了邛崃山以西、大渡河以东、青龙江以北和懋功以南的川康边广大地区，击溃川军共17个旅近7万人，其中毙俘敌1万余人，击落敌机1架，造成了进可横扫川西平原的态势。

"天芦名雅邛大战役"初步获胜后，南下的红军稍微有了一点儿喘息的机会。但在战局打开后，红军是向东进击川西平原，还是向西攻取康定、泸定，红军总部领导人的意见很不一致。张国焘提议：下一步的行动应该是向西发展，重点夺取康定、泸定，以道孚为战略后方，在川康边建立根据地。徐向前和陈昌浩则认为：应该向东发展，在天全、芦山一带与敌决战，这一地区的粮食和人口较多，便于红军的补充和发展，并且能在取胜后继续向川西平原发展。朱德和刘伯承出于各种原因，在坚持政治上的原则性的同时，对军事坚持原则性与灵活性的相统一，表示对现时的作战指挥不予干预，只要红军能够消灭敌人、保存自己就是最好的决策。

陈昌浩和徐向前为了进一步表明自己的不同看法，11月7日，致电张国焘，陈述对下一步进军方向的意见，认为：如果马上进入西康，补给则更困难，减员更大，力量分散，天气极冷。目前，应仍在此寻机歼敌，先打开左翼局势，然后配合第4军夹击天全。此地决战得手后，则或东出或西进均易于行动，而西进只是万不得已时的一条后退之路。

张国焘接电后，权衡利弊，便再没坚持自己的意见。就此，徐向前和陈昌浩立即率领部队开始向名山、邛崃地区进击。

作为总司令的朱德此时思想很矛盾，他对红军总部的争吵始终不便很明确地表示自己的意见。他站立在绵延起伏的峻岭上，向东远眺，那里是著名的天府之国中心成都平原，再远一点儿就是他的家乡仪陇了。

"前途还难卜哟！"朱德对身边因打了胜仗而兴高采烈的参谋人员告诫说。

在这一时期，朱德先后撰写了10多篇关于作战的文章。张国焘看到这些文章后，心中很是有些醋意，说："论军事指挥，还是总司令高明。没有想到的是，总司令的作战理论还是一套一套的。把他弄到第一线，他反而是如鱼得水，写出了这么一大堆研究文章来。"

"把他弄回来监视起来算了。"有人建议。

"还是让他在前面打吧，不打胜仗，大家都不能活。"张国焘算是说了句老实话。

"让他长期与部队搅在一起，总不是个好办法，会出事的。"仍有人为张国焘出谋划策。

"成都指日可待，从长计议才是上策。"张国焘打起了另外的算盘。

11月12日，红军占领芦山县城后，脑袋时冷时热的张国焘又趾高气扬起来。

"怎么样？事实说明南下是胜利之途，毛泽东的预言完全是胡扯！"进入芦山县城的张国焘得意洋洋地说。他立即致电红一、三军团和中央领导人毛泽东、周恩来、张闻天等，夸大南下所取得的战役上的胜利，电报称："这一胜利打开了川西门户，奠定了建立川康苏区胜利的基础，证明了向南不利的胡说……这是进攻路线的胜利。"

本来坚持西进康定的张国焘看到眼前的胜利，也改变了初衷，对向东打成都变得异常积极。

因此，红军在占领天全、芦山后，没有半天的休整和停顿，又迅速向名山、邛崃进击。

部队的士气也很高昂，一路都是军歌嘹亮："红军南下行，要打成都城。反对右倾逃跑，我们要进攻。"

南下的红军距离川西平原越来越近，也的确吃了几天大米。但是，问题也接踵而来，国民党军和地方军阀很快盯上了这里。"打到成都吃大米"的口号，渐渐证明要实现是何等的艰难，即使付出巨大牺牲也难以如人愿。

11月13日，也就是张国焘给毛泽东发出"胜利打开了川西门户"电报的第二天，真正的川西平原"敲门"之战——百丈关大战，方才揭开大幕。

13日，1935年11月中一个平平常常的日子，但这一天对张国焘来说，不应是个寻常的日期，百丈关大战在这天全线打响，也许由此注定了他后半生的命运，为此他刻骨铭心记了一辈子。时光转过40余年，他移居加拿大后即曾对西方社会尤为忌讳的这个"13"数字痛恨得捶胸顿足。

"如果红军在百丈关大战获胜，成都是必得无疑。"张国焘作过这样的推论。熟悉川西地理兵志的兵家早就作过如是说。

"那么，拥重兵坐镇天府之国首府成都的张国焘的结局又该是个什么样子呢？"后人不能不对那段历史作一番深思和猜想，推论肯定会是多样的。

然而，历史是不能够假设的。张国焘终于没有能够在川西成都建立起毛泽东式的陕北延安，新中国属于毛泽东，历史在百丈关前拐了个大弯。

话说红军在天全、芦山取胜后，即直趋川西平原而来。国民党川军总司令刘湘最精锐的郭勋祺第144师、杨国桢第147师被红军打得稀里哗啦，溃退向川西平原。成都这个川中政治、经济中心受到严重威胁。这时，始终坚信"得四川就可控中国，稳巴蜀就可平天下"的蒋介石在重庆无论如何也坐不住了，他唯恐红军进入川西平原后，成都难保，急忙飞到成都亲自督阵。

"娘希匹！不是说川军很能打吗？吹牛！"蒋介石骂人了。

"大家一定要同舟共济，誓死保卫成都平原！"刘湘向四川大小军阀发出紧急号令。整个川西的地主豪绅也都万分震惊，感到危机存亡迫在眉睫，决心倾全力保住各霸一方的统治地位和既得利益。

蒋介石命令中央军薛岳部的两个军由南向北推进立即加入战斗，川军主力必须倾全力在川西平原组成防御阵线。

刘湘急调唐式遵第21军、王瓒绪第44军、范绍增第146师等部队到川西一线，命令赶赴西昌途径名山的四川边防军总司令李家钰所率4个混成旅，就地停止前进布防。时国民党中央军和川军的兵力，在红军进攻的名山、邛崃一线已经集结了多达80多个团，计20多万人。一些当地的地主、土匪、袍哥武装在刘湘的号令和组织下，为了自身利益的驱使，也组成民团队伍，抗击红军进入成都平原。

刘湘见蒋介石到了成都，他也就不好再在城中待下去了，只好大着胆子赶到邛崃县城督战。他的眼睛死盯着一张挂满墙的川西地图，目光停留在邛崃县城以南仅30公里的百丈关。

"就把赌注押在这里！"刘湘下了最大决心。

百丈关，西北倚莲花、天台二山，东南靠总岗山脉，西南屏自古陈兵之地的金鸡关。就在这西北、东南山脉的夹沟中，岷江支流临溪河即发源于百丈关西南方圆不到10公里的群山中，向东北方向流去。沟底临溪河西北侧，一条公路蜿蜒于其间，百丈关就位于公路隘口上。这条公路是由雅安、名山通往邛崃、成都的必经之路，半个多世纪后的今天，这里仍是川藏公路的咽喉地段。

如果从空中鸟瞰这川西盆沿，邛崃至百丈关一带狭长的地形恰似一个巨人的右脚印窝。邛崃是"脚跟"，百丈关是"大脚拇指"，与百丈关相邻斜向西北的月儿山、夹关、三角堰、天车坡，就分别依次是这巨脚的各个脚拇指。这个长达30多公里、宽10多公里的脚印窝，使人联想到造物主从成都到西藏即将踏出川西盆地时踌躇的一瞬间：他的背后是沃野千里的天府之国，面前是险峻的康藏高原，一个深浅有度的脚印，就这样形成了如今百丈关至邛崃一带的特殊地形地貌。

从百丈关到邛崃这段公路呈西南、东北走向，公路两侧5公里左右基本上都是小丘陵地区，海拔多在600米左右，近公路旁多为耕地，沟渠交错，岗坪纵横。当年红军在这里鏖战时，正值初冬，这里的田地绝大多数刚种上小春作物，仅有少数的冬水田。这一带由于地势开阔，无险可守。红军就在这样一片方圆10多公里的"脚拇指"弧形地段上，由各个"脚拇指"分路展开进攻，与四川各路军阀进行了一次殊死恶战。史载的百丈关大战，即主要指的是这一排"脚拇指"百丈关到月儿山、天车坡一带纵横数十公里的激烈争夺战，其次是从百丈关沿公路向东北到治安场近10公里一线的争夺战。"大脚拇指甲盖"上的百丈关是主战场。

"坚决把共匪堵在百丈关外！"国民党军大员顾祝同拍打着地图召开紧急作战会议。他们明白，如果红军上了"脚背"，"脚跟"邛崃随之晃动，红军兵锋就可长驱直入"膝盖"成都，一旦时机成熟即可折断蒋介石国民党政府的一条腿。

在蒋介石、刘湘的督战下，国民党中央军、川军像洪水泄入这个"脚窝"。布防在最前沿各个"脚拇指"百丈关、夹关、天车坡弧形线上的国民党守军，是川军李家钰部的4个混成旅，共12个团；并在沿公路两侧的顺"大脚拇指"向北的大坡顶、关斗山、燕子沟、栖霞寺、曹公庙、挖断山、熊店子、脊冲头、鳝鱼桥、黑竹关等地，修筑了道道碉堡封锁线。

与此同时，漫山遍野的红军高唱着"红军南下行，要打成都城"的战歌，高举着树林般的大刀，排山倒海地向这"脚掌"一路砍杀而来。

红军综合各个方面的敌情，兵分南、北两线：由芦山以北70余公里的盐井、大川向东进击的红军为北线，直攻"脚跟"邛崃县城；由芦山以东20余公里的名山地区向北进击的红军为南线，直攻"脚拇指"，然后北指邛崃。南北两线红军20多个团如一把大铁钳，把第一个钳击目标夹向了"脚脖根"。

南线红军鉴于川军李家钰部在名山以北的弧形配置阵势，认为立即进攻百丈关的时机还没有成熟，由此决定先打天车坡、夹关之李家钰部，从"小脚拇指"逐个斩起，再砍下"大脚拇指"。因此，在大战的第一天，南线红军又兵分3路：以第30军88师为左翼；以第9军25师为中路；并出奇兵以第30军93师为右翼，沿总岗山向蒲江县挺进，直插川军李家钰的指挥部，腰击"脚掌"内侧。

各路红军在准备就绪后，迅速向川军发起全线冲击。

南线红军左翼以第30军88师264团为先头团，直取"小脚拇指"。于11月13日从五家口（今上里乡）向百丈关西北的邛崃县境太和场、夹关发起进攻。防守从天车坡、三角堰（今天台乡）到夹关这一线长达10公里的川军，是李家钰第1混成旅李青廷部戴松如、李克源团和第5混成旅的吴长林团。该旅以戴松如团防守三角堰，李克元团防守夹关，吴长林团为预备队。戴松如团以1个营防守天车坡，1个营防守三角堰，1个营为预备队。红军赶到夹关，连夜向三角堰发起进攻，先解决了戴松如团的预备营，又迅速将防守三角堰的1个营击溃。当晚，红246团在农民向导的引路下，走丛林小道，向据守在天车坡（海拔841米，是附近最高山头）上的川军发起突然袭击，歼灭戴松如团1个营，截下"小脚拇指"。红军乘胜夜攻，再击溃戴团守二道桥的另一个营。戴松如率残部仓皇逃窜。红军一路追击，随即再攻驻守夹关的李克源团，李团溃败。

红军占领夹关后，乘胜追击，向驻守观音场、廖场一带的川军猛攻。川军旅长李青廷连忙命令预备队吴长林团掩护退却。14日拂晓，吴长林团经夹关东北5公里的王店邓锡候部刘乃铸旅阵地左侧向南撤退。李青廷旅残部在刘旅的支援掩护下，方摆脱红军的跟踪追击，败退到邛崃以南大塘铺一线。夹关一线战斗，红军毙伤俘川军李青廷旅800余人，缴获步枪30余支，机枪2挺。红军伤亡40余人。

南线红军中路部队红二十五师由中峰镇及其以北的朱场、赵营一带为出发阵地，向北面的夹关挺进，与川军刘乃铸旅展开激战，将刘旅击溃，然后进击到达观音场附近，汇合左翼红军向百丈关攻击前进。继而与数倍于红军之川军大战"中脚拇指"观音场等方圆数公里的山岗丛林地带。南线中路、左翼红军汇合打退百丈关左侧李家钰部后，于当日下午在一颗印村农民张德昌的带路下，经中坡到达百丈关以西仅700余米的朱坝，午夜，开始向百丈关附近川军发起进攻。

南线红军右翼部队第93师这支奇兵，担负出击"脚掌"内侧腰部的任务，他们从百丈关东南的蒙山进入青江堰沿总岗山麓向蒲江县挺进，长驱直入20余公里，直捣川军将领李家钰的指挥部。红军一路斩关夺隘，进展顺利。11月14日中午，当进击到蒲江县大兴场时，即与李家钰指挥部的警卫部队接火，战斗打得比较顺手。但就在这时，突然有紧急情报传来：刘湘在百丈关西北一带埋伏有10多个旅的重兵，企图诱使红军进入包围圈，然后截断退路攻击之。于是，红军南线右翼部队未能按照原计划直插纵深，反而退出蒲江方向的战斗，其主力从大兴场向西直插百丈关至邛崃公路上的要镇治安场，参加百丈关附近的战斗，其余部队沿来路返回。在返回的途中，又派出了一支部队从太平场、天宫庙进入百丈关，增援攻打百丈关的红军。

南线右翼红军作为由南进击川西平原的主力部队和一支奇兵，如此分兵未能按原定计划向纵深发展，失去了本来作为奇兵使用的本意，没有达成预定的战役效果，其战果也远不如另外两路部队。事后证明，右翼部队因情报有误撤军是非常令人惋惜的一步错棋。如果该部红军按预定战役方案直插川军纵深，川军在蒲江、邛崃一线的指挥体制很快就会被打乱，前线的川军在被断了后退之路后也就不可能顽抗到底，就会忙于救驾邛崃，回守成都，百丈关一带防线就会不攻自破。

然而，一纸假情报胜过20个旅。南线右翼红军主力主动由南到百丈关和北至邛崃县城距离几乎相等的大兴场后撤了。

川军解除了"脚掌"内侧腰部的威胁，开始集中所有战斗部队向"大脚拇指"上用力。

将"剿匪"总部设在邛崃县城的刘湘，不眨一眼地紧密注视着南面战事的发展。就在这时，北线红军出奇兵突然在邛崃西面发起猛烈攻势，相继打退了刘湘各部的阻击，占领油榨沱、水口场，先头部队已经抵达白鹤山，此地距离邛崃县城仅有3公里。过了邛崃，一马平川，成都即已无险可守。

成都告急，国民党军政要员和地方军阀神惊色变。

刘湘慌了手脚，连呼："快采取应急措施！不要让共匪截断了桑园联络线。"桑园镇在邛崃县城以北10公里处，是邛崃经大邑通往成都的要道重镇。

邛崃县城内，官绅们纷纷收拾细软外逃。刘湘飞调成都附近各旅救援邛崃，在急电中已是语无伦次："前方已成混乱，你旅赶赴桑园镇布防务。"国民党军大员顾祝同、薛岳等在蒋介石的训斥下，也火速赶到邛崃，筹划布防紧急提案。

心情紧张到极点的刘湘为了搬救兵，特把四川省府秘书长邓汉祥急电召到邛崃县城，说："军情紧急，我手边部队已经用光，你赶快回去组织力量守成都。"也就是说，刘湘已经做了弃守邛崃，败退成都再固守的打算。

可是，南下以来作战一路告捷的红军，对国民党川军死保川西平原的决心和作战能力显然估计不足，加之求胜心切，在硬碰硬后就感到有些后劲不够了。北线红军在几个回合打下来后，失去了再进攻的力量。在国民党中央军和川军的拼命抵抗下，北路红军没有能攻下邛崃县城，遂沿原路后撤。

川军在邛崃之南大兴场摆脱了"脚掌"内侧脚腰部的危境，现又解除了邛崃之西红军对"脚跟"的威胁，由此得以集中战斗部队向"大脚拇指"上使用全部兵力。

百丈关一线战斗越打越激烈，规模越打越大。20余团的红军勇战80余团的川军，如此一场有100余团兵力参加的大混战在名山与邛崃一线全面展开。

11月14日，汇集到一起的南线左翼和中路红军各部发扬夜战、近战特长，顺利占领百丈关西北附近的观音场、张店子等地。据俘虏供称，溃败中的川军模范师和教导师的残部，正退到百丈关以北5公里的鹤林场、黑竹一线。红二十五师指挥员立即命令第74团、第75团分两路向黑竹方向追击。

红七十四团走公路左侧，于当日中午占领月儿山，与川军唐明昭旅对峙至黄昏，将唐旅击溃，逼近鹤林场。

红七十五团沿公路追击,以刀山火海也挡不住的英雄气概,冒着激烈的炮火,向川军百丈关东北两公里的挖断山阵地发起猛烈冲击。挖断山说是山,其实更像一座土岭。红军到来前,这里由川军李家钰部的1个团防守,以纵深的碉堡和前沿机枪阵地骑公路构成了强大的火力网。为了吸引住川军的火力,红军用机枪火力封锁川军碉堡眼,在路西侧丛林中用猛烈的炮火轰击川军阵地,转移其视线,掩护由3人组成的多个战斗小组分头向川军阵地发起冲击。

红军很快攻上川军机枪阵地,频频扔出手榴弹,消灭了碉堡中的敌人。溃敌向挖断山之北3公里的鳝鱼桥逃窜。红军于当日中午占领挖断山,然后跟踪追击,一鼓作气,连续冲垮了川军李家钰、潘文华部鳝鱼桥至黑竹关一线的数道碉堡封锁线,两小时后再占黑竹关。

李家钰为了保存实力,放弃百丈关以北阵地,率所部向蒲江方向撤退。

下午2时过,正当左翼、中路红军继续向前推进到治安场,直逼甘溪铺时,忽然得到与红军右翼部队同样的情报:刘湘在百丈关西北一带的张坝、月儿山等处数十公里的山岗上,埋伏了10多个旅,妄图乘红军主力立足未稳之际,发起全线反击,以配合名山之川军包抄红军。在此情况下,左翼和中路红军立即停止前进,由治安场回师5公里返抵黑竹关,准备夜袭敌人。

得之不易的从治安场到黑竹关这段公路就这样轻易地放弃了。红军指挥员在事后方明白,若再夺回并巩固住这段公路两侧的阵地已是异常的困难。

红军刚向后撤,川军师长郭勋祺即命令第3旅旅长廖泽率部反扑黑竹关,并企图救援围困在百丈关的川军两个团。廖泽以第8团余岱部为前锋,向黑竹关急进。红军回头迎击,双方在黑竹关西侧展开激战。战至中午,川军伤亡惨重,营长张永贵被击毙,伤亡连长4人、排长18人、士兵570余人,在此情况下,余岱团再难发起新的冲锋。廖泽急令第8团撤退,换上第9团,继续向红军进攻。这时,红军也伤亡400余人,但无部队可轮换,仍坚持战斗在原阵地上,一次次将川军打退。

守在百丈关的川军趁机向北策应,但被红军猛烈的火力挡了回去。廖泽严令第9团凌谏涵部侧击坚守黑竹关的红军,结局却也与第8团相差无几。一阵激战后,凌团的营长萧秀良以下200余人被击毙。下午5时,红军将阵地再向前扩展,连占治安场及其以北3公里的杨店子。

15日,太阳刚刚冒出地平线,红军首先发起攻击,以优势兵力猛击黑竹西侧的川军廖泽旅和鹤林场的唐明昭旅。红军一道道土坎地艰难争夺,把川军向后逐米挤压而去。激战到中午,川军这两个旅只好放弃阵地,向后撤退。下午5时,红军正要发起全线追击,川军范绍增师周绍轩旅的先头部队火速赶到了治安场,在掩护廖泽旅撤退的同时,阻挡住了红军的进击。两军又对峙在黑竹关一线。

红九十三师奉命以小部监视名山之川军,并令从蒲江大兴场南撤的部队火速退出与李家钰部的战斗,转而向西,直插治安场投入黑竹关战斗,并以一部从马鬃岭进入百丈关增援;红八十八师抗击鹤林场方面来犯之敌;红二十五师守观音场。晚上,擅长夜战的红二六五团出其不意摸到长满松树的狭长山岗,与川军先头部队交火。团长邹风明、团政委黄英祥带领两个营,顺着山岗向前打,直插川军纵深,将川军彭焕章旅的1个先头团击溃。红265团控制了附近的闵坡、月儿山、白鹤林等险要阵地。红九十三师派出的增援力量也从马鬃岭赶到百丈关附近,使阵地得以巩固。

16日拂晓4时,红七十五团在准备就绪后,向据守百丈关的川军展开全面进攻。经两小时激战,于清晨6时大破川军200多个碉堡,击溃李家钰部驻守在这里的两个团,攻克百丈关重镇。

红军进入百丈镇后,一面修筑工事,一面做群众工作,在川祖庙前召开群众大会,王维舟在会上宣传了红军的"不拉夫,不扰民,买卖公平"等政策。红军将土豪黄宁高等家的粮食、衣服分给穷人,沿街张贴标语口号。"打倒邓(锡侯)猴子,穷人有银子!""打倒刘文辉,穷人要翻身!"的口号声响彻百丈镇。夜晚,红军没有惊扰老百姓,沿街道在房檐下和衣而睡。

这天,红军在攻克百丈关,连通黑竹关一线后,各部队开始沿百丈关到邛崃的公路一路追逐猛打,又击溃援敌6个旅,大有直取成都之势。

红军沿公路占领治安场、杨店子,各部见敌人就追打,向北再直取2公里处的甘溪铺。由甘溪铺向北5公里,就是川军将领潘文华的指挥部所在地大塘铺。潘文华闻知红军已抵达甘溪铺,极为恐慌,急令潘清洲独立营在大塘铺南侧小丘陵地带布置警卫阵地。前方败兵、行李、辎重、马匹已经涌到了潘清洲营的阵地前,交通阻塞严重,一片混乱不堪。

潘文华闻讯,急率特务营赶到前线督战,把几个跑在前面后退的士兵毙倒在地,严令败退中的川军官兵就此地转身返回前线,否则,此地现在就是后退者的坟墓;并命令官兵将行李、马匹、辎重移到公路一边,开不动的车辆推下山沟,赶快让出增援部队的前进道路。

增援来百丈关一线的川军几个旅挤满了公路,为争路而相互拳打脚踢,仍是一片混乱。

红军一路追击,但由此也分散了有限的兵力。战至下午,攻势就明显不如早晨那么凌厉了。在甘溪铺,红军遇到了兵力占绝对优势的川军的反扑,被迫仓促展开战斗,追击战转眼间变成了阻击战。

到了这时,南线红军已明显看出后备力量不足。在川军援兵源源不断开到前线后,红军只好坚守,不能再发起新的追击。

川军范绍增师周绍轩旅在黄昏时通过大塘铺,增援了上去。濒临全线崩溃的川军廖泽旅得到周绍轩旅的支援,得以稳住阵脚。红军在伤亡严重的情况下,只好后退黑竹关。

17日,国民党军的后续部队一批批从后面投入战斗,如蝗虫一片片涌来。

从正面增援上来的周绍轩、廖敬安两个旅,向红九十三师的黑竹关阵地发起进攻,激战两个小时后,红军退到百丈关以北2公里的挖断山附近。

形势对红九十三师有些不利,师长柴洪儒高叫着:"不能再向后撤了!""增援部队上!"徐向前亲临前线指挥。

附近的村舍、树林成了一片火海。

百丈关之北激战正急,从百丈关至治安场沿公路一线的争夺战进入白热化状态。

川军的攻势越来越猛,廖敬安旅以第31团谢浚部并增派迫击炮连为第1梯队,第32团饶正钧部1个营从右侧掩护,支援第1梯队的战斗;第30团的两个营和旅的独立营为第2梯队,在后跟进,从公路右侧向百丈关推进。红军有限的增援部队从西侧战场赶到百丈关地区后,迅速在挖断山一带组成新的阻击线,开始向川军周绍轩旅发起冲击,并转为追击。但追出没几公里，川军周旅的预备队又赶到了。

中午时分，川军发起这天的总进攻。排炮齐鸣，红军被压制在黑竹关以南的鳝鱼桥、挖断山一线，双方展开了几上几下的拉锯战。红军在连续打退川军的多次冲锋后，不得不再向黑竹关方向退去。周绍轩旅与国民党中央军的两个连紧追在后，再下黑竹关。对峙不久，红军兵力渐感不支，退到百丈关坚守，凭借镇东的栖霞寺、万宫寺和桥头堡垒对川军进行阻击。

川军周绍轩旅向百丈关攻了几次未果，即连夜在百丈关前的曹公庙一线修筑工事，与百丈关的红军彻夜对峙。这天夜里，川军根据刘湘的部署，只有少数部队接近红军阵地，大部川军正在向这一带集中，很快即将形成对红军的大包围圈。

红军看出了川军的企图，徐向前和陈昌浩命令各部队停止追击，原地构筑工事，准备对付川军的反扑。

双方都在积蓄力量，百丈关之战发展成为一场异常剧烈的恶战。川军由6个旅迅速增加到15个旅，首先在兵力上形成了绝对优势。国民党中央军薛岳部的两个军也由南向北加入了战斗。

刘湘深知这次大战的重要性，他把指挥部由邛崃县城向着前线方向南移了20公里，亲自坐镇平落坝督战。他看着潮水般退下的溃兵，急得直跺脚，首先撤了他的宠臣第147师师长杨国桢的职，示意他姓刘的这次可是要玩硬的了。

"从现在起，谁再畏缩不前，临阵不效命，我就先砍谁的脑壳！你就是师长我这总司令也要枪毙你在这平落坝。你们师长有权可以枪毙旅长，旅长可以有权枪毙团长，团长可以有权枪毙连长，连长可以有权枪毙排长。我看哪个龟儿子的屁眼儿敢再朝向共匪！"刘湘对着几个师长喝令训斥。

18日，刘湘发出了总攻命令，一次就以20多个团的兵力在飞机大炮的掩护下，由北、东、南3个方向朝红军在百丈关附近的数公里弧形阵地反扑；在鹤林场方向以3个团的兵力向红军阵地反攻。

天刚刚蒙蒙亮，川军周绍轩旅向治安场两端3公里长的红军阵地发起攻击，进逼百丈关。

四川南路"剿匪"指挥部的猩红大旗飘在前沿阵地大塘铺，总指挥兼第23军军长潘文华手提机枪在前督阵，横扫溃退之官兵。

"哒哒哒！哒哒哒！"潘文华扣动了扳机。

溃退的队伍又转身向南涌动。

"哒哒哒！哒哒哒！"红军以30多挺机枪组成火网，对冲上来的川军进行阻击。

川军前线官兵好像倒进了绞肉机中的肉团，在弹雨中来回蠕动，伤亡惨重。

红军阵地已被炸成一片松土，打断的树枝遍地燃烧。

整团整团的川军轮番向红军阵地发起冲锋。百丈关西北岗坡等地的战斗尤为激烈，焦土上血肉模糊的累累尸体，如河滩裸露的堆堆卵石。

两军对垒中，不一会儿就要出现一次刺刀闪闪的肉搏战。

从夹关方向增援来的川军向观音场攻击过来，与红二十五师激战在一起。

挖断山西侧，川军在石桥坝向红军阵地发起攻击。石桥坝是一片开阔地，冬季的水田间光秃秃的，没有任何遮掩，烂泥没膝，很难通过。只有一条高岗上的小沟可作掩护，通向红军阵地。红军把住这个口子，任凭川军成群地涌上来，都被机枪、手榴弹阻挡在阵地前。沟中已经堆满了川军的尸体，血水汇集成流，顺着干涸的小沟淌下山谷。

战斗至下午，川军仍未能通过石桥坝。

"哪个营再退下来，我先拿营长是问！"川军团长挥动着马鞭，打得树叶带皮四飞。

"哪个龟儿子再退一步，老子的枪可就要发火了！"3个营长对满脸血污的连、排长下达死令。

潮水般卷上石桥坝的川军士兵，在红军密集的火力打击下又被阻挡在山沟中，再次平增了一层尸体的厚度。

一群川军士兵不得不向后寻路躲藏。一阵密集的枪弹在他们营长的吼叫声中扫射而来，这群士兵全部就地毙命。

石桥坝阵地前出现了短暂的平静。尸体堆上的川军士兵不敢向后退，也不敢向前攻，就这样伏身趴在死人堆中。红军为了保持战斗力，也没有出击，仍坚守在阵地中。

突然，几声清脆的枪声从川军庙儿子阵地上传出。第 3 营营长被自己的士兵从后面打了黑枪。接着，该团另外两个营的营长也被自己的士兵击毙在张坝阵地。荒野上到处是逃窜的川军官兵。

"反了，反了！"川军团长闻讯把马鞭抽在地上，可他再没敢说别的，骑马先溜了。

石桥坝前川军全线溃退，红军追击至鳝鱼桥之西胥冲头村边，将其全部歼灭。但是，这个刚刚打开的缺口很快就被新到的川军增援部队填补上。战斗不停顿地进行着，红军根本没有一刻喘息的时机：不停歇地拼刺刀，无休止地在冲杀；坚守中突然冲锋，混战后又是追击。

百丈关附近方圆 10 多公里的土地上到处都是喊杀声，明晃晃的刺刀四处闪动着。

时任红八十八师政委的郑维山在后来回忆说："师的指挥所跟前 1 个班，打到下午只剩下 3 个人了。但是这 3 个人，却像钉子一样钉在那片树林中，扼守着阵地。敌人冲上来了，他们从 3 个方向投出集束手榴弹，趁着爆炸的浓烟，呼叫着分头冲下去，把敌人杀退，3 个人又从容地回到原处。战士们就是这样，以一当十地和敌人厮杀。"

夜间，百丈关西北 2 公里毛清明村附近的红军部队配合从一颗印方向增援来的红军，向月儿山东侧进击。他们唱着嘹亮的军歌，扑入敌阵：

满山遍野都响起了军歌与"杀"声相伴的吼声。

吼声在大刀片的翻滚中加力，歌声在火光闪耀中飞腾。

红旗飘飘，镰斧摇摇，
杀向劣绅土豪。
帝国主义者，国民党走狗，
一切反动派都要统统打倒。
我们勇敢战斗，
踏着血迹奔跑。
我们所向无敌，
歌是胜利号角！

悲而壮的大合唱中，红军指战员矫健的身影在飞跃，拼杀如歌之舞，翻滚如水中龙。

如此鏖战，不停顿地持续了一个昼夜。

11月19日，国民党军10余个旅在飞机大炮掩护下，从东、北、南3面向突出于百丈关地区的红军阵地发起猛烈进攻，整营、整团甚至整旅的兵力轮番发起攻势。主要交战地区在挖断山西侧和月儿山东侧宽仅1公里、长约4公里的狭长"脚拇指"缝隙间，主要交战点在铁场沟、桅杆坡、柑子坪、娃娃树等地，即现今的百丈乡蔡坪村1队和黑竹乡鹤林村1、2、8队地界上。

拂晓时分，川军师长郭勋祺在黑竹关命令所部第3旅旅长廖泽，率部向南进攻百丈关。挖断山以北地段，黑压压的全是蠕动的川军。太阳还没有升出山岗，川军正面攻击部队第31团向百丈关发起了这天的首次大进攻。

这是百丈关最为紧张的一天激战。

百丈关东侧桥头，红军占据在原川军修筑的碉堡群中，居高临下，击退了川军的多次进攻。但红军伤亡人数也在剧增，他们把牺牲了的战友就地埋葬在栖霞寺的红薯地沟中，伤员也都拿起武器坚持战斗。

激战至午，川军仍没有能前进一步。百丈关前，堆积起的川军尸体如山一般。

川军团长谢浚打红了眼，他是立了军令状的。他接连枪毙了3个后退的士兵，虽然暂时阻挡住了后退的狂潮，但仍没能鼓起士兵从原地爬起再向前冲的勇气。

"谁冲上去，给10个大洋！"谢浚望着趴在沟坎中的士兵，决定用钱买命，他相信"重赏之下必有勇夫"的战场信条。

"给12块！"但仍然没有人动。

"给15块！"还是没人动。

"给20块！"

这时有人开始抬头，站立起来。

谢浚终于用2000多块银元组成了100余人的"敢死队"。这些为了银元而不要命的名副其实的"亡命之徒",在迫击炮和机枪的掩护下向红军阵地反扑而来。

"敢死队"在伤亡过半后,剩下的亡命之徒挥舞着大刀侥幸冲进了红军的阵地。

这时,川军增援部队也源源而至,如潮水向百丈关翻卷而上。

百丈关红军防线出现了裂口,并渐渐扩大。

双方肉搏在一起,血肉横飞。

为了截断川军的后援,红军由百丈关口的北侧高地张坝附近出击,但被川军廖敬安旅的掩护部队阻回。

战至午后3时,红军用刺刀渐把川军向关外逼出几十米。可就在这时,国民党军飞机出现在空中,盘旋扫射,滥炸民房。一群群炸弹呼啸而下,有的落在红军的阵地上,有的落在民房中。爆炸声中,弹片四飞,泥土飞扬。

"快卧倒,注意防空!"红军指挥员大声喊着。

暴露在战壕外面的一些红军指战员被飞机扫射或扔下的炸弹击中,枪托都被炸飞到半空中。飞机扔下的燃烧弹首先落入居民朱云中的院子内,由此引燃了百丈街从东河桥到西部街房的民房,烈焰腾空,数百米的长街被焚烧成一片废墟。

红三十九师的指战员为了躲避空中的威胁,急忙跳入战壕。哪料到尘土飞扬中,地面上的川军趁机反扑,又进入阵地,待战壕中的红军发现时,川军已出现在面前。

一片金属撞击声,刺刀对刺刀"叮当"作响。

川军谢浚团在廖泽旅的侧面掩护助攻下,再次攻入百丈关。

红军伤亡很大,边抗击边向后退去。

"10师,跑步进入百丈关阵地!"徐向前擂着拳头命令。

红十师在师长陈锡联的率领下火速赶到百丈关增援和断后,掩护前面的部队撤退。川军谢浚团第1连连长王廷章带领该连一直追过关外近1公里的大坡顶(今百丈水库大坝南端),即被红十师遏制住攻击势头。王廷章当即被击毙,该连仅剩20多人死里逃生。

红十师又夺回了百丈关,并趁势向北追击。

川军夺路而逃,谢浚站立百丈关东桥头,手持大刀督战,叫喊着:"要与阵地共存亡,后退者杀无赦!"

但整连的川军向后涌去,谢浚接连砍倒几个,也无济于事。这时天近黄昏,谢浚在折腾一阵子后,只好收拾起残兵败将,后撤几百米,放出警戒,准备明天再大战。

20日,川军增援部队孟浩然旅等部也赶到了百丈关地区,由黑竹关方向加入战斗。

川军一稳住阵脚,就开始了对百丈关的又一轮大进攻。身处前沿阵地的谢浚使出新的招数,他令士兵在百丈关的东面纵火,火借风势,很快就烧进了关内。红军除留下一部分人予趁机进攻的川军以打击外,其余人奋勇灭火,制止住了火势的蔓延,保住了百丈关西部居民的房屋和财产。

打到这时,百丈关东部已是无险可守。80多个团的川军在飞机和大炮的掩护下,轮番向仅剩有15个团守卫的红军阵地百丈关地区攻击,红军的坚守也就越打越艰难。

到这时,红军已经是7昼夜的浴血奋战,敌众我寡,实在是再也无法坚持。11月21日晨,红四方面军指挥部作出决定:不能继续在名(山)、邛(崃)、大(邑)阵地上拼消耗,命令部队全线转移,到北起九顶山、南经天台山、五家口至名山的莲花山一线的山地据险防守。

至此,坚守百丈关的红军只好边打边撤,被迫撤出百丈关,向新店、万古退却。激战在月儿山、胡大林一带的红军部队也陆续于21日、22日撤出战斗,与撤出百丈关的红军部队一道退到了五家口和名山以西的蒙山、莲花山、四包山一带驻守。

百丈关之战,红军毙伤敌1.5万余人,但自身也付出了伤亡近1万人的惨重代价,主力严重受挫。此战的结束,宣告了南下红军《天芦名雅邛大战役计划》的失败。

百丈关的激战,使南下的红军就此被迫转入防御,处境日趋艰难。

这时,四川军阀主力部队集中于东面的名山、邛崃地区,国民党中央军薛岳部6个师已集结在南面的雅安、天全一带,第53师李抱冰部部署在西南之康定、泸定地区，从3个方向朝红军步步逼近。

仅仅几个月的时间，南下的红军由最初的65个团和1个骑兵师共约8万余人，到了这时已锐减到28个团约4万多人。

严冬降临，红军无粮，陷入极端困难中；部队减员也无法补充。所有这些，都使徐向前和陈昌浩更加认识到张国焘的南下方针是错误的。

1936年2月20日前后，红军被迫全部撤出名山地区，向西康北部地区转移。

22. 毛泽东指挥直罗镇战役，彻底粉碎国民党军对陕甘苏区第三次"围剿"

"怪了！战神为什么那么不公平，非要偏向毛泽东？"常以兵多自重的张国焘在百丈关碰壁后，心中愤然不平，说，"一切都似乎是为了验证毛泽东所说的南下是没有出路的话。同一时间所打的两个战役，我的失败了，他的却胜利了。"

1935年11月20日左右，就在南下红军百丈关受挫的同时，北上的红军与此相反，在陕北直罗镇打了一个大胜仗。

其实，如果讲困难，北上红军遇到的困难并不比南下红军所遇到的困难少。先就自然条件说，北上红军刚到陕北，冬天就好像是为了故意考验毛泽东所率这支铁流的吃苦能力，黄土高原的冬季比往年较早地降临了。

雪花似乎是紧跟着秋风一同到来，白色的鹅毛大雪裹卷着深黄色的落叶一同铺向大地。

红军指战员把能穿的东西都披挂在身上御寒。新任红十三团团长的陈赓的办法最简单，却也较为实用，很快就被大家仿效。他把两块羊皮连在一起，胸前背后各一块，形如一个口袋，在袋底割出了一个稍大一点儿的圆洞，用来伸出头；在伸出胳膊处的羊皮上又用刀子割了个圆洞。

陈赓穿上这如古代盔甲一样的"皮衣"，笑着问道："怎么样，像不像个大富翁？"

"我看倒像个叫化子。"

"真的像个叫化子？"跛着脚的陈赓拄着拐棍走了几步，引得大家哈哈大笑。

"乍一看，外表真像个讨饭的叫化子。可仔细一瞧，你这彪形大汉，讨饭有谁能相信？"

"也倒是真的。刚才听你们一说我像个叫化子,我还真高兴呢!因为我在上海搞地下工作时,什么都敢化装,就是不敢化装成讨饭的乞丐。"陈赓乐观地欣赏着这羊皮"袄"。一阵寒风吹过,他打了一个寒战,但仍幽默地说:"这无袖羊皮袄打起仗来倒是很方便的。最起码扔手榴弹方便,这是一大优点。再一个优点是可以前后反正一样穿,不怕晚上紧急行动时穿反了衣服。"

陈赓挥动着双臂,其实在这两张羊皮下他仅仅穿了一件破旧的单衣,裸露出他那病弱的身体。

严寒的天气里,刚刚到达陕北的红一军团总计缺少2000多套棉衣,补给不上。几乎是一夜之间,有1000多人在刺骨的寒风中被冻病冻伤,许多人卧床不起,重者被送进了医院。

"怎么的?病倒了1000多人!"毛泽东感到非常吃惊。

"大多数南方人不适应这里的气候,当地的老百姓也说今年的天气冷得太早。"彭德怀愁眉不展地说。

"我看病号多的原因除天气突然转冷,我们没有足够的棉衣外,还有一个重要的原因……"毛泽东吸了口纸烟,喘了一口气说道,"不过,这两个原因可以一并解决。"

"还有什么原因?"彭德怀急切地问。

"士气,旺盛的士气。军队一天不可无士气。没有了士气,冷气就会从骨头缝里向外冒,浑身都会觉得冷。我们现在急需的是必须有旺盛的士气来御寒。"毛泽东这番耐人琢磨的话充满哲理,说得彭德怀把眼睛睁得很大。

"怎么解决?"

"打一个胜仗,解决士气和棉衣、给养问题。"毛泽东下定了决心。

这时,红军在陕北的阵容大振,由徐海东率领先期到达陕北的红二十五军与刘志丹领导的陕北红军主力合编为红十五军团。红一军团和红十五军团合称为红军第一方面军。此外,还有陕北地方主力部队红二十八军等。西北革命军事委员会宣布成立,由毛泽东任主席,周恩来、彭德怀任副主席,统一指挥红军作战。

陕北红军的突然大发展,使蒋介石坐卧不安。他在成都忙于调动刘湘川军堵截红四方面军于邛崃、名山百丈关一线的同时,又急忙胁迫西安附近的张学良东北军组织了5个师,向陕北红军根据地进攻,图谋合围红军于葫芦河与洛河之间地区而后加以消灭。其先头第109师、第106师两个师,于11月初占领了太白镇以后又占领了黑水寺,开始准备向富县直罗镇进犯。

"站立在作战地图前的毛泽东,紧紧盯住国民党军的动向。最后他把红色铅笔圈划在了国民党东北军第109师和第106师的头上,地图上的歼灭地点就是直罗镇。

"伤其十指,不如断其一指。粉碎敌人要靠歼灭战,要靠枪杆子挫败敌人的阴谋,陕北根据地才能巩固。这个战役很重要,我也来参加指挥,怎么样?"毛泽东说。

"由主席策划并亲自指挥,我们肯定会打胜仗。"彭德怀等红军高级指挥员更加信心百倍。

11月5日,毛泽东传令红一军团军团长林彪和政委聂荣臻等人到象鼻子湾军委总部开会,明确西北革命军事委员会总部打直罗镇战役的决心,并研究战役具体部署。

毛泽东在讲了直罗镇战役的总体计划后,他把红军高级指挥员召集到了作战地图前。

直罗镇是一个不到百户人家的小镇子,三面环山,镇子的背面有一条小河流过,镇子的街东头有座古老的破寨子,地形很利于把国民党军放进镇子里歼灭。

战役部署定下后,毛泽东致电红十五军团军团长徐海东,指示:"尽快消灭富县西部张村驿之地主民团武装;派游击队两个连进驻直罗镇,并对富县黑水寺游击。调查直罗镇以北地区及以南地区之道路、地形、人家情况,葫芦河能否徒涉,电告。"

发完给徐海东的电报,毛泽东还有些不放心,他把林彪喊了来,面授机宜:"你要对直罗镇附近的道路、地形、人家作详细调查。就给一天的时间,明天就将调查情况报告给我。"

此时已是7日中午,林彪看了一下手表,连忙从笔记本上撕下一页纸,书写命令,让警卫员先回军团部传达侦察任务。站在一边的毛泽东微笑着,他对林彪雷厉风行的战斗作风显然非常满意。几个小时后，林彪也骑马飞奔回到军团部。

8日，毛泽东收到林彪关于直罗镇附近情况的详细调查报告。但毛泽东对这个调查报告并不满意，复电林彪，要他再次作详细调查，并立即派人绘制直罗镇地形图，附以文字报告。

"各纵队在驻地立即自行筹足7天粮食，以保障战役的胜利。一定要做到万无一失，坚决打好这一仗。"毛泽东对直罗镇战役部署的精细程度令所有指挥员感到一种巨大的压力。

毛泽东房间内的油灯开始彻夜不熄。急促的电报键击打声中，直罗镇战役的倒数计时器开始运作，各部队迅速向指定地点行动。

红十三团团长陈赓接受任务后，高兴地回到部队，召开紧急战斗部署会，他的开场白没有谈战斗，而是突然问与会人员："你们谁杀过牛？"

大家面面相觑，有人点头，多数人摇头回答说没有杀过牛。

"我们这次战斗要杀牛！当然不是草地上杀的那种牦牛。这头牛，在我们进入陕甘后，一直跟着我们啃屁股。我在干部团时，它啃过；到了红十三团，它也啃过。我们虽然砍了它几下牛尾巴，扳了几下它的牛角，但它并没有老实。现在，党中央、毛主席下决心让我们这次回头一击，砸碎牛头，狠狠给它一锤，然后给它开膛破肚！"陈赓形象的比喻，到了这时大家才明白，这头"牛"原来是指国民党军第109师师长牛元峰所部。

"好，我们保证把这头牛宰了！"几个营长哈哈大笑后，异口同声地表示决心。

"我们红十三团自从打了娄山关后，一直是当后卫，掩护全军。这次我抢来了这个硬任务，打头阵，拦住头打，一定要狠狠地打。"陈赓攥着拳头，摇晃着。他的羊皮"袄"腋下已经断了线，前后忽闪着的两块羊皮在陈赓的身体上悬挂着，已经说不上是衣服。

"我们一定把直罗镇战役的胜利再写到红十三团的战旗上！"几个营长纷纷表示决心。

"但是，我要提醒大家的是，不要杀红了眼就什么也不顾，要注意政治瓦解。毛主席交代了两句口号，大家要记住：一句是'宽待东北军'，一句是'欢迎东北军掉过枪口打日本'，记住了没有？"

这两句口号，一时把大家弄糊涂了。1营营长拧着脖子说："这是打仗还是去贴标语？"

"怎么，打仗就没有时间贴标语？"陈赓变得严肃起来，"毛主席让我们是又打仗又贴标语，《孙子兵法》怎么说来着？这叫'不战而屈人之兵'，是最好的作战策略。你一喊话，他就放下枪过来，这才是真本事。大家不要忘记，这股敌人的老家在东北，他们的家乡被日本鬼子占了。"

"嗨，这瓢，简单！"1营营长拍着脑袋抱怨自己说，引得大家都笑了起来。

红军进入紧张而秘密的战前准备，红一军团由毛泽东、周恩来指挥从北向南打，红十五军团由彭德怀指挥由南向北打，对国民党军形成了蟹爪式的两面夹击态势。

19日，即直罗镇战役发起前两天，毛泽东组织红一军团和红十五军团团以上干部在张村驿西端的川口子会合后，来到直罗镇西南面的小山头上察看地形，研究具体部署。

毛泽东挥舞着手中的木棍，谈笑风生，指点着直罗镇附近的山川村镇。这阵势与其说是战前调兵遣将，倒不如说是教书先生在手执教鞭，推演他胸有成竹的教案。

"在上海，你见过西班牙斗牛士的表演吗？"毛泽东提问陈赓。

"见过，惊险而精彩！"

"那好，现在你就是红军的斗牛士，先把你们13团的红旗舞起来吧！"毛泽东对陈赓布置"作业"。

"下课"的铃声响了，山头"课堂"上的人们迅速散向四方。

陈赓带领担负"牵牛"任务的红十三团小分队赶到太白镇方向去"惹牛"。牛元峰果然经不起四处红旗飘动的再三挑逗，开始发火了。

红军"斗牛士"挥舞红旗在前，"牛"怒气冲冲跟随在后，一头猛向直罗镇撞来。

"牛来了！"红军前哨部队发出战斗信号。

"国民党东北军第109师明日有到直罗镇的可能，我军应准备后口作战。"毛泽东通电两个军团。

"走吧！上观战台。"毛泽东说，他的指挥所设立在直罗镇北山吴家台北端高地，从这里可以直接观察整个战场情况。

路上，毛泽东遇到了林彪。毛泽东把几个指头扭在一起，向林彪做了一个只有他们两人才明白的动作，笑着擦身而过。

"主席是什么意思？"参谋人员问林彪。

林彪没有言语，他走进军团指挥所，向着各师长命令："要记住，我们要的是歼灭战，不是击溃战。只有歼灭战才有棉衣穿，这是毛主席的指示！"

20日下午，国民党军在红军小部队的节节抗击引诱下，进了直罗镇。先开进直罗镇的是国民党第109师的3个团和第111师的1个团，后面的第106师开到黑水寺附近，就不敢再向前走了。于是，第109师就成了红军先歼灭的对象。

"进入前沿阵地，准备出击！"毛泽东见已是火候，下达了预击命令。

然而红一军团主力部队在接敌的这天晚上，却因走错了路，比预定时间迟到了1个小时。毛泽东等得焦急不安。

红一军团终于赶到预击位置。

"你们怎么现在才到？我等你们好久了！"毛泽东对林彪和聂荣臻提出了严厉的批评。

"因夜暗，我们走错了路。"聂荣臻解释。

"没有什么可解释的。晚到了就是晚到了。赶快命令部队展开，记住：不要打成了击溃战，我们要的是歼灭战！"毛泽东再次强调打好这一仗的战役指导思想。

根据毛泽东的部署，林彪、聂荣臻指挥红一军团由镇北向南进击，其第2师3个团、第4师两个团和第1师的红一团直接攻击镇中国民党军；彭德怀、徐海东指挥红十五军团和红十三团由镇南向北进击。各部乘夜色迅速包围了直罗镇。

毛泽东站立在北山坡吴家台北端高地上。这里有几所破窑洞，3部电台联通了与红军各部队的指挥。

为了便于直接观察战场情况，指挥战斗，毛泽东没有进窑洞，而把指挥台设立在窑洞口一块大青石板上。

聂荣臻把军团部的警卫连放在毛泽东身边，加强警卫，以防万一。

"主席，你怎么上来了？"阵地上，红军指战员看到毛泽东等人也来到前沿阵地，出现在战士面前，既兴奋又担心。

"只准你们打仗，就不准我到这里来观观风景。我猜想，这场面肯定很美哩！"毛泽东笑呵呵地说。

"这里很危险！"

"你们不是更危险？这一次，我要亲眼看看牛元峰这头'牛'挨揍呢！"

周恩来走到战士中间，抚摸着战士们身上单薄的衣服，亲切地问候："同志们衣服单薄，很冷啊！"

"冷是冷，可我们不怕！"战士们的回答很响亮。

"很好，很好，就要有这个精神。不过，等一会儿你们就可以向敌人要棉衣喽！"周恩来的话引得大家都笑了起来。

毛泽东也在开怀大笑，他习惯性地把双手叉在腰中，说道："我们这次设了个口袋，把国民党109师这头'牛'引进来了。我们用15军团拦头，4师堵尾，2师截腰，只要大家协同好，是能够把这头'牛'牵过来剥皮开膛的。我们也就有了穿的和吃的，就可以在陕北扎下根，安下家。如果这一仗打不赢，我们在陕北就很难站住脚，只好到新疆去，打通国际路线，那是我们极不愿走的继续走的长征路。"

"我们一定要打好这一仗，为革命把家安在陕北！"指战员们纷纷表示决心。

11月21日5时30分，拂晓，红军完成了直罗镇战役的全部部署。

"行动！"毛泽东的声音不大，出口后立刻变作电闪雷鸣。

千军万马冲杀向直罗镇。战斗打响，冲锋号频吹，拼刺声震天，山鸣谷应。

几路红军迅速占领了直罗镇周围的山头，控制住所有制高点，镇周围的国民党军全部被压到了山沟底。红军立即缩小包围圈，从南北两侧山头向镇中冲下去。

打到上午11时，红二师首先攻入直罗镇。红十五军团将国民党军设在南面山上的阵地突破。国民党军像一群无头的苍蝇，从东涌到西，又从西窜到东。

直罗镇内外，两军激战在一起。

6架闪耀着青天白日标志的飞机在天空中吼叫着来回低飞,却难以寻找缝隙,分辨清敌我,把炸弹投下去。

红军胜利攻占直罗镇中的国民党军师部。牛元峰到了这时才后悔低估了刚经过长征的红军的战斗力。他只好带1个营逃进了镇东头的那个土围子,凭借寨墙继续顽抗。

"围而不攻,打而不拼!"毛泽东下令。

"为什么?"正在胜利追击中的红军指战员感到不理解。

"为减少部队伤亡,避免打消耗战。"毛泽东的解释很简单,"我们这些经过雪山草地能够生存下来的红军指战员,个个都是宝贝呀!敌人拿100个换我们1个,我们都不能干!"

中午时分,国民党军1个团的兵力突然窜出包围圈,直向红一军团指挥部冲来。这个阵地,本来是由红二师师长陈光负责带1个团来坚守的,但现在还没有来得及赶到。

"一定要把敌人堵回去!"聂荣臻一看形势紧迫,只好亲自挥枪上阵。

这时,军团部只有1个警卫排,情况非常危急。

"听我的命令,直属队所有人员操枪进入阵地!"林彪的动作很果断,说话间他的手枪已经横在胸前。

但是,直属队没有充足的子弹,每人仅有4发。警卫排又没有长枪,只能用驳壳枪进行短距离射击。

"多准备些手榴弹,等敌人靠近了再打!"左权参谋长命令道。

1000多个国民党军官兵猫着腰转眼间已经冲到了阵地前。聂荣臻、林彪、左权带领直属队的红军战士们首先把手榴弹砸向敌群。

手榴弹在轰响爆炸,尘土飞扬。

"好长时间没有像这样扔手榴弹了,还行!"林彪边扔边说。

如此近战打到军团的首长亲自扔手榴弹,在以后就极为鲜见了。反正林彪在以后再也没有这样扔过手榴弹。

红军战士们人人英勇奋战,阻击战斗打得相当艰苦。

"快!快把侦察连和工兵连调上来。不要动用在毛主席那里的警卫连。"左权向通信员命令。

聂荣臻挥动着驳壳枪,指挥着战斗。警卫员孙起锋紧跟在聂荣臻的身边，操双枪向着敌人射击。一股敌人冲上来了，孙起锋突然跃起，挡在聂荣臻的前面。

"小孙，注意隐蔽！"聂荣臻见孙起锋向前跃进了几步，朝着敌人狠狠打去，急忙喊叫道。

孙起锋的枪口下，倒下了几个敌人。国民党军的又一次冲锋被打退了。突然，只见孙起锋的身体摇晃了一下，扑倒在地上。

鲜血从孙起峰的胸口涌出，染红了军衣，浸透了他时刻背在身上的地图背囊。

"小孙！你怎么啦？"聂荣臻跑上前来，抱起了孙起锋。

孙起锋已经停止了呼吸。

聂荣臻从孙起锋的身上解下图囊，背在自己的身上。这个图囊后来一直由聂荣臻保存着，后来交给了北京军事博物馆。

战斗打到中午，嘹亮的军号声中，红军增援部队到了。

"反冲锋！"林彪命令。

红军战士们呼喊着"杀"声，向山下冲击。

林彪大步向毛泽东的指挥所走去。

"天快黑了，要注意不要让土围子里的'牛'跑了！"毛泽东提醒林彪。

土围子战斗在继续进行着，红军围而不打，给了牛元峰喘息的机会。

"快！增援我们！我们在直罗镇遭到了共军主力的围攻。"牛元峰对着无线电报机惊呼。

"混蛋！你们1个师就打不过共军那几个散兵。我告诉你，共军的主力在黑水寺，106师在那里遭到共军主力攻击，你们应该增援他们！"国民党军军长董英斌训斥牛元峰。

"完了，完了！"牛元峰一听增援部队没有了希望，狠狠地摔下了话筒。

"喂？喂？喂！"话筒中董英斌还在大声吼叫着。

"娘的！竟弄到了这种山穷水尽的地步，只有靠我们自己了，突围！"牛元峰在内外交困的情况下，决定趁夜暗率残部逃出土围子。

漆黑的夜幕中，牛元峰连滚带爬悄悄溜出了土围子。

此刻，毛泽东并没有休息，牛元峰的一举一动都在红军的密切监视之下。毛泽东对林彪说道："可以命令红七十五师出击了！"

直罗镇西南的山头上,手榴弹爆炸的火光骤然升起。红七十五师一阵穷追猛打,刚刚逃出土围子的牛元峰残部被全部包围歼灭。

国民党第109师的两个团和师直属队到此时已被全部围歼,无一漏网。镇子东头土寨子等地的国民党守军,于23日突围,也被红十五军团在追击途中歼灭。

直罗镇战斗后,红军回头北进,准备消灭黑水寺的国民党军第106师。第106师得知第109师在直罗镇被歼,立即逃跑。

毛泽东命令红一军团追击,并指示聂荣臻:"这个106师师长沈克过去与我们有联系,你们在打了胜仗后要释放几个俘虏军官,让他们捎话给他们的上司,只要东北军同意反蒋抗日,与红军停战,我们现在俘获的人和枪,可如数归还。"

聂荣臻率领部队又消灭国民党军1个团,并遵照毛泽东的意图释放了一批俘虏。这对于以后争取东北军建立抗日民族统一战线起了很好的推进作用。

直罗镇战役,共歼灭国民党军第109师全部和第106师1个团,师长牛元峰被击毙,俘虏团长以下5300余人,打死打伤1000余人,缴获枪3500多支,轻机枪176挺,迫击炮8门,无线电台2架,子弹22万多发,棉衣等装备一大部。

红军指战员在战役结束后全部穿上了棉衣。陈赓对他那件羊皮"袄"还恋恋不舍地相了半天面,说:"我的这项发明,将来可以献给红军服装工厂。"

战役结束后,红军把被俘的国民党军官兵编成几个集训队,针对这些官兵都是东北军的特点,广泛开展政治工作,讲枪口应该一致对外,中国人不打中国人,抗日救国。晚会上,一曲"我的家,在东北松花江上",更是拨动了东北军官兵的思乡之情和抗日义愤。经过教育,许多俘虏要求参加红军;而愿意回东北军的,则发给路费,释放回去。许多俘虏表示:红军大仁大义,我们回去后再也不同红军妄动干戈。就连被俘虏的师长沈克,放了回去后,也到处宣传,说还是共产党的抗日政策好。他的被俘和被释放在东北军中震动很大。1个月后,东北军将领张学良思前想后,亲自向红军写了封感谢信,说为了答谢红军对被俘东北军官兵的宽大处理和友情相待，特派飞机向中共中央所在地瓦窑堡空投了一批弹药和60万国民党政府发行的中央钱币。

11月30日，毛泽东在红一方面军营以上干部大会上，对直罗镇战役进行总结和报告，他说："长征一结束，新局面就开始。直罗镇一仗，中央红军同西北红军兄弟般的团结，粉碎了卖国贼蒋介石向着陕甘边区的'围剿'，给党中央把全国革命大本营放在西北的任务，举行了一个奠基礼。"

直罗镇大捷，足使毛泽东高兴了好几天。12月2日，他放下手中的诗稿，哼着刚从祝捷大会上听来的陕北小调，弯腰进了电报室，高兴地指示电台报务员："快发个电报，向朱德总司令他们通报这个好消息，有苦同受，有佳音同享嘛！"

毛泽东口述电报："发朱德、张国焘、刘伯承、徐向前、陈昌浩：直罗镇大捷。一方面军在中央的正确领导下，粉碎了三次'围剿'，正在猛烈扩大红军，猛烈发展苏区，准备迎接战斗的胜利。毛泽东、彭德怀。"

千万里之外的徐向前首先看到了毛泽东发来的这个电报，他兴冲冲地找到张国焘，说："快看呢，中央红军在直罗镇打了大胜仗！我们出个捷报吧，对我们的部队肯定是个鼓舞。"

出乎徐向前意料的是，张国焘的表情非常冷淡，他轻描淡写地说道："不要管他们，用不着出捷报！"

直到这时，徐向前方明白张国焘仍对毛泽东和党中央耿耿于怀，甚至置个人情感于红军和党的最高利益之上。原来多少对张国焘存有敬重之心的徐向前对张国焘的怀疑和不满与日俱增。

23. 贺龙率部转战鄂、黔、滇、康、川，张国焘撤销"第二中央"

在红一方面军主力于陕北取得直罗镇大捷时，远在湘鄂川黔边的红二、红六军团（后合编为红二方面军）的重大战略行动也在进行中。

任弼时、贺龙等人针对国民党军发动的第二次"围剿"凶猛攻势，命令红二、红六两个军团撤离津市、澧州，返回桑植地区，准备依托根据地，在内线寻机歼敌，粉碎国民党军的"围剿"。但是，国民党军接受了前一次失败的教训，行动十分谨慎，每天仅前进三五里，而且兵力密集不易分割，红军多次寻战未成，敌人堡垒封锁线越来越紧。同时，苏区还很不巩固，地主武装和土匪活动猖獗，物资供应也十分困难。两个军团与中央的无线电通信联络在 1935 年 6 月 22 日已经中断，得不到党中央的指示和中央红军主力行动的消息。在这种情况下，中共湘鄂川黔省委和军委分会决定：以红十八师留在苏区坚持斗争，牵制敌人，在斗争确实不利时，则向湘黔边转移，与主力会合；主力采取逐步转移的方法，由苏区西进，向湘黔边转移，争取在敌人兵力薄弱之贵州的石阡、镇远和黄平地区，发动群众，创建新的根据地。

红二、红六军团转移前，深入进行政治动员，积极筹措给养，妥善安置了伤兵员。同时还大力精简机关勤杂人员，充实连队，并将地方武装组成第 5、第 16 两个师，分别编入红二、红六军团序列，使两个军团各辖 3 个师，共 1.7 万人。11 月 19 日，红二、红六军团主力由湖南桑植的刘家坪和水獭铺（今瑞塔铺）地区西进，向湘黔边转移。这就是红二方面军长征的开始。

红二、红六军团在任弼时、贺龙、关向应等人率领下，突破国民党军队在湘鄂川黔根据地的堡垒封锁线，经湘中、黔西、滇东，于 1936 年 2 月

2日全部渡过鸭池河，进占黔西县城。红军在这里驻扎20余天，扩大红军5000多人，团结争取了曾任北洋政府秘书长的知名人士周素园先生，由他出面团结各界人士筹建了以周素园为司令的贵州抗日救国军。当红二、红六军团北上时，周素园先生毅然跟随红军长征，后到达延安。

3月初，红二、红六军团进到赫章东面的野马川地区。红十八团政委余秋里在赫章战斗中负伤，一颗子弹击中他的左臂，骨头和筋腱裸露出来。战斗从上午一直打到晚上，余秋里用毛巾简单地捆扎了一下伤口，坚持到任务完成。疼痛难忍中，他把流着汗水和血水的左臂浸泡在冷水中止痛。直到与红四方面军会合后，余秋里才拆开绷带，伤口上已经爬满白蛆。换上新的绷带后，他被抬着过了草地。9月末，在甘肃的徽县，医生为余秋里做了截肢手术。手术工具简单得让现代人不可置信：割除腐烂肉，用的是一片残破生锈的剃须刀片；锯断骨头，用的是一把工厂中用的普通钢锯。好在医生给他注射了一针刚刚缴获的麻醉药，但是冒险成分甚至大于手术本身，因为医生并不知道该用多少麻醉药。余秋里总算挺了过来。

红军在贵州赫章附近的战斗损失很大，时红六军团政治部主任夏曦也在这一地区不幸牺牲。任弼时、贺龙、关向应等领导鉴于去安顺的道路被敌人截断，便率部继续西进，经威宁以东的妈姑地区向南，占领了黔滇交界的亦资孔山区。

红二、红六军团在乌蒙山区转战1个多月，回旋1000余公里，给国民党军以沉重打击。红军部队虽在频繁的战斗中伤亡不小，但沿途群众不断加入红军，部队仍拥有从桑植出发时的实力。盘县、亦资孔地区交通不便，国民党统治势力薄弱，群众和经济条件较好，因此，任弼时、贺龙等人决定在这一带发动群众，准备在南、北盘江间创建新的革命根据地，并把这一计划报告正转战在川康边的朱德、张国焘。

然而，朱德和张国焘的回电明确表示不同意红二、红六军团在黔滇建立根据地的计划，而是让其北渡金沙江，会合红四方面军。

川西北红军总部与贺龙所部的电台联系，是张国焘在1935年9月30日红一、红四方面军分离后建立的。因为通讯密码留在了红军总部，中共中央与红二、红六军团之间的通讯联络中断。而红军总部却始终与红二、红六军团保持着联系，经常通过电报互通情况，给予指导，这些电报常由朱德、张国焘连署。所以说，直至红二、红六军团与红四方面军会师，任弼时、贺龙等人一直把红军总部发来的电报误认为是中共中央的指示。

朱德这时的想法是，在红二、红六军团与中央失去联系的情况下，尽力使他们多掌握一些情报，并在军事行动的决策上给以帮助。在红二、红六军团靠近金沙江后，想方设法让其过江，以增加反张国焘另立中央的力量。后来的红二、红六军团过金沙江即是在中共中央并未下达命令也不明情况的特殊原因下，由朱德从中私下促成的。

对于这时几乎是独立于中共中央之外的红二、红六军团，张国焘更有着自己的想法：在没有决定北上前，他的大主意是设法把红二、红六军团留在金沙江以南，与江北的红四方面军形成互应；小算盘是试图把红二、红六军团放在前边御敌，而在川康边地区保存自己的实力，形成自立中央的大气候。后来，张国焘在朱德的相劝下，也表示同意让红二、红六军团北上，这时他的主意则是设法把红二、红六军团拉过来，以弥补红四方面军半年来的巨大损失，轻而易举地扩大自己的实力。

可在这时驻共产国际的代表张浩却从陕北来电给朱德和张国焘，指明：红二、红六军团在云贵之间创立根据地，是完全正确的。对将红二、红六军团引入西康的计划，表示坚决不同意。红四方面军既已失去北出陕甘机会，应争取先机南出，切勿失去南下机会。

"这可怎么办才好？毛泽东当初反对我南下，可现在他们又让我们继续南下，难道川康边不要了？"张国焘接到这封电报后，大发牢骚。

"这不是党中央的意见！我们再不能南下了。"朱德表示自己的意见，说，"我们要坚持原方案，红四方面军必须在金沙江以北地区休整训练，等待与红二、红六军团会合后，共同北上。"

张国焘没有再言语，他仍有着自己的小算盘。

1936年春节前后，陕北与川西红军之间的电报伴随着冬雪纷扬，频繁往来，片片飘落似无声，但雪层下涓涓春水已在流动。张浩、张闻天致电朱德、张国焘："兄等对政治决议既原则上同意，组织上亦用西南局，则对内外均告统一，自是党与革命利益，弟等一致欢迎。"

关于战略方针，张闻天在电报中指出："育英（张浩）动身时曾得斯大林同志同意，主力红军可向西北及北方发展，并不反对靠近苏联。红四方面军及红二、红六军团如能一过岷江、一过长江，第一步向川北，第二步向陕甘，为在北方建立广大根据地，为使国内战争与民族战争打成一片，为使红军成为真正的抗日先遣队，为与苏联红军联合反对共同敌人——日本，为提高红军技术条件，这一方针自是上策，但须由兄等估计敌情、地形等具体条件的可能性。"

张闻天在电报中还指出："红二、红六军团和红四方面军由现地巩固向前发展，粉碎围剿，第一步把苏区迫近岷江；第二步进入岷、沱两江之间。这是夺取四川的计划。但需估计堡垒主义对我们的限制，需不失时机以主力跃入堡垒线外，在外消灭敌人，发展苏区。红二、红六军团则靠近川南苏区，在云贵川3省之交建立根据地，与红四方面军互相呼应。……红四方面军南渡大渡河与金沙江，与红二、红六军团取得近距离会合，甚至转向云贵川发展，寻求机会前进。以上3种方针请兄等考虑选择之。"

对张闻天的这个电报，张国焘反复看了几遍。这时，战局对红四方面军发生了很不利的变化，也促使张国焘对南下红军的下一步出路不能不有个新的考虑。国民党军薛岳部在天全、芦山地区正集中近7个师的兵力与川军相配合，步步向红四方面军逼近。经过7天激战，红军被迫向后撤退，直到退出天全、芦山。

朱德率领红军总部从芦山任家坝转移到宝兴灵关。

负责殿后的徐向前不断向朱德汇报敌情，并提出建议："红军不能再继续与敌人在这里长期相持拼消耗，应迅速撤离川西，到夹金山以西休整，然后北上与红一方面军会师。"

朱德、刘伯承、徐向前、陈昌浩等红军总部和红四方面军领导人，一致赞成执行北上方案，伺机策应红二、红六军团的北进，决定先率军向道孚、炉霍一带转移。张国焘因南下碰壁，也只好顺水推舟，表示少数服从多数，同意策应红二、红六军团，然后一道北上。

2月中下旬，原南下红军陆续撤离天全、芦山、宝兴地区，经达维、懋功、丹巴，向西康北部的道孚、炉霍、甘孜进军。

横亘在懋功和宝兴之间的3000多米高的夹金山，是西撤红军要经过的第一座大雪山。广大红军指战员对它已经不陌生：对红四方面军来说，这是第2次；对红一方面军南下的指战员来说，这已经是第3次。但是，这座熟悉的"老朋友"现在却换了面孔，前两次翻越时是在夏、秋季，而现在却是在狂风呼号的隆冬季节。

"正二三，雪封山，鸟儿飞不过，神仙不敢攀。"这是当地民谣形容严冬中的夹金山。

但是，红军将士不畏严寒和艰险，还是把夹金山踩在了脚下，继续向前挺进。

再向前走，竖起在红军面前的是折多山主峰——党岭山，它是红军长征途中遇到的最大雪山。这座大雪山海拔5000多米，山大半在雪线之上，山顶终年积雪不化，四季都可看到雪花飞舞，气温低至摄氏零下40多度，空气稀薄，雪崩会使一座冰峰骤然间倒下。当地藏族人把这座山称为"神山"，冬天里是绝对没有人敢玩命冒险翻山的。

就在这隆冬的季节，朱德率领脚踏草鞋、身着单衣的红军指战员扑向这冰山雪峰。在漫天飞雪的高寒地区，将士们的棉衣还毫无着落，有的指战员仍然穿着破烂的棕皮背心，有的把未经硝制的牛羊皮割下来披在身上。

为了在中午前后登上顶峰，红军大部队一大早就赶到山下。

山脚下是原始森林，满目绿色葱茏的松柏。但上山不久，树木就越来越少；再往上，连低矮的灌木丛也难以见到了。一片银白色的世界中，红旗愈加显得鲜红艳丽。

乐观的红军指战员在风雪中高歌："寒风透骨凉，风凉血不凉；我有上天梯，雪峰摘月亮；再鼓一把劲，踩星登太阳。"

部队上到半山腰，汗水已湿透指战员们的衣服。可快接近山顶时，狂风突起，冰碴雪粒飞卷，打在指战员们带的喝水用的缸子上噼啪作响。气温骤降，被汗水浸透的军衣很快就结冰，冻成冰疙瘩。

"这可真是'漫天飞银弹，助战有冰甲'。老天在给我们开玩笑哩！"朱德在狂风中鼓舞士气。

空气越来越稀薄，大家都在大口大口地喘气。

红军以铁的意志翻越党岭山，行进在风雪中，滚爬在冰板上。红二七一团一营特务连的炊事班长老周，因为背着行军锅太兜风，在接近山顶时被一阵狂风吹倒。战友们急忙去拉，可是风骤雪急，一把没有抓着。炊事班长连人带锅一同滚下万丈深谷，很快就不见了踪影。

"老周！老周！"

呼啸的山风很快裹雪带冰抚平一切痕迹，山谷又恢复了一片洁白。大家叫破了嗓子地呼喊，深谷中没有任何回声。

"老周！老周！"

"怎么回事？"这个营的李营长牵马艰难地爬行上来，见这么多人对着茫茫深谷喊叫，忙问。

"我们连的炊事班长老周被大风吹下深沟去了！"有人哭泣。

李营长探探脖子向深谷中望了望，然后摇摇头，说："老周同志与大山同在，让我们完成他的未竟事业吧！这里风大，同志们一定要注意安全，天黑之前必须赶到山下宿营地！"

李营长牵马奋力向山顶爬去，战马到了这时也已经累得筋疲力尽。走了没有多远，突然，一阵风雪刮过，这匹战马滑倒在冰雪中，它奋力挣扎了几次，却再也站立不起来。它望着李营长，眼睛中盈满泪水。

"快起来，快起来！"李营长奋力拉缰绳，想推马站立起来。但一切努力都没用。为了带领全营尽快翻过雪山，李营长不能在此久留。

但是，"咴儿咴儿"的马叫声，又把李营长喊回到战马前。李营长抱着马头，泪水滚滚而下。通人性的这匹战马低下刚才高昂的头。李营长掏出手枪，对准了马头。战马低着头，用舌头舔了舔李营长的手。为了不让这匹有功劳的战马在这雪山上再挨冻受苦，李营长手中的枪响了。

飞卷的雪花中，战马枕卧在雪堆中，渐渐被大雪埋没。

李营长行了一个庄严的军礼，对着这座战马身躯隆起的雪山。

3月中旬，朱德、张国焘率领红军总部抵达康北重镇道孚，后进驻炉霍。红三十军占领康北战略要地甘孜。不久，红军控制了东起丹巴，西至甘孜，南达瞻化、泰宁，北连草地的大片地区。

朱德率领红军总部到达炉霍时，藏民们受当地土司和国民党当局宣传的煽动，都躲进深山。朱德在镇子里巡视一圈后，把各部队负责人召集起来，号召大家严格执行党的民族政策，用实际行动教育藏族同胞，并宣布4项规定：尊重当地的风俗习惯；爱护藏民的一草一木，在藏民没有回家之前，不准进他们的屋；看管并喂养好藏胞留在家中的牛羊。

此时已是仲春，正是高原春播季节，一片片土地等待耕耘。朱德看到这种情况，着急地说："俗话说，人误地一时，地误人一年。现在，藏族同胞对我们还不了解，暂时不能回来种地，如果这一季种不上，藏胞回来吃什么？我们不能因为我们的到来而误了农时，我们应该帮助他们把地种上、种好，这是我们的义务和责任。"他发动总部机关和一些部队帮助老百姓种地，在白天亲自挥动镢头刨地，到了晚上才熬夜处理日常工作。

红四方面军南下、西进以来，往返于草地雪山间，连续进行激烈战斗，减员很大。为了适应新的任务的需要，调整和充实基层连队的战斗力，红四方面军在甘孜地区对部队进行了大整编。整编后的方面军领导人是：总指挥徐向前，政治委员陈昌浩，副总指挥王树声，参谋长李特，政治部主任周纯全，副主任李卓然。

部队的整编变动很大。第4、第9军撤销团的建制，每军辖4个师，每师辖3个营；第30、第31军各辖两个师，每师3个团；第5军，由原红一方面军第5军与红四方面军第33军在年初时合编，仍称第5军，辖两个师；第32军，名义上有两个师，实仅辖1个团，即第7团；另外还有红军大学、骑兵师、妇女独立团等，总兵力与刚南下时相比，减员达一半以上。

各军指挥员及所辖部队编制是：

第4军，军长陈再道，政治委员王建安，后为王宏坤，参谋长陈伯钧，政治部主任刘志坚。辖第10师、第11师、第12师和独立师。

第5军，军长董振堂，政治委员黄超，副军长罗南辉，参谋长李屏仁，政治部主任杨克明。所辖第13师两个团由原第5军团的部队编成，第15师两个团由原第33军部队编成。

第9军，军长孙玉清，政治委员陈海松，参谋长陈伯犀，政治部主任曾日三。辖第25师、第26师、第27师和教导师。

第30军，军长程世才，政治委员李先念，参谋长黄鹄显，政治部主任李天焕。辖第88师、第89师。

第31军，军长由王树声兼职，政治委员詹才芳，参谋长李聚奎，政治部主任王新亭。辖第91师、第93师。

第32军，军长罗南辉，政治委员李干辉，政治部主任辛世修。辖第94师、第96师。

金川省军区，由倪志亮兼任司令员，政治委员邵式平。辖独立师、独立第2师。

红军大学，校长刘伯承，政治委员何畏，参谋长张宗逊，政治部主任由王新亭兼任。

另外还有以张琴秋为团长的妇女独立团；以骑兵司令许世友兼师长、秦道贤为政委的骑兵师；以王维舟为总指挥的四川抗日义勇军，等等。

张国焘双手捧着红四方面军甘孜整编后的军事实力表册，黯然失神。到了此时，红四方面军的总兵力由原来的8万人，已锐减至6个军19个师4万余人。

"难道这是我坚持南下的过错？"张国焘在自问自答。但他不可能立刻醒悟过来，认识到这惨重的代价的确是由于"一将无能，累死千军"的结果，自从他坚持南下战略方针后，就注定了红四方面军将士比别的方面军在这艰苦的长征路上遭受更多的劫难。

红四方面军在转进康北地区后，张国焘对自己的分裂活动仍没有停止，他除继续以"中央"名义发号施令外，仍在一系列会上攻击党中央和毛泽东等人。为了压制部队中日益不满的情绪和批评意见。他无视失败，却说："南下是苏维埃运动终止退却，反攻敌人强有力的行动，在相当意义上说，南下半年达到了我们预定的目的。现在，需要的是我们每个同志要好好约束自己，任何一种暗中三五成群议论党的决议而发生破坏作用的现象，都要受到铁锤性的打击。"

张国焘的"铁锤"在不断上舞下翻地抛动，砸向许多他看上去不顺眼的人。

孤注一掷的张国焘始终没有那个勇气承认自己的错误，但广大指战员从比较中在内心里已经分辨出南下和北上的天壤之别。尽管许多基层指战员还弄不明白什么叫"路线斗争"，可这"南下"与"北上"行军路线结果的不同，则是最让人明白不过：路线斗争原来是这么至关重要。

红四方面军整编后，立即展开紧张的军事训练。根据将要北上的战斗任务要求，部队重点练习打骑兵、攻堡垒、夜间战斗和强渡江河等战术；并大力展开政治、文化教育和文化娱乐活动，专门设立领导部队体育文娱活动的组织——红场委员会，以鼓舞斗志。同时，积极做好迎接红二、红六军团的准备。

3月23日，朱德和张国焘电示红二、红六军团，要求他们与红四方面军会合北进："我们建议在你们渡河技术有把握条件下及旧历三月水涨之前设法渡过金沙江"，"与我们会合大举北进"，"究应如何，请按实况决定，不可受拘束。"

中共湘鄂川黔省委和军委会接到朱德和张国焘这一关于要红二、红六军团北渡金沙江，去甘孜与红四方面军会师的指示后，决定放弃在南、北盘江间建立新根据地的计划，开始为实现会师而北上，准备强渡金沙江，北上甘孜。

为实现两支兄弟部队的会师，4月初，红四方面军制定了《4、5两月战斗准备工作计划》。接着，便在"迎接红二、红六军团准备北上，创造西北广大抗日根据地"的口号下，积极展开整编、训练、筹集物资等各项工作。本月中旬，徐向前和陈昌浩派出红三十二军和红四军一部，由道孚南下，4月16日占领东俄洛，19日逼近雅江，守敌两个团逃窜。红三十二军占领雅江后在追击中歼敌一部，占领西俄洛，将康定之敌国民党军李抱冰部阻止于雅江以东，以确保红二、红六军团北进时翼侧的安全。20日，朱德、张国焘致电徐向前、王树声，对迎接红二、红六军团作了进一步的部署："会合红二、红六军团为目前主要任务，必须确实阻止敌人的截断，相机消灭雅江李敌，并伸到稻城以及金沙江边去迎接红二、红六军团。"

红四方面军全军动员，积极准备迎接红二、红六军团。4月21日，徐向前发电指出："与红二、红六军团会合主要目的是北上。"27日，朱德、张国焘致电徐向前："红二、红六军团今明可全渡江，会合已无大障碍，全军雀跃。""此后重心为北进及对康定和懋丹两方。"两军会师在即，红四方面军部队在进行作战和紧张训练的同时，积极筹集粮食、牛、羊、食盐等物资，人人动手，缝制帐篷，打草鞋，织毛衣，迎接兄弟部队的到来。

贺龙、任弼时等率领红二、红六军团于4月27日胜利渡过金沙江。朱德闻讯后，立刻领衔发去贺电："金沙既渡，会合有期，捷报传来，全军欢跃；谨向横扫湘、滇、黔，万里转战的我红二、红六军团致以热烈的祝贺和革命的敬礼！"同时，电令已奉命去雅江的红四方面军第32军西出理化（今理塘），接应红二、红六军团。

为了搞好两个方面军会师后的关系，徐向前在一次干部会上，语重心长地对指挥员们说:"红军就像一家弟兄,红一、红二方面军好比是老大、老二,我们是老四。上次我们和老大哥的关系没有搞好,这次可要注意呀,和二哥只能搞好,不能搞坏。不然,人家就说老四太没有道理了。"

萎靡不振的张国焘也打起了自己的主意,他的计谋主要是想在红四方面军南下损兵折将的情况下,能把红二、红六军团抓到自己手中,以壮大"西南局"的力量。营帐下时有人为其游戏代作《阳春白雪·南下有感》一首:

南下君独断。战刚开,损兵折将,神威减半。一场春梦依稀散。妄想再战也难。惧晚矣!冬日流汗,盛夏炎天心胆寒,悔不该,固执反毛观,怎收场?厚颜干。

可钻那空登彼岸。不为晚,灵机应变,愤无蛮干。救星二、六军团,争取他另眼看。到那时,雄机妙算,把他们都抓到手,有了权,愁你轻结伴。一起干,显强悍。

为了会同红二、红六军团一道北进,红四方面军在康北高原地区异常艰苦的环境中,坚持等待了整整4个月,这个代价是相当大的。全军几万人的吃粮成了大问题,根本无着落,基本上都是在靠野菜充饥。隆冬季节里,部队无法配发棉衣。部队迅速减员,1个军中的伤兵员多达1000多人。

红军的生存越来越困难,违反群众纪律的现象也越来越严重,高级指挥员对这种军民纠纷也习以为常。张国焘在其回忆录中也承认这一点,他说:"对藏民来说,红军只不过是一伙前来抢他们粮食的恶人。"甘孜有位活佛就曾对张国焘说:"红军贫困潦倒,他们搜集粮食和其他物品,比国民党的四川军阀刘文辉还凶。"

南下部队落到如此为生存而整日苦斗的地步,在这贫瘠之地也就很难再说发展。走上绝路的张国焘又怨谁呢?

红三十军政委李先念在事后也回忆说:"我们没有打赢百丈关一仗,我们输了,不得不撤退。张国焘的南下计划根本行不通。我们只得往西走。当地人都是藏民,语言不通,很不方便。而我们到了那里,必须吃饭。于是,我们拉走了他们的牛羊。这样,我们和藏民的关系怎么能够搞好呢?"

5月间，红四方面军的处境越来越困难，数万人的吃饭成了总部每天都要思考的重要问题，没有吃的，部队的巩固也渐渐困难。21日，张国焘召集会议，研究寻找新的根据地的战略问题。面对现实，他不得不承认自己原来的南下川康主张是行不通的，说："红军如果长期停留川康区域内是不利的，更不能适应目前全国抗日反蒋的局势。川康是不能再待下去了，粮食的缺乏使我们在这里的少数民族工作更加难做。这几个月，我反复思虑这个问题，我认为红四方面军的当务之急应该是夺取西北，创建西北根据地。"

朱德见张国焘终于说出了离开川康边的话，立即趁热打铁表示同意，说："我同意张总政委的判断，这个地方我们实在是不能继续待下去了。我们要北上，到陕北去与党中央会合，扩大西北根据地。"

在这里，朱德和张国焘的意见好像是一致的，但与会人员心中都明白，两人所说的"西北根据地"是有着不同含义的。张国焘的"到西北去"并不是与毛泽东的红军会合，他的计划是由西康直接北出青海，再到甘北和新疆。红四方面军在百丈关失利退入西康后不久，张国焘就派出余洪远和邵式平，先到甘孜查明德格到青海的道路，为继续退却作准备。

余洪远后来回忆这件事说："当时，我一路调查，一路找喇嘛开座谈会，以后从甘孜一个铁棒喇嘛、绒坝岔的一个喇嘛、德格一个喇嘛那里了解到这条路要走48个马站，就是马要走48天，这中间都是小路，没人烟，没粮食。他们喇嘛走都是马驮上粮食，边走边采野果补充，才能走到。有些地段水都没有，马还得驮水。我把情况告诉邵式平，发电报给张国焘，说此路根本走不通。"

张国焘得此报告后，一个人躲在房子里连着几天都没有出门，他把川康西北与周边省区的地图一遍遍地审视，但他的目光从不愿在毛泽东所走过的路上停留，他力图避开与毛泽东相遇，仿佛中央红军所走过的从腊子口到陕北的那条道路如一条高压电线，碰上就要身亡似的。也就是说，张国焘意向中的往西北发展，目的地绝对不是陕北。因此，张国焘在最初选择由川康直接出青海的道路探明难通后，又选择了准备从甘南西进青海，再到甘北、新疆的道路。

与红二、红六军团的会师已是指日可待，红四方面军加紧北上的准备工作。抓紧时间进行整编，尽最大可能减少指挥层次，把从机关精简下的人员充实到连队，以有效地提高战斗力。短短半个多月时间，红四方面军经过整编，部队面貌大大改观。同时，为顺利完成北上道路的侦察和对付敌军骑兵的袭击，红四方面军组建了红军历史上第一个骑兵师，由许世友任师长。骑兵师成立之日，在大草原上举行了威武雄壮的阅兵式。朱德在检阅时号召大家团结一致，英勇作战，为保障顺利北上与陕北主力红军会合做出努力。

北上准备工作中的一项重要任务是筹集粮食和赶制御寒装备。红军总部责成李先念、何长工、李天焕、曾日三等人组成粮食委员会，负责筹集、分配粮食和牛羊等食品。但由于当地物产非常贫乏，征集到的食品很有限。因此，红军总部决定严格控制部队在康北期间的消费，规定每个指战员的粮食每天只能分配3~5两，不足的部分以野菜代替。但是，红四方面军中有许多指战员没有右路军过草地时食用野菜的经验，有的战士在饥饿难忍中误食有毒的野草而身亡，由此也造成了许多战士对野菜的恐慌，有人饿着肚子也不愿去挖食野菜。

有一天，朱德请来通司和5个当地的藏族老百姓，向他们求教，并问这一带有什么可吃的野菜。这几个人一听红军要吃野菜，开始一怔，接着都乐了，争相介绍了许多野菜的形状和名称。朱德立即组织领导一个野菜委员会，其中有老农和医生，并组织由炊事员、饲养员、警卫员这3大员组成的共有10余人的野菜调查小组，委派警卫班长胡光隋当组长。

朱德亲自带队，在老百姓和通司的引路下，走到荒野里挖野菜。野菜小组从漫山遍野的荒草中，当天就找出20多种可食的野菜。这些野菜在当晚就成了红军指战员的盘中餐。

次日，朱德在直属队和附近的部队中开始推广挖食野菜的方法。野菜调查小组的成员被各单位聘请为"师傅"。朱德的野菜小组很快扩大为野菜大队，战果也相当辉煌。每天傍晚，红军将士们都像打了大胜仗一样，满载而归。大家又各自找到了一些在家乡吃过的野菜，很快就发现这里草原上有60多种可食用的野菜。

"明天你们两个警卫员负责把这些不同品种的野菜，拣好的整棵挖回10多棵来，我要栽野菜。"朱德说。从他手上拿起的铁锹看，今天他的任务是挖"野菜地"。

"栽野菜?"警卫员表示不解。等到了下午,他们真把这些野菜的活标本运回来几筐。

乐滋滋的朱德将这些野菜活标本一棵棵分类整理好,栽到了他刚在红军大学空阔的大操场一角平整好的"野菜地"中。原来他要举办野菜展览会。

野菜展览会开幕这天,车前草、脚鸡苔、人参果、冬寒菜、黄花菜等60多种形状各异的野菜排着威武的队列,接受红军指战员的检阅。

"这是灰灰菜,这是荠菜,这是野韭菜,这是水芹菜……"红军将士们参观着这奇特的展览品,看着野菜一旁木牌上所标示的名字,认识了这些往日被统统称作野草的野菜,高兴地喊道,"原来这些野草也可以食用啊!"

"这几种怎么没有名字呀?1号、2号……这些编号是什么意思?"

"那就是这些野菜的名字。你们看那个大的牌子上不是写了吗?"朱德在一边做顾问解释说。

"革命菜!"

"对,革命菜。这些当地老百姓都叫不出名字但可食用的野菜,今天也来参加革命了,所以我给他们起了一个统一的名字——革命菜。为了有所区别,根据它们的高矮编了号。你们看,这是6号革命菜,这是7号革命菜……"朱德的幽默解释引得大家兴趣盎然。

参观完后,就在大操场上,朱德向列队的红军指战员讲话,他说:"野菜是个宝,有了它就饿不死人了!这就解决了我们面临的大问题,野菜加上油盐顶蔬菜,把它掺在饭里就顶粮食吃。它为我们准备过草地北上,提供了一个解决吃饭的办法。我们要纪念红五月,我号召大家都上山去挖野菜。"

浩浩荡荡的挖野菜大军在几天内就出征撒向四野,伸向远方。

春夏之交的草地给红军带来了新生的希望,把鲜花缀满广袤的原野,将绿色奉献给敢尝百草的英勇红军。

此后,朱德又编写了一本《吃野菜须知》的小册子,发到连队。各连队都成立了野菜组、捕鱼组、打猎组,千方百计节约粮食,准备过草地北上。

对御寒物资的准备，当时在总部供给处工作的杨以山回忆道："朱总司令对我们说：不仅要学会同拿枪的敌人作斗争，还要学会同雪山草地这个自然界的敌人作斗争，革命才能胜利。他号召我们自己动手买羊毛，捻毛线，织毛线衣、毛背心、毛袜子、毛手套、缝皮背心，解决部队长征途中的御寒问题。他每次参加总部机关开会，总要谈捻毛线、织毛衣，并推荐一些织得好的毛织品，让大家传看学习；表扬那些织得好、织得快的同志。他每次到我们供给处来，手里总是捻着毛线，一边捻，一边亲切地给我们说：我们不仅要做好自己过雪山草地的准备工作，还要发扬阶级友爱，为很快到来的红二、红六军团的同志们多准备些御寒衣物。"

在朱德的带领下，经过红四方面军广大指战员几个月的共同努力，不仅解决了自己需要的大部分御寒装备，还给将要到来的红二、红六军团的战友们织了2万多件羊毛衣裤。

为了活跃部队生活，5月1日，红军总部结合国际劳动节，组织红四方面军部队举行战术表演和体育、文娱竞赛大会。这天，甘孜、道孚、丹巴等县藏族人民，在红军的帮助下，成立了"波巴依得瓦"政府，即藏族人民政府。红军总部在纪念"五一"和"五卅"这两个纪念大会上，朱德倡议举行运动会、展览会。运动会上，最别出心裁的项目，即是朱德提议增设的烧牛粪比赛，这也是为过草地所做的必要训练。朱德在运动会上讲话说："这次运动会是对我们的思想、意志、军事、生活等方面的一次大考验、大演练、大检阅，同志们都做得很好。这再一次证明我们工农红军是钢铁的红军，是永远打不败、压不垮、拖不烂的。"

红五月运动会刚开过，红二、红六军团通过滇西北雪山地区的消息就传到了康北草原。奉命迎接红二、红六军团的红三十二军立即由原驻地向西发展，攻占理化。本月下旬，红二、红六军团分左、右两路进入康南，会合在望。朱德闻讯马上召集会议，布置迎接红二、红六军团的准备工作，要求各部队在两军会师后，互相学习，不说不利于团结的话，不做不利于团结的事，切实保证两军之间的团结。

5月20日，毛泽东、张浩、张闻天、周恩来、邓发、王稼祥、凯丰、彭德怀、林彪、徐海东、程子华联名自陕北致电朱德、张国焘、刘伯承、徐向前、陈昌浩、任弼时、贺龙、萧克、关向应、夏曦（中央不知其已牺牲）红四方面军及红二、红六军团负责人，告知国际国内政治形势和红军与东北军的合作情况，热烈欢迎红二、红六军团和红四方面军北上，指出："弟等与国焘同志之间，现在已经没有政治上和战略上的分歧。过去的分歧不必谈，唯一任务是全党全军团结一致，反对日帝与蒋介石。为求革命胜利，应改变过去一切不适合的观点与联系，抛弃任何成见，而以和谐团结努力奋斗为目标。"并提出："当前任务是红军与东北军密切合作，实现西北大联合，建立西北国防政府，打通苏联，同苏联及外蒙订立抗日互助条约"。电报还对"红二、红六军团和红四方面军全体同志之艰苦奋斗精神表示无限敬意。对于采取北上方针一致欢迎。"

中央为谋求党内一致、共同对敌的诚意和采取的正确措施，对促进张国焘放弃分裂活动，加速北上，起了决定性的作用。5月25日，中央又致电红四面军和红二、红六军团领导人，指出："国内及国际的政治形势均取着暴风雨般的姿态向前发展，党的反日统一战线策略有第一步的成就。目前议事日程上的具体任务是建立西北国防政府，争取迅速对日作战，以走向建立全国国防政府，彻底战胜日本帝国主义。"红一方面军西渡黄河后向陕、甘、宁发展，红二、红六军团和红四方面军宜趁此十分有利时机和气候，或出甘肃，或出青海。

大气候和小环境都在促使张国焘不得不转变原来的政治态度。因此，6月6日，张国焘在炉霍召开党的活动分子会议，宣布取消第二中央，准备组成西北局。连以上干部都到了会，约有1000人。

"国际来电，陕北成立了北方局，一切分歧听凭国际处理。"张国焘把取消第二中央说得含含糊糊。接着，他又大骂毛泽东"右倾机会主义"，仍说红一方面军北上是向北逃跑。

不管怎么说，张国焘至此虽有碍于脸面，没有勇于承认错误，但他总算扭扭捏捏做出了"听凭处理"的姿态。到此为止，张国焘进行了9个多月的分裂活动以失败宣告结束。6月10日，朱德、张国焘和红四方面军领导人复电中央，表示一致同意北上，拟于6月底出动，向夏河、洮河西北行动，红二、红六军团约在6月20日前后集结甘孜，休息10天后跟进。

这期间，全国形势有了重大变化，广东、广西军情紧急。两广将领陈济棠、李宗仁、白崇禧等发表通电，要求国民党政府准许出兵北上抗日，并分别向湖南出动,与蒋介石军队发生战争。蒋介石急调国民党军胡宗南部南下,由此,甘肃南部的国民党军相对薄弱。6月19日,中央致电朱德、张国焘、任弼时,指出:甘南敌情较弱,利于补充和以后东出陕南策应时局,红四方面军与红二、红六军团会师后,宜出至甘肃南部而不宜向夏洮地区,以避免引起回、汉族冲突,并有利于争取青海三马。

朱德、张国焘等接电讨论后,决定执行中央指示的北出方针,乘虚出岷州地区,打击国民党军王均、毛炳文部,向甘东南发展,并请红一方面军向天水方向接应。

时间紧迫,通观全国形势的毛泽东在这时很是着急,6月25日,他和周恩来、彭德怀又致电朱德、张国焘,询问红四方面军"何日开始北上?经何路?何日可达何处?敌情如何?我陕甘应如何策应?"并指出:"两广事变"爆发,时局发展,如能迅出甘南,对时局助益匪浅。

朱德、张国焘接此电后,立即决定将红四方面军分左、中、右3个纵队与红二、红六军团共同北上,向松潘、包座一线前进。这时,南来的贺龙等人已经离甘孜不远,红二、红六军团与红四方面军的会合就在这两天。

24. 红军大会师，蒋介石仰天慨叹：六载含辛茹苦，未竟全功！

7月1日，中国共产党成立15周年纪念日。但中共中央的领袖们却无心思去组织任何纪念活动，而是把全部精力用在策划3个方面军的会师大事上。这天，毛泽东、张浩、张闻天、周恩来、博古、彭德怀等68名在陕甘苏区的党政军负责人，联名致电朱德、张国焘、徐向前、陈昌浩、任弼时、贺龙、萧克及红二、红四方面军指战员，热烈祝贺两个方面军在甘孜胜利会师，并欢迎红二、红四方面军继续北上陕甘与红一方面军配合以至会合，在中国西北建立中国革命的大本营。

7月1日，红二、红六军团全部集结于甘孜地区，与红四方面军实现了胜利会师。同日，任弼时、贺龙等与朱德、张国焘、陈昌浩在甘孜会见。

红二、红六军团受到红四方面军指战员的热烈欢迎。"欢迎横扫湘鄂川黔滇康的红二、红六军团"，"欢迎善打运动战的红二、红六军团"等巨幅标语张贴满沿途。

"我们可到家了！"红二、红六军团的指战员们欢呼。原来他们把这里当做中共中央所在地了！

朱德紧紧握着任弼时的手，**激动万分**，说道："好哇！你们这一来，我的腰杆也硬啦！"

刘伯承满脸喜悦，说道："朱总司令等待你们，可是盼得连睡觉都睡不着，饭也吃不下去。"

"伯承同志说得对，我这几天盼望你们可真是食不香、寝不安哟！"

"总司令，我们来听你的指挥！"任弼时激动地摇着朱德的手说。

贺龙晃动着大烟斗，大步走上前来，和朱德拥抱在一起："总司令，我们红二、红六军团天天想，夜夜盼，就盼和中央会合呢！"

"你们来了,我们一起北上,党中央在毛主席那里。"朱德渐渐把红四方面军中的问题摊了开来。

贺龙茅塞顿开:"我说呢,我总感到红一、红四方面军之间肯定有了问题,红一方面军北上了,红四方面军却留在川西北。周恩来给我们发的是明码电报,原来是把密码本交给了张国焘,弄得我们根本与中央联系不上。"

在甘孜会师大会上,腰杆顿时硬朗起来的朱德直截了当地讲道:"这里不是目的地,我们要继续北上,要团结一致战胜北上的一切困难,到陕北和毛泽东、周恩来率领的红一方面军会合。"

朱德讲完话后,即快步走下主席台电令徐向前率部速向松潘前进。

各路红军由于长期处于被分割状态,红二、红六军团的负责人事先一直不知道张国焘闹分裂和自立中央的事。两军前锋会合后,张国焘派人向红二、红六军团散发《干部必读》的小册子,散布党中央有错误的舆论,"批判毛泽东、周恩来、张闻天、博古机会主义路线"。这的确暂时迷惑了一部分人,一时盲目相信中央出了问题。

为了澄清事实真相,朱德与红二、红六军团的负责人分别谈话。

他与红六军团政委王震谈了一个晚上,王震明确表示要与张国焘作斗争。

次日,陈昌浩带领的"工作组"恰好来到王震的司令部,并带来一大包东西。

始终乐呵呵的王震迎接上前,问:"哈哈!带来什么好吃的?"

"是食品,是精神食品!"

王震看到从马背上卸下来的口袋内装的竟全是《干部必读》,他随手翻了几页,内容果然如朱德所述。他不动声色地对人说:"好啊,精神食品我们也要。来,先抬进屋去!"

等陈昌浩走开,王震用脚踢了踢几个口袋,果断地下达命令:"这些玩意儿一本也不能发。我们错把这里当成党中央了!"

王震把扣发《干部必读》的事向贺龙作了汇报,贺龙当即表示支持,说:"扣发得对!张国焘分裂中央是错误的,这个小册子不能发。通知各部队,把接到的小册子,统统收起来,烧掉!"

任弼时、贺龙知道了张国焘另立中央的底细后，感到非常气愤。

"嘿！我们还差点让这个假李逵给唬住了。"贺龙找干部谈话，告诫大家不要上了张国焘的当，说，"张国焘到处派人宣传他们这个中央，现在我们闹明白了，原来这是个假的。真中央在毛泽东那里，他们已经到了陕北，我们必须到那里去与真中央和红一方面军会合。"

任弼时主动找红四方面军的干部、战士谈话，了解情况。张国焘知道后，严令限制任弼时的行动。任弼时当面对张国焘说："你是政治局委员，我也是政治局委员，我有权找所有的干部谈话，你不能干涉！"

贺龙找到张国焘，谈了自己的看法，说："我过去当过军阀，好不容易才找到共产党，找到毛泽东，走上了革命的道路。你是个老党员，现在却反对党中央，去走军阀的老路，你能走得通吗？"

张国焘一时哑口无言，过了一会儿才说道："我们还是开个会吧，统一一下思想认识。"

两个方面军的主要领导人时在甘孜的都参加了会议。除朱德、张国焘、任弼时和陈昌浩、贺龙外，参加会议的还有关向应、王震、曾传六、张琴秋、邵式平、傅钟、余洪远等。徐向前和萧克在炉霍等地，没有出席这次会议。

张国焘的语气已经没有了原来同红一方面军会合时的强硬，因此整个会虽然有时提出的问题很严厉，但总的看来开得还算是和气。

会议由张国焘主持，他首先说道："我们开个会，看大家还有啥意见要讲。下一步怎么走？是继续北上，还是走旁的路？"

任弼时的语气很缓和："我的意见是两个方面军团结起来北上，与中央会合，奔赴抗日前线，也只有这条路才能走得通。我看我们还必须对行军序列做些调整。另外，我想借此机会谈几点自己的看法。我们到了这里后，听到了一些情况，对一些问题也有意见。一是红四方面军离开鄂豫皖没报告中央，当然，对这个问题张国焘同志已经有所认识，觉悟是高的；二是离开川陕苏区的行动路线没有报告中央；三是我们和中央的电台不通了，国焘同志借中央的名义指挥我们，这是不符合组织原则的，你们没有权力调动我们。当然，现在既然来了，我们就把问题提出了，国焘同志的南下是不对的，分裂了党和红军，违背了中央的毛儿盖会议决定。"

贺龙的发言直截了当，也很简短，他说："我同意任弼时同志的意见。过去我们都不认识，要互相谦让，团结北上。"

张琴秋的讲话很动感情，说："我们在天全、芦山碰了钉子。现在看来还是要北上，与中央会合，只有这条路才好啊！"

甘孜会议在融洽的气氛中结束。

任弼时、贺龙与朱德商议为了防备张国焘的阴谋，防止红二、红六军团的兵权旁移被张国焘控制，应设法找借口将部队分开行动。

"他还想挖我们的？我们不挖他的就是好的了。既然如此，这样办，总司令看好不好？"贺龙笑了笑，神秘地对朱德低声耳语。

朱德点头默许。

次日，贺龙异常热情地恭维张国焘，说："总政委，我们红二、红六军团从现在起就直接属于你指挥了。但是，这支部队转战数省，现在战斗减员很大，急需补充，恢复元气，能否给我们补充点兵员和物资？"

"物资可以大家均匀着用，可这兵员一时半刻是难以召集的。这个地区招兵难呀！"张国焘沉思了片刻，为了显示自己的权力和大方，最后说道，"这样吧，就把原红九军团后来改为红三十二军的部队，编入你们军团一起行动。这个军人少一点儿，慢慢再扩充嘛！"

7月5日，红二方面军在甘孜正式宣布成立。遵照中央本月2日电令，以红二、红六军团部队为主体，组建中国工农红军第二方面军，总指挥贺龙，政治委员任弼时，副总指挥萧克，副政治委员关向应。所属红二、红六军团番号不变，另将红三十二军编入红二方面军建制，共约1.6万余人。贺龙兼红二军团军团长，任弼时兼政委；陈伯钧为红六军团军团长，王震为政委。

然后，红二、红四方面军携手北上。红二方面军和红四方面军第4军第10师、第11师，第30军第88师为左纵队，由朱德、张国焘率领，从甘孜地区出动向包座、班佑前进；中路纵队由红四方面军总部、第9军、第4军第12师、第31军第93师组成，由徐向前率领，从炉霍地区出动向包座前进；第5军、第31军第91师、藏民独立师为右纵队，由董振堂率领，从绥靖、崇化、丹巴地区出动，向毛儿盖、包座前进。

滞留在川康一带的红军终于北上了。

为此，朱德在一次会议上特别提议，让任弼时随红军总部行动，实际上这样做的目的是可以暗中加强对张国焘斗争的力量，朱德还提议让刘伯承随红二方面军行动，名义上是负责教练打骑兵的战术，实际上这样做既可以摆脱张国焘的控制，又可从外对张国焘起制约作用。这是朱德经过深思熟虑所作的安排。朱德在1960年11月谈到红二、红四方面军会合前后的情况时回忆说："后来刘伯承同志去红二方面军了，我们明知张国焘反对中央，我们的人想法支开一个算一个，刘和他是对立的，几乎被他杀掉。"

刘伯承得知去红二方面军的消息后，大有获得"解放"之感。当久违的阳光洒满草地，他情不自禁地对着天空高呼："太阳万岁！"然后用俄语唱起了沙皇时代革命志士的歌曲：

> 同志们向太阳，向自由，
> 向着那光明的路。
> 你看那黑暗已消灭，
> 万丈光芒在前头！

歌声飞扬，一呼百和。送别的任弼时也加入了这大合唱的队伍，但他的声音总要比别人慢半拍，大家都唱完后，他还在拖着尾音在高歌，引得战士们高喊："任政委，再来一个！"

红军大会师在即。

红一方面军接应部队是于10月2日攻占陇东重镇会宁城的。

会宁是陇东的交通枢纽，系通往西域的必经之路，有"陇秦锁钥"之称。古名又称会州，即各方大道在此会合的意思。从这里东可跨隆德、泾源，西可达临夏、定西；北面可控制海原、靖远，南可屏障秦安、陇西。这座军事重镇在明代改名为会宁，是因为往日的会州因为过多的兵乱、震灾和旱灾，到处是饿殍遍地，民不聊生，官府和老百姓都企盼着会宁能从此永保安宁。

但是，数百年过去了，会宁并没有因为改名而改变了穷困的面貌。到了19世纪30年代，全城仍是没有一座像样的建筑，全县不足3000人口。老百姓仍然是连饮水都无法保证。在这里，水是奇特的缺，食用水就是生命。外地人来到这里放眼望去，如果能望到半平方米的水面，那肯定看到的是海市蜃楼。在这里，河沟中有时会流出一股线一样粗的又苦又涩的水，但是如果有谁万不得已喝了这种由这片土壤里钻出来的水，那准会拉稀、水肿，甚至送了性命。住在这里人是全靠地窖储存雨水、雪水维持生存。每家都挖有一个地下水窖，水窖的大小和储水量的多少即是这里衡量贫穷的标志之一。

红一师师长陈赓率领部队进占会宁后所办的第一件大事，不是往常的"打土豪，开粮仓，分田地"，而是"封水窖"。

"要执行好这一特殊任务，把守好水窖。小的水窖，1个水窖派3个战士把守；大的水窖，1个水窖派1个班去。"陈赓一进会宁县城，就向部队发布命令，把国民党军队、政府和地主老财的水窖统统查封起来。

会宁城，仅半天时间，花花绿绿的标语就贴满了墙。一座壮观的会师彩门在城门口前树立起来。全城一片节日气氛。

仅隔两日，红四方面军第30军占领会宁南面不远的通渭，全军迅速通过西兰公路，向会宁挺进。

10月8日，红四方面军先头部队第4军第10师在会宁之青江驿、界石铺，与红一方面军第1军团第1师胜利会师。

这时，红二方面军经过天水地区渡过渭河，经秦安、通渭进入会宁地区。

10月9日，会宁西津门（现称会师门）下，红一、红四方面军再次相会，热泪盈眶中，大家见面的一瞬间，互相搔肩拥抱，默然无语，都深刻体会到了战友历遭劫波后久别重逢的特殊感情。许多人穿过熙熙攘攘的人群，寻找着自己的亲人，或是父子在相互寻找，或是弟兄在相互寻人，或是战友之间的找寻。找不到的在四处打听，频频询问着被寻找人的姓名；找到的在热烈的拥抱、握手、流泪、大笑，手挽手走来走去，边走边亲切交谈。

"总司令来了！"一阵欢呼声把会师的热烈气氛推向高潮。

朱德率领红四方面军总部机关人员迈步走入会师门，他向着会合的红军指战员们招手致意。

一个长着高鼻子、蓝眼睛的外国人在人群中也向前挤着，观看着红军将士们会师后的狂欢,他即是国际友人马海德医生。在众人的推拥下,他看到了那个被众人所推崇的"红军永远的总司令",他这样记叙道:朱德"瘦得像个精灵,可是身体强壮结实,长得满脸胡须,穿着一身破烂皮袄。他最令人惊异的是,看上去根本不像一个军事指挥员,倒很像红军的父亲。他两眼锐利,说话缓慢、从容,总是露出和蔼的笑容。他随身带着一支自动手枪,枪法精良。他50岁,可是显得老得多,满脸皱纹。但他动作有力,身体结实"。

"红军之父"是马海德看到朱德后的第一印象。也许这就是朱德"红军之父"称呼的由来。

马海德也看到了张国焘,并作了如实的记叙:"政治委员张国焘是个又高又大的胖子,满脸红光。我真不了解,人人都瘦下来,他怎么还能那样胖?"

朱德与红一师师长陈赓见面时禁不住热泪盈眶。

陈赓因忙于军事指挥,出去招呼部队。朱德趁这个空隙,与在40多公里外的红二师政委萧华通了电话。萧华兴奋地听到这熟悉而亲切的四川口音,怔了片刻,急忙问道:"你真的是朱总司令?"

"是啊!那还有假,我是真朱德。"

"哎呀,总司令,真是你呀!你可把我们想坏了。你现在在哪里?"

"我在陈赓这里。"

萧华激动地双手抱住电话筒,声音呜咽,说不出话来。

"毛主席好吗?"

"好,好!"

"周副主席好吗?"

"好,好,好!"

这次电话,他们打了足足有半个多小时。若不是警卫员在一边催着吃饭,朱德还不知有多少话要问要讲。

次日,会宁城西津门内的文庙广场上,红旗招展,人涌如潮,万众欢腾,红一、红四方面军在这里举行盛大的庆祝会师联欢大会。中共中央、中华苏维埃中央政府、中央革命军事委员会联署发出庆祝会宁大会师的贺电,向3个方面军的领导人及全体指战员致以热烈的慰问和祝贺。

张国焘总算到了陕北，但其处境可想而知非常尴尬，对他恨之入骨的红军将领大有人在。以往树敌过多，致使现在有许多人要找他的麻烦。为此，毛泽东复电彭德怀："为求党与红军的真正统一与顺利执行当前任务，对张国焘及其他干部不可求善太急。我们的政策应表示对他们的信任。准备经过长期过程，使他们逐渐进步，估计他们是可能进步的。"整半个月后，毛泽东又致电到红四方面军的张浩，对张国焘的态度"不要太软，也不要太硬，诚意相处，避免硬化。"

10月22日，红二方面军在贺龙、任弼时等率领下，胜利到达静宁县以北的将台堡，与红一方面军接应部队会师。

至此，举世瞩目的中国工农红军历时两年的长征胜利结束。

这个月，毛泽东多次就个人历史和红军长征等内容与美国记者斯诺进行交谈，叙述红军爬雪山过草地的艰难历程。斯诺由此而作《西行漫记》，把红军的这一壮举广告全球，中国红军饮苦若怡的精神享誉世界。

11月16日至22日，红军各路部队在甘肃、宁夏两省交界的预旺地区山城堡全歼国民党军1个旅又两个团。23日，红军在山城堡举行3个方面军团以上干部庆祝胜利大会。时红二方面军有1.33万人，红四方面军有3.3万人，红一方面军有3万人（红二十五军）。

朱德在讲话中指出："3大红军西北大会师，到山城堡战役结束了长征，给追击的胡宗南部队以决定性的打击。长征以我们的胜利、敌人的失败而告终。我们要在陕甘苏区站稳脚跟，迎接全国抗日救亡运动的新高潮。"

从会宁会师，到3个方面军今日庆祝大会的召开，3大主力红军的会师圆满完成。

到达陕北的红军作为中共的红色种子，越加显得宝贵。

种子留下了，就留下了希望，人们坚信总有收获的季节。中国革命开始出现新的局面。

保安窑洞中，毛泽东向红军学校校长林彪展现他写的《七律·长征》诗，他大声畅吟：

红军不怕远征难，万水千山只等闲。
五岭逶迤腾细浪，乌蒙磅礴走泥丸。

金沙水拍云崖暖，大渡桥横铁索寒。

更喜岷山千里雪，三军过后尽开颜。

"好诗，好诗。这样的诗，没有伟大的气魄写不出，不是英勇的红军当不起。"林彪连连赞叹。

"长征是个大题目，不怎么好写。这是我去年写的，你看所署日期还是'1935年10月'，现在实现了全国红军的大会师，拿出来又改了改。"毛泽东说。

"我不懂诗，但我看到主席在诗中仅选择了五岭、乌蒙、金沙江、大渡河、岷山几个具有典型意义的大山大河来高度概括，就充分表现了中央红军长征这个伟大主题。老彭负责殿后的红三军一过岷山，整个局面就大变，我们从此由胜利走向胜利。"

"这后一句，你理解得不对。三军，在这里不是仅指彭德怀的红三军，不是说他们这支走在最后的部队一过岷山，新的局面就打开。这里也包括你们红一军，包括全部经过长征的部队。"

"全部经过长征的红军？这五岭、乌蒙，红四方面军可是连见也没见过那山是什么样子呀！"林彪疑惑不解。

"三军，是指红一方面军、红二方面军、红四方面军。不是指彭德怀的红三军，也不是指海、陆、空三军，也不是指古代晋国所谓上军、中军、下军的三军。红二方面军虽然没有翻五岭，红四方面军也没有过金沙江、大渡河，但岷山是3个方面军都走过了的。"毛泽东解释说。

林彪在听到毛泽东自我解释并没有偏向彭德怀红三军的意思后，便不再说什么。但他仍感到有些疑问。后来在中共"九大"会议召开时，林彪曾对人讲："这首《长征》诗，我总感到有些蹊跷，主席把写作时间明确署在1935年10月，然而，红二方面军是在9个月后才成立的呀。他自我解释'三军'是指三个方面军，我总是不太相信。主席有他自己的想法，否则就是我真的读不懂他的这首诗。"

张国焘在当时也读到了毛泽东的这首诗，他不关心林彪所计较的诗中那种"一军""三军"的差别，仅是对诗最后的3个字"尽开颜"谈了自己的意见，说道："我没这么乐观。当前的形势如此紧张，不求尽开颜，只求不哭就是好事了。"

1936年11月底,朱德、周恩来和张国焘同行,率领红军总部抵达陕北保安,与中共中央会合。林彪率领驻在这里的红军学校学员在郊外列队欢迎。

　　毛泽东等中央领导人也站在欢迎队伍的人群前面,就像17个月前在抚边小镇迎接张国焘时一样。

　　毛泽东与张国焘会面,两人互相寒暄,旁人一听便知,两人握手但并未能言和。

　　人们想起了长征途中抚边小镇的一幕。

　　张国焘和毛泽东等人站立在搭好的讲台上,发表演说,互相祝贺。这时,他们所谈论的不是长征途中的不愉快事,而是在策划未来。

　　该做的礼仪应付过去后,毛泽东一离开会场,就把朱德亲热地拉到自己的房间中。两个人紧紧握着手,激动得半天说不出话来。

　　"我可终于把你这个总司令盼来了,我真担心他们会对你下毒手。身体还好吗?路上生病没有?"

　　朱德说道:"在长征中间,身体很强健,路上就没有病过了,多半是在夜间走路,白天睡觉。有事马上就办。我还是原来那样,只有1个担子,1个人1匹马,1个马夫,4个特务员,每天差不多是走一半路,骑一半马,人还是觉得很爽快,不感觉如何愁闷。"

　　"没有病就好。我是非常担心你的身体。来,抽烟。"毛泽东给朱德点燃一根香烟,继续听朱德讲分离后的事。

　　"我的脑筋也与身体相同。问题就从来没有放松过。处处想得到,也想得远。就是怎样困难,也解决得开。从来就没有认为什么是没有办法,相当地有点乐观主义。当过草地的时候,大家都认为是极困难了,我还以为是很好玩的。有草,有花,红的花,黄的花,都很好看,几十里都是,还有大的森林与树木。草又是青青的,河流在草地上弯弯曲曲的,斜斜的一条带子一样往极远处拐了去……牛羊群在草地里无拘束地自由上下,也是极有趣的。也许因为自己带着乐观性吧。"

　　说起红一、红四两个方面军之间的争论,毛泽东高度赞扬朱德与张国焘的斗争,说:"你斗争的有理、有节,临大节而不辱。真是度量大如海,意志坚如钢。"

　　"你过奖了。我这个人就是这样,你是知道的。逢到极其困难的事情,旁人看起来极复杂,十分难解决了,但是我好像没有那么回事一样。情况也就变得好像好一些，人也就不那么慌张了。"

毛泽东点头称是，并说道："是啊，作为一个领导者，愈是困难，愈要镇静。所谓履险如夷，也就是遇到再困难的事，仍是平平常常就可过去。愈危险，愈需要冷静、平淡，就容易把问题处置得很恰当。"

"经过这次重大考验，我们的队伍更加纯洁和坚强了。我们会以此为起点，取得新的胜利。"朱德坚定地说道。

"朱毛再也不分开了。"毛泽东和朱德的双手又紧紧握在一起。

从此，走出雪山草地的红军，再不惧前进征途中的腊子口，铁索桥，娄山关，封锁线。

如磐风雨过后，千军势如潮，万顷碧云天。

同样征战在万里长征路上，但长征是毛泽东的万里长征，而非蒋介石所有。

同在金秋，毛泽东是谷地挥镰的收获者，蒋介石却是霜林观叶的悲秋者。

南京的蒋介石在确定红军三大主力会师陕北的消息后，仰天慨叹："六载含辛茹苦，未竟全功！"他怪罪天，怪罪地，怪罪自己，也怪罪毛泽东的战术过于灵活："共军之行动，狡诈难测：滇军谓之为曲线动作；川军谓之为太极图形；黔军谓之为磨盘战术；中央军谓之为旋风过野。"

国民党军上下吵吵嚷嚷，莫衷一是。

吵嚷中，局势在大变；吵嚷中，话落纸上声最重，雾霜露都凝结成了历史。

历史大潮把中国推在了巨变的前夜。

红军长征胜利后仅仅50天，即1936年12月12日，张学良、杨虎城将军要求蒋介石联共抗日不成发动"兵谏"，在西安扣留蒋介石。西安事变成了中国历史进程转变的枢纽，国共两党实现第二次合作。半年后，抗日战争爆发后，中国工农红军主力改编为国民革命军第8路军，南方各省红军游击队改编为新四军，刚刚结束长征不久的红军积极投入进伟大的抗日民族战争中。

张国焘在红军大会师3个月后向中央写出了3000余字的《从现在看看过去》的检讨。1个月后，渡过黄河作战的西路军惨败，渡过河的红四方面军部队几乎全军覆没。中共中央从总结历史经验教训出发，召开政治局扩大会议，作出了《关于张国焘同志错误的决定》。对此，张国焘又写了个1000余字的《关于我的错误》的检讨。几个月后，洛川会议召开，中共中央决定停止张国焘在红军中的领导职务，派他担任陕甘宁边区政府副主席。接着，在延安召开了中共党的活动分子大会，讨论西路军失败的教训，继续进行反张国焘路线的斗争。张国焘拒绝出席大会，终于在1938年4月，借赴西安参加国民党主持的祭奠黄陵之机，逃离陕北，背叛中共，投靠国民党特务机构，遂被中共中央开除出党。1979年12月，病死在加拿大多伦医院。

长征结束了，但它为中华民族留下了一笔宝贵的精神遗产——长征精神，这就是：

长征精神就是把中华民族和人民大众的利益看得高于一切，坚定革命理想和信念，坚信正义事业必胜的精神

长征精神就是为了救国救民，不怕任何艰难险阻，不惜付出一切的牺牲的精神

长征精神就是坚持独立自主，实事求是，一切从实际出发的精神

长征精神就是顾全大局、严守纪律、紧密团结的精神

长征精神就是紧紧依靠人民群众，同人民群众生死相依，患难与共，艰苦奋斗的精神

长征给中国带来的影响是极其深刻的。在此后的抗日战争、解放战争中，长征精神一直鼓舞着中国共产党所领导的人民军队。1949年，中华人民共和国成立，以毛泽东为首的中共政权格局，基本上是1936年红军长征结束时的红色政权格局。1955年9月，毛泽东在北京怀仁堂举行军衔颁发仪式，10大元帅依次是：朱德、彭德怀、林彪、刘伯承、贺龙、陈毅、罗荣桓、徐向前、聂荣臻、叶剑英。10大将依次是：粟裕、徐海东、黄克诚、陈赓、谭政、萧劲光、张云逸、罗瑞卿、王树声、许光达。这些将帅的名字，是长征时期人们所熟悉的，为此，国外有人说这"英雄排座次"实则早在长征结束时就基本形成了。